飘扬的旗帜

大庆油田第一采油厂英模人物、英模集体事迹汇编

《飘扬的旗帜》编写组　编著

石油工业出版社

图书在版编目（CIP）数据

飘扬的旗帜/《飘扬的旗帜》编写组编著. —北京：石油工业出版社，2020.9
　　ISBN 978-7-5183-4209-9
　　Ⅰ.①飘… Ⅱ.①飘… Ⅲ.①石油工业–劳动模范–先进事迹–黑龙江 Ⅳ.① K828.1
中国版本图书馆CIP数据核字（2020）172226号

飘扬的旗帜——大庆油田第一采油厂英模人物、英模集体事迹汇编
《飘扬的旗帜》编写组　编著

出版发行：石油工业出版社
　　　　　（北京安定门外安华里2区1号　100011）
　　　网　　址：www.petropub.com
　　　编辑部：（010）64523611　64257021
　　　图书营销中心：（010）64523731　64523633
经　　销：全国新华书店
印　　刷：北京晨旭印刷厂

2020年9月第1版　2020年9月第1次印刷
710×1000毫米　开本：1/16　印张：26.25
字数：443千字

定价：118.00元
（如出现印装质量问题，我社图书营销中心负责调换）
版权所有，翻印必究

《飘扬的旗帜》编委会

主　　　任：方　庆　陈广玉
副　主　任：宣伟东
成　　　员：宋传修　李新宇　李克敏　董增有
　　　　　　王亚明　张玉生　刘建发　朱　焱
编写组组长：张忠福　常　江　王谷冰
编写组成员：吴志英　张宜秀　于海燕　蔡　旭
　　　　　　彭　月　郭琳琳　王　楠

前言

  60载砥砺奋进,一甲子春华秋实。回望大庆油田第一采油厂(以下简称一厂)60年发展历程,我们始终信念坚定,栉风沐雨,不懈奋斗,实现了累计产油6.3亿吨、1000万吨以上稳产40年,培育形成了岗位责任制、"三老四严""四个一样"等会战优良传统,创造了巨大的物质财富和宝贵的精神财富。这些光辉历史饱含着迎难而上、为油奉献的家国情怀,凝聚着勇攀高峰、创新实践的智慧结晶,谱写着科学求实、攻关进取的奋斗之歌。

  60载光辉历程证明,崇高的事业需要榜样引领。触摸跳动的历史脉搏,无数英模似面面旗帜飘扬在油田上空。他们彰显时代精神,引领时代风范,书写时代故事。他们中有怀揣赤子之心、兢兢业业工作的领导干部,有矢志油田开发、叩响地宫之门的科技工作者,有始终把员工装在心里、无怨无悔付出的各级管理者,有弘扬优良传统、爱岗敬业奉献的优秀员工,有直面困难挑战、主动创新担当的技术能手,有把青春热血挥洒岗位、用才智回报油田的青年典型。他们的事迹感人至深,令人鼓舞,催人奋进。

  60载光辉历程证明,不朽的丰碑需要实践锻造。伴随时代而生的鲜活经验,记录发展的轨迹,书写奋进的豪情,是一厂人挑战极限、勇于创新的生动写照。从首创岗位责任制、全面质量管理到集中化验、"一体两翼"大维修,管理创新始终步履铿锵;从一人一事的思想政治工作、党员一体化管理到党建协作区建立,党的建设始终亮点纷呈;从塑造"三老四严,永创一流"企业形象到践行"三老四严立身,原油稳产立功"责任使命,优良传统始终薪火相传。

60载光辉历程证明,发展的基石需要科技浇灌。回顾一厂开发建设过程,就是一部爬坡过坎、披荆斩棘的攀登史。从笼统开采到分层开采,从自喷采油到机械采油,从二次采油到三次采油,广大科技人员发扬敢于超越权威、超越前人、超越自我的精神,发扬会战光荣传统,坚持做强科技优势,走出了一条独具特色的开发之路,淬炼了一把精准高效的科技标尺,为转型升级高质量发展插上了腾飞之翼。

"眠云机尚在,未忍负初心。"在庆祝建厂60周年之际编撰此系列丛书,旨在总结60年来为一厂发展做出贡献的英模人物、英模集体、典型经验和科技成果。其中,《飘扬的旗帜——大庆油田第一采油厂英模人物、英模集体事迹汇编》收录英模人物和集体事迹91篇;《奋进的脚步——大庆油田第一采油厂典型经验汇编》收录管理、党群、文化方面典型经验73篇;《攀登的标尺——大庆油田第一采油厂油田开发技术回顾》收录油田开发科技论述7篇23章;《攀登的标尺——大庆油田第一采油厂优秀技术革新成果汇编》收录"十二五"以来技术革新成果205项。这些事迹、经验和成果启迪思想,开阔思路,指引未来,必将激励我们在新的伟大实践中矢志不渝、全力前行。

新时代承接新使命,新使命呼唤新担当。站在实现"两个一百年"中国梦的历史节点,面对实现转型升级高质量发展的崭新征程,回望60载峥嵘岁月,我们既倍感光荣与自豪,也备受激励和鼓舞,更要承载使命,努力攀登求索,在新时代续写新辉煌。希望广大干部员工把这套丛书作为弘扬传统的教科书、提升能力的理论书、推进工作的参考书,从中得到启发、找到方法、获得力量,大力弘扬大庆精神铁人精神,不忘初心,继续前进,全力推进转型升级高质量发展,在"当好标杆旗帜、建设百年油田"伟大实践中再谱华章。

第一部分·人物篇

一、市（局）、油田公司级（以上）模范人物部分事迹材料　　　/2

在大庆会战中创立更高标杆——记"五面红旗"之一马德仁　　　/3
油井的主人——记"五面红旗"之一薛国邦　　　/8
油井管理能手——记石油工业部"五好标兵"陈淑英　　　/14
攻难关做主人——记石油工业部"五好标兵"胡法莲　　　/16
在岗位上——记石油工业部"五好标兵"李天照　　　/18
少年壮志不言愁——记石油工业部"五好红旗手"刘明田　　　/23
红八号——记石油工业部"五好标兵"侯祖跃　　　/26
落在圣诞树上的吉祥鸟——记石油工业部"双革能手"曹亚范　　　/29
严细认真的好队长——记石油工业部"五好标兵"辛玉和　　　/33
开荒种地保会战——记黑龙江省劳动模范于文兰　　　/37
活一分钟　就要战斗六十秒——记油田标兵黄士伦　　　/39
浩瀚油海弄桨人——记黑龙江省劳动模范王友全　　　/44
学铁人的红管家——记石油工业部劳动模范夏良才　　　/51
标杆队的头雁——记全国石油战线劳动模范张凤喻　　　/55
小燕子从这里起飞——记全国新长征突击手燕德琴　　　/57

真情浇灌科技之花——记黑龙江省劳动模范陈良铸 /63

鲜血谱就正气之歌——记全国能源工业劳动模范樊尚莲 /66

年轻的采油女技师——记全国新长征突击手李文英 /67

燃烧的爱——记黑龙江省劳动模范刘美华 /70

闪光的青春　执着的追求——记全国先进女职工王西利 /75

一位普通的采油女工——记黑龙江省劳动模范李桂荣 /78

采油岗位上一颗闪光的明珠——记全国十大杰出青年岗位能手刘丽 /87

员工信赖的"贲大姐"——记全国优秀女职工工作者贲亚范 /92

企业发展的领路人——记黑龙江省劳动模范张广成 /96

路，就在脚下——记集团公司特等劳动模范钟孝权 /99

青春在油海中闪光——记集团公司首届十大杰出青年姜洪福 /105

"三老四严"的传人——记油田公司功勋员工张景昆 /108

铿锵玫瑰——记黑龙江省劳动模范刘颖萍 /115

为采油树常青喝彩——记黑龙江省五一劳动奖章获得者宁树枫 /122

只要心能到达的地方　就会印上不屈的脚印
　　——记油田公司功勋员工王研 /129

秉"三老四严"之魂　践"永创一流"之行
　　——记集团公司劳动模范杨广山 /133

攻关就是以进攻的姿态做事　不是坐在屋子里空想
　　——记集团公司劳动模范闫亚茹 /137

精品站里的女"舵手"——记全国五一劳动奖章获得者王雪莹 /141

爱岗敬业、求实奉献的好队长——记中央企业先进职工徐卫庆 /144

勤学苦练　挑战实践　做新时期技术尖兵
　　——记黑龙江省五一劳动奖章获得者祁战宝 /147

精品引路　不断向前——记集团公司优秀党务工作者赵丹 /150

脚踏实地　积极探索　全心全意做好党支部书记工作
　　——记集团公司优秀党务工作者尹秀梅 /152

党旗下谱写人生华彩乐章——记集团公司优秀共产党员金敏辉 /157

执着追求　勇攀高峰　在平凡的岗位上奉献青春和智慧
　　——记集团公司优秀共产党员李庆林 /162

革新迷的"三股劲儿"——记全国技术能手任相财 /167

拳拳赤子心 殷殷石油情
　　——记黑龙江省五一劳动奖章获得者李文学 /171

测试铁军的带头人——记黑龙江省劳动模范车宝志 /175

戎装素裹展英姿——记黑龙江省劳动模范王荣梅 /179

让生命之花在科技攻关的征途璀璨绽放
　　——记黑龙江省劳动模范王洪卫 /181

风雨采油路 精彩写人生——记集团公司优秀共产党员于振宇 /186

真情凝聚幸福家 实干铸就品牌站
　　——记集团公司优秀党务工作者黄磊 /189

金牌采油队的"创意队长"——记集团公司优秀共产党员宫啸鸣 /191

为油田稳产奉献智慧的三元矿场管理领军人
　　——记黑龙江省劳动模范王瑞行 /194

"三老四严"新传人——记集团公司铁人奖章获得者侯涛 /197

责任心中永驻——记集团公司优秀共青团员周芷仪 /201

淬火成金的三采护航人——记中央企业劳动模范李国龙 /203

站在员工最需要的地方——记集团公司优秀党务工作者张友礼 /206

不忘初心 砥砺前行 争做"三信"党支部书记
　　——记集团公司优秀党务工作者刘丽萍 /210

躬身实干 铭记匠心——记集团公司优秀共产党员代龙兴 /214

如琢如磨 有匠兴焉——记集团公司优秀共产党员张有兴 /217

洗尽铅华始见真——记集团公司优秀共产党员吴志英 /220

不忘初心担使命 建功立业勇担责
　　——记集团公司优秀共产党员刘长友 /224

用钉钉子精神叩开地宫之门——记集团公司优秀共产党员崔建峰 /226

当好"三老四严"领头雁——记黑龙江省向上向善好青年李雪莹 /228

 二、市（局）、油田公司级模范人物 /232

第二部分·集体篇

一、厂获得省（部）、集团公司级（以上）荣誉称号部分事迹材料 /248

  荣获"国家质量管理奖"事迹材料 /249
  荣获"全国模范职工之家"事迹材料 /253
  荣获"全国精神文明建设工作先进单位"事迹材料 /262
  荣获"全国五四红旗团委标兵"事迹材料 /269
  荣获"中国石油天然气股份有限公司油气田开发先进单位"事迹
    材料 /272
  荣获"全国企业文化建设先进单位奖"事迹材料 /274
  荣获"黑龙江省先进企业党组织"事迹材料 /278
  荣获"全国文明单位"事迹材料 /283
  荣获"全国五一劳动奖状"事迹材料 /287
  荣获"中国石油创建'四好'班子先进集体"事迹材料 /289
  荣获"全国厂务公开民主管理示范单位"事迹材料 /292
  荣获"中国石油天然气集团公司五四红旗团委"事迹材料 /296

二、厂获得省（部）、集团公司级（以上）荣誉称号 /298

  企业管理类 /299
  企业文化类 /300

党建工作类 /301

文明单位创建类 /302

员工教育类 /302

工会工作类 /303

共青团工作类 /305

发展环境类 /306

三、2000年以来基层单位获得市（局）、油田公司级（以上）荣誉称号部分事迹材料 /308

提升素质　争创一流　努力实现班组建设上水平
　　——记集团公司先进班组503采油队2号丛式井采油平台井组 /309

创建"永铸岗位责任心"注水站
　　——记黑龙江省五一劳动奖状获得单位北八采油队北二注水站 /314

继承传统　自觉从严　坚持"四个一样"不走样
　　——记黑龙江省五一劳动奖状获得单位北八采油队5-65井组 /320

弘扬大庆精神　构建和谐三队
　　——记中央企业先进集体南三采油队 /323

发扬"超越"精神　甘于拼搏奉献　在推进萨中模式建设中勇当先锋
　　——记黑龙江省工人先锋号中区西部油水井管理队 /327

坚持"三提高"　突出"三过硬"　在打造精品测试队中发挥战斗堡垒作用——记集团公司先进基层党组织第二油矿试井队党支部 /330

强化"四种意识"　打造"四士队伍"　在探索油田开发规律的征程中奋勇前行——记集团公司先进基层党组织地质大队开发室党支部 /335

发扬会战传统　勇当工人先锋
　　——记黑龙江省工人先锋号线检二队检修三班 /339

继承发扬大庆精神　打造油田品牌联合站
　　——记全国创先争优先进基层党组织中十六联合站党支部 /342

高度觉悟　严细成风　"三老四严"代代传
　　——记全国工人先锋号中四采油队 /346

创新载体方法　固化防范机制　努力创建无邪教联合站
　　——记黑龙江省无邪教示范单位中十四联合站　　　　　　　　　　/351

攻坚克难　敢于挑战　擎起持续稳产的技术支撑
　　——记中央企业先进集体试验大队技术室　　　　　　　　　　　/355

凝聚集体智慧　展现团队风采
　　——记全国工人先锋号任相财工作室　　　　　　　　　　　　　/357

传承"三老四严"　矢志技术创新
　　——记黑龙江省工人先锋号李国龙劳模创新工作室　　　　　　　/360

过渡带上立标杆　争当新时代高质量发展排头兵
　　——记黑龙江省先进基层党组织北一采油队党支部　　　　　　　/362

三老四严　诚信测试　在低成本水驱开发上举旗帜立标杆
　　——记油田公司功勋集体第三油矿试井队　　　　　　　　　　　/366

弘扬传统强责任　争当先锋立新功
　　——记黑龙江省青年文明号北八采油队　　　　　　　　　　　　/370

打造匠心铸效的标杆联合站　永做高质量发展排头兵
　　——记集团公司先进基层党组织南Ⅰ-1联合站党支部　　　　　　/373

传钢铁品质　保闹市安全　打造HSE标准化采油队
　　——记集团公司HSE标准化站队南四采油队　　　　　　　　　　/378

精准联合站排头　打造高质量发展品牌联合站
　　——记勘探与生产分公司优秀能效示范站队北Ⅰ-1联合站　　　　/381

四、获得省（部）、集团公司级（以上）荣誉称号的先进单位　　　/385

五、获得市（局）、油田公司级荣誉称号的先进单位　　　　　　　/397

后记　　　　　　　　　　　　　　　　　　　　　　　　　　　　　/408

第一部分 人物篇

一、市（局）、油田公司级（以上）模范人物部分事迹材料

在大庆会战中创立更高标杆

——记"五面红旗"之一马德仁

走进大庆石油会战展览大厅,一幅光彩照人的五大标兵披红戴花骑大马的照片吸引着无数的参观者。排列第二的就是大庆会战"五面红旗"之一的马德仁同志。

提起马德仁同志,在当年会战队伍中无人不知,大家都称呼他马队长。他的成长和那可歌可泣的英雄事迹,是与他带领的 1202 钻井队到大庆后,在会战中创立更高标杆的业绩分不开的。1202 队之所以能在会战中刷新纪录,再立标杆,原因是多方面的,其中就包括马德仁同志的努力。

回忆起来,1202 钻井队成长前进的道路并不是一帆风顺的。从玉门到克拉玛依,从川中会战到大庆石油会战,1202 钻井队克服了戈壁沙漠的自然困难,经受了一个又一个斗争的考验。1202 钻井队靠"两论"起家,坚决依靠党的领导,依靠群众,自力更生,艰苦奋斗,迎着斗争的风浪成长起来。按马德仁同志的话说,成绩和荣誉的取得,是党的辛勤培养、亲切关怀的结果,是全国人民及各兄弟单位大力支援的结果。

领导一声令下,马德仁带队赶赴新油田

1959 年秋,一个振奋人心的喜讯——松辽发现大油田,传到各个油田、传遍全国。当时在新疆克拉玛依日夜奋战的马德仁钻井队的全体职工都为这一喜讯欢呼、跳跃。他们摩拳擦掌,巴不得有那么一天能到松辽大油田去战斗,去显身手、做贡献。1960 年 3 月,新疆石油管理局领导向 1202 钻井队职工传达了石油部的命令,决定让队长马德仁、党支部书记韩荣华带队,代表新疆石油管理局到松辽参加石油大会战。命令一下达,他们就立即整理行装出发。经过几天几夜的长途跋涉,4 月 1 日清晨,这支具有光荣传统、闻名全国的 1202 钻井

标杆队到达新的战场。当时天还没亮,几十号人下了火车就一齐挤到萨尔图火车站小小的候车室,由于天气寒冷,他们只能人挨人地互相取暖。天亮后,马队长派人去联系指挥部,其他人上街吃了点面条。8点左右,会战指挥部派来3辆解放卡车把他们载到星火牛场,全队职工卸下行李,马队长立刻分配大家打扫牛棚,用马车去拉羊草,然后把羊草铺在地上,搭起一个大通铺。钻井队按1、2、3、4班,一个个排号就位,就这么住了下来。在头顶青天一顶,脚踏荒原一片的艰苦环境里,全体职工能住上牛棚就感到满足,没一个人有怨言。

至于吃的问题,开始队里没有建食堂,在老百姓食堂搭伙,每顿都是苞米面窝窝头加咸菜,非常艰苦。马德仁队长看到职工大多是年轻小伙,饭量大,吃不好怎么参加会战呢?于是千方百计想办法建食堂。马队长首先领着大伙把一个猪圈打扫干净,砌上炉灶,接着找了两名星火牛场家属帮忙做饭,把队上食堂建了起来。

吃、住解决了,全队职工要参加会战,可是钻机还未到。钻井队没有钻机就等于战士没有枪,怎么上战场?全体职工求战心切,马队长心里更加着急。为了稳住队伍情绪,马德仁、韩荣华一商量,决定学习解放军,搞好工农关系,在等钻机的时间里,为老百姓做好事。全队职工响应号召,主动为老乡打扫院子,到牛场刨粪,被群众称为"戴铝盔的解放军"。

马队长和韩荣华还研究决定,利用这一时机,在全队集中进行一次"战前"动员,讲清大庆会战的形势和意义,号召大家克服困难,艰苦创业,保持荣誉,在大庆会战中再立标杆。同时,马队长还到先开钻的钻井队取经求教,了解当地打井特点,学习各队的先进经验。在一次职工大会上,马队长面对各路英雄相会,要经受各种考验的形势向大家提出要求:全队要一条心、一股劲,努力实现高速度、高水平作业,保持井队荣誉。并在全队掀起"学铁人、做铁人、赶铁人"的热潮。

4月中旬,井位确定了,马队长带领大家挖水池和泥浆池。由于地冻,哪怕一刨一个小坑,工作量也很大。但大家不怕难,不怕苦,起早睡晚搞突击,做完钻前土方工作。听说钻机到了(是国产钻机,编号1202),马队长高兴地跳了起来,立即组织全队人马兵分两路,一部分在火车站装,一部分在井场卸。很快把钻机和辅助设备搬到井场。会战初期,汽车、吊车、拖拉机很少,大家不等不靠,没吊车,就挖卸车台,学铁人人拉肩扛把钻机安装起来。接着,马队长亲自到调度室联系,要来打钻用水,拉来钻井工具器材,经过几天几夜的战斗，钻前一切准备工作就绪。马队长带领的 1202 队，在新油田会战的第一口井开钻了，会战指挥部的领导同志到井场检查工作，鼓励他们安全钻进，取得好成绩。马队长当场表示："请领导放心，我们坚决完成任务。"

吃睡在井场，一心为了多打井，打好井

从第一口开始起，每口井从搬家、安装、开钻、完钻、固井、完井、再搬家，马队长都寸步不离井场，亲自指挥战斗。他像一个永不疲倦的指挥员，日夜战斗在前沿阵地。为了提高钻井速度，他根据现场地层情况，及时调整钻井措施。钻井中出现什么问题，他及时爬上钻台进行处理。发现钻机声音不正常，他能准确地判断出问题，立即帮助司钻进行处理。大家都称他是"经验丰富的钻井专家"。

马队长是个粗中有细的人，善于依靠群众改进工作，不断提高钻井水平。打第一口井时，由于对地层不熟悉，指标、措施不好定，他就发动职工边打井边注意了解地层情况，然后根据地层情况定出切实可行的技术措施。一口井打完后，他又发动大家进行总结，吸取经验教训，明确新的奋斗目标，使队伍思想统一，情绪高昂。1597 井发生了固井事故，马队长立即发动群众，查思想，查工作，揭露矛盾，找出问题，他带头整改，从事故中吸取经验教训，以后再没有发生固井问题，而且固井质量不断提高。为了提高钻井速度，马德仁住在井场，动了不少心思。以前打井深了就不敢用清水钻了，怕发生井喷，影响钻井速度。带着这个问题，他在井场多次召开司钻会，围绕提高钻井速度这个问题发动大家出主意，想办法。经过讨论，思想解放了，每口井采用在标准层深度以上用清水钻井，大大提高了速度，创造了月"三开三完""四开四完"直至"六开五完"的纪录。在人力组织上，过去搬家四个班一齐上，人力施展不开，耽误休息，干不出成绩。针对这个问题，马队长提出两个班搬家，两个班休息准备开钻的方案。在搬家前，铺平道路，挖好泥浆池、水池，做好各项准备工作。这样一来，工作进行得有条不紊，既保证了工作重点，又保持了正常休息。结果创造了当日搬家、当日开钻的新纪录。在钻头使用上，不断摸索，掌握了不同地层使用不同钻头的技术，大大提高了钻头使用效率，加快了钻井速度，为全队夺标杆、保荣誉创造了有利条件。

会战的日日夜夜，不管刮风下雨，地冻天寒，马队长始终坚守在自己的岗

位上。当时,井场离住地很远,饭由炊事员送到井场。每次吃饭,马队长总是替司钻、副司钻工作,等大家吃完饭他才吃。有时候,饭送少了,他宁肯自己不吃,也要先让工人吃饱。在那会战紧张的日子里,他很少回队部睡个安稳觉,始终顶在井场。当钻井工作进入正常状态之后,疲倦得不行了,就把头伏在膝盖上闭闭眼,或者躺在钻杆上睡一会儿。听到钻机声音不正常,马上起来跑上钻台去处理。泥浆是钻井的血液,泥浆不能循环,钻井就无法进行。一次,由于寒流袭来,气温突然下降造成泥浆泵上水管线冻结,不解决这个关键问题将影响钻井进尺和当月任务的完成。在这紧要关头,马队长毫不犹豫,破冰跳进泥浆池清理上水管线的莲蓬头,棉衣被泥浆浸透,成了冰的铠甲,他硬是坚持奋战几小时,直到故障排除,才离开井场去换衣服。队长以身作则,带头吃苦在前,就像无声的命令,鼓舞、鞭策着全队职工。工人们说:"干部都这么拼命,我们还有啥说的。"当时,1202队打井多,工作量很大,个别人感到比其他队干的活多,又脏又累,想调离这个队,但一看到干部、工人们的干劲,又都感到这个先进集体无比温暖。老工人刘正魁说:"说真心话,要是有一天叫我离开这个队,我还舍不得呢。"

主动做思想工作,带出过硬的作风

马德仁是队长,是党支部委员,指导员韩荣华是党支部书记,他俩之间配合密切,互相支持,形成了一个坚强的领导核心。马德仁执行上级和党支部决议都是一丝不苟,严肃认真,从不打半点折扣。会战初期生活极其艰苦,为了做好全队职工的思想工作,提高大家对艰苦环境的认识。支委会在摸清全队思想状况的基础上,做出开展思想互助、做好群众工作的决议,马德仁坚决贯彻执行,主动找工人谈心。工人王积成连续写了几次报告申请回家,马德仁同志一面找他谈话做工作,一面又发动队里20多人找王积成谈心,王积成终于转变了思想,安心工作。四五月份,队里虽然完成了任务,但职工总感到成绩不突出,尤其是在1597井发生固井事故后,不少同志产生了消极和埋怨情绪,担心能不能保住标杆队称号。当时王进喜带领的1205队又不断传来新成绩,使马德仁压力很大。这时支部专门开会找原因、想办法,并在1598井开钻前召开现场会,讲形势,提要求,号召大家要在这口井上干出成绩来。由于战前动员搞得好,统一了思想,鼓舞了士气,结果创下了2天18小时完井的纪录。由于马德仁、韩荣华善于做思想政治工作，这支队伍拥有了优良作风、团队精神和集体荣誉感。三探区首届生产运动会1202队取得亚军，马德仁、韩荣华就组织职工找差距，找到未得冠军的原因之后，立即派人到段兴枝、陈茂汉队去学习先进经验，从而改善了劳动组织，研究出根据不同地层用不同钻头等一套切实可行的措施。为了争时间，他们采用双吊卡接单根，每接一个单根提高到1.5分钟到2分钟，在搬家速度上缩短9小时30分，做到当日搬家当日开钻，6月份实现"四开四完"，一举夺得三探区第二届生产运动会的全能冠军。

马德仁队从此和段兴枝队开展对手赛，段兴枝队有什么好经验，他们及时组织人去学习，段兴枝队有了困难，他们主动提供帮助。一次段兴枝队井上鼠洞跑泥浆，用水泥都堵不住，马德仁和韩荣华把自己解决这类问题的办法介绍给他们，用整袋水泥堵住了鼠洞，使段兴枝队很受感动。

1202队在马德仁、韩荣华的带领下，在石油会战中立了新功。他们把革命精神和科学精神结合起来，首次创造了月"六开五完"的纪录，用8个半月时间打井22口，实现了年钻井进尺上双万米的目标，成为一支思想过硬、作风过硬、技术过硬的队伍，被人们称为"永不卷刃的尖刀"。

（马德仁，1960年任1202钻井队队长，是大庆会战初期"五面红旗"标兵之一。1962年任采油指挥部第一油矿矿长，曾三次被评为大庆油田"五好红旗标兵"。

本文摘自《大庆之魂》）

油井的主人
——记"五面红旗"之一薛国邦

石油大会战,也许你已经知道得很多了。然而,你是否知道:是谁在大庆油田上接管了第一口油井,创办了第一个区队油田"地宫",建起了第一座"六好加热炉",为第一列车原油外运生产出足够的原油?他,就是闻名全国石油工业战线的模范标兵薛国邦。

第一口油井

1960年3月,32岁的薛国邦领着他的采油队,告别战友离开玉门油矿,风尘仆仆地踏上参加松辽石油大会战的千里征途。4月,伴着和煦的春风,生产试验区的第一口油井——66井完钻了。振奋人心的消息立刻传遍了草原,使原本就沸腾的草原更加沸腾了。

这一天,薛国邦和他的采油队来到井场,他们怀着无比兴奋的心情,接管了油田上的第一口油井。薛国邦站在采油树旁边,双手紧紧握着闸门的手轮,心脏激烈地跳动着。他慢慢地打开闸门,屏住呼吸,两只眼睛盯着前方的出油管线。

"呜……",随着蕴藏在地下的天然气拼命地吼出第一声,原油像喷泉似地涌出管口,散发出强烈的油香,沁人肺腑。这时,薛国邦兴奋极了,双眼眯成了一条细线,爬在额上的皱纹也舒展开来。凭着20多年的管井经验,望着眼前漫漫的大草原,他高兴地说:"这个地方也是个大油田,井也是高产井,咱们甩开膀子干吧!"

为了扎扎实实地管好这口油井,取得"四全四准"① 资料,为国家生产原油,无论是白天,还是夜晚,薛国邦总是在采油树跟前转来转去,摸摸这儿,听听

---

① 录井资料要全、测井资料要全、岩心资料要全、分析化验资料要全;各种仪表要校正准确,压力测试要准确,油、气计量要准确,各种资料数据要准确。

那儿，看看压力表，分析记录下来的数据。若是遇到风天雨天，更是放心不下，一时蹲在采油树旁凝神静听着可疑的声音，一时又聚精会神地观察井口压力的变化。薛国邦 16 岁就到玉门油矿，管过无数的油井，对油井的脾气摸得像自己 10 个指头那样清清楚楚。可新的油田、新的油井给他带来了新的困难，一切都要从头摸索。有时，他也为判断不了油井情况而苦恼。然而，共产党员的顽强意志，发展壮大祖国石油工业的雄心，支持着他顽强刻苦地摸索和总结管井经验，虚心向技术人员学习，严肃认真地工作，成为大庆油田上第一口油井的主人。

一天，油井突然发生了变化，原油产量直线下降，很长时间都找不出原因，大家有些心慌了，薛国邦也急得满头是汗。他竭力抑制自己内心的焦灼，站在采油树跟前，侧着身子，静静地听着出油的声音；蹲下观察套管压力；走上清蜡操作台，看看油管压力；又跳下操作台，三步并作两步地走到土油池边。油嘟嘟地间歇喷着，他注视了半天，心里倏地亮了，绷紧的脸也豁然开朗了。他把大家找在一起，先听了大家的意见，然后说："这么大的高产井，不会不出油。压力没变化，出油声音也正常，一定是地面管线堵塞了！"大家一听认为有道理。"那好，咱们立即行动！"薛国邦一马当先拿起管钳，大家一起动手，不一会儿工夫就卸开了管子。果然，是地面管线结了硬蜡。故障迅速排除了，油井又恢复了正常生产。

薛国邦接管的这第一口油井，率先取得了 20 项"四全四准"的资料，准确地掌握了油层情况，为石油大会战的全面开展创造了条件。

第一列车原油

1960 年 5 月，大会战的序幕拉开了。广阔的油田上，井架成行，钻机发出隆隆的巨响，奏起了高速度、高水平开发大油田的战歌。

为了使生产出的原油早日支援祖国社会主义建设，大会战领导小组发出了响亮的号召——"六一"外运第一列车原油。这项光荣的任务，又落在了采油一区队队长薛国邦的身上。

工期短，任务重，但泰山压不倒硬汉子。薛国邦一想到祖国人民不久将要看到大庆油田生产的原油时，浑身充满了力量。

在 37 井，薛国邦和他的采油队经过几个昼夜苦战，铺好了管线，安装好了

锅炉。水泥车来到井场，泵机飞快地转动着，把原油打进了油库。胜利的喜悦拨动着每个人的心弦，但这仅仅是胜利的起点，要保证安全输油，更艰难的道路还在后面呢！

北国的5月，天气依旧寒冷，而且大庆的原油凝固点高，必须把原油池里的原油加温化开后，才能装车。5月27日夜晚，气温突然急剧下降，土油池里的原油变得越来越稠，蒸汽盘管又到不了油池中间。水泥车的泵机打不动稠油，发出了哼哼的叫声，压力逐渐上升。"不行了，打不上油来了！"水泥车司机从驾驶室里探出头焦急地喊着。大家站在油池边上也急得要命，因为时间越来越紧，离"六一"只剩几天了，油打不上来，任务如何完成呢？

"今晚任务紧，天气冷，油池大，蒸汽压力小，熔化的油满足不了泵的进口，要完成任务必须下油池！"说完，薛国邦第一个奋不顾身地跳进油池，赤手拉起蒸汽盘管，在油池中来回移动着。

"队长，你的腿有关节炎，快上来！"工人几乎一齐喊着。

在没腰的油池里，薛国邦浑身上下沾满了原油，寒风吹来，冰冷刺骨。腿麻木了，蒸汽盘管把手烫破了，他仍坚持着，坚持着……原油的温度终于升高了，水泥车的泵机又和谐而有节奏地响起来。

四天四夜的激战，薛国邦强忍着关节炎的痛苦，片刻都没有离开井场。大家为他的健康担心，劝他，拉他，但他始终不肯离开。最后没有办法，以党总支的名义让他回队休息，他才恋恋不舍地离开井场。

6月1日，人们渴望的日子终于到了。这一天，薛国邦很早很早就跑到火车站。他望着那披着节日盛装的21节油罐车，心里有说不出来的高兴。8点45分，这是一个难忘的时刻，乐队高奏起《社会主义好》乐曲，在一片热烈的掌声和欢呼声中，满载着原油的列车徐徐开动。薛国邦频频地向远去的列车招手，乐得连嘴都合不上了。

第一个区队油田"地宫"

1960年7月初，高速度、高水平地开发大油田的第二个战役开始了。要开发好大油田，必须进一步弄清油层情况，充分认识和掌握油田生产规律。薛国邦想："要掌握油田的变化规律，不仅要管井口，还要管到井底去，才能做油田真正的主人！"可是，怎么才能管到井底去呢？就在这个时候，会战领导小组提出了"大办地宫"的号召，给他指明了方向。

"地宫"怎么办？办成个什么样子？薛国邦开始觉得不知从何下手。他想起石油部领导的指示：办地宫要发动群众，要工人自己动手来搞！他的心豁然亮了。召开全区队大会，传达了上级关于大办"地宫"的指示。一个大办"地宫"的群众运动开始了。

没过几天，薛国邦在一口油井上搞出了第一个"地宫"试验田。

8月7日，油田夏日的早晨，区队各个油井的采油工人们怀着新奇、兴奋的心情，前来参观油田上的第一个小型"地宫"。

在小型"地宫"里，有井史资料、井身结构图、综合记录和采油曲线等资料。有地面情况，也有地层情况。有的工人在参观之后说："过去找资料东跑西颠还凑不齐，现在一进'地宫'就能找到，可方便多了。"还有一个工人风趣地说："原来油层就这个样子呀，过去光看见地质员一个人搞，好像挺神秘的！"他这句话，引得大家一阵哄笑。

"这个地宫还很简单，不够全面，需要大家充实内容，使它更丰富。"薛国邦停了一下又对区队的同志们说："大家要积极行动，井井办起'地宫'，我们要争取第一个办起区队油田'地宫'！"他到处奔波搜集资料，召开井队技术员和攻关队员会议。怎样办好第一个区队油田"地宫"？无论吃饭走路，他总是绞尽脑汁地想点子。一天，他望着墙上的奖状，心里一动，"用木板做一个扁匣，两边镶上玻璃，中间用板隔起来，装上几根玻璃管表示油井，用带有颜色的木屑表示油层厚度……"于是，一个立体的油井模型产生了。

胜利永远属于敢想敢干的人，第一个区队油田"地宫"办起来了。

8月21日，是这个"地宫"开放的日子。石油部领导也参加了开幕式。

"地宫"内陈列着巨幅的油层对比图，从图上可以看出油层的分布情况、油层厚薄和物理性质；两排试采井的立体模型，不仅反映了油田的地面流程，而且将地下油层情况展示在观众面前；每口井都有井史、井身结构图和采油曲线图。通过这一系列的模型、图表、资料，整个区队的油田地质情况，直到每一口井从完钻到试采的全部历史和当前情况，都一目了然。这个"地宫"，不仅为油田开发提供了极为宝贵的资料，也成了区队采油工人的"技术学校"。

第一座"六好加热炉"

冬天来了,油田面临着严寒的考验。对采油工人来说,首先遇到的便是临时地面出油管线的保温问题。

这时,薛国邦担任采油二矿主任职务。他一天到晚拖着患有关节炎的双腿,在矿场120多口油井间来回跑,办公室的门边儿都摸不着。

"天气最冷的时候,你就到井上去找薛主任。"这是二矿干部在实践中的体验。

"现在才零摄氏度左右,管线就要冻结了,到零下40几摄氏度可怎么过?"薛国邦在井场上听到了一些信心不足的议论。他不是没有注意这个问题,他想得更多的是怎样让油井安全度过冬天。零下40几摄氏度的天气,他也是头一次遇到啊!他还是那个老脾气,有了心事便觉也不想睡,饭也不想吃,在井上转来转去,和工人一起研究对付管线结冻的办法。薛国邦提出一个地面管线保温方案:用砖砌成烟道,把管子围起来加温。得到批准后,他们立即行动。当时,有些技术人员风言风语地说:"油井上用火,这是国内国外从来没有过的事,不闹出乱子来才怪呢!"

"前人没有做过的事,我们就是要试验着去做,外国人连想都不敢想的事,我们今天就是要让它实现。"薛国邦对那些人理直气壮地回答。

第一个烟道保温炉砌成了,试验结果基本上是成功的,缺点是烟道加油口离采油树太近,如果窜出火苗来,很容易发生危险。琢磨了半天,薛国邦把原来的加油口拆掉,重新把它砌在烟道的中间,这样加油口离采油树和油池都远了,失火的危险也避免了。

可是,使油井安全过冬,关键问题还在于井口装置的保温。关于这点,在采油二矿流传着一段薛国邦捉"牡丹"的故事……

"薛主任,目前大家都在修保温炉,各有特色,真是百花齐放,您又在搞啥名堂呢?"一个攻关队的同志问薛国邦。薛国邦想了一下,饶有风趣地说:"百花齐放,那我就捉'牡丹'呗!"逗得那个同志咯咯地直笑。

薛国邦又开始闯了。多次试验失败,他没有灰心,不断总结、改进、提高,再改进、再提高,终于捉住了"牡丹"。

薛国邦捉住"牡丹"的消息立刻传了出去,探区召开了一个观赏"牡丹"的现场会。

原来，薛国邦的"牡丹"是这样的：在采油树周围砌一层火墙，在墙内加一道迂回间隔层，使烟气在火墙内有较长时间的停留，便于传热；又在采油树火墙之外加一道封闭起来的保温墙。参观之后，大家都认为这种保温炉是土法上马，施工容易，操作方便安全；加热温度高，美观大方经济。因此，给"牡丹"起了一个名——"六好加热炉"。

从此，各个油井都建起了"六好加热炉"。就是这种"六好加热炉"，在大庆会战初期，为大油田战胜零下40多摄氏度的严寒，坚持安全正常生产起了巨大的作用。

永做油田的主人

1961年的大会战开始了，在万人誓师大会上，薛国邦又发出了豪言壮语："钻井工人打多少井，我们保证管多少井，而且接得快，管得好。不仅管井口，还要管到油层里去！"

多么响亮的油井主人的声音！在这声音里，我们仿佛看到了源源不尽的原油像万里长江一样，从油田流向祖国的四面八方。

（薛国邦是大庆油田第一个采油队队长，是大庆会战初期"五面红旗"标兵之一，曾三年被评为油田"五好红旗标兵"。本文摘自《大庆之魂》）

油井管理能手

——记石油工业部"五好标兵"陈淑英

陈淑英所管的中6-23井到1964年4月,已经稳定高产3年了,是战区(当时大庆油田的简称)著名的"稳定高产迟见水标杆井"。为了管好这口油井,陈淑英付出了很多心血。一天,她观察油井取样时发现,原油的颜色开始由黑色变为棕褐色,清蜡时起出的钢丝开始发乌,测气时喷出的天然气还带雾状,这些迹象表明,6-23井的主力油层快见水了。为了保持地层压力,大庆油田早期采用注水开发。6-23井主力油层注水开发已经3年了,如果这个油层见水,整个油井就会都见水。怎样使这个主力油层既能不间断地注水保压,又能推迟见水,从而使整个油井的见水期都延缓,多为国家生产原油?陈淑英反复思忖着。她和全井组的同志们认真开展了地下分析活动。

油层深埋地下,要想知道它的变化情况,是一件很不容易的事情。必须透过大量的现象,找出本质的变化。为此,陈淑英她们利用业余时间查阅了大量一手资料,找出这个油层和水井连通性能好,渗透率高,单层突进较快的主要矛盾。用43.5万多个资料数据反复对比,进行综合分析。并克服困难,学会小层计算、小层分析,把主力油层的水线推进位置计算出来,切实掌握了它的动态。在此基础上,陈淑英她们采取调整注水量和更换油嘴等办法,终于制服了这个主力油层,推迟了见水日期。之后又有一个油层有了见水的显示,她们利用邻近一口观察井投产含水较多的情况,采取有效措施,又控制了这个油层。使中6-23井的见水期推迟了14个月,到1966年6月仍然没有见水显示。

地层压力是油田的灵魂,是油井的生命。1966年1月初,6-23井的产量、油压、套压和原油含水率都有很大波动。特别是套管压力下降了30个大气压,并低于油压6个大气压,这是油井生产中十分反常的现象,是投产以来第一次出现。井组的同志们十分担心,都坐立不安,不知道该怎么办。有的说:"赶紧报告上级来处理。"有的说:"得派人上井,日夜盯着观察。"当时,陈淑英虽然没有好办法，但有一条她认得准，就是看问题不能只看表面现象，光看表面现象就会迷失方向。她想：世界上一切事物都是矛盾斗争的统一体，都时时在发展变化着。整个油田地下天天在发展变化，油井地下情况发生变化，当然也不例外，这是事物发展的必然现象，不奇怪。她和井组同志一起，根据以往的管井经验和已掌握的材料，很快分析出套管压力下降的三种可能性：第一是油井套管接箍和法兰漏气；第二是油管、套管环形间隙结有死油环，使油井压力反映不真实；第三是水井注水量过大，地层能量补充过猛，水淹程度增大。接着，她们对这三种可能性逐一进行试验。先校对仪表，后把套管接箍刨开灌上清水检查，看是否漏气。没有问题后，又采用套管放气办法检查油管、套管环形间隙是否有死油环，结果也未发现问题。最后，她们集中力量，到邻近各油井、水井全面搜集资料进行深入分析，才发现确实是由于7-23注水井注水量过大，导致地层压力上升过猛、套管压力下降、含水增加。

原因找到后，陈淑英她们又进一步采取措施，对水井注水量进行调整，使中6-23井的生产更加稳定了。

资料是否齐全准确，是能否实现油井稳定高产迟见水的重要因素，是能否管好油井，让油层听人指挥的关键。为此，陈淑英在取全取准油井第一性资料方面，表现出了为油井负责一辈子的主人翁意识和高度责任感。一次，她在量油时发现本班量油时间比上一班多用了5秒钟。差5秒钟，这意味着油井产量发生了变化。哪怕变化很小，陈淑英都要把原因搞清楚。她重新检查了一遍量油设备。油压没有变化，那么油层不可能有问题！她又把量油玻璃管卸下来，一检查，发现有堵塞现象，她立即进行清洗，然后第3次量油，果然取得了与上班相同的资料数据。陈淑英还不放心，又进行了第4次量油，最后取得了可靠的数据。

中6-23井从1960年10月投产到1966年的6年间，陈淑英及井组的同志们以高度的责任感精心管理，爱井如家，所收集的60多万个原始数据齐全准确，在油田内部早期横切割注水保压的条件下，为国家生产无水原油占本井控制地质储量的16.3%。中6-23井出名了，被命名为"稳定高产迟见水标杆井"；陈淑英也出名了，先后被评为油井管理能手、战区五好标兵和石油部五好标兵。

（陈淑英，1965年荣获石油工业部"五好标兵"称号。本文摘自《大庆之魂》）

攻难关做主人

——记石油工业部"五好标兵"胡法莲

  1964年,中四队成立了女子采油井组,23岁的胡法莲被任命为这个井组的井长。井组所管的油井中有一口有名的"调皮"井:产气多,出油少,压力下降快,结蜡严重。大家都管它叫"气老虎"。最初,由于没有吃透这口井的"脾气",没有管好,出了点事故,队领导严厉地批评了她们。这时候,各种议论纷纷传入胡法莲她们的耳朵里。井组里有的同志也产生了畏难情绪,怕掉刮蜡片,怕"顶钻",怕堵油嘴,怕出"蜡棒子",怕挨批评……简直掉进了"怕"的泥潭里。胡法莲想:要制服"气老虎",首先要解决思想中的"老虎"问题。她组织大家反复学习《愚公移山》,使大伙克服了畏难情绪,提高了信心,增强了克服困难的勇气。她们说,老愚公还有决心把两座大山移走,咱们连这点困难都战胜不了,还算啥石油工人!"一定要制服'气老虎'。"井组的同志们都树立了这种坚定信念。

  开始,在清蜡上碰到了难关。一天清4次蜡不行,她们就清6次,还不行,就清8次、清10次。每清一次蜡,两个人摇不动绞车,就再加两个人。女同志力气小,摇不上10圈浑身就没劲了,她们便歇会儿再摇。下了班,有的人累倒了,有的人捶腰,有的干脆提出上不了小班了。"气老虎"没有制服,人却被"气老虎"制服了。决不能让困难吓倒!胡法莲组织大家热烈讨论"我们的同志在困难的时候,要看到成绩,要看到光明,要提高我们的勇气"毛主席在《为人民服务》中的这段话。有的说:"咱们女同志不应当怕苦怕累,而应当有志气,闯出一条路子来!"有的说:"这口井是自喷油井,比那些不是自喷井好多啦!"还有的说:"这口井虽然难管,但可以管出很多经验来,只要我们不断总结,措施跟上,跑到油井变化的前面,争取主动权,一定能管好。"胡法莲看到大家讨论得热乎乎的,她最后说:"工作中有困难是自然的。工作就是跟困难做斗争。在管理油井中,即使暂时有失败,我们可以取得教训,这对以后管好油井也有意义呀！"

有了信心，还要有方法。胡法莲带领大家按照毛主席在《矛盾论》中说的："研究任何过程，如果是存在着两个以上矛盾的复杂过程的话，就要用全力找出它的主要矛盾。捉住了这个主要矛盾，一切问题就迎刃而解了"的办法，寻找了制服"气老虎"的主要矛盾。大家一致认为：这难关，那难关，目前主要矛盾就是清蜡关。一次，油井产量波动较大，引起了胡法莲和另一个同志的注意，经过9次反复量油，把数据取准了。又经过7天奋战，画出采油曲线、小层平面动态图等110多张，终于摸清了油井两个下降（压力、产量下降）、一个上升（油气比上升）、一个严重（油井结蜡严重）、一个反常（原油黏度反而变小变好了）的规律。为了进一步攻克清蜡关，她们又反复研究、改变清蜡措施，进行了55次对比，掌握了1000多个可靠数据，最后找到了合理的清蜡办法，攻下了清蜡关，制服了"气老虎"。

清蜡关攻下来了，大伙都很高兴。油井虽然好管了，可产量和压力依然不断下降。在井组会上，胡法莲说："'气老虎'的命根子是'气'。咱们不但要制服老虎，还要管活它，叫它乖乖听从我们的指挥调遣。要管活它，就得要掌握住'气'的脾气，掌握不了它，就抓不住'气老虎'的本质，等于打糊涂仗。"大伙听了，觉得很有道理，便进一步搞地下分析，得出结论：原来压力下降快，产量不稳的原因，就在"气"上。"气"跑得多，和油嘴有关系。她们调整了3次油嘴，进行了15次对比，终于找到了合适的油嘴，使油井的压力和产量稳定下来，保证了油井长期稳产高产。

在制服"气老虎"井的过程中，胡法莲深深体会到，世上只有畏难的思想，没有克服不了的困难。党交给的任务，越难越光荣。从难到不难，是一个艰苦实践的过程。遇到困难，必须勇敢地去实践，去克服；遇到困难光喊不实践，永远是难。难与易是对立的两个方面，在一定条件下是可以互相转化的。我们就是要把不利因素变为有利因素，促进矛盾的转化。油井是死的，人是活的，人是油井的主人，油井是人的斗争对象，只能是人征服油井，绝不能叫油井征服人。

（胡法莲，1965年荣获石油工业部"五好标兵"称号。本文摘自《大庆之魂》）

在 岗 位 上

——记石油工业部"五好标兵"李天照

当你在飞快旋转的机床旁高速切削的时候,当你在富饶的土地上耕耘播种的时候,当你在瞭望哨里守卫祖国边防的时候,当你在售货台前殷勤接待顾客的时候,当你在精密的显微镜前观察一个个切片的时候,你可会意识到,你是在庄严的岗位上对祖国履行着神圣的职责吗?

如果说,祖国的社会主义建设事业,好比雄伟的长城、巍峨的泰山,那么每个人的岗位,就好比它们的一砖一石。当你站在自己的岗位上,你可会意识到,一砖一石在我们伟大建设事业中的作用吗?

假如你还没有认真地想过这样的问题,那么就请你看一看大庆油田李天照采油井组怎样对待自己的岗位吧!

一颗米粒大小的螺丝

1964年的一天,李天照井组突然收到一封远方来信。

来信的封皮上贴着"双挂号"的红签签,里面装着一颗米粒大小的螺丝钉,还附有八角钱的邮票。信上写道:"你们自觉地爱护设备,在自己的岗位上严肃认真,一丝不苟,这种作风值得我们好好学习"。

这是怎么回事呢?

原来,新工人小张一次操作不小心,把千分卡上的一颗小螺丝弄丢了。当天,他从下午找到晚上,都没有找到。第二天,天刚蒙蒙亮,他又赶到井场去找,还是没有找到。

"一颗老鼠屎坏一锅汤,我可不能损坏咱井组的集体荣誉!"小张想,"李天照井组从1961年11月成立以来,管理和使用的90件工具、仪表,1368件设备,件件完好,没有丢过一颗螺丝。今天,自己丢了一颗螺丝事小,破坏了大家辛辛苦苦养成的好作风、好传统，这可是大事！"

第三天，小张请了半天假，跑到附近的小镇上，问遍所有的自行车修理行、钟表、收音机修理店，想买一颗小螺丝配上。结果不是没有，就是规格不合适，都未如愿。

小张想来想去，终于想出了一个办法。他工工整整地写了一封信，说明原委，请技术员按照螺丝的形状画了一张草图，标明尺寸，并附上一块钱，寄给制造千分卡的工厂，恳求工厂破例卖给他一颗螺丝。

制造千分卡的工厂显然被一个普通工人高度负责的赤心感动了，他们把一颗螺丝和一封热情洋溢的回信寄给了李天照井组。

对一颗小小的螺丝负责到底的故事，从此在采油工人中传开了。

"四个一样"

有人丢失或损坏一件工具，漫不经心地向上级打个报告，重新领一件，这不是我们生活中常见的事吗？小张来到李天照井组还不到一年，为什么对一颗米粒大小的螺丝这样认真？

23岁的他腼腆地说："跟着好人学好人，我不过是学了咱井长和老师傅们的样呗！"

初夏的一天中午，"锥子雨"刷刷地足足下了一顿饭的时间，井场周围积了一大片没过脚踝的水。一个小时检查一次设备的时间到了，雨还是下个不停。学徒工小刘从值班房探出头，望了望西半边已经露出一线亮光的天，连忙侧转身去问李天照："井长，这雨下不长，等它停一停咱再去检查吧？"

李天照听了小刘的话，斩钉截铁地说了一声"不行"，抄起工具，三脚两步跨出了值班房。

他检查了采油树，又去检查油气分离器，紧接着一溜小跑到加热炉旁。加热炉底部已经浸泡在水里，火苗忽闪忽闪，眼看要灭的样子。他拿起铁锹，挖了3条小沟，排了积水；又放大闸门，弄旺了炉火。他站在雨地里，一直到加热炉的温度恢复正常，才扛起铁锹往回走。等李天照回到值班房，浑身上下已经湿透，雨水顺着他的头发、袖口和裤脚直往下淌。他一面脱下上衣来拧，一面对小刘说："岗位责任制就是岗位责任心。越是坏天气，越要按制度办事，抓紧检查。这应该定为咱井组的一条纪律呢！"

小刘偷偷瞅了井长一眼,惭愧地低下头来。他掏出钢笔,把井长的话一字一句地写在工作记录本上。

一个多月以后,雷阵雨频繁的6月天来了。这天,又是小刘值班。太阳上午还是火辣辣的,到了下午,陡然乌云密布,雷鸣电闪,暴雨瓢泼似的倾泻下来。这次,小刘不再怕雨淋风吹了,他想起井长冒雨检查设备的情景,浑身来了一股力量,任凭暴雨如注,雷声震耳,他每过一小时就按时出去检查一次。这天,从下午4点到晚上12点,他全身的衣服被暴雨淋湿了6次,又烤干了6次。有人问:"为什么不等雷阵雨停一停再去检查?"他说:"怎么能等?规定啥时间检查,一分钟也不能耽误。别说下雨,就是下刀子,也要跟晴天干活一个样。"

一天夜晚,乌云吞没了星星和月亮。已经11点半了,队长信步到李天照井组检查夜班工人的交接班。快到井场了,正是12点整,只见两个工人一同走出值班房,按点交接,队长暗中注视着他们的动作。突然,在分离器前,他们停下来,接班工人摸摸玻璃管,摇头说:"不行!上边还有油泥呢。你擦干净了,我才能接。"交班工人二话没说,立即把玻璃管擦得亮晶晶的。

第二天,别人告诉小李,队长昨夜暗查你们了!小李笑笑说:"查也不怕。咱干活,夜班和白班一个样,一点儿不能马虎!"

李天照井组管的油井,周围一二里地没有人烟。一口井昼夜只有一两个人值班。井场这样荒僻,工人们干活又没人监督,他们能自觉地工作得很好吗?

这天夜晚,蒙蒙细雨像雾一样遮天盖地。李天照冒雨到井场检查工作。快到井场了,他看了看手表,时针正指着7点57分。

"离8点只差3分钟了。小张该准备出来巡回检查了,怎么井场上还是一片漆黑?"李天照正纳闷,眨眼间,井场上那盏照明灯倏地亮了,门吱嘎一声开了,值班房里走出一个熟悉的身影。

"是他!真是跟钟表一般准!"李天照高兴得几乎喊出声来。他暗地里目不转睛地看着小张按顺序查完了井口设备,又踩着泥泞,沿管线向前检查去了。

等小张检查回来,李天照走进值班房,亲昵地拍了他一巴掌说:"你今天检查得挺严呀!"小张没想到井长冒雨上井,心里热乎乎的,答道:"井长,你不用操心啦。干活嘛,领导在不在,咱都是一个样!"

李天照井组的每一件设备,都严格实行挂牌制度。每小时巡回检查过后,开动的设备,就挂上一个"开"字牌,停车的设备,就挂上一个"关"字牌。

一天夜里12点刚过,李天照悄悄上井,把套管阀门上的"开"字牌,暗暗换上了"关"字牌，就走了。

第二天一大早，他就跑上井去检查。他看到夜班工作记录本上写道："夜一点，发现套管阀门挂错了牌，应该挂'开'，挂成'关'了。"

李天照笑了。夜班工人一见他笑，心里猜着了八九分，忙问："井长，可是你动了我的牌子？"李天照说："对啦。我想检查检查你哩！"夜班工人朗朗大笑起来："那还有啥含糊的？查不查都是一个样！"

"坏天气和好天气干工作一个样""夜班和白班干工作一个样""领导不在场和领导在场干工作一个样""没有人检查和有人检查干工作一个样"，自从1962年6月大庆开始执行岗位责任制以来，李天照井组经过领导3000多次的明察暗访和20次大检查，每次都证明他们做到了工作"四个一样"。

高度的革命自觉，"四个一样"的好作风，使李天照井组管的几口油井，天天安全生产，月月超额完成生产任务。他们在井上记录的2万多个地质数据，经过47次反复检查，没有一个差错。油井上各种设备的863个焊口，156个阀门没有一处漏油漏气。

李天照井组"四个一样"的工作作风，经过总结推广，很快就像一阵春风，吹遍了大庆油田。

油田的"地下警察"

过去的采油工人，历来都是上井三件事：扳扳管钳，换换油嘴，看看压力表。李天照井组把油井管得这样出色，在整个大庆油田已经是有口皆碑了。但他们并不满足。有一次，通过井口上一个几乎无法觉察的变化，他们又把管理工作从井口深入到地下了。

那是一个晴朗的早晨，朝霞映红了半边天。李天照正在一口井上帮助值班工人清蜡。突然，他发现从井筒中取上来的铅锤顶端，有一滴豆粒大的水珠。朝阳映照着水珠，一闪一闪地发亮。"水珠，油井下面怎么会有水珠？"一滴小小的水珠，没有逃过李天照锐利的眼睛，他一连几天苦苦思索着这件事。

李天照提议，把井口的油气分离器打开，从中取出水样来化验。

化验的结果表明：是地层里的水。这同地质部门掌握的地质资料相符。

"是哪一个层的水？水珠是从哪一个部位跑进井筒的？"他寻根究源，打破砂锅问到底。于是他翻出了几年前的钻井资料，进行分析研究。直到找出水层

的位置，断定水珠跑进油井的原因，心里一块石头才算落了地。

过了不久，李天照又两次发现铅锤顶上的水珠一次比一次增多了，他感到很讨厌。他和井组工人像取珍珠一样，白天、黑夜、晴天、雨天，从不间断地从铅锤顶上取出一滴滴水珠去化验。李天照反复地思考着。他找地质师们一起分析、研究，到附近井组去搜集地质资料……

整整8个月过去了。李天照井组的工人们付出了多少心血和艰辛的劳动！他们前后3次彻底弄清了水珠的来历，为指导油井持续正常生产，提供了一项很有价值的资料。

井下的情况，本来是地质师、科研人员的事。李天照和井组工人们，前后3次为查明井下水珠的来源所付出的创造性劳动，反映了他们对工作、对事业高度负责的精神。

不久，领导机关号召所有的采油工人向李天照井组学习，当好油田的"地下警察"，并选拔出李天照和50多名优秀的采油工人为"地下警察"。当李天照恭恭敬敬地接过喜报时，认真地说："人人有自己的岗位，咱采油工人的岗位在地上，也在地下。全国人民托咱管油井，管好它是咱的本分。"

（李天照，1965年荣获石油工业部"五好标兵"称号。本文摘自《大庆之魂》）

少年壮志不言愁

——记石油工业部"五好红旗手"刘明田

1961年7月,刘明田从玉门石油技校毕业后分配来大庆工作。青春年少,英姿勃发,浑身有使不完的劲儿。她要把自己的青春献给油田,要在普通的采油工作岗位上干出不平凡的业绩来。然而,命运对她是不公平的,她出生在地主家庭里,历史遗留的沉重负担却要她一个弱女子背起来。在那个年代,这种"身份"的人要干一番事业甚至只是平平安安的生活下去,注定要花比别人多几倍的力气。然而,她不气馁,她热爱祖国,热爱中国共产党,热爱自己的采油工作岗位,要把毕生的心血倾注到自己所热爱的事业中去。

打铁先得自身硬

在日常生活中,刘明田处处严格要求自己,从日常的、平凡的、细小的工作做起。有一次她下班比较晚,一个馒头没吃完就到开会时间了。开罢会,发现馒头上爬满了蚂蚁,便把它丢进了猪食桶里。第二天,指导员批评了她,说她把白馒头扔掉是败家子。她心里觉得很憋气,馒头上爬满了蚂蚁,还咋吃呀?真想顶指导员两句,但她忍住了。第二天午饭时,她和一位叫张启跃的老师傅坐在一起,她看见张师傅喝完稀粥又用馒头把碗擦了一圈,吃掉了,不丢一粒米粒。她的心震颤了。自己平时怎么就没注意呢。半个馒头和几粒米都算不得什么,但这里边体现的是一种精神,自己丢掉的不正是党的艰苦奋斗的光荣传统吗?于是,她找到指导员主动承认错误,并表示要虚心向老师傅们学习,保持艰苦朴素的生活和工作作风,做一个合格的革命事业接班人。至此之后,她更加严格要求自己了,工作也干得更出色了,不久就担任了井长。

然而,路总不是平坦的,有坦荡宽阔的大路,也有荆棘丛生、怪石嶙峋的羊肠小道。前进的航船也不总是一帆风顺的,有波峰也有浪谷,有怪礁也有险

滩。一个人在前进中，喜怒哀乐总陪伴着你，只要你取得成绩不自满，遇到困难不低头，矢志不渝地去奋斗、去抗争，胜利总会属于你的。有一次，刘明田井组的一个同志，一连出了几次事故，虽然没酿成大错，却也把人吓得直冒冷汗。在班组会上，刘明田没有批评这位同志，而是认真地做了自我批评。认为事故苗头虽然发生在那位同志身上，却反映出自己平时管理工作做得差，思想政治工作没有落到实处。当时在场的一位队干部当即对刘明田进行了批评。说她工作不大胆，是谁的问题就应该负责，不能往自己身上揽。刘明田的脸"呼"的一下红了。领导一针见血的批评，的确说到了她心里。严格要求自己，启发同志开展批评与自我批评这本身是没错的，但自己心里总觉得心虚，担心自己"根"不红，被人家瞧不起。于是，她暗下决心，要鼓足勇气，排除杂念，严格大胆管理，做好耐心细致的思想政治工作。

和风吹得新苗壮

1964年，井组分来一批学徒工。刚来时，思想都不稳定，各人有各人的想法，有的甚至觉得当采油工是"三间小房巴掌大块地，擦擦洗洗没出息。"徒工小黄爱漂亮，好打扮，哪个姑娘不喜欢把自己打扮得漂漂亮亮的？然而，过分地追求衣着打扮就势必会影响工作。小黄就有些过分了，梳洗打扮时很用心，工作时却粗心，填报表时经常涂涂抹抹，导致井组好几个月没得红旗。有一次轮到小黄值班，报表又有涂改，但她重新抄写了一遍，最后井组得了红旗。按规定，报表是不允许有涂改，更不允许重新填写的。于是，刘明田把大家找到一起，针对这张重新填写的报表进行了讨论。大家说，评红旗是为了促进工作，而单纯为了追求荣誉弄虚作假不但不能促进工作，反而会影响工作。小黄触动也很大，主动要求拔掉这面假红旗，要争真红旗。为了让小黄持续进步，刘明田主动接触她，和她谈心，讲年轻人不但要讲究衣着打扮，更要掌握过硬的技术。并手把手地教她量油、测气、清蜡，在她的言传身教下，小黄成长很快，不仅成了井组的骨干、入了团，还被评为红旗手。

压力变动力

刘明田井组所管的井中有一口是参观井，每天要用15毫米油嘴喷油，有时一天要喷油8次，造成了油层波动，产量、压力不稳定，而且还见了水。有的同志说："这口井有特殊使命，就是供人参观，产量问题是次要的。"刘明田不这样认为，她说："油井见水并不可怕，可怕的是我们失掉管好油井的信心和责任心。扭转这口参观井产量的被动局面，困难是大些，但喷油和控制含水、稳定产量不是对立的，可以通过努力达到这两个目的。"

于是，她带领大家进行了艰苦的工作。到地质大队、小层攻关队、矿场地质室、化验室和有关水井去调查研究，收集资料，请教办法，一周时间就得到了24000多个数据，然后召开"诸葛亮会"进行综合分析。大家认为："解决矛盾的关键在于控制好小层注入水量。"为了控制含水上升速度，保持生产能力，她们向有关部门建议对见水层暂时停止注水，并请射孔队把接替层射开。这一方案实施后，取得了明显的效果。含水量、油层压力都稳定下来，产量也有所上升。

参观井产量有了转机，刘明田没有满足，又领着大家在有利形势下找不利因素，发动群众预想可能发生的问题，提出了预防性措施，又见到了明显效果。这口井两年内为参观者喷油600多次，产量和油层压力不但没有下降，相反都有了回升，日产量越来越稳定。

思想上和工作上的压力使刘明田越来越成熟，这正应了铁人王进喜同志那句话："井无压力不出油，人无压力轻飘飘"。压力有时何尝不是一种好事。

（刘明田，1965年荣获石油工业部"五好红旗手"称号。本文摘自《大庆之魂》）

红八号

——记石油工业部"五好标兵"侯祖跃

20世纪60年代的大庆石油会战,造就了一大批"铁人"式的英雄人物,在众多英模中,有一个身高1.6米左右的小伙子,瘦小而精干,黝黑而强健,满口湖南口音。他就是名扬战区的"红八号"车组第一任车长、战区五好标兵侯祖跃。

刻苦钻研,攻克"泰拖拉"

1960年9月,会战指挥部为满足高压排液施工任务的需要,从新疆维吾尔自治区调来9台捷克"泰拖拉"柴油水泥车。当时大家议论纷纷,有喜也有忧,有的兴奋地说:"这下解决问题了,'泰拖拉'水泥泵排量大、压力稳,不愁完不成高压排液任务啦。"但也有难处,尤其是队干部忧心忡忡,这些宝贵设备叫谁开呢?三年自然灾害,全国人民都勒紧裤腰带过日子,进口一台"泰拖拉"要花费18万元人民币,要100多万斤粮食才能换来这台车啊!

按照捷克专家要求,"泰拖拉"必须由具备三级工以上技术水准的驾驶员驾驶,当时,符合要求的司机寥寥无几,侯祖跃不信邪,毅然接下了八号"泰拖拉"水泥车。"洋"玩意儿接到手,困难实在不少,过去他只在部队开过汽油车,对柴油车一窍不通,但他却信心十足。他说:"事在人为,外国人能掌握的技术,我们中国人也能掌握。"为了掌握"泰拖拉"车的驾驶、修理技术,他抓紧一切空余时间学习、摸索琢磨,不懂就请教;睡觉前,躺在床上,不仅脑袋想,手还不停地在肚皮上比划。为了弄清"泰拖拉"底盘结构,一周时间,他连续36次钻到车底摸情况。经过一个月的反复实践,终于查清了全车18000多个零部件的性能和用途,还查出42个黄油润滑点。掌握了"泰拖拉"车的驾驶、小修、保养、常见故障排除等技术。

爱车如命，首创"四勤""三查"

侯祖跃常说："人巧不抵家什妙。'泰拖拉'性能好，在车辆少、条件差的情况下，我们更应该珍惜它、爱护它，发挥它的作用。"他是这样说的，也是这样做的。平时，他有时间就擦拭车辆，一个部位一个部位地注黄油，一颗螺丝一颗螺丝地拧紧。对各个滤清器细心清洗，对各部间隙经常检查调整。

当时，柴油车用油十分困难，柴油质量很差，如果把油直接加入油箱，就会造成油路堵塞，所以，哪怕在三九严寒的气候条件下，他也坚持使用柴油"五过滤"。他说："图省事不行，天越冷越不能马虎，不然车子就要出毛病，耽误生产是大事。"会战初期的大庆油田，呈现在人们面前的是一片荒原，现成的路很少，即便有路，路况也极差。因此在行驶中，他十分注意选择路面，掌握行车中路面变化规律，做到"四稳"（起步稳、操作稳、行驶稳、停车稳）、"六慢"（拐弯慢、会车慢、人多地段慢、交叉路口慢、道路不平慢、视线不清慢）。一次到南区施工，路过一个半尺深的小水沟，他停下车，捡石块、砖头垫平路后才通过。看到这种情况，有的人说："侯师傅，进口车性能好，何必费那么大劲呢？"侯祖跃说："我们爱护车要像爱护自己眼睛一样，车是用人民的血汗换来的，坏了不仅影响生产，而且是对党和人民的犯罪。"从此，大家理解了侯祖跃常说的："车上掉块漆，就是在我身上掉块皮。"

在工作实践中，侯祖跃总结出了"四勤"（勤润滑、勤扭紧、勤清洗、勤调整）的保养方法和"三查"（出车前检查、行驶中检查、归队后检查）的经验，首创了大庆会战初期的特种设备岗位责任制，并得到推广。

忘我工作，为油献身

1960年春天，在万人誓师大会上侯祖跃听了"王铁人"的英雄事迹后，在日记里写下："我要一辈子学习'王铁人'发奋图强、艰苦奋斗的革命精神，在石油战线上安下心、扎下根，像一头老黄牛一样为人民服务，为祖国石油工业建设发出我的光和热。"

在大庆会战的第一个冬天，他以车为家，顶风冒雪，一心一意保前线，首次取得4个100%（100%出勤率、100%工作质量、100%安全生产、100%完成任务），被会战工委誉为全战区标杆。为了保证前线生产，他总是千方百计把

车子保养好,坚持处理故障不过夜。有一次晚上7点多,侯祖跃发现车胎扎进了钉子。他想,设备完好是保证生产的关键,于是,不顾连日在外工作的疲倦,马上进行修理,直到晚上11点多把车修好。

连班加点,是会战年代一大特点。侯祖跃不计时间,工作起来连轴转的日夜不知有多少个。一次,他连续工作了两个昼夜,躺下不到两个小时,队长叫醒他:"北一站要车,你给我钥匙。"侯祖跃一听,"哪能让别人替我工作,而我在家睡觉?我的岗位在车上,车的岗位在井上,这是我的天职。"他立即爬起来,驾驶着八号车,在茫茫的夜幕中驶向井场和泵站。在泵站输油时,侯祖跃两手紧把操作杆,双目注视仪表指针。当时由于人少,任务重,他又连续作战6个昼夜,最后,终于支持不住晕了过去。醒来后,他不顾大家的劝阻,又走向了驾驶楼,直到完成全部任务。

侯祖跃一心为油田,车到井后,他总是把车倒到最便于作业工人操作的地方。平井场,抬油管,接管线,装闸门,挖泥浆池……这些他都当成自己分内的工作。每次完成任务,他都向作业队征求意见。大家都称赞八号水泥车组服务好,亲切地称为"红八号"。

1961年3月28日,石油部机关党委做出了关于在大庆开展学习侯祖跃同志爱机器、勤保养、出勤高、服务好的先进事迹运动的决定,树立了一面先进的旗帜,一个学习的榜样。

(侯祖跃,1965年荣获石油工业部"五好标兵"称号。本文摘自《大庆之魂》)

落在圣诞树上的吉祥鸟

——记石油工业部"双革能手"曹亚范

采油树,一些国家称为圣诞树,可见它的地位。曹亚范像只吉祥的小鸟,1962年刚从技校毕业,羽毛未丰,就飞落在圣诞树上。她心里那个美呀,一天到晚,小曲儿不离口,眉里眼里都是笑。不是吗?她勤快、泼辣、能干,那"擦一擦,扫一扫,记录一下,换下图表"的采油工作,她不用动脑,不用费力,也干得井井有条、利利索索。谁见了不夸她的井管理得好?!难怪她笑口常开,春风得意。

曹亚范也有不如意的时候。有一次,技术员对她说:"小曹,你们井的压力变化很大,你分析过没有?"曹亚范的眼睛瞪大了:"我分析?我不是技术员,一个采油工能分析个啥?"心直口快的曹亚范不是故意顶撞自己尊敬的技术员,这是她的心里话,她也一直是这么想的。所以,技术员一问就自然而然地流露出来了。她以为:"油井分析是有水平的技术员们的事,地下的东西看不见、摸不着,我又不是孙悟空,能够变个地心虫什么的钻进去看看,怎么能知道地下的变化。上班管好设备,保证安全生产,把井场打扫得溜溜光光,严格执行岗位责任制,尽到一个采油工的职责就可以了。"

起 点

一次技术座谈会上,一位领导干部掰着手指头算了一笔账。他说:"如果我们大庆油田每口油井采收率提高1%,那么每年增加的产量就相当于一个玉门油田。怎样提高采收率呢?这就靠我们提高采油工人的技术素质和工作责任心。一个称职的采油工,应该身在地面,心系油层,像熟悉自己手上的纹路一样熟悉自己管理的油井。"参加技术座谈会回来,往日无忧无虑的曹亚范却心事重重,那晚她失眠了。那位领导干部的话语总在她耳边回响。她反复地问自己:

"你的工作到底干得怎样？只满足做好地面工作就算尽到职责了吗？如果因为你的技术素质差，工作责任心不强，影响了油井采收率，对得起生育你的父母、养育你的祖国吗？"辗转反侧，扪心自问，终于使她认识到了：提高油田采收率是采油工人的职责。她下定决心，要狠钻地下，心贴油层，取全取准每一个资料数据，分析油水动态，掌握油水变化规律。

从那以后，曹亚范成熟了许多，对自己要求更严格了，工作更认真了。她除了干净利落地完成地面工作以外，把心思更多地放在了地下。井下有个风吹草动，她就寝食不安。为了提高自己的技术素质，她找来了有关采油、注水、地质等方面的书籍，认真钻研，并不断把书本知识付诸实践。测气时怕看不准，她就趴在地上细心看测气读数；发现产量压力有变化，她就自觉地增加量油次数。她说："自己苦点、累点没关系。我们是油田的主人，要为油田负责一辈子。"因此，她录取的资料项项齐全准确，从无差错，多次受到表扬。

登　　攀

曹亚范像一只辛勤的蜜蜂，在知识的花丛中寻觅，吮吸着知识的乳浆。她的技术素质不断提高，工作能力不断增强。井上出现一般的问题，她都能够正确判断，单独处理。

1964年10月，曹亚范所在井组的二排二十一井，在测气时发现了几滴水珠，有人说是油井见水了，也有人说没见水。因为书上写着油井见水有个普遍规律：在见水前，油压、流压、静压同时上升，产量增加，套压、油气比下降。可是这口井却出现了反常现象：静压、流压、油压不是上升，而是下降；套压不是下降，而是上升；产量不是增加，而是递减，油气比也上升了。从这些情况看，不像见水，但测气时发现了水珠，后来清蜡工具上也带了水珠。这到底是怎么回事呢？油井见水，就要想办法控制，否则就会影响产量，因此，大家非常着急。为了弄清这个问题，她们用小瓶把水珠一点一点地收集起来，轮着用舌头舔，去感觉是地下水还是地面水。可是，大家你说东，她说西，没有合理分析、科学依据，谁也定不下来，谁也说不服谁。曹亚范觉得，一切事物都包含矛盾，这是矛盾的普遍性，然而矛盾的普遍性存在于特殊性当中，没有特殊性也就没有普遍性。油井管理也是如此，油井见水的一般特征是属于矛盾的普遍性，但从每口井见水情况来说，也会有它的特殊表现。二十一井的反常现象，可能就属于这种情况。而特殊性的矛盾性质，是它特殊本质所规定，二十一井这种特殊现象是什么本质规定和影响着它呢？为了弄清这个问题，曹亚范把这口井的全部资料搬了出来，一点一滴进行分析。经过一段时间摸索，发现套压上升与热油清蜡有关。那时，整个二排井都采用热油清蜡，用套管气往井里压油，造成套压不准，不能如实地反映地下情况。就像浮肿病人一样，脸胖是生病的表现，是一种假象，不是真胖。静压、油压为什么降低呢？经过分析，是使用大油嘴造成的。好像一个人劳动一样，工作量增加了，体力消耗就大，疲乏得就快，换油嘴使静压、流压降低也就是这个道理。关于几个压力下降的原因找到了，那么油气比升高，产量降低又是什么原因呢？曹亚范不辞辛苦，四处奔波调查。原来在8月3日，附近一口注水井停止注水，这样油层没有能量来源，油气过早在井底分离，导致出气多，油气比上升，影响产量。好像运动员赛跑一样，气喘得越厉害越没劲儿，越跑不远。通过这些分析，终于找到了这口井出现这些特殊现象的原因，正是这口井矛盾的特殊本质所规定的。

问题的症结找到了，新的矛盾又出来了。注水井是在8月停止注水的，而这口井却是在停注两个月后见水的，这种现象应该怎样解释呢？曹亚范又开始同伙伴们一起进行调查分析。她们认为：一口注水井，经过长期注水，地下已经形成了大水泡子，由于另外两口注水井正常注水，产生了压差，水线仍在向前推进，使油井见水。

有了充足的理论根据，她们向上级做了汇报，要求试井队取样化验。上级批准后，试井队经过井底取样、化验，证明曹亚范和伙伴们的推断是正确的，油井见水了。

起 飞

油井见水给曹亚范井组带来很大的压力，如不及时控制，采收率就会降低。要保证稳产，首先要控制水，要找到进水层和来水方向。如果盲目地采取措施，就会事倍功半，甚至起到相反的作用。

曹亚范和同伴们又开始对来水方向和见水层位进行了调查分析。她们把1960年到1964年有关这口井的几十万个数据借来，一项项进行分析研究。采取"油层选拔赛"的办法，一个油层一个油层地进行认真分析、筛选，终于发

现有一个大油层中有五个小层和水井相通，在五个小层中又以某层为最好，它的渗透率最高，并且和三排十九井、二十一井两口水井连通。由于两口井的水由宽的地方向窄的地方流，流速变快，这是水线形成突进的内在因素，终于找到了见水的主要油层。在有关部门的配合下，对见水油层采取了井下作业措施，封堵了见水层位，猛攻中低渗透层，进一步制定了合理管理方法，使油井恢复了正常生产，实现了稳产。

曹亚范以坚强的毅力，高度的革命事业心和责任感，刻苦钻技术，在平凡的采油工作岗位上，做出了不平凡的事迹，受到了大家的赞扬。时间如流水，20多年过去了，曹亚范已由青年进入中年，由普通的采油工人走上了领导岗位，然而她仍像蜜蜂一样辛勤地工作着。

（曹亚范，1965年荣获石油工业部"双革能手"称号。本文摘自《大庆之魂》）

严细认真的好队长

——记石油工业部"五好标兵"辛玉和

1962年8月,随着大庆油田建设的不断发展,大庆工委决定,把当时的采油钢铁四队分为3个采油队,辛玉和被任命为三矿四队的队长。第二天,辛玉和便带领12名职工到了新区。当时,井场上的钻机还没有全部撤走,采油树还没有刷漆,井场周围杂草丛生,高低不平,油污遍地。在一片荒原上,点缀着数十口"光屁股"井。说是安家落户,可房无一间,他们只好挤在老三矿一个破烂不堪的库房里。白天辛玉和带领大家怀揣野菜团子干在井上,吃在井上。晚上,组织大家围坐在煤油灯下,响应会战工委的号召,学习毛主席《矛盾论》《实践论》,促膝谈心,鼓舞斗志。面对艰苦的条件,同志们响亮地说:"天塌下来我们顶,地陷下去我们填,钢铁意志英雄胆,不创标杆非好汉。"辛玉和还将12人中仅有的3名党员组成一个临时党小组,重活累活干在前,带领大家分头做开井的准备工作。按照上级要求,三矿四队所管的油井都按时投产了。

油井投产后,辛玉和想,要管好油井,带好队伍,必须要培养好的作风。自己作为第一任队长,一定要大胆要求,打好基础。

辛队长管生产确实严,而且严中有细,工作做得扎实、深入细致。一次,工人老张值班清蜡时,松开刹把下刮蜡片,而且没有按规定对准记号,违反了操作规程,刚好被到井场检查工作的辛队长看见了,受到了严厉批评。老张一时转不过弯来:"队长,采油工作咱干了11年,还没出过事故,你放心。"辛队长严肃地说:"我信任你,知道你是位老师傅。可刮蜡片并不知道你有11年的经验啊,你不按操作规程办事,就会出事故。"夜里,老张躺在床上思前想后,不理解这位一贯对同志十分热情的队长,今天为什么会这么不客气。辛玉和队长平时所说的一些话,又在张师傅耳边响起来了:"国家把一口几十万元的油井交给我们,这是一份光荣,也是一副重担。我们要真正做出个样子……"想到这些,张师傅躺不住了,心里想,辛队长严得对。他翻身下床赶到队部,向辛

队长认了错,那时已经是凌晨一点多钟了。

1963年5月,队里组织大搞井场规格化。工作量大,大家起早贪黑干。采油工张祥贵为了赶进度,怕被别的井组超过,在给采油树刷油漆时,没有按照统一规定去刷。辛队长检查时,一看不合格,硬是让他把漆刮掉重刷。在油田开展的岗位责任制检查中,三矿四队因为资料、设备等管理得好,受到检查团的表扬。四队的工人们说:"没有队长的严格要求,哪有这样的成绩。按辛队长的严格要求去做,没错!"

有一口井井场边上是个水坑,使井场差2米达不到50×50米见方的规格化要求。技术员和管井工人认为:"如果按要求搞,土方任务要增加许多,差2米就差2米吧,反正又不影响油井出油。"辛队长发现这个问题后,坚持要求按规定办,终于将井场垫得非常平整。事后,他对技术员说:"如果我们对上级规定打了折扣,那么今后我们布置的工作,工人也会打折扣。一个井场差2米,影响是不会太大,但它对今后队伍树立一个什么样的作风,有深远的影响。"辛玉和同志对"严了紧了出状元,松松垮垮出懒汉"的道理深有感受。他说:"做事情要干就得像个样子,就得干漂亮,就得有个争第一不甘当第二的劲头。"

三矿四队成立时间不久,职工技术水平不高,特别是有一些新调来的同志,还没有掌握采油的基本功。辛玉和队长就组织全队职工开展技术练兵。一天,在某排一井,青年工人小吴等4名同志在辛队长的辅导下,练习连接刮蜡片的硬功夫。他们一遍一遍地反复练,有的同志手被打起了泡,有的手被钢丝划出了血,仍达不到技术要求,有的不想再练了,小吴还说"何必急于一时呢"。辛队长鼓励大家,不要泄气,他自己也坚持带伤练习。功夫不负有心人,大家终于掌握了技术要领,刮蜡片接头打得又快又好。

在实际工作中,辛玉和觉得,严和细不能分家,光严不细不行,严里面包含细,严正是从细处着眼。他始终用这一标准要求自己。

天气冷了,油井结蜡严重。为保证生产,1963年10月,队上要换一批新刮蜡片。辛玉和从矿上领回来的刮蜡片,是新产品,以前未曾用过。而且这种刮蜡片在使用时要软得多,能不能保证换了以后不出任何事故呢?辛队长没有简单地叫材料员发给各井组,而是亲自带上刮蜡片逐井进行反复试验,直到结果证明刮蜡片不变形、效能良好,才放心地交给工人使用。

平时,哪口井要调换新的清蜡钢丝了,辛玉和队长总要亲自盯在井上,用放大镜一寸一寸地检查钢丝有没有砂眼,以杜绝刮蜡片这一生产事故的发生。

辛玉和对工人要求得严、要求得细。对自己要求更严、更细。他常说："干部是工人的带头人，要严格要求工人，干部就必须首先严格要求自己，不然说话就没本钱，腰杆就不硬。"

辛玉和一直保持这样一种作风，越是刮风下雨天，越是恶劣的气候，他就越是往井上跑得勤、检查得细。1963年12月的一天，辛玉和得了流行性感冒，体温高达39摄氏度多。晚上，指导员赶忙找大夫检查，大夫给开了药，打了针。指导员硬把他按在床上，被子上又给盖上了一件皮大衣，叫他好好休息，睡一觉出出汗。不久天气变了，西北风刮得越来越猛，鹅毛大雪下个不停，他不放心井上生产，虽然有病在身，也顾不上了，披起一件老羊皮袄就往井场跑去。他出了门，沿着管线逐段认真细致地检查。当检查到泵站时，他发现3台锅炉中有1台出了故障，停止工作，导致蒸汽供应不足，有冻管线的危险。辛玉和立即组织人力抢修和检查管线，一直忙到清晨5点多，管线保住了，而辛玉和却晕倒在管线旁……

另一个风雨交加的夜晚，天气骤然变冷，正在井上值班的工人小谷心想：这样的天气，下这么大的雨，干部是不会到井上来检查了吧。于是他想抽空休息一会儿，刚伏在桌上打盹，猛听得值班房的门"吱"地响了一声，抬头一看，辛玉和队长进来了。只见队长浑身上下湿得透透的，水顺着头发往下直淌。小谷问："下这么大的雨，队长还到井上来？"辛玉和一边抹头上脸上的水，一边说："我也和你们一样，应该坚守'四个一样'。"小谷听了，心中十分感动，"辛玉和队长真是事事以身作则，处处严格要求自己，用实际行动给我们做出了好样子。"

一次，辛玉和在某井顶岗，和工人们一起搞井场规格化。当时，正是十月末，地已经冻了，冷风飕飕，辛玉和却脱掉棉衣和大家一道干得热汗直淌，井场平整得差不多了，只剩下一个油池的位置不对。这油池原先是钻井队打井用的泥浆池，很大，也很深，里面灌满了原油，已经凝结了。要平整井场，就得将油池的油全部挖出来。这么深，油又那么多，怎么下去呀！大家只围在油池边上挖。辛玉和一声不吭，把鞋一脱，裤腿一挽，操起铁锹就往油池里跳，然后一锹一锹挖起来。看见队长这样，大家还能说什么呢？都脱掉了鞋子下了油池……

辛玉和队长就是这样，严格要求，以身作则。严出战斗力，严出好作风，严出高标准。三矿四队在辛玉和队长带领下，连年夺标杆，建队当年就被评为

红旗队。1964年,石油工业部授予三矿四队"高度觉悟,严细成风"锦旗一面。从此,三矿四队成为大庆油田"三老四严"的一个标杆。

(辛玉和,1966年荣获石油工业部"五好标兵"称号。本文摘自《大庆之魂》)

开荒种地保会战

——记黑龙江省劳动模范于文兰

1961年5月,年仅27岁的于文兰随丈夫来到了大庆油田,开始了她开荒种地保会战的生涯。十多年来,她带领家属奋战在红色草原,在黑土地上摸爬滚打,种粮种菜,为大庆油田会战做出了贡献。1962年到1971年,于文兰年年被评为战区标兵(市局劳模),1972年被评为黑龙江省劳动模范。

于文兰来到大庆的第十天,就被安排到第一采油厂三矿机关家属队担任主任。她在做好家属队伍思想工作的同时,积极组织家属们开荒种地,产粮产菜。当时,正是大庆会战的第二个艰苦年头,粮菜供应不足,工人们没白天没黑夜地干活,却吃不饱饭,更不用说家属们了。看到这些,于文兰暗下决心,一定要解决吃粮吃菜问题,为会战出点力。于是,刚一入冬,她就组织家属姐妹们到十几里外的野地上去捡肥,为春天种地做准备。没有捡肥工具,她就带头用手捡,没有运肥工具,她就把衣服脱下来包,再扛回居住处的干打垒,一天往返三四次,上百里路。就这样,她和姐妹们用了近半个冬天的时间,积足了春天种地用的农家肥。到了春天,开荒种地大会战开始了,由于人员少,又没有耕地工具,于文兰和姐妹们就用从工人们废弃工具堆里捡来的仅有的几把铁锹一锹一锹地挖土翻地,用背拉着犁,一步一步地趟出土沟,播下种子。虽是初春寒气袭人,但汗水却湿透了她的衣衫。为了完成余秋里来大庆视察她们开荒种地情况时下达的生产指标,于文兰又提出加强田间管理的要求。别人的地铲趟二遍,而她们的地铲趟了三遍。那段时间,她同其他姐妹们,把秧苗伺候得比自己的孩子还精心。到了秋天,她所带领的三矿机关家属一队产粮12000多斤,被评为战区标杆队,于文兰和铁人王进喜一起披红戴花在万人大会上受表彰。

于文兰不但工作上积极肯干,在思想上也严格要求自己,始终保持一名中共党员的坚定信念。1969年,由于开荒的田地有限,于文兰又把目光瞄向了畜

牧养殖业,办起了小型鸡场、猪场,改善了全矿职工群众的生活。就这样,于文兰不骄不躁,也不气馁,坚定自己的信念,带领家属姐妹在生产一线上奋发大干,为大庆油田家属树立了楷模。

(于文兰,1972年荣获黑龙江省劳动模范称号)

活一分钟　就要战斗六十秒
——记油田标兵黄士伦

黄士伦同志是地质工艺研究所的副所长。1956年参加中国人民志愿军，在部队两次立功，1958年光荣地加入中国共产党。1960年参加大庆石油会战以来，多次被评为战区标兵，被同志们称赞为"活一分钟就要战斗六十秒的铁汉子"。

党需要干啥就干啥

黄士伦常说："我是属于党的，党分配我到哪里我就安心干在哪里；党叫干啥，我就安心干啥，而且还要干好。"

1960年4月，黄士伦同志从新疆独山子油矿调到大庆参加石油会战。当时，在吃住都非常困难的条件下，他毫不动摇，安心会战。他说："艰苦的条件是锻炼，越是艰苦越要干。"并在木牌子上写了一副对联挂在北8排46井值班房门口，借以鼓舞士气。上联是：松辽是我落家之地；下联是：采油是我终身事业；横幅是：以井为家。组织上分配他当井长，他就带领全组同志用"两论"作指导，先后管理的8口井，口口达到"三清、四无、五不漏"的一类井水平。

1961年5月，领导又派黄士伦带领17名同志到二矿盖干打垒，他二话没说，带领大家来到工地。当时他在1960年得的关节炎发展到两膝红肿，站起来蹲不下，三伏天都要穿棉裤的程度。矿党委书记看到这种情况以后，多次让他回队休息。他说："关节炎不算病，死不了人。一个共产党员完不成任务可不行。"黄士伦始终没有离开战斗岗位。

1962年秋天，党支部为了照顾他的身体，有意识地给他分配一些轻活，决定让他去看玉米地。黄士伦想，我决不能因为组织的照顾而放松自己，有一分热，发一分热；有一分光，放一分光，要把分分秒秒都用在事业上。于是，他

二话没讲，卷巴卷巴行李扛着下了地，用树枝、茅草搭个棚，就安了家。秋天蚊子多，咬得他晚上睡不着觉，就借着月光在地头打土坯；没有月光就到玉米地里拔大草。下大雨，地里积了水，就白天黑夜赶着挖排水沟；十天半月不下雨，地皮晒得张开了嘴，就赶着锄地保墒。经过他和同志们的精心管理，这一年玉米亩产超千斤。品种被送到北京大庆展览馆展出，受到石油部领导的表扬。

后来，由于工作的需要，他被提拔为北五队副队长。他说："我当了副队长，并不是比别人高了一等，而是加重了为人民服务的担子。不论干什么工作，更要以身作则，带头大干。"1964年冬天，上级决定4丙34井下电缆。在刨电缆坑的时候，老黄突然关节炎痛得站不住，手里的镐头也举不起来了。他咬紧牙关，跪在地上，继续刨坑。周围的同志看了之后，感动地说："老黄真是病魔吓不倒，困难面前不低头的好同志啊！"

黄士伦就是这样，20多年来，当过采油工、试井工、修井工……当过井长、队长、副所长。他从大西北，转战松辽平原，干了十几种工作，始终保持着旺盛的革命斗志，从来不因为自己的事耽误工作，就连爱人三次生孩子，他也没有请过一天假。

组织分配的工作拼命干，没有分配给的工作黄士伦也抢着干。他常说："革命工作没有分内分外之分。只要是党的需要，就是没有分配自己做，也要主动抽空干。"

有一年腊月，天特别冷，平均气温在零下30摄氏度以下。8栋简易房家属区的一个公用水房闸门冻裂，四处喷水，没过几天水房周围就堆起了"冰山"。几十户人家都要跑到别的水房去打水，给职工家属带来不便。黄士伦看到这种情况后，回到家里饭没吃，水没喝，拿起管钳，背上工具袋，就直奔水房。他冒着刺骨的寒风，用镐把冰一点点刨开，把管线一节节卸掉。当卸下最后一个闸门的时候，管线里的水就无控制的像瓢泼一样从头到脚浇湿了老黄的全身，他被冻成了个冰人，而他不顾这些，冒着严寒维护抢修一个多小时，终于修好。当老黄回到家里，已是晚上8点多了。爱人看见他这个样子，既心疼又生气地说："平时家里活再忙，也不让你干。可是你在外边拼命干，病累犯了，身体垮了怎么办？"黄士伦听到爱人的话，却笑着说："有病不能待，越待越厉害，为大家做一点有益的事，我的心情舒畅，精神就愉快，病就好得快，这有啥不好！"老黄义务维修家属区的水管线、气管线是经常的。广大职工、家属看在眼里，感激在心上。一位老大娘见到研究所的领导就说："你们那个老黄可是个好人啊！为群众办了那么多的好事。您可要好好表扬表扬他。他真像活雷锋啊！"

黄士伦就是这样一个闲不住的人。一年四季忙，一不干活就浑身难受。每到夏天，他见到职工宿舍、家属区水房周围积了水，就挖一条排水沟把水放走；见到道路低洼不平，泥泞难走，就搬石头块、拣砖头，推车拉土修齐垫平；每逢下大雨，他就挨家挨户看房子，把一捆捆油毡纸送到职工家里，有时还帮忙铺到房上。冬天他经常手拿管钳，抽空余时间维修气管线，每逢气小，管线冻结，他就拣来劈柴，挖来原油一段一段地烧通；每逢大年三十，老黄就深入到单身职工中谈心，帮助解决具体困难……看到这种情况，有的同志就劝他："老黄呀！你身体不好，就多休息点吧！"黄士伦却说："我们都是党的人，心里要装着党的事业，绝不能打个人小算盘。"

活着就要拼命干

由于长期艰苦的工作，使他患上了严重的关节炎。1961年时，关节炎导致黄士伦连走路都很困难。他家离井只有一里多路，可他从家走到井上却需要半个多小时。后来，他又得了肺结核，病情一天天恶化，身体一天天消瘦，经常大口大口地吐血，气喘得厉害，咳嗽不止，觉睡不着，浑身没劲，经常出虚汗，病魔时时威胁着他的生命。对于这样的病人，别说整天干体力活了，仅坚持同疾病做斗争，也要付出很大的毅力！同志们无不为之担心，都劝他今后好好养病就行了。但黄士伦没有被疾病的折磨吓倒，而是以顽强的毅力，坚守岗位，忘我工作。他说："我活一分钟，就要战斗六十秒。"会战十几年来，他很少休息星期天，每天按8小时计算，相当于一年干了501天的活，16年干了22年的活。

大庆石油会战初期，在黄士伦担任井长的时候，井口设备简陋，保温条件差，井组10名同志有7名刚刚从部队转业，其余2人没有管过油井，他自己也是刚由试油工改为采油工。有的同志不会连接刮蜡片，不会清蜡，个别同志甚至连压力表也不会看。在这种情况下，黄士伦为了保证油井在零下40摄氏度的严寒下正常生产，冒着风雪严寒，忍着关节炎的疼痛，一连七天七夜吃在井场，搞"热风吹"试验，解决井口保温问题，帮助井组人员掌握管理技术。实在困得不行，就抓一把雪擦擦脸，提提精神坚持干。为了改变井组面貌，他每天除

了睡觉之外，其余时间全部用在油井上。整整4个月一次发也没理。别人见他头发长长的，都亲切地叫他"黄大嫂"。

到了20世纪70年代初期，大庆的生产、生活条件比会战初期好多了，可黄士伦的身体却更坏了，病魔严重威胁着他的生命，但他仍以顽强的毅力，坚守岗位，拼命大干。1973年夏季的一天下午，他正在油井清蜡时，突然肺病发作，大口大口吐血，晕倒在值班房里，不省人事，同志们把他背回家，当他清醒过来以后，首先想到的竟不是自己的病，而是当天晚上该他值夜班。爱人心疼地对他说："看你病成这个样子，今天你就老老实实在家休息一个晚上吧！我哪里都不叫你去。"老黄却对爱人说："我从一个不懂事的孩子，成长为一名光荣的共产党员，当了党的干部，党不知在我身上花了多少心血啊！是党给了我生命，我就是拼上这条命，也应当为党好好工作啊！"他终于说服了爱人，摇摇晃晃地向队部走去，他刚刚走到队部门口，又昏倒了。在场的同志立即叫来了救护车，把他送往医院。经过医生检查诊断，他的病已经发展到非常严重的程度，必须立即住院治疗。领导关心着他，同志们惦念着他，劝他好好休息。黄士伦却说："病越重说明我今后为党工作的时间越少了，我要争取在有限的时间里，为党为人民多做一些工作。"所以他趁医护人员不注意时，又偷偷地跑回队里。医院打电话来，领导和同志不得不再次把他送进医院，并给他规定了几条纪律：一是要遵守医院的一切制度；二是要服从大夫的治疗；三是不经医院同意不准私自离院。老黄虽然被迫离开了工作岗位，但在医院里也闲不住。他看到病房的两个病人都是瘫痪在床，不能动，就主动给他们端屎端尿，打水送饭，买东西，洗衣服。窗子、地板脏了，他就擦门窗，刷地板。病情刚有好转，黄士伦再也待不住了，经他一再恳求，医院同意他回家休息治疗。可是他回到家里，早把医生的嘱咐忘得一干二净。他从一口井走到另一口井，听听井出油声音，看看设备状况，查查工具、用具，翻翻班报记录……发现新徒工量油不准，他就手把手教，亲自量几遍；发现油井出油声音有变化，他就亲自分析，找原因；看到设备脏了，他就亲自擦洗保养……

考虑老黄的身体情况，1975年7月，老黄被调到地质工艺研究所担任副所长。他刚到研究所不到一个月，正赶上指挥部组织房建突击队，老黄第一个报了名。当时所领导考虑到他的身体情况，再三研究，反复劝说，不让他去。他却说："我来这里不是来享受的。病魔也没有什么了不起，它能吓倒怕死鬼，吓不倒石油英雄汉。托坯打墙活见阎王。"盖房子最累的活就是和大泥。但老黄不顾病情，主动地挑起了这副担子，带十几个棒小伙子和泥抬砖。为了让别人睡好睡足 8 小时，他总是一个人早起晚睡，把土翻好，把水放足。为了加快和泥速度，他总是光着脚，在没膝的泥水中踩。2 个多月的时间，每天只睡 6 个小时的觉，干十几个小时的活，他身体累瘦了，脸色变黄了，有时还吐血。领导和同志们劝他多休息，不要干重活，他却说："眼看入冬了，那么多人没有房子住，我心里着急，有点病没关系。"他一直坚持把房子盖好才离开。有一年 9 月，指挥部猪场要求研究所出 14 个人去喂猪，老黄苦活脏活抢在前，又是第一个报了名。猪场的负责同志要求每人每天打 2 袋猪草。在老黄的带领下，这个班第一天每人就打了 6 袋猪草。在喂猪场的一个月里，他天天早上班，晚下班，不仅出外打猪草，回来别人都休息了，可他还帮助煮猪食，打扫猪圈，修路补墙。由于他工作认真负责，哪个猪肥了，哪个猪瘦了，哪个猪吃得多，哪个猪吃得少，哪个猪有毛病，他都一清二楚。

黄士伦"活一分钟，就要战斗六十秒"，舍得一切拼命干，为党为人民做了那么多工作，受到组织和广大群众的赞扬。可他从不满足，总感到自己为党做的工作太少，要继续为党的事业工作，为人民服务。

（黄士伦，1960 年后先后七次荣获油田标兵称号。本文摘自《油海创业之路》）

浩瀚油海弄桨人

——记黑龙江省劳动模范王友全

大庆长垣含油地带,人们自豪地把它称为油海。

采油人爱"海",浩瀚的油海留下了他们"弄桨"夺油的足迹。

王友全,一个擒风捉浪的赶"海"人,为了掏出地心深处"黑色的金子",他把自己的理想和青春,无私地献给了祖国的石油事业。

30 多年的风风雨雨,30 多个春夏秋冬,他身居油海,一桨又一桨,一波又一波,在大庆石油会战史上谱写了一首首壮丽的诗篇。

王友全 1949 年参军入伍,1960 年参加大庆石油会战,曾 3 次被评为石油部劳动模范,4 次被评为黑龙江省劳动模范,10 多次被评为大庆模范标兵。1983 年,被评为黑龙江省特等劳模。

一

1960 年 4 月的一天,松辽平原乍暖还寒。一列专车鸣着阵阵长嘶,缓缓停在了萨尔图车站。

王友全拨开众人,跳下列车,第一个站在了大庆的土地上。远处,钻机的轰鸣声传入了他的耳底,他按捺不住怦怦的心跳,动情地拉着战友的手说:"到油田啦!到大庆啦!我敢说,这里蕴藏着亿万吨的储量。"

是啊!这就是松辽盆地中央凹陷区,这就是浩瀚的油海。四万儿女将要在这展开一场石油大会战!

王友全不怕苦,也愿吃苦。按照他的愿望,他被分配到了刚刚组建的采油基地——大庆中一队。

1960 年的大庆,雨季照样来得早。初春的 4 月,荒芜的草原上已是遍地积水,处处泥泞了。

当时，中一队共管理59口油水井，井场大部分在沼泽泥泞地区。根据领导安排，他负责看管6口采油井，而且还要第一个投产出油。

第一天上井，老天爷像是故意刁难，风飕飕地刮着，雨稀稀地下着。当他背着工具袋来到4-6井时，却被眼前的情景惊呆了。这口井刚打完不久，井场上只有一个光秃秃的采油树。井长告诉他，井口房和值班房还没到，清蜡设备也不齐全。他来到中3-6井、中4-1井，其他5口井也是如此。

王友全这下急坏了。其他困难他都不怕，要是不按时清蜡，再好的油井也会堵死的。可是，拿什么清蜡？6口井一台绞车都没有。几十斤重的铅锤、上千米的钢丝连着刮蜡片怎么进入地下？

困难没有吓倒这位硬汉。为了解决清蜡问题，他找来了木板、铁钉，乒乒乓乓一阵忙活，2天内做出了6台"雅可夫"式木制绞车。没有铅锤，那好办！一寸直径的钢管截成6节，又找来了废旧铅皮，支起个铁盆用火化铅，转眼间6个铅锤做成了。

没用一周，王友全所管的6口井全部投产。自制绞车的消息也不胫而走，不但队里的其他井组进行了效仿，而且邻近的采油队也纷纷上门取经，木头清蜡绞车还真红火了一阵子！

大庆的原油含蜡高、凝固点高、黏度高，这给采油工人管好油井带来了很大的困难。为使油井正常出油，王友全卷起铺盖，干脆住在了井上。他看管的6口井都是"三高"①井，每口井清一次蜡，上下得摇绞车1600圈，6口井就是9600圈，将近10000米。他腿站酸了，胳膊摇肿了，却没有少清一口井的蜡，没有少下一米清蜡钢丝。

1963年的腊月，天特别冷，平均气温都在零下30多摄氏度。在一个风雪交加的夜晚，老王刚刚加完4-3井水套炉的水，当他来到4-6井加热炉旁时，发现炉膛内的火熄灭了。如果不立即点着火，不用20分钟，整个输油干线就得"灌肠"。老王掏出火柴，擦着一根，没有点着，再擦一根，又被猛烈的寒风吹灭了。不一会儿，一盒火柴用掉了半盒。他有些着急了，在万不得已的情况下，他把手套脱下沾上油，连同火苗一齐塞进了炉膛。为了防止狂风吹灭炉火，他不顾零下30多摄氏度的寒冷，脱下棉衣挡住了吹向火嘴的冷风。

这天夜里，他穿着单薄的衣服，光着两手巡回在6口油井之间。手冻麻木了，眉毛、胡子也都结满了冰霜。第二天，当接班的同志赶到井上时，他已经

---

① 三高：含蜡高、凝固点高、黏度高。

冻得说不出话来。

中 4-6 井原来处在低洼地区，天一下雨，井场内外就积满了水。遇到这种情况，老王总是不怕辛苦，顶在井上一干就是几个小时。1964 年夏天，一次大雨整整下了一天一夜，雨水顺着井场直往干线炉里流。老王发现这种情况后，甩掉雨衣一桶一桶往外掏水。雨越下越大，他掏水的速度也越来越快。在这一天一夜中，王友全掏出雨水 500 多桶，干线炉内的炉火始终没被熄灭。

1960 年到 1966 年，王友全究竟在井场上干了多少活，没人能够查得清，有多少个白班连着晚班干，没人能够数过来。有人不明白他究竟为了什么，甚至说他冒"傻气"，他只是淡淡地一笑，算是回答了他们提出的"未知数"。但是，许多事情虽然经过了数十年，却依然在人们的头脑中留下了深深的烙印。

中 4-1 井出了故障，地下水往外冒。王友全和大家一起，不畏严寒，想尽办法治喷水。就在这时，他的旧病复发了，血压低得几次昏倒在泥水中。同志们不由分说，急忙把他送进了医院。可老王没在医院待上一天，趁着医院没看住，偷偷溜回了井场，又投入治水夺油的战场上。

一次，4-8 井处理井下落物，老王抢先登上了高高的井架。几丈高的油柱不停地喷射着，冰凉的原油从脖子一下灌进了衣服里，油气熏得他头昏眼花，污油滴滴答答地从他的头上往下流，他始终坚持不下岗位。当制服了井喷，排除了事故时，他浑身上下只剩下一口白牙了。

一个雷电交加的夜晚，队领导想到王友全家住的是 1960 年的建的干打垒，就派两个同志给他家送去了一捆油毡纸。王友全找来了家里的盆盆碗碗摆在了漏雨的地方，却把油毡纸扛到了萨 25 井，借着闪电把油毡纸盖在了井口房上。

历史，赋予了石油工人光荣的使命——战胜困难，为国分忧。在大庆石油会战的一代英豪身上，爱国主义精神、创业精神、求实精神、奉献精神已在艰苦年代牢牢铸成。王友全就是大庆石油会战中的一位精英。他以满腔的热血把"四个精神"化成了具体行动。

1964 年、1965 年，王友全被评为大庆模范标兵。

披红，戴花，在锣鼓声中被树为人人学习的先进典型。

二

1966 年，中国特定的历史年代。

一场人为的阵阵狂风，冲击着大庆这片辽阔的热土。油田上出现北京到大庆串连的红卫兵。

一天，王友全上岗路过一个指挥部，看见一伙人在墙根贴着什么，他好奇心强，不知不觉凑上前去看热闹。

几个学生模样的人忙得脸上淌汗，正把一张张打着"×"的标语用力贴在墙上。纸上写着："停产闹革命！"等字样。

王友全当时真的吓了一跳。他不理解，这场动乱与狂热的矛头为什么指向了大庆，指向了那些曾经叱咤风云、指挥石油大军天南地北找油的人。

回队以后，他吃不好睡不好，眼前总是晃动着头戴黄帽、臂佩红袖标的"革命"分子的身影。他担心，这场狂热会不会刮到采油队，刮到油井上。

厄运没有避开王友全，何况他还是个大庆标兵。

一天，队里来了一些学生。"岗位责任制是修正主义货色，是对工人的管卡压，必须彻底砸烂。"一个瘦小个子狂喊，几个人附声应和着。

中一队的工人们没有听他们那一套，一双双愤怒的眼睛直直地瞪着这伙狂呼乱叫的人。

这伙人见中一队的工人没理他们，动手就要撕掉墙上的各种制度。这时，王友全愤怒极了，他拨开人群，指着这伙人说："岗位责任制是我们大庆工人用血的教训总结出来的，你们否不了、砍不掉！"

"王师傅说得对。你们撕掉墙上贴的，撕不掉我们心头记的！"人群中开始出现了抵抗力量。

这伙人看见形势不妙，赶紧"调头刹车"，灰溜溜地走了。

没过几天，这伙人又来了。他们选准了王友全是大庆标兵这个"靶子"，把一顶一米多高写着"只埋头拉车，不抬头看路"的纸帽子硬戴在了王友全的头上，说他是头"老瞎牛"，并抓住他的胳膊在队里游"街"批斗。这下可把老王惹激了。他挣脱了这伙人的双手把纸糊的高帽扔得很远，义正词严地说："我为社会主义拉车，看清了共产党指引的路，就是天塌地陷，我也跟党走！"说完，拎起样桶，朝井上走去。

从1966年到1976年，10年"文化大革命"，可是王友全在井上大干了10年。他常讲，只要能使油井出油，就是粉身碎骨我也心甘！

1967年的一天，王友全带着徒弟在井上清蜡。徒弟扶着绞车一圈圈下着钢

丝，他手握放大镜一寸寸地仔细检查着。过了一会儿，有位同志叫他出去有事，他的徒弟认为钢丝多次检查，不会有问题了，就把放大镜扔到一旁，加快了下钢丝的速度。王友全回来后发现了这种情况，二话没说，让徒弟重新起出井中的钢丝，又一寸一寸地检查起来。事后他对徒弟说："执行制度要'三老四严'，如不详细检查万一出了毛病可不得了。"他的话虽然不多，却深深地教育了这位青年徒工。

1969年，队里原油产量出现波动。按照上级的安排，准备抢开中5排的11口井。王友全听说后主动请缨，立即带领5名工人来到了这些井上，拼命大干起来。

5排井关井多年，井场荒草丛生，井房露天透风。特别是那成群结队的蚊子，争着抢着往人身上扑。他们白天在井上干，这些蚊子上"白班"；他们晚上干，上"夜班"的蚊子又来"陪同"。这些家伙，咬一口换个地方。实在没法，王友全抱来一堆干草，点燃后放在井场中间。谁知这些蚊子灵机一动，来个超低空飞行，老王往腿上一抹，好家伙，捻下了五六只蚊子；用手往腰上一拍，出现了三四个血点。

就在这种艰难困苦的条件下，他们白天连着晚上干，平整好井场，擦亮了设备，洗去了油污，10天改变了11口井的面貌。等到要开井时，又遇到了更为棘手的问题。11口井缺少7个清蜡绞车皮带轮，给清蜡带来了很大困难。王友全又拨响了心中的小算盘。

原来，队里有位"老九"，念了十几年大书没了用场——那年月谁还顾及知识的力量。这可让老王"钻了空子"。

"别人不用我用！"他风风火火跑回队里，"陈威，带上笔墨纸砚快跟我走！"

这位"老九"糊涂了。他疑惑地说："王师傅，干什么去？"

"我要制几个皮带轮，你快到井上给我画张图！"

小陈一听乐坏了，急忙爬到床下取出了用具，吹了吹上面的浮土，一拍屁股和王师傅走了。

几天后，中5-1井活了，中5-2井活了，11口井全活了。积压井的投产不但补回了全队的欠产，每月还超产100多吨。

最难忘的是1970年。周总理在北京听到铁人王进喜汇报油田出现"两降一升"的情况后，要求大庆恢复"两论"起家的基本功。王友全遵照周总理的指示，两眼盯住了地下油层。

他管的中 5-8 井原来日产 30 多吨，1971 年 3 月，这口井的含水率突然由 48% 上升到 73%，产量一下子降了 20 吨。这突如其来的变化可把王友全弄急了，他食无味，睡无眠，两天两夜蹲在井上分析含水层段的相互关系，先后取样 50 多次，取分层小样 30 多个。最后终于弄清了产量下降的原因，使这口井由日产 12 吨上升到 43 吨。

1971 年至 1976 年，王友全游地宫，探油海，只要地下变一变，他的脑子就随着转一转，成了全队闻名的"地下警察"。在他的带动下，中一队的"千里眼"比比皆是，地下大调查活动搞得轰轰烈烈。当时，有人写了一首风趣的打油诗："人人都是千里眼，成群结队闹地宫。千米油层听调遣，双手牵出大油龙。"1975、1976 年，第一采油厂中一队在采出程度 31.7% 的情况下，含水上升率始终控制在 2% 以下，全队平均每人为国家年创财富 66 万多元。

三

1976 年 10 月，人民靠自己的力量扶正了倾斜的天平。两年后，党的十一届三中全会确立了新的历史时期治国纲领。

时代向石油工业吹响了进军的号角。大庆人戎马戎装，开始了"年产 5000 万吨，稳产再十年"的艰苦航程。

这一年的王友全，58 岁，已近退休年龄。按理说，他可以少干些井上的事情，况且他还挂着技师的头衔。但大千世界，不甘寂寞的人总在寻求自己事业的方位，闪光的金子，定要放出自己的光芒。王友全更忙了，队里的事，总是挂记在心中。

1979 年的一天，测试班正在中 4-3 井测静压，完工后开井却不出油了。王友全听说后立即赶到井上。他和几位小青年先是采取关井憋压的办法进行放喷，结果折腾了一天一夜，由于井底清水太多，几次放喷都没成功。天亮了，当他拖着疲倦的身体走进家门时，老伴连忙盛上了一碗绿豆稀饭，心疼地劝他喝下去。

王友全一见老伴手里的饭勺，眼睛忽然一亮："4-3 井井底水多，要是做个捞清水的抽子，说不定能把井搞活呢！"想到这里，他呼呼几口把粥倒进肚里，

一抹嘴跑进了维修班,按照井筒大小做了一个简易抽子,急急忙忙扛到了井上。这天,他从早到晚一连干了14个小时,起下钢丝几十次近10000米,硬是把井筒里的水全部捞了上来,使这口井恢复了生产。

  1982年夏季,中5排干线炉炉壁倒塌,造成回压升高,每天影响产量20多吨。王友全领着几个青年前去抢修。一到现场,几个小青年都愣住了。炉膛里堆积着半尺多厚的石棉灰,50多摄氏度的高温使人难以靠近。王友全二话没说,拿起工具钻进了炉堂。石棉灰呛得他喘不过气来,衣服也被高温湿透了。在场的几个青年同志深为王师傅的吃苦精神所感动,争着钻进了炉膛内,很快修好了倒塌的炉壁。

  队里推广化学清蜡新工艺,王友全为了摸清油井化学清蜡规律,一连三天三夜蹲在井上,认真观察油井加药后的变化,掌握配药的方法和要求。药味熏得他头晕恶心,可他一步也没离开井场,使化学清蜡井加药后口口合格,见到了明显的效果。

  王友全勤俭节约,反对浪费。肩上背着三件宝,走到哪里就把修复工作带到哪里。仅1978年,就修复旧零件3000多个,价值13000多元。

  他热衷革新,小革小改22项,节约资金10多万元。

  他注意搞好"传帮带"。新工人入厂的第一天,他就带着这些人参观队史资料、讲传统,成就了一代又一代新人。1960年以来,他带了16波徒弟共164人,其中40多人当上了干部。

  他在中一队整整干了24年,当了16年井长,3次冒着生命危险抢救油田设备,先后管井29口,口口都是红旗井和一类井。

  王友全的所作所为无法用金钱来衡量,他的行为就是大庆精神铁人精神的具体写照。可以毫不夸大地说,正是这种精神,鞭策着前人,激励着来者,使大庆这颗璀璨的明珠不断增添着闪闪的光环。

  (王友全,1978年荣获黑龙江省劳动模范称号。本文摘自《油海创业之路》)

学铁人的红管家

——记石油工业部劳动模范夏良才

一提起大班的夏良才，四矿五队的同志们都称他"红色管家人"。若问为什么这样叫他呢？五队的同志们会给你讲述许许多多这位"红色管家人"的既平凡又动人的故事。别看夏良才同志没有什么惊心动魄的突出事迹，然而，他长年累月地舍己为公，勤勤恳恳地为党工作，就是一件很了不起的英雄行为。

处处想着集体　干革命像过日子

1962年8月，队里种的庄稼刚刚搞完三铲三趟，大家都忙着在地里除草。一天中午快开饭的时候，阴云密布，雷声隆隆，眼看着就要下一场大雨。队里收工了，同志们说笑着往回走。夏良才抬头看看天，觉得雨的来势不小，又习惯地看看周围，怕大伙落下了东西。忽然，他看见地里还有几部铁犁，这些犁是在铲趟时用的，因为忙着除草，忘了把它们收拾起来。夏良才想："这些犁如果让雨水一泡，太阳一晒，就不知会锈成什么样子！明年还怎么用。"他跑过去背起两部铁犁就往回走。半路上，雨劈头盖脸地下起来了，两部犁几十斤重，很不好扛，等他走到队上，全身的衣服都湿透了。可是他马上又跑回去继续扛铁犁，用整整一个下午的时间，冒着倾盆大雨，踏着稀泥烂浆，从地里把全队的12部犁都找到扛了回来。

有一天，夏良才挑着筐子去拾粪，当他走到某井附近时，发现了一个搅拌水泥的铁皮盆子。这个盆子有1.5米长，1米宽，100多斤重，已经生了厚厚的一层锈。夏良才觉得扔在那里锈坏了实在可惜。于是他就动手拖这个大铁盆子，拉了几下，没拉动，他到井上找来正在值班的同志，帮他把这个铁家伙放到背上。当夏良才把铁盆子背回队上时，真是累得腿都打战了。同志们看到后关切地问他为什么不回来叫人去抬，夏良才笑了笑说："我能背回来，还惊动那么多

人干啥。"

1962年11月底,队里刚打完场,第二天,原来在场上盖粮的一块大帆布忽然不见了。副队长立即寻找,炊事班长笑着告诉副队长:"不用找了,老夏把它收起来送到库房去了。"原来是在昨天中午吃饭时,夏良才看到了这块帆布,心想:"这样一块又大又好的帆布,可不能扔在这里拖拉坏了。"于是他放下饭碗,一点一点地把帆布抖干净、叠整齐,送到仓库去了。

有一天饭后,同志们邀夏良才散散步,走到路上,夏良才看见扔在草里的一个破铁勺子,他马上拾起来,对同志们说:"看这玩意儿拿回去掏厕所怎么样?"同志们笑着回答:"你这一颗心呀,就总是放在工作上。"

队里打完场后,夏良才又到场院去查看,他发现有一些豆子被石磙子压在土里了。于是他在休息时,找了几个同志,一块到场上把豆子一粒一粒地从泥里挖出来,共有9斤多,交到矿里了。

关心同志　胜过关心自己

夏良才常说:"当别人有困难需要人帮助的时候,他总是不好意思开口,但是你看出来之后,就应当马上尽力去帮助。"

这天,队里为了表彰和慰问英雄模范人物,叫伙房做了一顿"英雄饭",队长、指导员都亲自来给这些同志端饭。副业班是夏良才参加,可到了开饭的时间,却怎么也找不到夏良才,他到哪里去了呢?

原来是这么一回事:

四级工宁宝文的家属刚来不久,有一次夏良才到他家里去玩,看见宁宝文家的火墙到处冒烟,夏良才就说:"宁师傅,你这火墙该修了。"宁宝文说:"早就想修,就是太费工,抽不出那么多的时间。"夏良才觉得宁宝文修火墙是要人帮助的,于是就说:"我来帮你修好吗?"宁宝文很感激地说:"太好啦。"于是,他们约定第二天上午一起修。这天晚上,夏良才值了一夜班,第二天早上8点,就带了个泥抹子到宁宝文家来了,正好宁宝文也刚下班回来,等他俩把火墙修好,开饭的时间已经过了。

在天冷的时候,夏良才看到班里有的同志一起床,披着衣服就去打洗脸水,于是他每天早上不等同志起床,就把洗脸水打好。他说,这样做有两个好处:一是免得同志们感冒了;二是大家可以节省点时间,好提前上班。

夏良才值夜班时，他总是晚饭后，就到各宿舍去了解清楚谁上夜班，再看清他睡觉的位置，到夜间十一点钟以后，就挨屋轻轻地到床前喊醒要上班的同志。

夏良才就是这样关心同志、帮助同志，把方便让给别人，为同志分担困难。

夏良才的婚事

夏良才处处想着集体，干工作像过日子一样，兢兢业业，勤勤恳恳，同志们都称他是"红色管家人"。他虽然没有什么惊心动魄的大事，却在那一件件平常小事中表现出一个石油会战工人的革命精神。就连他的婚事也体现了他以油田为家，以工作为重的思想品德。

1961年，上级批给夏良才25天探亲假，让他回到湖南安华去探望父母。但他哪里知道，在童年时同自己一起玩耍的同村姑娘黄腊梅，早就深深地爱上了他；夏良才的父母见黄腊梅是个老实、聪明、又能干的好姑娘，所以，在1959年有人来介绍这门亲事时，他们就觉得十分满意，只等良才回来当面谈了。

夏良才回到家，妈妈把提亲的事告诉他，并向他详细介绍了腊梅的情况。夏良才说："婚姻大事，要好好考虑一下。"妈妈说："这样的姑娘打着灯笼都难找，你还考虑啥。"夏良才说："结婚虽然是个人的事，可不能给队里添麻烦，不能拖会战的后腿。姑娘好不好，得看她对大会战是啥态度，能不能支持我安心工作。"妈妈笑了："你个鬼小子，还想得挺周全，腊梅会找你谈的，你考不倒她。"

黄腊梅见夏良才回来了，非常高兴，又听到他对婚姻大事很慎重，以会战利益为重，心里就更爱他了。一天，腊梅大着胆子找良才要和他说说心里话。

长大以后，这是两人第一次见面。夏良才心里真有些紧张，就直截了当地问："你为什么爱我呢？"腊梅说："我爱你厚道，处处关心集体，又勤快，又朴素嘛。你回来这几天，也是不停地给社里干活哩。"良才又说："你同我结婚恐怕怠慢了你，我们那里会战搞得火热，条件非常艰苦，不仅你不能搬去，就是我也说不定啥时候才能回来看你一趟。"腊梅说："你三年能回来一趟，我也不嫌短，五年回来我也不嫌长，我自己能劳动，家里的事不用你操心，你只管一心一意地工作，能经常立功，我就满意了。"

夏良才看出腊梅真是个好姑娘，便同意了这门亲事，朴朴素素地举行了婚礼。

为了按时归队，婚后两天，夏良才就离开了腊梅。

（夏良才，1978年荣获石油工业部劳动模范称号。本文摘自《大庆之魂》）

标杆队的头雁

——记全国石油战线劳动模范张凤喻

石油部标兵、采油一部中一队队长张凤喻以高度的主人翁责任感和埋头苦干的精神，带领群众为油田大干，为油田老区稳产做贡献，工人们都称他是高产稳产的好带头人。

中一队地处油田老区，开发早，采出程度高，地下情况复杂，油井生产情况经常变化。作为一队之长的张凤喻一心想多出油，时刻把稳产放心上，常年一身油工服，整天不离井场，带领大家大干。他把自己的岗位定在井场，坚持深入生产第一线，在同工人一起大干中做调查研究，全队58口油水井、1座泵站，每月都要跑两三次以上，关键岗位几天一次，有时一连几十天工作在岗位上。中四排九井是口高产井，有一段时间产量下降，含水率上升。有人说："开采十几年了，递减是正常的，再不能高产了。"张凤喻就亲自到这口井上，和工人一起对比分析了二万多个静态、动态数据，并且自己动手搞测试，自己找水，连续几天几夜不下井，取全取准了全井28个油层的64个数据，摸清了每个油层的情况，采取"层内细分"和合理配产的办法，使这口井产量连升三级，由60吨增产到120吨。张凤喻就是这样一口井一口井地摸清情况，做工作，带领工人搞增产。

张凤喻在工作中善于抓主要矛盾、顶关键。他认为当干部光动嘴、不动手不行，但事事都要自己干也不行。他总是抓住关键性的，困难比较大的工作，解决主要矛盾。一次，中一队搞水井细分作业。这是个既重要又艰苦的工作，张凤喻就和其他干部亲自顶上去。作业第一口井时，他们首先上去抬井口，油水喷得满脸满身也不下来，一直顶在井口起油管。干部的行动带动了工人，半个月就施工作业8口井15个井次，原油大量增产。有一段时间原油出口温度普遍下降，影响产量。张凤喻亲自上井一口井一口井搞调查，发现是水套炉盘管结焦。他和工人们自己动手，有计划地更换了一部分水套炉和干线炉的盘管，

保证了正常生产。

张凤喻作为一个队的"当家人",有一个"过家"的样子。他对全队的工作经常"过筛子",做到长计划、短安排,走上步、看下步,忙而不乱。特别是在一年一度的冬防保温工作中,他总是对全队油水井站做全面的调查,从水套炉、干线炉到每台设备,从个个闸门到条条管线都认真地进行检查,发现问题及时做出计划,发动工人早下手,争主动,搞好冬防保温。

张凤喻领导生产、安排工作尽量做到科学、合理,节约人力、物力,避免窝工浪费。1979年9月,有几口井需要进行作业施工,正好也需要改流程、换闸门,有的还要换采油树。张凤喻就来个巧安排,一面联系作业队搞井下作业,一面安排改流程、换闸门。这样既完成了作业施工,又完成了地面维修工作,不耽误油井生产,也节约了人力和物资。

张凤喻不仅善于抓生产、抓管理,还特别注意抓思想、抓作风。他不忘做好生产过程中的思想政治工作,敢于严格要求,大胆管理,在培养过硬队伍上下功夫。一次,他在一口井上拣到了5个压帽,还有扳手等其他东西。他觉得这是对作风抓得不紧,执行岗位责任制要求不严造成的。他把东西带回队里,召开职工大会,给大家忆传统,讲作风,发动群众对照老标兵王友全找差距,讨论这些现象说明的问题,使大家受到了深刻的教育,丢这些工具配件的同志也总结了教训。1979年3月,队里搞水井会战,抽的人大部分是第一次做这项工作,一上井很忙乱,卸下来的配件和工具满地放,干起活来丢三落四。张凤喻就把工人召集起来,讲大庆项项工程质量全优,事事做到规格化,人人做出事情过得硬的好传统,重新定岗分工,指派专人保管配件、工具,做到分类摆放,拿起就用,一个不丢。大家都照这个样子做,加快了速度,保证了质量,文明施工又安全生产。

(张凤喻,1979年荣获全国石油战线劳动模范称号。本文摘自《大庆之魂》)

小燕子从这里起飞

——记全国新长征突击手燕德琴

如今在一部分青年中,选择工作的标准是:工种要气派的,干活要拣轻的,技术只求过得去,待遇要可观的。而燕德琴则恰恰相反,工种要平凡的,干活挑苦和累的,技术要高标准,待遇只求合理的。一个年轻人植根于什么基点上,从哪里起飞?

在平凡的岗位上垒窝

燕德琴在小学、中学念书时,就是一位天真活泼的小姑娘,同学们习惯地称她为"小燕子"。初中毕业,她报考了技校,学采油专业,决心当好油井的"保育员"。1982年10月,燕德琴从技校毕业,分配在第一采油厂五矿南二队,眼看就要走上采油岗位,心里别提多高兴了。可宣布分工时,她的岗位在南一变电所,工种是变电工。

这是怎么回事?她急忙去问队领导。领导告诉她:"考虑到你是独生女,母亲双目失明,父亲经常在野外施工,家庭负担重,因此分到一个条件较好的岗位,好多照顾下家里。"

面对领导的关怀,小燕子心颤抖了,眼窝湿润了,思绪难平。是啊,妈妈双目失明,把女儿拉扯大可真不易,如今自己成人了,参加了工作,应该接过家庭的担子,好好报答老人家的养育之恩。领导这样安排,在一个基层队可以说再好不过了。可自己是学采油专业的,学了采油不去干,党和人民不就白培养了吗?再说,谁家都多多少少有特殊情况,要照顾,油田上成千上万的采油工怎么能照顾过来呢?自己一毕业就要组织照顾,能对得起父辈吗?只要自己肯于吃苦,当采油工也能照顾好家庭。

经过深思,燕德琴下了决心,她找到队领导,要求去当采油工。有这样的

好工人，领导还能说什么呢？便同意了小燕子的要求。

同学们听说小燕子放弃队里的照顾，放着人们羡慕的变电工不去干，偏要当采油工，都来劝她："小燕子你真傻，采油工一天就是量油测气、清蜡扫地，有啥出息。"燕德琴说："学而能用，对自己对油田都有利，这怎么是傻呢？没有采油工，哪有我们大庆 5000 万吨原油持续稳产。"

她认为学采油干采油，就是自己最佳的选择点，她要像小燕子那样从这里垒窝筑巢，练就自己的本领。

苦能练就一双翅膀

南二队所管的油水井，大都在荒郊野外，有一些还在水泡子上或低洼地里，夏天有蚊虫咬，冬天有风雪吹。为了管好这些井，燕德琴可真吃了不少苦。

1984 年 6 月，用电紧张，小燕子所管的 3 口水泡井连续停电，为了不影响产量，她和姐妹们就用手摇绞车清蜡，平均每天起下钢丝 3200 多米。胳膊摇肿了，手磨破了，她们始终坚持着。停电 3 个月，她们人力清蜡 90 天，保证了正常生产。

1983 年 4 月 29 日，一场罕见的大暴风雪袭击油田，由于转油站停电，油输不出去，队上通知燕德琴关井。她迎风冒雪，趟着没膝深的冰水关掉 2 口低洼井，这时，尽管小燕子已经衣服湿透，两腿冻麻，浑身不住地发抖，还是咬着牙去关水泡子井。

通往水泡子井上的栈桥高出水面 2 米多，桥面宽不到 1 米，只有一边有护栏，还断了好几处，平时就不好走，现在桥面上结着冰，顶着 8 级大风就更难走了。小燕子心里清楚，现在只有一个人，自己又不会游泳，如果掉到已经开化的冰水里，那可就没救了。但如果拖延关井，继续出油，站上就可能出现冒顶跑油的大事故，就会给国家造成重大损失。"豁出去了！"只有 20 岁的燕德琴把心一横，爬上了栈桥。

桥面结冰非常滑，大风又吹得人站不稳，小燕就双手紧紧抓住护栏一步一步往前挪，突然护栏断了，小燕的两条腿滑到了桥下。她急中生智，用双手抓住了护栏的断桩，又爬上了桥面。这时，她只有一个念头：快把井关上。为了不再滑下去，她干脆摘掉手套抓住断桩，双脚蹬着护栏一步一挪地向前爬……

这条 200 多米的栈桥，平时只用几分钟，这次却足足爬了半个多小时。小燕子终于用已麻木了的双手把水泡子上的井关了。

这一天，燕德琴在风雪中搏斗了 20 个小时，按要求关了 5 口井，保证了油井和生产的安全。

在苦难中磨炼，在风雪中搏击，小燕子练硬了翅膀。

有本领才能展翅腾飞

小燕心里清楚，要当一个合格的采油工，光有扎根思想和不怕苦的精神不够，还得有过硬的技术本领。

南二队处于油田开发最早的老区，地下情况越来越复杂，增产、稳产难度都很大。面对这一实际，燕德琴刻苦钻研技术，结合工作学习了《采油工读本》《油气藏构造分布》《地质基础》等有关书籍，记下了 10 多万字的笔记。

有一次，1-33 井的日产量由 47 吨突然下降到 32 吨，为了查明原因，小燕从地面分析到地下，没发现什么问题。她又去翻井史，查阅井下作业资料，发现这口井多次配产，怀疑是管子里存堵塞物。她对分离器进行冲砂处理，果然从分离器进油闸门冲出了 27 个密封圈，终于使这口井恢复到原来的生产水平。

还有一次，燕德琴发现 1 丙水 33 井由分层注水改为笼统注水以后，引起周围 5 口油井产量下降，经过反复查找资料和分析，终于发现这口注水井油层渗漏率差异不大，如果加大注水量，油井产量是能够提高的。她大胆地向队里提出了这项增产措施。队里和矿地质组采纳了她的建议，把日注水量由 300 立方米提高到 400 立方米。几天后，周围 5 口井压力上升，日增产原油 21 吨。她没就此满足，继续观察分析，4 个月后再次提出把注水量加大到 480 立方米，建议被采纳后，又日增产原油 40 吨。

两年中，燕德琴共提出油井增产建议 24 项，都被采纳了，累计增油 5900 多吨。

小燕在技校主要是学自喷井管理，对机采井开采技术了解不多，老井由自喷转抽以后，她感到了压力。一种紧迫感促使她抓紧学习抽油机井的管理知识，没有书就到处借，没有老师就到处拜师求教。

一次，她对如何调整抽油机井的工作参数问题弄不明白，本队技术员不在，她就骑上自行车跑到邻队找到技术员请教，终于弄懂了。

小燕不仅注重理论学习，还十分注意到实践中摸索。班上班下，她常常一

个人待在抽油机旁观察机体结构，领会工作原理，熟悉各部件作用。经过几个月的努力，不仅掌握了抽油机的维修操作和保养等方面的知识，还能凭听声音判断抽油机的运转情况。一次，她巡回检查到2丙32井，听到抽油机运转声中夹着细微的"咣"声，判断是机体出了毛病，便停机检查，发现是平衡块螺丝松动，她立即进行处理，避免了一次事故的发生。

就是凭着学到的知识和实践中积累的经验，小燕子在油井转抽以后的半年时间，就消除事故隐患15起，处理问题27个，保证了抽油机井正常生产，月月完成生产任务。

要当好小小的头燕

1984年7月，改革的春风吹到了南二队。

南二队实行了自荐当井长，井长选组员的改革办法。职工大会上，竞相挑选人员和井，油水井挑完后，只剩下了3口水泡子井、3口洼井和2口不定类井，还剩下4个人。这4个人，一个是爱人瘫痪多年，家庭负担重的老师傅；一个是身体不好，刚改行的孩子妈妈；还有两名男青工，思想有些消沉，工作不够积极。看看这4个人，想想那8口井，燕德琴心里火烧火燎的。她想：改革是为了调动更多人的积极性，把生产搞得更好，确保油田长期稳产。想到这儿，她忽地站了起来，憋了半天才说出一句话："我当这个井组的井长吧！"一听，大家都愣住了，紧接着又都鼓起掌来。

年轻的燕德琴主动挑重担，自荐当井长，当起了小头燕。队里支持她，二井组的4名工人也支持她，队长告诉她说："井组的同志已经向队里建议过让你当井长。"听了这话，燕德琴心里翻起一股热浪，更坚定了当好井长的信心。经过全组商量，他们决定采取单井承包，产量到人的办法，针对本井组油井的情况制定了增产措施和考核标准。燕德琴横下一条心，向队里立下军令状，到年底如果完不成任务，甘愿受罚。

燕德琴全身心地投入井组工作，一连10几天带领大家起早贪黑地干，在给1-33井加水时，由于疲劳过度，小燕昏倒在绞车旁，头上碰了一个大口子，到医院缝了5针。矿领导和队干部到家里看望，命令她在家休息一个星期。可她第二天一早就支撑着上班去了。

全井组团结一心大干了3个月，往井上抬了4吨沙子和水泥，运进了5000

块红砖，50多立方米土，挖了1000多米长的排水沟，修了200多米防水堤，建立健全了制度，使一类井达到了100%，还打出了一口样板井。完成年度计划的108%，超产原油2500吨，资料全准率、注水合格率、油水井利用率、测试测压率都达到了100%。

小燕子没有飞走

燕德琴原以为只要自己多操劳，不去变电所当采油工也可以照顾好家庭。可她是个爱井如命的青年，是个干工作不顾一切的人，哪还照顾得了家庭。想到这些，她真感到对不住自己双目失明的母亲。

母亲虽然什么也看不见，但经常摸到阳台上朝女儿归家的方向望。这时如果燕德琴正好回家，就一头扎到妈妈怀里，一句话也说不出来。妈妈就会拍着她的背说："你好好的，妈就放心了。你不要管我，放心地工作吧！"

随着成绩而来的是荣誉。燕子当了市、局劳模、省劳模，又当上了全国新长征突击手，经常外出开会、座谈、做报告，地位变了，有人不免怀疑，小燕子要飞出采油队。有人还当真劝她："见好就收，给自己安排一个舒适的去路吧"。

面对这一切，燕德琴又一次心潮起伏，思绪难平。

是啊，她何尝不想用更多的时间去照顾自己的母亲，尽一点女儿的孝道；她何尝不想甜甜地睡上一觉，摆脱掉那不尽的疲劳；她何尝不想静下心来，考虑一下这个年龄应当考虑的问题……

然而，她想的更多的是油井，是工作。井组需要她，她也离不开井组。她把自己的一切同原油高产稳产联系在一起，与"四化"① 大业紧紧地联系在一起，在成绩与荣誉面前，她没有功成名就"见好就收"，而是更加踏实勤恳地工作。

只要在队里，她就同大家一起拼命干。修井场、擦设备、填资料、搞分析，放下这样抓那样，日夜不闲，即使出去开会，她的心也留在井组，牵挂的是油井。开会回来哪怕只有一小时就下班了，也要到井上去。有一次，她到厂里开会回到队上已是上午10点半了，虽然马上就要吃午饭了，也立即上井去。她想着今天是量油测气时间，井上只有新工人小郭一人，她真有点不放心。当她骑着车子急匆匆来到计量间时，发现有几个法兰垫子正在浸油，原来是流程倒错了，电泵井正在憋压。她迅速把回压闸门打开，把流程倒正，然后又跑到10丙

---

① 四化：工业现代化、农业现代化、国防现代化、科学技术现代化

32井进行处理，很快消除憋压现象，避免了损泵危险。

　　还有一次，她应邀到胜利油田做演讲半个月，演讲一结束，她就往回赶，下了火车立即乘交通车赶回队里，到队后首先问生产情况，得知正在进行新井投产，立即换上工作服，赶到井上，融进了干活的人流中去⋯⋯

　　看到燕德琴那满身是劲的英姿，队干部笑了，老工人笑了，青年工人笑了，他们感到，小燕子腾飞了，可是她没有离巢，她的心还在井组，还在油井上，但她所依恋的不是小窝窝，想的是油田长期高产稳产，为的是祖国的四化建设。这真是：

　　燕雀亦有鸿鹄志，不恋小窝筑大巢。

　　　　（燕德琴，1985年荣获全国新长征突击手称号。本文摘自《大庆之魂》）

真情浇灌科技之花

——记黑龙江省劳动模范陈良铸

刻苦钻研，勇于拼搏，凭着对事业的钻劲、干劲，迎难而上，为油田高产稳产做出了突出贡献，用全部心血浇灌出采油工艺研究事业绚丽多彩之花。他就是陈良铸同志。

探索科技就要树立刻苦钻研的精神

第一采油厂是一个开发二十多年的老油区，地下层间矛盾突出，怎样才能把地下矛盾了解清楚，急需一种分层测试的仪器。在这种情况下，陈良铸主动承担了研制双皮球双涡轮找水仪的任务。为了尽快掌握测井方面的专业技术，他先后查阅了采油工艺、测井仪器制造原理、油井管理等书籍，收集上万个资料数据，很快就拿出了设计图纸。每天他和同志们一起做实验，晚上利用业余时间攻克白天没有解决的问题。夏天，晚上开灯工作，蚊子、小虫嗡嗡乱叫，可是陈良铸工作起来，就什么都不顾了。有一次他为了弄清双皮球双涡轮找水仪上磁性定位器的四个数据，翻书找资料，一连忙了两个多小时，有几个蚊子叮在脖子上都不知道痛，直到找出数据，解决这个问题才觉得脖子不舒服，用手一拍沾了一手血。在研制双皮球双涡轮找水仪的日子里，他满脑子装的全是工作和科研。一次，室里每人分10斤苹果，他当时也顾不上往家里送，随手放在铁皮卷柜里，直到苹果烂了出了水才发现。就这样，他凭借着这股钻研精神，熬费了一千多个日日夜夜，经过一百多次失败，终于在1984年9月，成功研制了双皮球双涡轮找水仪，通过市科委鉴定，并在全油田100口井推广，1985年通过国家科委鉴定，成为"六五"期间重大项目。

探索科技就要树立埋头实干的精神

双皮球找水仪进入现场试验以后，每当上井时，凡是抬仪器、站井口这些脏活累活他都抢着干，一次他们在三矿一口井上试验，当时风很大，天又下雨，站在扒杆上指挥下仪器很危险，他不让别人站井口，始终站在扒杆上指挥。还有一次他们去北三排一口井上试验，当时单位没有车送，去不去呢？陈良铸和大家一商量，扛起仪器步行 7 里多路，来到井上，那天正赶上停电检修线路，他们就用手摇把仪器下到井里，又用手摇把仪器起了上来。这一天他们走了 14 里路，干了平时 3 天才能干完的工作。陈良铸为了搞科研，自己身体有病也能坚持，一次他从五矿一口井上试验回来，又被雨水淋湿，到家后就感到头痛，浑身没劲，手脚都懒得动，很想躺在床上美美地睡上一觉。但是考虑到第二天还要上井试验，井下仪器还没检修，他就强挺着挣扎起来，到办公室把仪器全部检修一遍，保证了第二天的工作。为了搞科研，几年来，他就是凭着这种实干精神和奉献精神，没有休过一个节假日，仅 1984 年就有 42 个休息日在办公室度过，元旦放假两天，他先后设计出声传压计图纸 25 张。

探索科技就要树立百折不挠的精神

正当他以旺盛的精力刻苦攻关，并不断取得成果时，他爱人王桂凤在检修照明线路时，从二楼摔下来，腰椎 12 节断裂，神经无法接上，造成终身瘫痪。面对突如其来的困难，他没有被压倒。他坚持一边照顾爱人，一边挤时间搞科研，无论春夏秋冬，他每天早起晚睡，从未影响工作。爱人瘫痪，生活上不能自理，大小便失禁，他就每天早起晚睡，一遍一遍地给她擦洗，当爱人思想沉闷，偷偷掉眼泪，整天愁眉苦脸的时候，他加倍的关心她、爱护她，给他讲保尔、张海迪的故事，讲夫妻间深厚的思想感情，在陈良铸的关怀爱护下，他爱人王桂凤安心了，能够坚持和病魔做斗争，使病情有了很大的好转。就在爱人住院的日子里，他还先后成功地取得了 3 项科研成果，其中电脱水绝缘保护装置一项每年就为国家节约资金 60 万元。为了提高抽油机泵效，减少凡尔座密封的滞后现象，他承担了油杆抽油泵高效凡尔研究工作，从 1984 年 4 月到 8 月，在近半年时间里，他查阅了大量国内外资料，设计了 60 多张图纸，收集了几十万个数据,为现场试验做好了准备,11月初"高效凡尔"试验在局、厂等各级领导的支持下进入试验现场,效果明显,斜井泵效提高了3.9%以上,压力损失降低了29%~66%,"高效凡尔"已列入当时大庆科研项目。在科研的道路上,他紧密结合生产实际,先后研制出定向井不压井开关、定向井动液面测试两项成果。

陈良铸一心扑在科研事业上,刻苦钻研,常常节假日得不到休息,毫无怨言,工作效率连年提高,仅1989年,他就承担了斜井采油工艺研究7个课题中的5个,其中斜井配水、堵水研究仅仅用了不到3个月时间。1981年以来,连续11年被评为市劳动模范,6次被评为市优秀共产党员,1986年光荣出席了省劳模代表大会,1993年被市局授予有突出贡献的科技人员。

(陈良铸,1986年荣获黑龙江省劳动模范称号)

鲜血谱就正气之歌

——记全国能源工业劳动模范樊尚莲

樊尚莲，1948年出生，1968年参加工作，是维修大队的普通女工。她不但工作积极努力，还敢于同坏人坏事做斗争。面对邪恶大义凛然，被中宣部、公安部授予"见义勇为的先进分子"光荣称号。

1988年3月的一个星期天，樊尚莲乘12路公共汽车返回市里，车刚启动，就看见车厢中一片混乱，并听到有人呼喊："你们掏了钱，还打人啊！"当时她站在车厢前部靠驾驶员的位置，听到喊声，马上意识到有犯罪分子在作案，她从拥挤的乘客中挤过去，只见4名歹徒围住一个十六七岁的小青年拳打脚踢，小青年被打得满脸是血，她看到这种情况非常气愤，大喊一声："住手！你们偷人家钱还打人，太不像话了！"歹徒抓住她的衣领叫道："老娘们，管闲事找死啊。"说完，一拳打在她的右眼眶上，紧接着又一个歹徒向她的头部狠狠打了一拳，她顿时眼冒金花，头昏脑涨。面对歹徒的暴行她毫不畏惧，一把抓住歹徒向她挥拳打来的手，使劲咬了一口，她想就是把我打死了，也要给你们留个记号，好给公安机关留下破案线索。歹徒被她咬的"妈呀"一声，一边骂，一边从身上掏出一把菜刀，"呼"地一下砍了过来，她头一偏，刀砍在她的左眼眶上，血立刻流了出来。"好小子，你敢动刀！"没等她说完，又是一刀砍了过来，她往后一躲，刀砍在她的门牙上，当时就砍掉了一半，她还没站稳，第三刀又砍中了她的左脸部，她当即昏倒在车上。当被车颠得恢复一些知觉时，她的脸已被鲜血糊住，她不顾疼痛站了起来又扑向歹徒，面对她的一身正气，歹徒胆怯了，车到木材加工厂时，4名歹徒跳下车逃跑了。

在同歹徒搏斗过程中，她全身受伤14处，其中头部一处伤深见骨，头部外伤造成脑震荡后遗症。她勇斗歹徒的事迹在油田传开后，引起了巨大反响，唤起更多的人同坏人做斗争，为社会治安状况的好转起到了积极作用。

（樊尚莲，1989年荣获全国能源工业劳动模范称号）

年轻的采油女技师

——记全国新长征突击手李文英

闻其名如见其人。李文英本人和她的名字一样，长得文静、英俊。可当你知道她以"拼、钻、严"这三股劲，成为采油岗位上的新秀时，定会惊愕。然而，她确确实实是靠这"三股劲"树立了自己的形象，赢得了人们的赞誉。

奋发向上有股"拼"劲

1986年7月，李文英从大庆技校毕业来到了第一采油厂中四队。面对荣誉室墙上的一面面锦旗，她脱口而出："中四队谁干得最好，我就向他学习。"李文英这样说了，也是这样做的。在井组她总是挑最重的活干。和井长一起抬土垫井场，井长看她是个女孩子，总想把绳子往自己这头拉，可井长刚拉过去，她又拉回来，并笑着说："你放心，你抬多少我都陪着。"肩膀压肿了，她一声不吭照样干。师傅们都说小李干起活来像个小伙子似的，浑身有使不完的劲儿。工作刚3个月，李文英就破例被提拔为2号计量间井长。这个井组管13口井，其中有5口新井和5口刚改造过的老井。新井上的油污，老井上的碎砖破瓦，整理起来工作量相当大。可连李文英在内井组才有3个女工，平均年龄19岁，平均级别还不到2级，但她们毫不示弱。李文英三姐妹起早贪黑奋战了一个月，彻底改变了井站的面貌，13口井口口达到一类标准，还创出了6口样板井，计量间也成为厂样板计量间。到年底全井组的原油生产、油田注水、油水井利用率、资料全准率、设备完好率、安全生产等8项生产指标均达到100％。1987年被评为无渗漏井组、"三八"红旗集体和"双文明"先进班组。1988年在接受石油管理局组织的计量、质量、标准化、设备等10个项目的检查中，项项全优，被评为"双十佳"班组。

刻苦学习有股"钻"劲

参加工作后,有一件事对李文英震动很大。那是刚到队不久的一天下午,她在检查时发现一个闸门漏油,她找来工具和密封填料,学着师傅的样子干起来。闸门关死后,她开始卸压帽。可压帽刚一卸掉,油就从闸门里窜了出来,喷了她一身一脸,幸亏井长及时赶到才解了围。原来球形闸门不同于闸板闸门,不能带压卸压帽。这件事对她触动很大,要干好工作,不仅要有热情,还必须有过硬的本领。从这以后,工作之余,李文英就潜心钻研技术。功夫不负有心人,首次参加队里技术大赛,她就夺得了采油 5 项全能第 2 名,不久,又在厂第七届技术运动会上获得了采油 5 项全能第 3 名的好成绩,被评为技术能手。

李文英没有就此满足,学习、钻研技术更加刻苦了。1987 年初,队里原油生产任务紧张,她天天围着 7 口抽油机井转,逐口井进行观察、分析、摸索,并查阅了大量资料,向队里提出了"对含水低、油质稠的新井采取大冲程、小冲次,对含水高的老井采取小冲程、大冲次"的建议。这一建议被采纳后,在 4 口抽油机井取得了良好效果,使井组抽油机平均泵效由原来的 49.3% 提高到 65%,日增液量 25 吨。与此同时,她还常常带上够吃几顿的饭,白天黑夜 24 小时顶在井上,观察电流和电压的变化情况,先后对 7 口抽油机井的热洗周期进行了调整,仅此一项每月可增油 50 多吨。1988 年她共提出增产措施 14 条,其中有 12 条被采纳实施,累计增油 1170 吨。在厂第八届技术运动会上,她一人获采油工 5 项全能和班井长比赛两个第一。

工作扎实有股"严"劲

李文英干工作能吃苦、爱钻研是有名的。1987 年夏季的一天,李文英来到西丁 5-7 井时,值班工人检查完刚刚离去,她围着抽油机转了转,上下左右看了看,没发现什么问题,可她还是不放心,像往常一样一个部位一个部位地查看和细听。忽然她听到平衡块运动时有一点轻微异常的响声,经细致观察,发现是平衡块固定螺丝松动了,她立即停机处理,避免了一起事故的发生。

还有一次,李文英在审查报表时发现有 5 口井量油时间普遍上升,和小班工人反复多次计量仍是如此。她分析计量设备有问题的可能性很大。经仔细检查，真是分离器玻璃管下考克砂堵，解堵后，量油时间恢复了正常。

阳光、雨露、沃土是植物生长的三要素。李文英在谈起她成长过程中，也讲了"三要素"：党的哺育，师长的培养，还有自己的努力。她觉得自己的那些事都很平常，都是党和人民给予的。

（李文英，1989年荣获全国新长征突击手称号。本文摘自《油海创业之路》）

燃烧的爱

——记黑龙江省劳动模范刘美华

有人说她像一缕风,用坦荡的胸怀拥抱着这深沉的油井;有人说她像一团火,把燃烧的挚爱无私地奉献给了这多情的油海……

其实,她只是一名普通的采油女工。在弯曲的井间小路上,在转动的抽油机旁,在搏击油海的队伍里,我们找到了她的身影……

她叫刘美华,是第一采油厂六矿北九队四井组的井长。

一

18年前,这位豪爽的上海姑娘一踏上大庆——这片铁人战斗过的热土,就被一种不屈不挠的精神深深地感染了。胸膛里涌动的爱是那样热烈,那样赤诚,就像一团燃烧的火。正是在这种爱的驱使下,她以一种顽强拼搏的精神,在采油工平凡的岗位上,向祖国、向油田捧出了火热的青春年华。

日月交替,斗转星移,当岁月的时针指向1986年的时候,她已经33岁了。33岁,似乎在向一个女人预示着什么,有人劝她,别再那样拼命苦干了,多想想自己的家吧。

望着患有先天性心脏肥大病的独生女儿,看看疲倦的丈夫和不曾操劳牵挂的家,她突然感到好一阵心酸。

就在这时,队长又找到了她。队里的一个油井最多、产量最高的井组,因为没有一个得力的井长,人心松散,严重地影响着全队的生产。望着队长那期待的目光,刘美华只说了三个字:行,我去!

二

刘美华到井组的第一件事,就是召集了大家开会。会上,她向大家表明了三点：第一，作为井长我保证和大家干在一起，把全部精力放在井组；第二，在奖金考核上，按着考核制度实行全部公开；第三，坚持原则，秉公办事，光明磊落。

人们用怀疑的目光看着她，他们在观望，在等待，在思索。然而，几天后的一件事，就在他们的心里画上了一个重重的惊叹号……

那是一个滴水成冰的早晨，一口井的抽油杆断了，采油树、抽油机和井场上，到处喷满了污油。当时锅炉车上不去，刘美华叫上井组唯一的一位男职工去处理。可望着连冰带油的抽油机，那位男职工犹豫了。刘美华二话没说，拿起水管就爬了上去，站在不到一尺宽的平衡块上呲了起来。

寒风无情地呼啸着。棉衣湿透了，冻硬了，刘美华的全身裹在了一层厚厚的冰甲里，牙齿咯咯地直打哆嗦，脚下很滑，稍有不慎，就可能摔到地上，但是她没有退缩一步。目睹这一切，那位男子汉被震住了。时间一分一秒地流逝着，整整过了2个小时，当她从抽油机上爬下来的时候，已经不会走路了。

这天晚上，她发烧了，两只鼻孔就像要往外喷火，浑身一点力气也没有了。爱人心疼地劝她休息几天，可是她还惦记着井场上没有来得及清理的污油……

然而，当她摇摇晃晃地走向井场时，猛然发现晨雾中那高大的抽油机下面，正晃动着五个熟悉的身影。那是全井组的职工正在默默地拼命清理着污油。

她的眼睛湿润了，顿时感到一股无穷的力量涌遍全身，使虚弱的身体坚强起来，她不顾一切地奔了过去……

一天，她把全井组的人叫到了一起，对他们说："现在队里每天都在欠产，而我们这里却有4口积压井。"职工们说："井长，跟你干，没说的。可是这4口积压井，队里曾经想过不少招儿，都没成功，我们自己能行吗？"

对于自己，刘美华从来都是充满信心的。多年的工作实践和坚韧不拔的刻苦钻研，使她掌握了丰富的采油专业知识，曾经多次在全厂的技术大赛中获奖，是人们公认的地下分析能手。

信心和希望伴随着她，也感染了大家。他们选中了最难啃的一口井——113-27井。

地质组从14000多个原始资料和动态数据中发现，由于油稠、黏度大、结蜡严重和长期停喷，油管里已经结满了死蜡，只有反复地热洗，才有可能解决问题。

正是三伏天，骄阳似火，他们浑身都被汗水湿透了。为了让职工们能够

多休息一刻，每到中午，刘美华就把他们都撵走了，自己一个人顶在井上。整整一个星期，她中午都没有回家，有时连带的干粮都顾不得吃一口，简直在拼命了。

这口停喷 2 年的死井就这样复活了，日产油 23 吨。紧接着，从其他 3 口死井上，也听到了令人心醉的出油声。

这一年，四井组打了一个翻身仗，一类井由原来的 25% 上升到 80%，消灭了未定类井，一跃跨入了先进行列。

人们惊喜地注视着四井组，也在感受着刘美华对油田的赤诚之心。

三

就在四井组蒸蒸日上的时候，又一个井组面临危机，队干部经过反复研究，决定把这个井组合并到刘美华井组。

憨厚老实的丈夫第一次扯了她的后腿："见好就收吧，一个女人逞什么强？"

刘美华也第一次犹豫了。她心里非常清楚，如果想拒绝，无论从哪个方面都能找到充足的理由。但是，此时此刻她心里想到的不是借口、理由，而是干部职工的期待、采油工人的责任和自己不懈的追求。

就这样，1988 年 8 月，四井组又增加了一座计量间，13 口油水井和 3 位职工，油水井的数量占全队的三分之一。

面对 13 口污浊不堪，每天欠产 4、5 吨的油水井，刘美华真急了："作为采油工人把井管成这样，真该脸红。从今天开始，我们会战一个月，不改变面貌决不罢休！"

那嘶哑有力的声音，那果断坚毅的目光，还有那火辣辣的性格，汇成了一股巨大的力量，一下子震动了全井组职工的心。

一个月艰苦的会战开始了。追星赶月，甚至爱人孩子一起上，仅仅 20 天，13 口油水井就恢复了正常生产，口口达到了一类井标准。

四

这位像男子汉一样刚毅的女井长，其实内心深处也充满着深沉的母爱和柔情。1990年初，她心爱的女儿因患肺炎病住进了医院。当她风风火火赶到医院时，女儿已经在病床上躺了整整3天了。她轻轻地抚摸着女儿那被吊针扎得青紫的小手，泪水止不住的夺眶而出。她多想守护在女儿身旁，尽一点母爱，尽一份关怀。然而不行！井组刚刚接受几口施工井，需要尽快投入生产。

女儿哭喊着不让她走，那哭声渗透着孤独和依恋，撕扯着她的心。作为母亲、作为妻子，她感到自己欠他们的太多了！可是家庭和事业实在不能两全。为了油井，她只能在心里一遍又一遍地请他们原谅。

是啊，一种追求、一种渴望和热烈的爱，把刘美华的心紧紧地系在了油井上。尽管18年的风吹日晒，把她的面容变得枯瘦干燥，失去了往日的风采；尽管终日的操劳使她没有时间去照顾女儿、陪伴丈夫，但是她对油井的爱却始终如一，并且深深地影响着大家。1990年初冬的一天，刘美华到厂里开会，不慎从自行车上摔了下来，左腿膝盖被蹭下厚厚一块皮，稍一弯曲，绷紧的皮肉就扯开了，殷红的鲜血渗透了衣裤，每走一步都钻心的疼痛，医生让她休息几天。可是这时候，组里有2位女工都因小孩生病请了假，她怎么能躺得住啊。她找来一个铁锹把儿当拐杖，每天让爱人用自行车把自己推到井上，再一瘸一拐地到每口井上巡查。不知是谁把这个消息告诉了两位请假的女工，她们没等孩子痊愈就急忙上班了。

五

在岁月的流逝中，有人留下的是心灵的哀叹，有人留下的是一连串的梦幻，而刘美华留下的却是两行深深的脚窝。1986年到1992年的6年中，四井组的油水井从24口增加到37口，人员从6位增加到9位，又减少到5位，并且都是女同志，可井组的管理水平始终居全队之首。月月超额完成原油生产任务，到1990年已经累计生产原油98万吨，连续5年被评为厂先进班组和市"三八"红旗集体。刘美华自己也连续4年被评为市劳动模范。1991年3月，被评为省劳动模范，并且光荣地出席了省劳模大会。

越来越多的人知道了她，也了解了她。然而，最能理解她心愿的，是谁？

很久很久以前，她就向往着能够成为一名共产党员，并且几十年来一直努力追求着。是的，这追求充满艰辛，也曾渗透苦涩，但是终于来到了。

  1991年2月28日,当她面对党旗举起拳头时,她感到心中涌动的爱在鲜红党旗的映照下,升华了,变得更加热烈和执着了。

  (刘美华,1990年荣获黑龙江省劳动模范称号。本文摘自《油海创业之路》)

闪光的青春　　执着的追求

——记全国先进女职工王西利

　　我愿是黑土地上的一棵小草，用生命染绿天涯。这就是采油七矿的一名普通采油女工——王西利的崇高追求！

　　王西利，这个文静中透露着自强的小姑娘，被分配到采油七矿503队的第一天，就主动要求到管理面积大、水平差的老大难井组去工作。这一举动，令许多人迷惑不解。有的人说："现在干什么都认钱，有谁还在工作上死命干的？看这么个黄毛丫头能撑几天？"但她没有听这些人的闲话，而是在采油岗位上风里来雨里去，苦干实干，一干就是4年，年年被评为厂先进生产者。

　　人只有有理想，有抱负，才能有高尚行为。但实现理想需要丰富的知识、过硬的技术和实干的精神。王西利拿起了一本本书籍，尽情地汲取着知识营养，每天晚上都抽出时间坚持读书学习，经常到深夜十一、二点。功夫不负有心人，在短短的3个月里，王西利就当上了三井组的井长。半年后，她所管的13口井全部达到一类井，其中有2口井被评为厂样板井，计量间被评为厂样板计量间，油水井管理水平居矿、队之首。矿领导看到她的成绩后，又把她调到503队2号平台井组担任井长。2号平台上的井是全国唯一一家水上公园平台井组，管理难度比较大。来到平台上，王西利感到身上的担子更重了。她多次跑书店买来《采油工程》《石油地质》《抽油机管理》等专业书籍，并记下了6万多字的技术学习笔记。经过一段时间的刻苦钻研，她掌握了过硬的技术本领。有一年8月份，她在检查井组的资料时，发现151斜44井的产量很低，从数据上明显地看出这口井供液不足，具有很大的挖潜力。通过几天的认真观察，王西利向队里提出压裂的建议，队里经研究同意压裂。谁知采取措施后，该井的产液量却为零。这下王西利可慌了：是不是我的技术不过硬，做出了错误判断分析，给国家造成了损失？王西利马上和队里的技术员核实数据，

查找原因,连续三天蹲在井上观察琢磨,终于查出产液量为零的原因是防冲距过长,余隙容积大,造成气体影响,产生气锁。针对这一问题,他们及时采取措施,使该井产油量增加了 28 吨。王西利担任 2 号平台井长后,先后处理生产问题 12 次,处理其他事故 10 余次。先后 4 次参加矿举办的技术练兵赛和地下分析会,都取得了好名次。第一次参加厂技术大赛就获得采油工第一名。

王西利认为,作为一名采油工,不仅要在技术上过得硬,而且要在生产管理上过得硬。因此,在平时工作中,她严格要求,一丝不苟。1993 年 10 月,一年一度的冬防保温工作开始了。王西利井组的中 9 排 32 电泵井在水泡子上,50 多米长的回油管线在桥底下。由于井组都是女孩子,以前都是队里派人帮着包管线,王西利决定今年自己动手干。于是,她从队里借来安全带,扎在腰上,悬挂在桥底下,一点一点地挪动。脚下一米处就是水泡子,人往下一看,就感到头昏眼花。可她硬是一个人坚持把 50 米管线全部包完。当王西利包完管线的时候,已经筋疲力尽了。井组的同志吃力地把王西利拉上栈桥,又心疼地把她背回计量间。

王西利养成了这么个习惯,每天晚上吃完饭,总是到井上转一转,看一看,干一些除锈、刷漆、打丝杠的活。有一年 9 月份,当王西利晚上 8 点多钟到 10 丙 39 井时,突然发现这口井上有 2 个人正在偷电缆。她不顾个人安危,跑上去抓住一名歹徒的衣领,高喊:"快住手!"这时,另一名歹徒看到这种情况,从衣服里拿出 200 元钱说:"只要你装作没看见,让我们把东西拿走,这些钱就归你了。"王西利气愤地伸手打掉他递过来的钱,大声说:"你以为每个人都可以用钱收买吗?赶快住手,跟我回去投案自首,否则我要喊人了!"这名歹徒恼羞成怒地骂道:"死丫头,别敬酒不吃吃罚酒。"说完,拿起井上的砖头对王西利砸来,王西利顺势一躲,砖头重重地砸在了王西利的肩上,2 名歹徒也趁机逃跑了。王西利立即跑到队里进行了汇报,很快将这 2 名盗窃犯罪分子抓获归案。事后,有人问王西利:"当时你面对歹徒不怕吗?"王西利说:"我在家看见杀鸡都吓得直跑。可看见歹徒在井上搞破坏,我只想赶快制止,不能让集体受损失,也就没有考虑那么多了。"

王西利痴心地爱着采油岗位,付出了属于她的真情和温暖。1993 年 8 月 15 日,王西利和井组的姐妹们正在井上刷油漆。党支部书记满头大汗地跑来告诉王西利："你母亲病危，让你速回。"这突如其来的消息使王西利两腿发软，半响没说出话来。怎么办？井还没有恢复好，我怎么能在这个时候离开呢？当王西利抓紧时间干完井上的活，发疯般地冲到医院的时候，只看到母亲的遗体。听说母亲在临走的时候还在不停地叫着她的名字，王西利的心都要碎了。她再也控制不住自己的感情，一头扑到母亲的遗体上，哭喊着："我回来了，妈妈，快看看我，您的女儿回来看您了……"在火葬那天，她紧闭着双眼，长时间跪在母亲的骨灰盒旁，心里一遍又一遍地对妈妈说："妈妈您一定会原谅女儿的，是吗？是您老人家帮我选择了采油专业。记得第一天上班是您老人家亲自领着我报到；当我向您提起我的同学和朋友都纷纷调出了采油队时，您不止一次地教育我，让我安心工作；为了让我全力干好工作，家里的事您从不用我管。妈妈，我一定做个好工人，告慰您老人家。"参加完母亲的葬礼后，第二天王西利又匆匆赶回了队里。

参加工作 4 年来，在党组织的培养教育下，王西利以铁人为榜样，工作求实苦干，注意"严"字当头，使全井组管理水平连年上新台阶。她共录取资料数据 68000 多个，填写报表 880 多张，无一差错，全准率达 100％，油水井管理指标创出 8 个 100％，11 个全矿第一，计量间获厂红旗计量间称号，油水井创出 2 口红旗井，1 口优质井。王西利个人连续 4 年被评为厂先进工作者。1990 年至 1992 年连续 3 年被评为市局劳动模范，并获得了市三八红旗手的称号。1992 年被评为全国巾帼建功、行业女状元，在 1993 年又被采油七矿聘为采油队队长职务。

（王西利，1993 年荣获全国先进女职工称号。本文摘自《油海创业之路》）

一位普通的采油女工

——记黑龙江省劳动模范李桂荣

第一次见到你就感到你有点特别,头上梳着两条早就不时兴的辫子,脸很黑,颧骨上有一层太阳斑。你拿着一块手绢,无所顾忌地在脸上擦汗,把脸擦得更黑更红(这使我想起了倩女拭汗的情景)。最主要的还是你那双眼睛,好深沉、好凝重、好虔诚,有时候还晶莹闪闪的。我不好意思说那是泪,你也太好动感情了。

后来接触多了,我便渐渐地理解了你,甚至有时候想起来,自己也禁不住泪花点点。不知为什么,在我的心底,怎么也抹不掉那双深沉凝重略闪泪花的眼睛。这不,"七一"前夕,宣传部要拍摄一部优秀党员的电视专题片,我一下子就想到了你——李桂荣,第一采油厂602队一位普通的采油女工。

一

你不爱说自己,就是说了,也说不明白,所以写你就比较难。那两次在厂里的发言,都是"笔杆子"费了好大的劲儿,里面有许多想象的成分,而你真正的情感是任何高明的作家也想象不到的。

那情感已经深深地系在了抽油机上和那默默吸吮着黑色血液的采油树上。

记得刚到大庆油田时,人们跟我说起采油树,我问采油树是什么树?比松树还挺吗?他们就笑。等到我真的见到了采油树,才知道原来是井口上交错联结的各种管线、闸门、仪表。

我向你讲起这段典故时,你没笑。你轻轻地抚摸着采油树,像是自言自语地叨念着:"我在井上干了20年了,对哪一个闸门都那么亲切。离开了油井,我不知道自己还能干什么。"

我发现你的眼里又噙满了泪。我知道你家离采油队很远,有20多里,每天要走好远的路再坐好久的车，才能赶到。爱人正忙着给你办调转。而你的眷恋、你的情思已经深深地揉进了采油树，揉进了联结采油树的那一条条弯弯的巡回小路，怎么也牵不走。

二

我来大庆的时间不长。在外地的时候，想象中的大庆油田该是诗人笔下所描绘的"油海"。刚来的时候也曾把草原上那些星罗棋布的水泡子误认为"油海"。孰知那"油海"深在千米地下，看不见，摸不着，是地面上像驴头一样不停磕头的抽油机把他们从千米地下吸吮出来，通过管线直接运走的。

说起采油工，有人轻描淡写地告诉我，就是每天量油测气，清蜡扫地，而且现在的井口流程大都换成了双管掺水流程，连蜡也不用清了。于是，在我心目中便留下了提着油样桶，哼着小调，轻松自在的采油工人的形象。

自从认识了你，我才对采油工人有了深入的了解。那牵不走的情丝丝丝缕缕，每一缕都是不尽的苦辣酸甜……

还记得一个寒风肆虐的早晨，你在井上巡回检查，突然发现中丁 3-012 井发生了断杆，强大的油气流喷起 3 米多高。作为一名女工遇到这种情况完全可以跑回去叫人。可你想都没想，一个箭步就冲上去了。由于压力大，井口形成一片油雾，什么也看不清。你摸索着拼命关掉了封井器，看到油柱一点一点缩小了，才松了一口气。你检查一下断杆，发现断面在封井器底下，一个人处理不了，只好去找井长帮忙。

你站在井长面前，满头满脸，浑身上下都是油，就像一座活动的雕塑。你脱下油乎乎的外衣，衬衣也已经粘到了身上。秋风瑟瑟，你冻得牙齿咯咯直响。井长看了心里一热，连忙催你回去换衣服，可你不干，非要跟他一块去处理。直到那口井恢复了生产，又把地上的污油清走，你才放心地回去。

你用了两盆轻质油才把浑身的污油擦掉，皮肤擦得红肿，脑袋熏得发胀，两顿没吃饭。但是第二天，你又照常上井了，默默地不多说一句话。你觉得那些都不值得一提。你在油井上干了 20 年了，心系油井，也热爱油井。爱就意味着去吃苦、去奉献，就像小草对大地的奉献，那样执着，那样无私无怨，即使是头压磐石，也要在缝隙中探出身来，默默地送给大地一片新绿。

就是凭着这颗诚心，你在井组什么活都能干。给抽油机换皮带，先用 18 寸

的大扳手把电机卸开,把5根旧皮带扒下来,再把5根新的套上去。你咬着牙、屏住气,使的都是牛劲,直到最后一根皮带装上,你的筋骨也散了,像一摊泥一样倒在草地上,一张嘴呼哧呼哧喘着粗气。但是当你两手反挂着地,仰望着蔚蓝色的天空中那又重新起舞的"驴头"时,松散的筋骨就又绷紧了,又蓄起了力量。

三

按说像换皮带、处理断杆这样的力气活,一般都是留给井长干的。因为有了你,井长就省心多了。所以当队里人员调整要把你调走时,他死活不答应。他说:"李桂荣?用三个男的换我都不干!"

你们井组一共5个人,25口油水井和一座计量间,工作量挺大。组里除了井长全是女同志,数你年纪大,快40岁了。你自己承包了7口井。但有时候井长不在,不用交代,你就把全组的事主动担起来。去年冬天,井长回老家探亲,一走就是40多天,队里谁也没有找你交代,说李桂荣,井组的事你就多操点心吧,没有。就是井长走时给你说了一声。现在的人不都好脸儿吗,不交代就是不重视,不重视的活谁愿干呢?有人说你是想表现一下自己,也有人说你不珍重自己。其实你压根儿就没有考虑自己,你只是想到身为一名党员,有责任去挑起这副担子。

当时正是三九严寒,水井最好冻了。你害怕水井冻了不能正常注水影响油井产量,就领着大伙一口井一口井地检查,挤防冻油。说起来简单干起来难啊。卸水井堵头,36寸的大管钳,套在丝扣上拼命地搬,稍不注意,"和尚头"那憋的臭水污油一下子喷出来喷得浑身都是,寒风一吹,棉衣便成了冰甲壳,可是里面的衬衣却被汗水湿透了。你这么干,姐妹们也这么干,15口水井就是这么起早贪黑地干完的。后来厂里注水科组织水井检查,你们的水井一口也没冻,资料数据全部合格,受到了各级领导的一致好评,他们说你真能当个好井长。

四

其实你早就当过井长。刚参加工作时,在北九队。那是会战初期薛国邦同志组建的大庆油田第一支采油队(602队是前2年才从北九队分开的)。你去的时候，薛国邦早调走了。不过队里一些老人常提起他，讲他带领大伙生产组装第一列车原油外运，向党中央毛主席报喜的故事。每次你都凑过去全神贯注地听着，听到激动处就禁不住热泪盈眶。后来队里成立了一个女子井组，需要一位踏实肯干的女井长，他们便选中了你。可是你却死活不干，你说自己不会领导人，不是当官儿的料。最后架不住三番五次的思想进攻，你上任了。全井组13个女同志，另外配一名老同志当参谋，14口油井都是水套炉加热井。那时你才21岁，全井组顶数你最小，可是你硬是凭着一股子不怕吃苦，不怕流汗的劲赢得了大姐姐们的心。13人抱成一团，把一排14口井全部打上了红旗井。好多人都去参观学习，从此就叫响了红二排女子井组。

那一年你入了党，队里还保送你去职工大学读书，就一个名额。可是你说什么也不去。问你，你说自己没念几年书，到了大学肯定跟不上，让人家笑话。这一点我实在不敢苟同。不过不管什么事，"做了就一定要做好，否则宁肯不做"，倒是你的脾气。

岁月的长河中留下了你的身影，那样清晰，又那样平淡。

五

在巡回小路上，走来了默默的你，脚步匆匆，脚步轻轻，连路边的小草都没有惊动。你从一口井走向另一口井，取下了一个油样又一个油样，记下了一个数据又一个数据。数据和油流汇聚在一起，带着你晶莹的汗水和透明的心愿，滋润着一片广袤的土地。有一天，这脚步变得沉重了，歪歪斜斜，每迈出一步都留下了抹不去的痛苦。

那是一个炎热的夏天，你不幸患上了脚气感染，双脚溃烂，流血流脓，已经看到了骨头，纱布缠了一层又一层，脚缠得老大老大，还是往外渗血水。鞋穿不上了，只能趿拉着拖鞋。医生还从没见过烂得这么严重的脚。他再三劝说你住院治疗，否则再感染容易得败血症的。

你为难地摇摇头。队里刚从北九队分出来，工作千头万绪，你实在不好意思请假。

其实，你知道败血病的恐怖，不是不想早点治好一双烂脚，也不是简单地"不好意思"请假，只是在你心中，油井已经成了生命的一部分。你热爱油井，胜过了珍惜自己。

望着你默默离去的身影，医生禁不住连连叹息。他曾经昧心地为许多健康之躯写下"诊断书"，却不能真诚地挽留蹒跚的你。

看到你一瘸一拐地来到队里，许多人被感动了。他们再三劝你休息，一位女友含泪送给了你一双宽松轻软的布鞋，希望能为你减轻一点痛苦；也有人实在不理解。这年头大家都奔实惠，你这一瘸一拐奔的是什么呢？

节奏强烈的迪斯科音乐撞击着一些人的灵魂，那变幻莫测的霓虹灯下搜寻不到你。你的身影在这里，在这油黑的泥土铺成的弯弯的巡回小路上。

一天，你正在巡回检查时，天下起了大雨。雨点撞击着路面溅起一团白雾。小路很快变成了一片泥泞。雨水透过纱布渗到烂肉里，肆虐着你的心。

弯弯的小路啊，怎么变得老长老长，没有尽头？你盼着，挪着……汗珠混着雨滴，洒在了小路上。

这天晚上，你坐在床上咬着牙哆哆嗦嗦地一层一层往下撕纱布。泪水再也止不住，吧嗒吧嗒滚落下来。儿子抱住你的腿哭喊着："妈妈，别上班了，我不要钱了，不吃冰棍了。"

懂事的孩子啊，当妈妈把你一个人锁在家里饿得直抓凉饭吃时，你没有哭；节日里当你眼巴巴地瞅着小伙伴跟妈妈去公园坐飞机时，也没有哭。而此时此刻却哭得如此伤心。

爱人一边给你上药一边心疼地落泪，"明天说啥也不能去了。要去你自己去，我不送你了。"可是第二天早晨看到你一瘸一拐地往外走时，还是忍不住追了出去。夫妻10年了，他知道你的脾气，拦不住的。

如今这双脚早已痊愈，只是几个脚趾已被一条条伤痕永远地连在了一起不能分开。那一条条伤痕深深地印在了我的心里。

六

一个采油队，五六十号人各奔东西，守着自己的承包井，除非队里开会，大家很难凑到一起。不知道从什么时候开始，你周围的女工悄悄地发生了变化。有人不惜花上半月的工资把头发弄得飘飘欲仙，有人忍着痛苦任凭针尖在脸上刺，文出一道道柳叶眉，而你却还是那样。从一进采油队就梳着两条辫子，到如今还是两条辫子，20年没变。只是脸更黑，平添了许多鱼尾纹。当然20年没变的还有你对油井那全身心的投入。那投入苦涩苦涩的，浸含着许多酸楚的泪……

1988年初秋，长期受胃病折磨的父亲突然被胃癌宣判了死刑。

在父亲弥留之际，弟弟妹妹们还有你的爱人都请假陪护过，唯有你只是在假日或是晚上匆匆地赶过去看看，每一次都被父亲撵走了。父亲知道你井上很忙。他是一位"老会战"，为油田拼搏了一辈子，他希望女儿也像自己一样。

9月27日晚上，你又来到了父亲的床前。父亲已经不能吃什么东西，靠输液维持生命，人瘦得不成样子。看到操劳一生的父亲只剩下一包骨头，你哭了。怕父亲看见又赶忙转身抹去了泪水。大妹妹悄悄地问你："姐，明天能不能请个假，咱爸这两天有点不对劲。"你冲妹妹点点头。

夜深了，繁星点点汇成了银河，那银河好宽好长。父亲在银河的另一边向你和妹妹招手。你拉着妹妹去抓那星星，去赶那银河。银河却变成了一朵朵洁白的小花飘落下来，你又去扑那小花，突然一闪身掉了下来。

你惊醒了，原来是一场梦。你擦去头上的冷汗再也不能入睡。你想起了那天晚上父亲捂着肚子给你送药的情景。那时候，癌细胞正悄悄地侵蚀着父亲，可是老人家却不顾自己的痛苦四处奔波为女儿寻药。然而现在父亲病入膏肓，作为女儿的你却没有很好地侍候他一天。你感到心里像针扎一样难受。屋里静静的，儿子睡熟了，爱人前几天去了天津，你满腹的心事不知道向谁去诉说，只好默默流泪，枕巾洇湿了一大片。你盼着天亮，好去请假守护父亲。

然而第二天来到井组，你又犹豫了。组里当时一共才4个人，一个在外护理病人，一个忙调转。如果自己再走，就剩下井长一个人，马上要迎接厂里油水井大检查，20多口井能忙过来吗？

你什么也没说又上井了，只是在心里默默地为父亲祈祷。可你怎么也没有想到此时此刻父亲已经生命垂危，亲友们静静地守着他。那双无神的眼睛在人群中移来移去，就是没有看见你。

在父亲声声呼唤你的时候，你的滴滴汗水正默默地滚落下来，洇湿了采油树下的一片土地。

当你从井上回来时，井长已经走了。你想给他留个条，下午不来了，可是又想到日报表还没算。当你在草纸上算好了数据，并确信准确无误填到报表上时，父亲单位的人找到了井上，告诉你父亲已经不行了。

你只觉得脑袋"嗡"的一声，两行泪水夺眶而出。可是你还是颤抖着手扯下一块纸给井长留了一个条。你告诉井长报表算好了，下午帮你送到地质组里。

你跌跌撞撞赶到医院,妹妹泣不成声地说:"姐呀,你咋才来?咱爸谁都看见了,就是没看见你。他咽不下这口气啊。"

你发疯般地扑到父亲床前,双脚跪下哭喊着:"爸爸,我来了,我请了假来陪你。"

弥留的父亲啊,你慢些走!你没听见吗?女儿在声声呼唤你。

父亲半张着嘴呼吸越来越弱,不到10分钟就合上了双眼,再也听不见你的呼唤。人们把你从地上拖起,要把父亲抬走,你拼命地抓住床板,不让父亲离去。亲爱的爸爸呀,你为什么走得这样匆忙,不留给女儿一点尽孝的机会?你哭、妹妹哭、母亲也哭,母女哭作一团。母亲一边哭一边数落你:"桂荣子,你咋没长心,明知道你爸不行了,还上哪门子班呀。你爸白疼了你一场。"你的心碎了,你拼命地捶打着墙壁,也在捶打着自己。

父亲走了,没有埋怨,没有责怪。因为女儿的秉性也正是这位老石油工人坦荡一生的真实写照。然而他却把遗憾和悔恨永久永久地留给了你。

你在向我讲述这一切时,泪流满面。你说自己这辈子对什么都无悔无怨,只是一想到父亲心里就特别难过。

是啊,自古忠孝难两全。虽然你没有尽孝给父亲,却管好了油井。在全厂油水井检查中,不但使自己承包的7口井打上了一类,还使接管的别人的4口井也是一类标准,其中一口井还打上了红旗井。这一切,如果你父亲有知,一定会含笑九泉的。

七

在一个艳阳高照的日子,我跟你去你家。路过自由市场时,你拉我进去买菜。我知道你是为我的到来做准备。我不愿意麻烦你,可是你还是不顾我的阻拦买了许多菜,还买了一斤用豆腐做的"香酥鸡"。回到家里的时候,发现那袋"香酥鸡"不见了。你努力回忆说可能是买蒜薹时落在摊床上了,说着就要去找。我想,你家离市场少说也有三里地,大热的天就为那一元多钱的豆腐,值吗?我劝你等到下午上班时再顺路去看看。你哈腰一边换鞋一边说:"不行,等到下午他们就不认账了。"我知道你非常勤俭仔细,井场上用过的旧抹布、破管子总是舍不得扔掉,生活中也从不乱花一毛钱。可是有时候你又是那么大方慷慨。有一次调工资,指标有限,干部们掐着手指掰来算去定不下来,他们找到了你。如果凭年限和工作表现，你是板上钉钉的。可是你是党员，就让了。那可是跟一辈子的一级工资啊。想想此刻你为那一元钱焦急奔走的样子，我的心里就如同打翻了五味瓶。

我长叹了一口气开始打量你的家。你的家很普通，除了冰箱、彩电，家具摆设都很陈旧，但是却非常整洁、干净，就像你管理的一口口油水井。

门开了，进来一位男孩，十二三岁的样子。我猜想他就是你的儿子，连忙告诉他："我是你妈妈的同事。你妈妈去买菜了，等一会儿就回来。"

他默默走到阳台往外看，我感到他很像你。

大约40分钟以后，你回来了，后面跟着你当民警的爱人老张。你举着那袋"香酥鸡"高兴地告诉我："找到了，真的落在那儿了。"可我却一点儿也没笑出来。

我和老张认识了。他问我："你们真的要给她拍电视？"我说："是的。""可她不是劳模。""但她却是一名好工人，非常非常好的石油工人。"老张便有些激动，滔滔不绝地说了起来：

"不是我在这儿夸自个儿的媳妇，她确实很不容易。我的工作性质就是这样，三天两头往外跑，有时候办个案子在外面一待就是十天半个月，整个一个家和孩子全都扔给了她。我家离得远，岳母身体又不好，两头都就不上。家要管，孩子也要带，井还要管好，你说她得吃多少苦？

是呀，家这么远，早想把她调回来，但是联系好几个单位，她都觉得不妥，说到底还是离不开油井。不怕你笑话，如果拿我和井比，她更关心的是井。前年秋天，我出了车祸，在抢救室昏迷了一宿，她吓坏了，可是第二天上午看我醒过来脱离了危险，下午就上班了。那时候我还不能动，大小便都要人侍候。虽说单位派了人，可哪有自个儿媳妇方便？我真的非常希望她留下来，但是看她挺为难的样子，还是啥也没说。

我知道她不是不疼我，就是不好意思把井上的事推给别人。那些日子，她吃了不少苦。我胃不好，吃不惯医院的饭，她就贪黑起早顿顿给我送。中午时间紧，把我喂完了，有空她就扒拉一口，没空就饿着肚子上班，饿得直胃疼。现在她的胃病挺重，刚确诊是胃溃疡。最可怜的还是孩子，跟个孤儿似的。就是这样难她也没说请个假。她呀，就是太要强了，谁也没像她活得这么累。有好几回我都想去她单位找领导说说，好多事他们都不知道，可是她都死活拦住了……"

老张激动得眼睛湿润了。我不敢看他。男人的泪是很酸楚的。

八

从你家里出来，你坚持要送我。微风吹乱了你的头发，你连忙用手拢着往耳朵后塞。看你憔悴、疲惫的样子，我心里好沉闷，我真的希望你能活得潇洒、漂亮一些，却又不知道你应该如何去漂亮，如何去潇洒。

夜深了，家人们早已进入了梦乡，只有墙上的钟表嘀嗒嘀嗒地陪伴我。我默默地摊开稿纸，开始构思电视专题片，可是却又一时不知道如何下笔。你是那样普通，普通得就如一株小草，没有一句"豪言壮语"。我怎么也构思不出一种顶天立地的共产党员形象，只好冥思苦想……

突然，我好像看到了风雨中弯弯的巡回小路上，你拖着一双烂脚蹒跚着奔向一口口油水井，又仿佛听见了你跪在父亲床前那令人揪心的哭诉……

我激动了，流出了泪水。那泪水好咸好咸。我感到自己捕捉到了一个朴实而又非凡的灵魂。

于是，我擦干了泪水奋笔疾书，一部电视专题片的画面和解说词跃然于纸上，我题名为《弯弯的小路》……

（李桂荣，1994年荣获黑龙江省劳动模范称号。本文摘自《油海创业之路》）

采油岗位上一颗闪光的明珠

——记全国十大杰出青年岗位能手刘丽

刘丽，自1991年参加工作以来，在党组织的关怀帮助下，刻苦钻研采油技术，努力争当岗位能手，在本职工作中取得了一些成绩。曾先后被评为局劳动模范，市新长征突击手、省优秀共青团员。1996年还被共青团中央、国家经贸委和劳动部评为全国十大杰出青年岗位能手。

美好青春中有她的追求

1991年8月，刘丽度过两年采油技校的生活，马上要走上工作岗位了。她看到有的学生怕自己分到偏远单位，怕当采油工，便在日记中写道：有的人总想飞出采油队，我真不理解，哪有那么多随心所欲的事情和舒适高薪的岗位，当采油工有什么不好。记得上学的时候，父母和老师就给我讲过"王铁人"用身体搅拌泥浆，父女井场相会，放大镜照钢丝等一件件动人的故事，这些都是大庆精神的真实再现，它深深地印在我的脑海里。常言道：三百六十行，行行出状元。我就是要当采油工，在这个岗位上干出一番成绩。刘丽带着父母的嘱托，带着成为一名优秀采油工的决心，来到了二矿207队，实现了她做采油人的梦想。

刚上班的第一天，看到整洁的井场、闪亮的设备，刘丽浑身充满了干劲。当时，正赶上新井投产，时间紧、任务重、人手又少，队上老师傅们都抛家舍业地在井上大干，她也主动挑重活干。铺巡回检查路，别人一次搬七八块砖，她就搬十块，垫井场抬土，她总是悄悄地把抬筐绳子往自己这边移。一天下来，双手磨起了大泡，双肩压得又红又肿，她一声不吭。心想，只要能干活能吃苦就能当好采油工。但有一件事却改变了她的想法。有一次，刘丽和师傅一起上井清蜡，由于她把密封填料松过头了，结果喷得全身都是油。杨师傅一边用轻质油帮她洗头，一边语重心长地对她说："小刘啊，做一个合格的采油工，光有

干劲是不够的，还要多学点技术啊！"杨师傅的话对刘丽启发很大。是啊，油田进入了高含水期，由过去的自喷开采和注水开采逐步转变成现在的机械开采和注聚合物开采，从过去的人工计量发展到现在的微机计量，油田生产对采油工的科学技术素质提出了更新更高的要求，没有过硬的技术就当不好采油工。于是，刘丽带着生产管理中遇到的实际问题，注重向书本学习，向师傅请教，刻苦钻研采油技术，努力提高自身的技术素质。几年来，刘丽先后自学了《石油地质》《采油工程》《电子计算机》等专业书籍30多本，记下了12万多字的学习笔记。为了尽快掌握采油技术，她经常学习到深夜，困了就用凉水洗把脸。母亲怕她累坏了身体，一到晚上11点就把灯关上，催她休息。为了不影响家人，刘丽就打着手电筒在被窝里看书，一些常用的技术书都被她翻烂了。遇到不懂的地方，她就虚心向老师傅和技术人员请教，从不放过一次学习机会。一次，维修班工人在刘丽家门前的一口抽油机上调整参数，在家休息的她立即跑上前去观看，维修班的工人被她好学的精神感动，就边操作边给她讲解调参的原理和步骤，使刘丽对调参技术有了感性认识。

她娴熟的技艺很快赢得大家的信任。在别人的赞誉声中，刘丽没有感到骄傲和自豪，内心只是充满了快乐。是啊，命运虽未能将她带到环境优雅舒适的岗位，但在火热的生活和韧性的追求中，她寻到了青春的充实和美好，决心在平凡的岗位上干出成绩。

采油岗位上有她的拼搏

一个战士最高的理想莫过于当元帅；一个工人最大的愿望莫过于当劳模。刘丽就是瞄准这样一个目标，把自己的理想、信仰和努力方向都倾注在工作上。她坚持学以致用，努力提高解决实际问题的能力。一次，在测2-139井电流时，刘丽突然发现了上电流小，下电流大的问题，她马上量油，发现没有产量。经过及时核对，最后判断是断杆。于是，她立即向队里提出解决方案，经作业发现是第103根油杆的连接处杆脱了。由于处理及时，使这口井很快恢复了生产。同时，她还想方设法地挖潜增油，通过对所管油井进行电流跟踪，把4口井的热洗周期由45天延长到75天，每年能增油180吨。几年来，刘丽共解决生产疑难问题187个，提出革新挖潜措施18项，对原油增产起到了一定作用。在实际的工作中，她认为，管井只会"头痛医头，脚痛医脚"是远远不够的，要真正掌握管井的主动权,就必须根据机械采油工艺的特点,摸索出一套简便可行、符合实际的先进管理方法。针对管井中容易出现的问题,她总结以往的经验教训,提出了"三抓、三杜绝""两提高"的管理方法,即抓热洗质量,杜绝人力断杆、卡泵现象;抓掺水质量,杜绝高低温掺水问题;抓设备维修保养,杜绝翻机、烧泵等恶性事故;提高配套水平,提高油水井管理水平。这一管理方法受到矿领导的重视,在全矿推广后大大减少了故障停机,累计增油2195吨,创经济效益40余万元。在1997年9月中旬,中国石油天然气总公司首届青年岗位能手表彰暨事迹报告会上,刘丽的发言深深打动了主席台上的领导和与会者的心,当场决定从总经理奖励基金会中拿出80万元重奖本行业青年岗位能手。

大庆会战时期有句话,叫作采油工的工作岗位在地下,斗争对象是油层。做一名合格的采油工,不仅要管好地面,更重要的是要管好地下,队里每次搞地下分析,刘丽都积极参加,每参加一次都做到提高一次,不断深化对地下油水运动规律的认识。11-459井产量波动较大,为了查明原因,她带上样桶来到井上,从上午8点蹲到下午4点,按不同时间、不同压力变化情况录取数据,反复进行验证,却怎么也找不出问题的根源。当时,刘丽的奶奶生病住院,妈妈告诉她说奶奶很想她。一面是疼爱自己的奶奶,一面是没有分析完的油井,怎么办?哪一头她都割舍不下。下了班,刘丽匆匆赶到医院,看着病中憔悴的奶奶哭着说:"奶奶,我对不起您,等我把井上的工作干完,一定好好来陪您。"奶奶微笑着点点头。于是她又匆匆赶回队里,一头扎进地宫,通过查阅原始资料和地下层位连通图,发现是因为该油井和水井连通较好的油层没有射开而影响出油能力。她提出的对该井和周围3口水井相应层进行补孔的建议实施后,不仅消除了产量波动,而且日产油量由6吨猛增到17吨。当刘丽带着成功的喜悦再一次赶到医院时,见到的却是临终还在叫着她名字的奶奶的遗体。后来刘丽带着这口井的分析资料参加了大庆石油管理局里举办的地下分析大赛,被评为局地下分析能手,她把获奖证书恭敬地放在奶奶的遗像前,以此告慰老人的在天之灵。重视地下分析,使刘丽的分析能力不断提高,参加工作的第二年就在全厂单井分析大赛中取得了第二名的成绩,此后年年都取得较好名次,先后被厂、局评为"地下分析能手",被破格提拔为工人技师,成为全局最年轻的女技师,并光荣地加入了中国共产党。

二次创业中有她的奉献

做一名合格的采油工,必须将岗位技能与岗位文明结合起来,爱岗敬业、无私奉献,以创造更高的岗位效益。有一年冬天到了快下班的时候,刘丽听说107-51井冻了,就一把夺过同伴的自行车直奔井上。她刚卸掉掺水压力表,管线内的死油在压力作用下喷了出来,从头到脚把她糊了个严严实实,她独自一人一直坚持处理到晚上10点钟井上正常出油,才拖着又饿又累的身子回家。参加工作6年来,她先后处理各类事故隐患32次,井组没有发生任何大小事故,设备完好率达到100%;录取的5万多个资料数据,填写的1825张报表无一差错,资料全准率达到100%。

刘丽所管的1-461井地处低洼地带,规格化工作量很大。看到队里人手紧张,她没向队里要一个人、一台车,全凭着肩挑手提,一个人连续工作7天,挖土20立方米,硬是把5米宽、10米长的井场垫高了十多厘米。1-61井作业后,采油树东倒西歪,井场上坑坑洼洼,污油最厚的地方有半米深。为改变这口井的面貌,刘丽带着井组仅有的2名实习生,每天在井上干十多个小时,当时正值盛夏,头上的烈日烤得她口干舌燥,浓重的油气味熏得她头晕恶心,还要在抽油机上爬上爬下,不一会儿就累得满头大汗。当她又提起一桶油漆刚直起身子,突然眼前一黑,栽倒在采油树旁,井组的同志一看连忙把她抬了回去。当她醒来时,不顾别人的劝阻,又坚持着回到井场。参加工作以来,刘丽就是凭着这么一股子劲,几乎没有休过一个完整的星期天、节假日,累计义务献工时1200多个。1996年3月,组织上安排刘丽到5-65井组担任第15任井长。这是当年闻名全国的"四个一样"发源地李天照井组。她感到身上的担子更重了。当时井组的19口井相继大修作业,井场破坏严重,而井组只有刘丽和两个孩子尚小的女工。为了短期内恢复一类水平,刘丽每天早5点钟就上井,晚上7点钟才下班。为把井场平得有棱角,她找来扁担跪在地上,把井场一点一点地拍实;为了擦设备,零下十几摄氏度的气温,手伸进冰冷的轻质油中疼痛钻心。在那段时间里,刘丽真是豁出命来干,每天一回到家,浑身就像散了架似的一头栽在床上。她的行动得到了家里的全力支持。每到下班和休息日,家人和她的男朋友拿着工具都上井,平场地、铺砖路、刷油漆,不到两个月时间,19口井口口达到了一类水平。刘丽常说:"我是井长,光靠自己干不行,还要引导井组其他同志一起继承井组'四个一样'的好传统。"有一年夏天,5-64井需要清蜡，可偏偏老天不作美，雨老是下个不停，井场到处是积水，车进不去，电机也就运不上去。清蜡不等人，还是自己想办法干吧。刘丽把抬电机上井的想法跟井组同志们一说，一个组员认为反正领导不知道，就随便填个数据算了，她对组员们讲起了井组"四个一样"的传统和老井长李天照自觉从严的小故事，使她们受到很大教育。于是，大家抬着几百斤重的电机，一步一滑地上了井，按时清了蜡，保证录取资料的及时性和准确性。由于井组坚持"四个一样"的传统作风，管理水平不断提高，所管的油水井和计量间都达到了先进水平。

刘丽不仅在岗位上拼搏奉献，还在社会大舞台上实现着人生价值。恋爱结婚对每一个年轻人来说都是人生的一件大事，如何办婚礼，摆宴席，装饰小家庭，多少人在为它设计、奔波，可刘丽却有自己的打算，同样的婚礼，同样的喜庆，却包含着不同的情愫。恋爱谈了3年，爱人傅国庆大部分休息时间却在井上陪着她，用小傅的话讲，刘丽简直就是工作狂。在婚礼就要来到的日子，刘丽想着，结婚是人生最重要的时刻，应该做点有意义的事，留作终生的回忆。他们的想法得到了双方父母的一致支持。婚礼这天，他们在有限的结婚费用中挤出2000元钱捐给了希望工程，用微薄的力量将两颗爱心一起献给了那些因贫困辍学的孩子。

结婚后，由于家住乘三村，交通不便。刘丽每天早上5点半出门坐车，晚上6点多才回到家，碰上特殊情况就得住在娘家。11月23日这天，由于计量间到泵站回油管线穿孔，井组的13口井全部关井，星期六井组值班的只有她自己，每口井的井距都较远，天又下起了大雪，但刘丽已经顾不上这些，等所有的井都关完，她的手已冻得不听使唤。到下午3点开井时，一口井由于关井时间过长造成冻井，处理完冻井已是晚上6点钟了，虽然工作苦点累点，但为了油田的生产，她认为值！

春去秋来，刘丽由一个不懂事的黄毛丫头成为一名中国共产党党员，取得了一些成绩，但她深知脚下的路还很长。刘丽决心要更加努力学习，用大庆精神铁人精神、"四个一样"精神把井组人员带好，把井管好，在这光荣的岗位上创出更加辉煌的业绩，为大庆油田二次创业再立新功。

（刘丽，1996年荣获全国十大杰出青年岗位能手称号）

飘扬的旗帜

员工信赖的"贲大姐"
——记全国优秀女职工工作者贲亚范

贲亚范，在第一采油厂工会工作的10余年间，始终坚持紧紧围绕以企业发展为中心，以为员工服务为宗旨，努力用求真务实、锐意进取的工作作风来推动工会事业发展。她对待事业一丝不苟，对待自己严厉苛刻，对待员工亲如兄弟姐妹，她用燃烧的激情谱写了一曲曲拼搏进取的奋进之歌，被员工亲切地称为"贲大姐"。作为厂工会副主席，她积极支持配合几任工会主席工作，使厂工会工作逐年上台阶，始终保持全国模范职工之家称号，她本人也连年被评为市（局）优秀工会干部，1996年被评为省模范工会干部，1997年被授予黑龙江省城镇妇女"巾帼建功"标兵荣誉称号，1998年被评为全国优秀女职工工作者。

矢志不渝

熟悉贲亚范的人都说，她的外表虽然文文弱弱，但你接触过她以后，却都为她那种巾帼不让须眉的精神所感动。1989年，贲亚范被选拔到厂工会宣教岗位工作，当时全国总工会为强化工会基础建设，在全国深入开展建设职工之家活动。贲亚范意识到，工会组织想要全面贯彻党的全心全意依靠工人阶级思想，必须从落实职工权益、强化队伍素质入手。经过反复学习、深思熟虑，她提出了"围绕中心、服务企业、维护权益、加强基础"的工会工作思路，得到了厂工会领导的充分认可，为今后几年全厂工会工作发展奠定了良好的基础，同时也使"建家"活动得到了深入扎实地开展。她深入研究职工队伍思想状况，在厂工会领导的大力支持下，在全厂范围内广泛开展了职工学哲学用哲学、岗位形象讨论、职工读书自学兴趣小组、"六比"竞赛等职工队伍素质教育活动，有效提高了职工队伍素质。大庆市总工会还在一厂召开了全市职工学哲学用哲学、职工读书自学及合理化建议活动三个现场会，在全市范围内总结推广了一厂的经验,厂工会职工学哲学用哲学、职工"三互助"活动被授予省先进单位荣誉,职工合理化建议活动被全国总工会、国家计委授予先进单位荣誉。随着工会职工之家建设活动的深入开展,"建家"凝聚队伍、促进基础建设的效果日益显现。但是,也暴露出许多问题。为此,贲亚范在工会主席的领导下,带领全体工会干部先后两次开展基层"建家"工作落实情况调研,针对基层"建家"好的做法及注重形式主义等诸多存在问题,制定了厂工会职工之家建设标准,并在全厂范围内广泛开展基层建家竞赛活动,有效提高了基层建家工作质量,促进了全厂职工之家建设的深入发展。1991年厂工会被授予省模范职工之家称号,1992年被授予全国模范职工之家称号。

在工会系统工作十几年,贲亚范先后担任厂工会干事、职工培训中心工会主席、厂工会副主席。在人生最宝贵的时光里,无论走到哪个岗位,贲亚范都一步一个脚印地践行着自己的理想信念。1999年,厂工会逐步加大维权工作力度,时任厂工会副主席兼女工主任的贲亚范走进广大女工中间,开展了女职工健康状况调研,女工岗位人身安全状况调研,针对企业改革新形势下女职工队伍中存在的热点、难点问题,带领全厂各级女工干部积极参与源头维护,加大具体维护力度。为更好地维护广大女工的合法权益和特殊利益,她依据《妇女权益保护法》《女职工劳动保护细则》规定,积极参与厂各项改革政策的制定与修改工作,使厂各项改革政策的出台,都充分维护了女工的利益;为充分调动女工参与企业管理的热情,她在全厂女工中广泛开展了以"创建巾帼基层小队、创建巾帼建功示范岗、争当巾帼建功标兵"为主要内容的"巾帼建功"活动,极大地激发了广大女工为原油稳产建功立业的积极性和创造性;为全面提高女工队伍整体素质,她积极倡导女工"三德"建设,相继开展了"四自"精神教育、家庭文化建设、年轻妈妈读书等活动,在女工队伍中营造了崇尚健康、积极进取、勤于奉献、和谐文明的浓厚氛围。

笑 对 人 生

"只有工作,我的生命才有意义",这是贲亚范常说的一句话。

在厂工会创建职工之家的那段日子里,大量的基础资料整理、经验总结等工作全部压在贲亚范身上,每天超负荷的工作量,使她感觉有些喘不过气来。为了如期完成任务,贲亚范没日没夜地扑在工作上,在别人享受生活的时候,

她埋头在资料室查找资料，夜深人静时，她仍在办公室挑灯夜战，由于每天只有几个小时的睡眠时间，她常常感到头晕目眩。了解她的人无一不发出由衷的感慨："贲亚范工作量之大，即使是一个身体健康的男同志都吃不消，不知她是怎样挺过来的！"

长期的伏案工作，使她患上了严重的颈椎病和关节炎，发作起来疼痛难忍，医生多次警告她减少工作量并建议她住院治疗。但是，工作是贲亚范的精神支柱，心中牵挂着工作的她怎能安心休息。为抓好劳动模范的总结宣传工作，贲亚范亲自深入站库井场，了解掌握劳模乐于奉献、为油拼搏的感人事迹。在总结宣传刘美华、李桂荣的事迹过程中，贲亚范忍受着疾病带来的痛苦，踏小路、过沼泽，多次深入到井场进行采访，先后撰写了《燃烧的爱》《采油树》《油痴》等通信文章，使广大员工及时了解了劳模的先进事迹，激发了员工向劳模学习的热情。

激情在心中激荡，挚爱在血管里奔涌。长期在工作中寻找快乐的日子，使贲亚范成就了梦想，但也留下了难言的愧疚。年迈的母亲重病时，想她想得总掉眼泪，就惦记着能看她一眼，而她却因工作忙，一年多没有回去探望母亲。爱人在油田公司工作，三天两头回不来一次，一切的家务都落在她一个人身上。女儿小的时候，她常常抱着孩子来单位加班，孩子困了就让她在办公桌上睡一会儿。女儿上小学后开始一个人在家，往往夜深人静时，孩子就打来电话嚷嚷着害怕，她强忍揪心的泪水，一遍遍地告诉孩子："把被子盖在头上，大声读课文。"生就一副女性柔肠，却偏偏成了全厂工会系统的"铁娘子"；骨子里刻着对孩子的深情，却终日与工作事业相厮守。贲亚范生活中有太多的"两难全"！尽管如此，她还是在奉献中体会了生命的价值和欢乐。

凝 聚 人 心

切实表达和依法维护职工的合法权益是工会的基本职责，也是工会立会之本。如何更好地团结、凝聚广大职工的智慧和力量，共同推进企业发展，作为工会干部的贲亚范深知自己肩头责任的重大。

为更好地维护职工的具体利益，达到激发职工工作热情、凝聚人心的目的，贲亚范从落实送温暖活动入手，积极推广职工"三互助"、工会干部"进百家门、知百家情、解百家难、暖百家心"等活动经验，在各级工会层层建立完善送温暖小组，开展包户定点服务，极大地调动了各级工会干部为职工办好事、办实事的热情,有效解除了困难员工的后顾之忧。她经常深入到困难职工、单亲女工家庭,及时了解他们的生活情况,用心、用情为困难职工排忧解难,成为困难职工的贴心人。每当逢年过节,她就深入到职工孤儿中间,为他们送去学费、关怀和叮咛。1996年,电修大队女工杨乃霞接连遭遇丈夫去世、孩子患结核性脑炎、自己遇车祸等一连串人生不幸,家庭生活陷入极度困难的境地。了解这一情况后,贲亚范立即起草了"爱心救助"倡议书,在全厂职工中发起爱心捐助活动,短时间内全厂职工自愿捐款8万余元,帮助杨乃霞走出了生活困境。在一厂职工眼里,贲亚范的名字,连着热情,连着奉献,连着一团火,连着兢兢业业和孜孜不倦!

对贲亚范来说,让她牵挂的事情太多了,讲起那些困难职工的家庭状况,她总会是一脸凝重。"工会是咱职工的家,工会干部就应该多想一点、多做一点,让职工真正体会家的温暖,所以,我们要做的工作还很多呀!"品在竹之间,格在梅之上。贲亚范的话朴实无华,但撼人心魄。从这些平凡的语言中,让人看到了新时期工会工作者的责任与无私,看到了自强女性的坚韧与伟大!

(贲亚范,1998年荣获全国优秀女职工工作者称号)

企业发展的领路人
——记黑龙江省劳动模范张广成

作为华夏第一大厂——第一采油厂的厂长,张广成始终把谋划和带领广大员工实现企业的发展作为第一要务。他牢牢把握经济建设这个中心,认清新形势,迎接新挑战,提高队伍素质,狠抓企业管理,加强基层建设,在全厂干部员工的共同努力下,开创了全厂可持续发展的新局面。

抓核心,善于谋划

张广成常讲:"原油生产是我们各项工作的核心,千道理万道理,拿油才是硬道理。"随着企业重组改制,对于采油厂而言,既是历史机遇,更是严峻挑战。如何解决当前面临的诸多矛盾,成为摆在他面前必须破解的课题,张广成陷入了深深的思考之中。通过分析,他总结出当前存在的三大矛盾是制约发展的关键。一是油田开发接替能力与完成原油稳产任务的矛盾。近几年来,随着加密调整井的减少和各层系间含水差异缩小,油田稳产的矛盾日趋加剧。二是公司经营机制要求与传统管理方式的矛盾。虽然经过几年来的改革,但计划经济的传统管理方式没有从根本上得到解决,尤其是生产与经营之间存在脱节问题,不讲投入回报、不讲经济效益的现象比较突出。三是实现全厂可持续发展目标与人才缺乏的矛盾。人才是实现企业发展的基石。从全厂人才队伍的构成来看,存在技术人才多、经营人才少;单一型人才多、复合型人才少的问题。这些矛盾和问题如果不能尽快加以解决,就无法适应新形势的要求,企业发展也就无法实现。客观形势的发展变化,要求作为一厂厂长的张广成尽快拿出应对措施。他带领班子成员深入基层,走出办公室来到生产一线岗位,聆听员工群众的意见和建议。终于,凝结全厂班子成员和广大干部员工智慧的发展大计在他的组织协调下迅速形成,为全厂的发展指明了方向。在生产指标上,他要求具体做到"三加强、三控制、两转化",全面完成原油产量、油田注水和外输天然气任务；在管理指标上，他明确了通过调整两驱产油结构，控制油田含水上升速度和产量递减速度；在经营指标上，他提出通过强化资金预算管理，成本精细管理和资产管理，全面完成经营管理指标。思路和目标的明确，使全厂干部员工进一步认清了形势，效率、效益和可持续发展的观念显著增强，为确保各项生产任务和指标的完成提供了有力保证。

抓重点，善于创新

努力加强企业生产经营管理，积极探索企业管理的新办法、新举措，是张广成一直在思考的问题。他组织完善了厂内部经营承包责任制，提高了经营管理水平。在成本管理中，他坚持开源节流，实行刚性控制。先后总结推广了采油二矿经济核算和采油一矿全员成本管理方法，提高了全厂成本管理综合水平，取得了明显的经济效益，做到成本不超，并略有节余。此外，他强化基础工作，使管理走上规范化、科学化轨道。在他的主持下，全厂健全完善了企业管理规章制度共8个方面110项，管理工作做到了有序、规范、高效。1998年，厂通过了ISO9001质量体系认证。1999年，在集团公司开发工作会议上被评为先进采油厂。牢固树立科学技术是第一生产力的观念，以科技进步求得企业发展在他的头脑中已经深深地扎下了根。他针对油田中后期开采"三高、三个加快"的严峻形势，组织技术人员开展精细地质研究，抓好"三个控制、三个提高、两个攻关"，逐步完善注水结构和产液结构调整，改善了聚驱、水驱油田开发效果。仅1998年，完成局、厂级科研成果177项，提高了油田整体开发水平。截至1998年，创出了原油1000万吨以上连续稳产25年、1500万吨以上连续稳产8年的新水平。在人力资源开发上，他着眼长远，通过对管理队伍进行结构调整，扩大人才储备和使用力度，使管理人员队伍更趋合理，同时制定并落实人才激励政策，加强员工的技能培训，推行"三岗动态管理"，不断加强人力资源开发的力度，为实现全厂的发展奠定了坚实的人才基础。在产能建设方面，他时刻提醒大家，要吸取中十六联问题教训，突出基建质量管理，并健全协调制度，完善管理模式，确保质量达标。1999年9月，管理局给一厂追加27.6万吨产能建设任务，需要投产128口新井，而当时还有7座站、67口井未建成投产。在这种情况下，张广成顾全大局、勇挑重担，成立了"128"新井投产领导小组，他白天到现场组织协调，晚上跟踪检测质量，保证按期优质完成任务。在

他的带领下,全厂干部员工克服各种不利因素,不仅较好地完成了油气生产任务,油田开发各项指标也都创出新水平。

抓关键,善于凝心

抓住企业发展的关键环节,凝心聚力谋发展,就必须坚持群众路线,全心全意依靠职工办企业。这一点张广成体会最深。对企业发展的重大问题,他坚持民主决策,实行厂务公开。坚持定期向职代会报告工作,自觉接受职工群众监督。在日常工作中,他坚持经常深入基层调查研究,注意倾听群众意见,积极解决职工住房、子女就业以及"米袋子""菜篮子"等群众关心的问题和生产实际问题,把好事办实,把实事办好,改善了职工工作和生活条件,进一步调动了广大职工工作积极性。在加强党建和思想政治工作上,他结合"三讲"教育试点的契机,指导开展教育活动,职工群众对班子的满意率和基本满意率在97%以上。在思想政治工作上,他结合全厂生产管理的实际,落实"1254"工程,开展以"在岗争创文明岗,为人学做王启民"为主题的多种形式的创建活动,使群众性的精神文明创建水平不断提高,矿(大队)级文明单位覆盖面达70%。在抓好党风廉政建设、落实好党风廉政建设责任制的同时,他还认真贯彻中央关于党风廉政建设一系列规定,"依则整形",严于律己,自觉接受组织监督、制度监督和群众监督,做廉洁自律的带头人。

在张广成同志的引领和模范作用影响下,全厂上下团结一心,共同努力,管理水平逐年提升,原油产量年年实现超产,精神文明建设成果丰硕,1999年荣获全国"精神文明建设工作先进单位"荣誉称号。

(张广成,1999年荣获黑龙江省劳动模范称号)

路，就在脚下

——记集团公司特等劳动模范钟孝权

没有比人更高的山，

没有比脚更长的路。

——题记

初见钟孝权，第一印象是身体单薄，只有那双大而有神的眼睛，透露出一种独有的坚韧和执着，这也许是四川盆地留给子民的一种天性吧！

钟孝权是普通的，他同奋斗在千里矿区千千万万个石油人一样，日复一日、年复一年地用智慧和汗水汇聚成黑色油龙的涌动奔流。钟孝权又是不平凡的，他把自己所学的知识魔术般地演变成一项项科研成果，为企业创造出近亿元的巨大效益，用心血铺就了一条通往理想的成功之路。

让我们沿着钟孝权的奋斗之路，去探寻一个青年知识分子不断成长的心路历程，或许能从中得到许多意想不到的收获和启迪。

1985年夏季，未满20岁的钟孝权放弃了父母为他创造的留在大城市的机会，毅然选择了大庆油田——这片曾经演绎出让世界惊叹的创业壮歌的黑土地，作为自己人生奋斗的起点，风尘仆仆地从天府之国来到大庆。在20岁的年轻人眼里，一切都是新鲜的，铁人王进喜"宁可少活二十年，拼命也要拿下大油田"的英雄壮举，钟孝权也只是在书中和电影《创业》里有过一些初步了解；20岁的年轻人是贫穷的，钟孝权身上只有一本重庆石油学校勘探地质专业的毕业证，和一副百十斤重的瘦弱身板，这些是他的全部财产；20岁的年轻人同时也是富有的，在他心中有一个从小就曾精心编织的石油梦，有一份对当年铁人艰苦创业的崇拜和敬仰，有一份对未来的美好憧憬和万丈豪情，有一份依靠自身努力干一番事业的自信。

光阴流转，岁月荏苒。16年过去了，钟孝权干过许多工作，职务也由采油工、绘解员、室主任，变成了副大队长。20岁的大男孩已经成了6岁男孩的父亲，

有一个贤惠温柔的妻子,有一个让人依恋的家,有一大堆令人羡慕的奖章、证书、头衔。

在付出和获得面前,钟孝权是平静而谦虚的。每当人们夸赞起他获得的荣誉时,他总是淡然一笑,摆摆手:"没啥,没啥。"其实,知情人都非常清楚,钟孝权的每一块奖牌上都浸透着心血与汗水,每一块奖牌的分量都是沉甸甸的。他先后获得厂十佳青年、厂十佳科技标兵、大庆油田岗位成才青年标兵、中国石油天然气总公司"八五"合理化建议和新技术推广先进个人、1996年度大庆油田劳动模范、1997年度和1999年度大庆油田优秀共产党员、1998年度黑龙江省职工读书自学成才标兵、1999年度中国石油天然气集团公司特等劳动模范、2000年大庆油田有限责任公司创新创效英才。

18项科研攻关项目,不仅在厂、大庆油田、中国石油天然气总公司分获各种奖励,还为企业创造了9000多万元的经济效益。

培根说过:知识就是力量。钟孝权深知一个中专生在知识经济时代所面临的差距,他不愿意像堂吉诃德那样,手持长矛去挑战风车。他要掌握本专业前沿知识,找到打开科技迷宫的金钥匙。

钟孝权被分配到测试大队后,首先感受到的是陌生:陌生的环境、陌生的知识、陌生的工作,这一切让他感到一种无形的压力,这种压力让他吃不下饭,睡不着觉。有时,他坐在窗前,望着窗外沉沉夜色,望着那一轮皎洁的明月发愣,想起远在千里之外的父母,想起那个惯他宠他的家,鼻子不禁一阵阵发酸。队里的老同志看出了小钟的心思,劝解中带着鼓励:"有点压力怕什么?你才20岁,今后的路还长着呢!"钟孝权明白了,他知道自己应该做什么、怎么做,他把奋斗的目标定在练就一套过硬技术本领的标尺上,决心用丰富的文化知识充实自己、完善自己。

时间,对于钟孝权来说,那是最宝贵的了。工作之余,别的年轻人忙着打麻将,喝酒聊天,再不就是挎着女朋友花前月下卿卿我我,而钟孝权却一个人躲在宿舍里啃书本,坐在电脑前研究程序编制。每天两三个小时的睡眠,长期的熬夜苦读,他瘦得像根竹竿,仿佛一阵风都能刮走似的。可钟孝权觉得苦中有乐。没有了白天与夜晚的界限,没有了星期天、节假日的概念,在他眼里,学习才是最大的乐趣、最好的休息。至今在大队里还流传着一个关于钟孝权"书痴"外号的故事。

故事发生在1986年初冬的一个晚上,刺骨的寒风夹杂着雪粒不时敲打着门窗玻璃，办公楼内寂静得有些吓人，钟孝权为了弄懂一个试井压力的问题，已经在办公室待了4个多小时了。看门的大爷打着哈欠准备最后巡视一趟就锁门睡觉了。当走到钟孝权的办公室附近时，屋里轻微的翻书声引起这位老更夫的警觉。屋内的钟孝权正专心致志地蹲在桌柜旁找资料，突然背后一声怒吼："干什么？"就被扭住了胳膊。看着钟孝权干瘦疲惫的面容，老更夫认定这次肯定是人赃并获。小钟百般解释："我刚到这里不久，要不你打个电话核实一下。"经过核实，事情终于真相大白，老更夫既感动又充满歉意，逢人便夸："瞧人家小钟这孩子，读书那个痴劲儿，往后准有出息！"消息不胫而走，钟孝权从此就落了个雅号——"书痴"。

钟孝权就凭着这股痴劲儿，参加工作仅仅2年，就自学了试井、测井、采油工程、油藏工程等20多门专业知识，记下40多万字的学习笔记。英语水平达到国家六级，掌握了计算机软件开发的基本语言，能编制比较复杂的专业程序，网络管理也达到了相当高的水平。

伴随着知识积累的不断深厚，钟孝权的眼界更加开阔了。他感到零散的学习还存在一定的局限性，系统地学习会使基础更牢，分析问题、解决问题能够更具逻辑性、理论性，他把目光瞄准了系统学习。周围的人都劝他不要自讨苦吃，小钟却固执地摇摇头。5年过去了，钟孝权以优异的成绩获得了大庆石油学院采油工程函授专业的学士学位。1997年他自费考入大庆石油学院油田开发专业函授研究生班。1999年又以全市第三名的成绩，考入哈尔滨工业大学就读MBA研究生。

9年，3000多个日夜，在有些人的经历中，无非是额上多了几道皱纹，两鬓平添了几缕白发，而钟孝权却凭着那股韧劲儿和痴劲儿，完成了自己年轻人生的一次次飞跃。这凤凰涅槃般的飞跃，赋予了他在工作中驾轻就熟、游刃有余的经验和技术；赋予了他在科研领域里登高望远、闯关夺隘的勇气和自信；同时也赋予了他实现人生价值，以知识报效油田的坚定信心和巨大能量。

邓小平同志说过：科学技术是第一生产力。钟孝权深知，在油田度过顶峰时期后，要获得持续发展，科技创效是至关重要的。学习的目的在于应用。他要用知识利剑，向科研难关挑战。

从踏进大庆油田的第一天起，钟孝权就把自己的全部身心融入这个曾经孕育培养"铁人"和大庆精神的沃土之中。随着大庆油田开发的不断深入，一些技术难题困扰和阻碍着企业的可持续发展。小钟看在眼里，急在心上。"我们是

油田的新一代,企业的兴衰同我们个人的命运是紧密相连的。只有走科技创新、科技创效的道路,才能把前辈交给我们的事业发扬光大,才能使我们的人生无怨无悔而富有价值。"在抓紧一切时间学习知识的同时,钟孝权开始把攻克技术难关,为企业创造更大的效益作为自己义不容辞的责任。

1989年初,钟孝权承担了《TATC现代试井解释软件》的研制工作。当时,油田广泛使用的常规试井理论均采用半对数分析法,但它存在参数比较少、数据解释困难等问题,已不适应油田开发对测试工作的要求。试井解释靠手工测、靠尺量,费工又费力,而现代试井理论更加复杂烦琐,如果还用手工,一口井就得干一周。当时,中国石油大学、西南石油学院、大庆石油学院等高校也在进行这方面研究工作。和他们相比,小钟深感自己的理论知识相差太远,但他并没有气馁,而是一边学习一边探索,想办法将理论与油田实际结合起来。为了解决其中几个技术难题,钟孝权先后4次去北京找老师请教,还虚心向有实践经验的老工人请教。他经常为了一个疑难问题而忘记吃饭和睡觉。经过5个月的艰苦努力,《TATC现代试井解释软件》终于研制成功。该项目获得了大庆油田优秀科技成果一等奖、中国石油天然气总公司科技进步三等奖。

1991年,单位引进了一台DREXEL读卡仪系统,这台设备使用起来,不但操作复杂,而且精度也不够高,不能适应油田的实际工作,只好待在一旁"睡懒觉"。钟孝权当时是绘解室组长,每天看着这台洋设备,心里就直犯嘀咕:"为啥不能给这笨家伙动动手术,让它动起来?"小钟大胆地提出了改进和修复这台仪器的建议。

有人说:"那洋玩意儿可不好整。"也有人说:"年轻人胆子就是大。"

钟孝权根本不理那一套。为了弄清设备问题的症结所在,他连续3次到三厂、六厂学习、调研,结合厂里实际不断改进"手术"方案。他常常为了一个软件设计,坐在计算机房反反复复地摸索、推敲、调试,一干就是一个通宵。有时他拖着疲惫的身子回到宿舍,人躺在床上,脑子里还想着问题,灵感一上来,就马上跑到计算机室进行调试。那段时间里,小钟已到了废寝忘食的程度,就连女朋友也远远地抛到脑后。整整两个多月,他没去看女朋友一眼,敏感的女孩子还以为有"情况"了,急得找上门来声讨。误会终于在谅解和泪水中消除。

就这样,经过3个多月的不懈努力,进口设备终于改进成功。读卡仪与试井解释软件、数据库有效连接,形成了数据采集、绘集、存储、输出一体化的自动化解释系统，工效提高两倍以上，年创效 21 万元。

同伴们这回真服了："小钟行！硬是把洋设备摆弄服了。了不起！"

1997 年，随着三次采油技术的应用，钟孝权着手对聚合物驱油条件下试验区流动系数变化规律进行研究，为确定油层出油厚度和合理的供油面积提供依据。他通过对 1074 口油井测试压力和关井时间，以及不同井网、层系压力波传播半径及对应关井时间的对比，结合油藏压力监测的实际需要，拟订了《第一采油厂一九九七年采油井压力监测关井时间计划》。经实际运行，每口井平均比上年同期少关井 23 小时，全厂一年少影响原油产量 5 万余吨，创经济效益 3000 多万元。

小钟以锲而不舍的韧劲儿，取得了丰硕的成果，也创造了惊人的效益，许多成果不仅在大庆油田、黑龙江省、中国石油天然气总公司获奖，有些还居国内领先地位。钟孝权成了厂里人人皆知的科技状元。

毛泽东同志说过：人是要有点精神的。钟孝权深知，要奋斗就得付出，作为一个共产党员，一个基层干部，拼搏奉献是必须具备的不变本色。

历史在前进，油田在发展，钟孝权也伴随这种前进发展获得了个人的不断成长进步。

1993 年，钟孝权站在鲜红的党旗下，举起了握紧的拳头，向党庄严宣誓：要为共产主义奋斗终生。

同年，他被任命为大队绘解室主任。

1998 年，被任命为副大队长。

欣喜之余，回首走过的路，钟孝权面对父母、妻子、儿子，心中总怀有一份内疚。

人们都说钟孝权是个"工作狂"，一头扎进去就拔不出来。对于这一点，他自己也不否认。1995 年 6 月，油田开始推广聚合物技术，传统的牛顿渗流试井理论已经不适用了，于是，钟孝权主持了"砂岩油田非牛顿渗流试井理论模型及软件研究"科研项目。正当试验进入关键时期，小钟的妻子也将临产。在试验和妻子之间，钟孝权陷入了两难境地。权衡了许久，他还是咬了咬牙把挺着大肚子的妻子托付给年迈的岳父岳母，又跑回了试验现场。直到妻子被抬进手术室，需要丈夫签字时，他才被电话催到了医院。望着面色苍白、眼泪浸湿枕头的妻子，望着孩子红扑扑的小脸儿，这个 30 岁才初为人父的钢铁汉子，心中的喜悦和内疚交织在一起，默默地拉着妻子的手，眼泪禁不住流了下来。

  1998年秋季，远在四川的老母亲终于耐不住思念之情，从家乡赶到大庆看儿子。钟孝权整天起早贪黑地忙工作，没有请一天假好好陪陪母亲。老太太看着既高兴又心疼，只好返回四川老家，临行时老人对儿子说："孩子，你没工夫陪妈，妈不怨你，可你要注意身体啊。"面对两鬓斑白的老母亲，钟孝权无言以对。

  钟孝权搞科研在大庆油田出了名，找他合作项目的人也多了起来，有些利欲熏心的私营业主，也打起了他的主意。一天，一个私营企业经理神神秘秘地找到他，提出要和他合作搞一个项目，条件是由钟孝权出油水井数据资料，每口井给500元钱的报酬。如果项目完成，成果归双方所有，利益四六分成。面对金钱的诱惑，钟孝权严词拒绝了。他说："这种出卖国家和企业利益的事，连想都不要想，你这哪是在合作项目，你是在把我往犯罪的道路上推啊。"事后有人说他"傻帽儿"，放着大把的金钱不要。钟孝权说："钱是个好东西，但人不能光为钱活着，在这种脏钱面前，我宁愿当'傻帽儿'。"

  一分耕耘一分收获。16年来，钟孝权以一个科技人员报效油田的拳拳之心，在自己的岗位上做出了不平凡的业绩。在鲜花、掌声和荣誉面前，钟孝权没有满足、没有骄傲，更没有一丝一毫的懈怠，他知道这些仅仅是过去，仅仅是起点。他还很年轻，还有许多事情要做，前方的路也一定会在他实现远大理想和不懈努力中不断延伸。

（钟孝权，1999年荣获集团公司特等劳动模范称号。本文摘自《新时期大庆人》）

青春在油海中闪光
——记集团公司首届十大杰出青年姜洪福

姜洪福,中共党员,1988 年毕业于大庆石油学院勘探系石油地质专业。时任大庆石油管理局第一采油厂地质大队工程师。

参加工作以来,姜洪福同志在大庆精神铁人精神的鼓舞下,始终坚定为石油工业奉献的信念,立足本职岗位,刻苦钻研业务,勇于开拓进取。九年来,先后发表科技论文 10 篇,其中 2 篇获得了黑龙江省油藏工程学会优秀论文一等奖,负责并完成了科研项目、青工"五小"成果、QC 成果等 14 项,其中 3 项科研项目分别获局科技进步一、二等奖,2 项成果获大庆市青工"五小"成果一等奖。曾连续 6 年被评为厂级"先进个人",1995 年度被评为厂级"十佳青年",1996 年度被评为局级"青年岗位能手"和厂级"杰出青年岗位能手",1994—1996 年连续 3 年被评为大庆市(局)劳动模范。1999 年荣获集团公司首届十大杰出青年荣誉称号。

立足岗位,勤奋好学

参加工作以来,他一刻也没有忘记,要为原油稳产做贡献,就要首先树立正确的理想和信念。工作之余,他认真学习党的基本路线、方针和政策,以建设有中国特色的社会主义理论武装自己的头脑,牢固树立正确的世界观、人生观和价值观,努力把为油奉献的理想根植于生产实践之中。作为一名大学毕业生,他从不骄傲自满,在知识的海洋里他不断地汲取营养。工作中他始终坚持理论和实践相结合,向老科研工作者和书本请教相结合。几年来,他共查阅各类书籍 200 余册,记笔记 8 万余字,不论工作在哪里,周围的领导和同志都无不为他的孜孜不倦、勤奋好学的精神所打动。

锲而不舍，勇于攻关

丰厚的知识积累加上认真求实的工作态度使他工作起来如虎添翼。不论在什么岗位上，他始终认定：科学的顶峰永远属于不懈的跋涉者。面对油田生产困难重重、地下形势日趋复杂的局面，姜洪福没有被吓倒，更没有举步不前，而是以更加饱满的工作热情，把有限的青春投入到勇攀科学高峰、为油田生产做贡献中去。1995 年，他担任了三采室主任，这个科室是根据三次采油的需要而新组建的主力室，人员少、任务重、责任大，同时职工知识层次较高，上进心较强，接受能力较快。针对这一实际，他在全室职工中开展了边搞科研边练兵活动，请专家做报告，在短短几个月的时间里，职工就熟练地掌握了三次采油的工艺技术及业务知识，为搞好三次采油的各项地质开发方案的编制打下良好的基础。在此期间他先后完成了《非均质厚油层内部挖潜的理论与实践》《萨中地区二次加密调整井综合治理方法研究》和《油流河相储层精细地质模型研究》等 4 篇论文，分别获黑龙江省油藏工程学会优秀论文一等奖、局科技进步二等奖，组织局重点科研攻关项目一项，对于油田的长远发展和技术储备做出了积极努力，使科研工作更具有超前性，对于油田的开发生产实践具有很大的指导意义。

兢兢业业，无私奉献

干起工作，姜洪福会忘记一切，周围的同志都亲切地称他"油痴"。面对一串串的荣誉和丰硕的科研成果，他是欣慰的，为了工作他付出的太多太多。1993 年 5 月，他负责领导"中区东部东区调整井射孔方案"攻关组，当时产能很紧张，钻井后马上要求投产，时间十分有限。面对困难他时刻用铁人精神鞭策自己，对工作坚持高标准、严要求、高质量，经得起推敲和检验。当时，他家还住在乘三村，每天要倒两次车才能到单位，在爱人的支持下，他坚持吃住在单位，把整个精力都用到了工作中去，当会战进行到两个多月时，有一天，他正在拟定一口井的射孔层位时，突然感到一阵眩晕，在同志们的再三劝阻下，他才到医院检查，发现他的血压高压不到 80、低压仅 50，但为了工作他还是偷偷地揣起了假条，紧张地工作着。经过三个月的艰苦工作，圆满地完成了中区东部东区新井射孔方案攻关工作。共编制新井射孔方案 119 口，年增产原油

18.25万吨。但也是从这时起,他患上了严重的低血压。他已记不清有几次工作时晕倒在办公桌上,也记不清有多少个不眠之夜伴着灯光迎来黎明。别人的三口之家,丈夫同妻子和孩子能共度许许多多快乐的周末,但他给予她们的仅仅是更多的歉意和笑容,他的孩子患有严重的类风湿,然而在小孩每次发病的时候,往往只有暗暗落泪的妻子陪伴在病房。确实,姜洪福欠这个家的太多了,但油田不会忘记,二次创业中有他辉煌的一笔,油海浪花中,他是永远奔腾灿烂的那一朵。

(姜洪福,1999年荣获集团公司首届十大杰出青年称号)

"三老四严"的传人
——记油田公司功勋员工张景昆

2000年10月18日,是一个普通得不能再普通的日子,在岁月的长河中转瞬即逝。然而,就在这一天,1964年初中毕业参加工作的徒工、当了14年矿长的张景昆走上了万人大厂副厂长岗位。人们不禁要问,在强调干部年轻化、知识化、专业化的今天,一个学徒工出身且已步入知天命之年的他,何以走上如此重要的岗位?

打开历史的画卷,寻觅张景昆的人生轨迹,展现在我们面前的是一幅幅清晰的画面:我们不仅看到了一名创业者的艰辛足迹,更看到了一名"三老四严"优良传统的坚定继承者和发扬者的形象。如果说打造这个形象的内在精神是"三老四严"之魂,那么实践"三老四严"、万事"严"字当头则是张景昆突出的人格魅力。

在任何时候都要坚持"三老四严"的优良传统,只有这样才能保证工作的高标准、高水平——张景昆严中求高

张景昆常说:严是高的基础,严能出高标准,严能创高水平。凭着这一条带队伍,他先后在3个采油矿当矿长,矿矿是先进。

3年前,由于工程质量等原因,当时全油田投资最多、规模最大的现代化联合站——中十六联出了问题,引发了"中十六联现象"。面对全油田关注的目光,时任第三油矿矿长的张景昆心急如焚。那段时间,他天天蹲在中十六联。虽然中十六联问题主要在工程质量方面,但其根源是新形势下大庆精神的滑坡、优良传统的淡化。面对这座投资上亿元的问题站和全站员工们的满肚子委屈,张景昆耐心细致地做好员工们的思想工作。他说:"出现问题并不可怕,关键在于怎样去正视它、解决它。既然'中十六联现象'已经发生,我们就不能怨天

尤人，只有继承和发扬'三老四严'的优良传统，瞄准一流目标，不断努力，才能够把一座问题站变成样板站。"

他组织中十六联员工重温大庆会战光荣史，让每一名员工对照"中十六联现象"进行自我反思，看工作中还有哪些低标准、低水平。激励员工为改变中十六联面貌卧薪尝胆，振奋精神，创出高水平。全站员工发出了"我们就是十六联，我们就要创样板"的共同心声。

心声是一种激励，更要化作攀高的行动。一身工作服，身体瘦小的张景昆每天穿梭在全站10个岗位间，按照高标准整改每一个细小问题：一台设备没达标，他要求推倒重来；一滴油污没擦净，他要求立即处理；一张报表有涂改，他要求重新填写；一个螺母有松动，他要求重新紧固……

一项项严格的要求，一声声悉心的指导，化作了一道道无形的命令。经过全站员工的共同努力，12184个静点、2253个动点全部达到了无泄漏，一流设备达到100%。

初战告捷，张景昆又陷入了深深的思考：要创高水平，创新制度，严格执行是基础。他组织中十六联干部、员工按照现代企业制度要求，对各项规章制度进行逐项研究。随着95项制度的出台，全站各项工作都规范了标准，做到有章可循。

有章不循，严肃处理。一次，由于电场电压波动较大，输油岗自动化仪表失灵。岗位工人没有按照制度要求及时启动手动装置，造成系统容器憋压，致使约一茶杯的原油外泄。张景昆得知后，认为这件事虽然出在工人身上，但是反映出干部要求不高，存在"跑粗"现象。对这名工人和当班干部一并进行了处罚。

严出水平。仅仅一年，中十六联就发生了翻天覆地的变化，由人们心中的"伤心站"变成了名副其实的样板站。2000年8月，江泽民总书记来大庆视察时，对中十六联的工作给予了高度评价。

企业管理的关键在于建设一支高技能的员工队伍
——张景昆严中超前

随着油田开发建设的不断深入，张景昆敏锐地感到，要实现企业的可持续发展，就必须依靠和调动生产要素中最活跃的因素——人的力量，牢固树立以

人为本的思想。只有严格的管理,超前的思维,才能培养造就一支高技能的员工队伍,才能更好地适应现代企业制度要求。

在提高员工素质上,张景昆看得长远,想得超前,做得扎实。1990年,第七油矿刚成立,张景昆走马上任,当上了矿长。面对新组建、技术水平参差不齐的员工队伍,他把提高员工技术素质作为抓队伍建设的首要工作。矿设练兵场,队建练兵台,技术课定时上,比赛经常搞,强制和引导相结合,使全矿学技术的氛围空前高涨。他在第七油矿当了7年矿长,该矿连续6年夺得厂技术运动会团体第一名。

说起张景昆在抓员工培训上的严劲儿,第三油矿的员工们佩服得五体投地。为了抓好技术干部微机培训,他多方联系,请来专业教师,把全矿技术和管理岗上的40多名骨干抽下来,坐在教室里一学就是35天。这些年来,在他的精心培养帮助下,有5人获中国石油天然气总公司、大庆油田科技成果奖,涌现出一大批"一岗精、二岗通、三岗懂"的优秀员工;造就了一大批熟练掌握多媒体技术和编写生产应用软件的专业技术人才,提高了全矿现代化管理水平。用他的话来说就是:作为千人大矿的头儿,必须立足当前,着眼未来。

孙桂兰是一名1999年从中国石油大学储运专业毕业的大学生,由于工作扎实,作风严谨,刻苦钻研业务知识,引起了张景昆的注意。他积极向党组织推荐,准备把这个好苗子培养起来。经过矿党委全面考核,孙桂兰这个实习期未满的年轻人,被第三油矿党委提拔到中十六联党支部书记的重要岗位。她上任后,思想解放,把"三老四严"的优良传统与现代企业制度结合起来,带领全站员工积极进行创新实践,使中十六联的整体水平又有了一个新的提高。

2000年初,张景昆又与班子成员达成共识,将5名有实际工作能力的青年员工任用到小队领导岗位。

连办公设备都管不好的干部,连门窗坏了都不去修的工人,能有责任心做好自己的工作吗——张景昆严中有细

"从古天才此乐道,始知真放在精微。"张景昆的严体现在工作作风上,就是一丝不苟,严细认真,从细微之处入手,锤炼队伍的作风。

"抓队伍要细之又细,就像过日子一样,这样才能带出好作风",这是张景昆时常挂在嘴上的一句话。刚任第三油矿矿长时,他没采取什么"下马威",看

到个别员工随便乱扔烟头和纸屑，他就在后面不声不响地捡起来，走到哪儿，捡到哪儿，扔烟头的人脸红了，跟着他捡烟头的人却越来越多了。渐渐地，办公室和矿区都变得清洁了。

下基层时，他看到一些门窗的玻璃破碎，办公桌椅损坏，心里很不是滋味。连办公设备都管不好的干部和门窗坏了都不去修的工人，能有责任心做好自己的工作吗？他逢人就会讲："这种情况就像居家过日子，油瓶子倒了都没人扶，能过好日子吗？哪个单位管理得好，我就先给哪个单位改善工作条件。"他真的进行了兑现，管得好的单位很快就乐滋滋地先享用了现代化的办公设备。有一个队因管理松散，楼道满是油污，工具工服乱七八糟堆满了办公室。队干部要求更换办公设备时，被他严词回绝了："啥时候把旧的管好了，管出水平了再来找我！"经过一段时间，这个队做到了物见本色，窗明几净，才换上了新装备。

张景昆下基层，多年养成这样一个习惯，就是喜欢到一些边远的、别人不愿去的岗位，抓一些一般人看似平常的小事。一次，他到一个站检查，发现一个施工单位遗留的已被踩硬的土堆，他叫来队干部，责令马上将这堆土运往指定地点。他说，越是小事越能看出作风。

有什么样的"家长"就有什么样的"家风"。经张景昆的言传身教，带出了一支严细认真的队伍。工作中的"跑粗"现象渐渐消失了，"事事从严要求、处处从细入手、项项工作出手过得硬"已在队伍中蔚然成风。

权力是党和人民给予的，它理应服务于党和人民，决不能为了私利而玷污了这一神圣职责——张景昆严而生廉

一个人最难的是管住自己，最容易的是毁掉自己；严就能管住自己，不严就会毁掉自己。张景昆始终做到律人先律己，他的"严"体现在自我约束上就是廉洁勤政，公正严明。

第一采油厂第三油矿地处商业繁华区，有些做生意的人想白用矿里的水、电、气，就经常采取请客、送礼等手段打张景昆的主意，但他就是不吃这一套。1997年9月，一个饭店老板来到他的办公室，想不花钱接电，希望他能给一些方便，并拿出一沓钱请他收下。张景昆严词拒绝道："不符合用电规定决不能特许，这钱还是用在'正道'上吧。"

人非草木，孰能无情。张景昆多次对自己的亲人和朋友说："如果你们真的

尊重我、为我好，就别开口来找我做一些违反原则的事。"

1999年夏天，张景昆组织经保人员巡查天然气管线，发现南六队附近一家珍珠岩厂私接管线，用第三油矿的气生产珍珠岩，他要求立即掐掉。结果，没等他回到办公室，就被一位要好的老同学拦住了，请他无论如何给个面子，把管线重新接上。他耐心地解释："天然气是国家资源，我没这个权力，请你给予理解。"

以廉为标尺，唯有多勤政。张景昆十几年的基层干部生涯，少有的是觥筹交错，推杯换盏，而是一门心思地扑在事业上。十几年来，几乎没休过节假日，在炎热的夏季、在寒冷的冬天、在华灯初上的夜晚、在除夕的鞭炮声中，他的身影都留在了自己的办公室和油田的井场上。

2000年年底，全厂的原油产量曾一度出现被动局面，作为主抓生产的副厂长，张景昆日夜守候在厂里协调指挥生产。

白天，他奔波在井站之间，抽油机旁、采油树下留下了他深深的足迹。

夜晚，他和技术人员一起分析原油产量下降原因，研究上产方案，孤灯下留下了他消瘦的身影。

在他的精心组织下，生产运行环环相扣，上产措施及时到位，圆满完成了原油生产任务。

2001年5月10日深夜，急促的电话铃声把刚刚入睡的张景昆从梦中惊醒。

"张厂长，第六油矿中一联脱水岗加热炉着火……"电话里传来值班调度焦急的声音。

"我马上就到！"张景昆猛地一惊，"什么部位？失火原因？是否会影响产量……"一个个问题在他头脑中不断地闪现。张景昆立即打车赶到现场，全力组织抢救工作。火被扑灭了，张景昆随即组织协调生产，直到凌晨两点，整个联合站生产运行平稳了，他才放心地离开现场。由于措施得当，没有一口井停机，没影响一吨产量。

作为一名基层领导干部，就要时刻把员工的冷暖挂在心间，甘当员工的公仆——张景昆严中有情

企业的向心力、凝聚力来自领导者对工作的严格要求，更来自对员工的一片真情。张景昆的真情是那样的真真切切，那样的无微不至。刚到第七油矿

时,他发现部分边远队的员工因工作条件差不安心工作,生产管理水平始终落后。于是,他就组织矿有关人员到第九采油厂偏远的齐家采油队取经,在矿里资金较为紧张的情况下,依然拨出 20 多万元为离矿最远的南八队改善了工作生活条件。在他的精心组织下,南八队先后建起了蔬菜温室、鸡舍、羊圈和猪圈等,实现了生活自给。队里还建起了员工之家,各种娱乐设施也较为齐全。这些深切的关怀,极大地激发了南八队干部员工的工作热情,全队上下齐努力,誓打管理翻身仗,连续 3 年夺取金牌,成为全厂基层建设的先进典型。

一次,他到小队检查工作,透过车窗,看到一位满头白发的老工人弓着腰,吃力地蹬着自行车,从龙凤自备电厂家属区到四五公里远的胜利村换罐。看到这个场景,张景昆的眼睛湿润了。回到矿里,他在全矿机关干部大会上,眼含热泪,检讨自己对员工生活关心不够,当即决定由矿里定期派车解决本矿住自备电厂家属区员工换罐问题。

在第七油矿的员工队伍中至今还流传着"矿长壶"的故事。前些年,张景昆在井上检查工作时,看到测试工都用不规范的瓶子自带饮用水上井,他记在了心上,回到矿里马上联系材料组为每一名测试工配备了 1 个军用水壶和 1 顶凉帽,并给队里配备了热水器,使员工冬夏都能喝上开水。大家都亲切地把这个水壶称作"矿长壶"。

每次深入基层时,小队食堂是他必去的地方,粮油够不够,饭菜质量好不好,咸菜腌了没有,腌了多少个品种,他都一一过问。1998 年以来,他积极协调,先后为第三油矿每个小队食堂配备了空调、电冰箱、电烤箱、消毒柜等现代化的生活设备。

向工人师傅学一点、向技术人员学一点、向书本学一点、向实践学一点,从徒工学到厂长——张景昆学无止境

张景昆对自己的严格要求还体现在求知的道路上不断进取攀登。

张景昆具有严谨的学风。多年来,他养成一个习惯,双休日除了周六下午,其余的时间都是在学习中渡过的。他常说:"好学不怕起步晚,我的每一点滴成绩都离不开对知识的汲取,我是靠向工人师傅学一点、向技术人员学一点、向书本学一点、向实践学一点,通过这四点的学习不断积累起来的。"

在第三油矿和他搭班子的几个年轻同志，大部分是油田开发专业的大学生，但他们一说到张矿长对油田地下、地面管理的精通、到位，都从心底里佩服。2000年是全厂的注水质量年，张景昆抓注水很有一套办法，在注采系统不完善的情况下，他提出把局部措施调整作为油田开发的主要任务，很快使第三油矿注水结构得到改善，油田含水上升速度得到有效控制。在部分井堵水的同时，又提出严格控制高产液、高含水井的产液量，加强对低含水层的注水井细分工作，有效地控制了新井含水上升速度。结果，全矿在原油产量稳定的同时，综合含水率下降0.3个百分点，增油1000多吨。"张矿长就是善于把积累的经验和学到的东西灵活运用到生产中，学得好，解决得实，这一点让我们非常佩服。"这是基层干部对张景昆严谨学风的高度赞誉。

学习先进，赶超先进，这是张景昆对"学"字的更深一层理解。当工人时他学习"老会战"的优良作风，成为远近闻名的优秀红旗手；在第七油矿时，他组织大家向同行业的先进水平学，使第七油矿夺得技术大赛六连冠；在第三油矿，他把现代企业制度要求融入企业管理中，使三矿的"三基"工作再创新水平。担任副厂长后，面对新的岗位、新的形势，他对自己的要求更高了，他说："要成为现代企业制度下优秀的企业管理者，我要更加努力，再攀高峰。"

（张景昆，2000年荣获油田公司功勋员工称号。本文摘自《新时期大庆人》）

铿锵玫瑰

——记黑龙江省劳动模范刘颖萍

中等个头，面容俊秀，不善言辞，工作起来却风风火火，认认真真，丝毫不让须眉。她，就是刘颖萍，第一采油厂地质大队大队长，百里油区培育出来的铿锵玫瑰。

在第一采油厂161.25平方千米的土地上，到处都留下她跋涉的足迹。在人生最宝贵的青春年华里，她饱蘸生命的激情，用石油人特有的执着，书写着亮丽的人生画卷。她先后被评为大庆油田优秀青年技术工作者、油田方案设计优秀工作者、劳动模范，荣获大庆油田有限责任公司巾帼建功标兵、中华全国总工会先进女职工称号。

从那鲜红的荣誉证书中，我们看到了刘颖萍的业绩与辉煌。它们像一串放射出异彩的珍珠璀璨夺目。

这里，我们撷取其中几颗，展示出来，让大家从中看到刘颖萍那绵绵的石油情结。

敬业，由始至终，书写着无怨无悔的篇章

22岁那年，怀揣五彩斑斓的梦想，刘颖萍从大庆石油学院石油地质专业毕业，跨进了石油行业的大门。刚参加工作，刘颖萍被分配到第一采油厂第四油矿中八队实习。旷野风、采油树，抽油机解读着高高的蓝天；芦苇花、干打垒，金色的阳光编织着青春的梦想。这一切，对正值花季的刘颖萍来说，是那样新鲜，那样充满诗意。

然而，现实并非她想象中的五彩。中八队地理位置偏僻，队部是两排干打垒，孤零零地立在草甸子上。每天晚上下班后，整个队部显得愈发空荡荡的，有时整座房里只有她和影子相伴，屋里静得能听到自己的呼吸声。那一阵子，

刘颖萍陷入深深的失落中。队长好像看出了她的心思，诚恳地对她说："中八队是老标杆，在油田也小有名气。现在全队憋足了劲，想夺金牌，但就是地质资料管理水平上不去，你来得太及时了！"刘颖萍细细品味着队长的一席话，感到了沉甸甸的信任和期望，在接下来的日子里，更感受到了大家为夺取金牌的那股韧劲和忘我拼搏精神。她不禁暗下决心，一定要加倍努力，决不辜负队友们的期望。

地质资料能够反映油田开发中油水变化规律，检验生产措施的效果，也是制定增产措施、进行综合调整的重要依据。因此，取全、取准第一手资料，将是夺牌能否成功的关键。为了尽快提高队里地质资料管理水平，担任代理技术员的她，认真审核报上来的每一项资料，坚持做到"三把关、三对扣"。遇到把握不准的资料，刘颖萍就带着工人上井重新量油，核实数据，晚上在队部里一项一项审核，陪伴她的只有旷野中那盏亮到天明的孤灯。

在她的努力下，中八队地质资料管理水平提高很快，在全厂每月一次的检查中，一举由倒数第一跃居榜首。在"三牌队"验收中，她负责的地质资料无一差错，全准率达100%。

在队里召开的庆功会上，队长说："小刘，没有你严把资料关，咱队这金牌夺不来啊，我代表全队感谢你！"队友们也投来赞许的目光。

无数个孤寂的夜晚没有使她却步，大量的工作没有把她压垮，由于工作劳累没有保住第一个孩子，她也没有落泪。可是，面对大家真诚的目光，刘颖萍却哭了，那是幸福的泪，是实现人生价值、喜极而泣的泪。

在她担任技术员的3年里，所在队连续3年夺得中国石油天然气总公司金牌队，她也获得了总公司颁发的社会主义劳动竞赛立功奖章。

她爱上了油田，爱上了朴实的队友，爱上了她的一个又一个岗位，把全部身心投入到油田开发中来。

1988年8月，刘颖萍被调到矿地质工艺队机采组负责抽油机指标和动态分析工作。不久，女儿呱呱落地。就在她休产假期间，厂里进行了机采指标检查，四矿名落孙山。强烈的事业心和责任感，使她毫不犹豫地放弃了还有10个多月的产假，返回工作岗位。她和机采组的同志无论刮风下雨，都坚持跑现场，白天对全矿400多口抽油机井逐一检查，晚上逐井逐项分析，及时提出整改措施。经过努力，全矿机采指标不断上升，从倒数第一名跃居全厂第二名。

1992年正是大庆油田实施"稳油控水"初期，针对油田一直没有分层注水井动态控制图的情况,刘颖萍进行了专项研究。她分析了油层吸水量与油水井连通关系以及与加强或控制注水、压裂等之间的内在联系,建立了反映这种联系的数学模型,绘制了反映水井分层注水动态的控制图,填补了油田开发中注水井一直没有控制图的空白。上级领导对刘颖萍扎实的工作作风、刻苦钻研的精神和突出的业绩予以充分肯定。同年底,刘颖萍被提拔为矿责任地质师。

寒暑易节,这一切仿佛还是昨天的事,转眼间16个春秋过去了。这些年来,刘颖萍放弃了230多个节假日,加班2000多个小时。对此,她无怨无悔,因为她是在为油田开发奉献才智和青春,因为她热爱这一方热土和生活在这块土地上的石油人。

拼搏,从春到秋,浇灌出满园"科技花"

我的心脏
和着石油的脉搏一起跳动
在跃进中
我看到了满园春色
我拼搏
我进取
我用那"人拉肩扛"的铁人精神
锤炼我的灵魂
我用心血和汗水浇灌"科技花"
我是石油的女儿

这是一首赞美石油科技工作者的诗,也是刘颖萍的真实写照。

1997年,已是第一采油厂地质大队副大队长的刘颖萍,主抓三次采油和地质开发科研工作。在刘颖萍的带领下,精细地质研究使聚合物驱取得了较好的增油降水效果。那年,厂里超产的43万吨原油,有34万吨是聚驱生产的,占超产总数的79%。

事业从来不会是一帆风顺的,它总要考验强者的意志。时间来到1999年初,第一采油厂注聚较早的区块处在含水回升、产量递减阶段,这虽在意料之中,但递减速度之快超出预想。原来预计每月递减200吨,而实际递减400多吨,这就意味着聚驱产量当年要欠产10多万吨,全厂年度产量计划将被打乱。

产量告急,怎么办?几天时间,刘颖萍急得满嘴起泡。她立即组织精兵强将深入生产一线,分析研究产量下降的原因,提出调整对策。那段时间,她透支着自己的体力,披星戴月地工作着,露水为她洗去裤管上的泥浆,大风为她梳理满头的乌发。在她和全体科研人员共同努力下,通过对 75 口注入井采取调整注入量和注入浓度,对 9 口套损井取套转注,对 40 口采出井采取提液等措施,使聚驱产量递减速度减慢。到了年底,聚驱不仅没有欠产,而且超产 4200 吨。

"实现原油增产离不开你们,推动科技进步离不开你们,实现技术创新离不开你们……"

厂党政领导在精细地质研究祝捷大会上语重心长的话语,时常回荡在刘颖萍的耳边,催她奋进。她带领同事们共同绘制的萨中地区精细地质沉积相带图,结束了第一采油厂 20 年没有沉积相带图的历史。这项研究成果在油田开发中得到广泛应用,取得了显著效果,累计增油 43 万吨,创经济效益 1.38 亿元,使第一采油厂精细地质研究处于全公司前列。

汗水和心血浇灌出一朵朵"科技花"。参加工作以来,刘颖萍共撰写科研论文 10 多篇,6 篇获黑龙江省油藏工程学会一、二等奖,参与了 10 多项公司级科研项目的研究,多次荣获大庆油田科技进步奖。2000 年,她所负责的科研工作,由于立项比较新颖,有 19 篇论文在大庆油田有限责任公司获奖,其中一等奖 9 篇,二等奖 9 篇。

奉献,从前到后,终将小我融大我

石油人的性格叫执着,需要奉献时,不惜"丝方尽";值得奉献的,哪怕"泪始干"。谁没有妻室儿女,谁没有父母高堂,无情岂是真英雄。每当有人敬佩地称刘颖萍为"铿锵玫瑰"时,她都会心酸地说:"人家都说,一个成功男人背后肯定有个默默奉献的女人,我这朵'玫瑰'的艳丽却以亲情、家庭为代价,这代价不菲呀!"

在四矿地质工艺队时,为了提高机采指标,她狠心地给不满 6 个月的女儿断了奶,送到偏远的老家。白天还好过,她忙得几乎没有时间想任何事情,一到晚上或看到和自己孩子相仿的小孩,泪水就止不住在眼眶里打转,常常在梦中哭湿枕头。

对女儿的愧疚，她还能以来日方长来自我安慰，可对父亲的愧疚已经永远不能弥补了。每当想到这件事，她的心就像刀剜一样难受。

1999年1月，她的父亲不慎从房上摔下来，造成腰椎骨折。她把父亲从老家接到大庆养病。父亲的病几个月也未痊愈，为了不影响工作，她把在家待业的弟弟找来照料父亲。等到她抽出时间陪父亲到医院检查时，才知道父亲得了骨髓癌，并且到了晚期。她后悔呀，她把自己关在屋子里，一遍一遍地责问自己，为什么没有早点陪父亲检查？她扯着自己的头发发誓，就算有天大的事情，也要陪父亲在医院度过最后时光，在床前尽孝。就在这时，油田要召开技术座谈会，大量的编写年报和综合调整方案的工作需要她做。一边是病危的父亲，一边是繁重的工作，何去何从？父亲看出了女儿的心思，理解地说："爸有你弟弟照顾，你去忙吧。千万别耽误了工作，那是大事啊！"她看着父亲，一步三回头地走了，期待着忙完工作就立即回来。可没几天，她突然接到弟弟的电话，说父亲不行了。放下电话，她疯了似的赶往医院，跌跌撞撞地跑进病房，看到才几天不见的父亲，已经苍老得不成样子。父亲看到女儿，分明想说什么，但由于舌头肿大，一句话也说不出来。刘颖萍哭倒在父亲的病床前，长跪不起……

父亲走了，带着没有和女儿交流的遗憾，也带着女儿深深的悔恨。"子欲养而亲不待"的痛苦是不能用言语诠释的。刘颖萍说过，无数次在梦中看见父亲想对她说什么，却总是说不出来，"相对无语，唯有泪千行"。梦中惊醒，她常常是擦拭着父亲的遗像到天明。

祸不单行。就在刘颖萍的父亲去世的第三天，远在河北的公公因病去世了。爱人奔赴老家，她既要忙工作又要照顾孩子，精神的打击和生活的重担压得她喘不过气来。但她没有倒下，硬是挺过来，圆满地完成了每一项工作。

克己，从头到尾，衬出一个大写的"人"字

"做人要有骨气，当干部要有正气，干工作要不怕歪风邪气。"这是刘颖萍的人生信条。

走上领导岗位的刘颖萍，或多或少掌握一定权力。她主管过化验、科研等项工作，其中涉及进设备、科研项目合作等，一年经手科研经费近100万元。每项课题从立项开始，她都在可行性、实用性和科研效益等方面认真负责地审

核把关。成果鉴定后,再配合上级业务部门反复审核,然后按程序进行经费结算,从不破坏规定。她常说,如果因为自己工作不细,给企业造成资金浪费,怎么对得起共产党员的称号,怎么对得起上级领导和群众的信任。

她始终牢记,手中的权力是党和人民赋予的,决不能滥用。她讲原则、讲党性,从不谋私利。

1998年,地质大队化验室翻新重建,需要购买大量的化验操作台和通风橱。一些厂家闻风而至,纷纷来找她,介绍自己的产品,她没有听信厂家一面之词,而是和化验室的同志一起到研究院、各采油厂等处调查,货比多家,最后选定江苏一厂家的产品。可在产品运来大庆的途中出了车祸,不少产品受损。厂方哭丧着脸找上门来,商量说,这次车祸损失不小,能否在质量上放松点。刘颖萍对他们的损失深表同情,同时向厂方解释道,如果这是我自己的家事,我可能会做适当让步,但这是单位的事,是关系到科研人员工作条件和人身安全的事,没有一点余地,必须按合同规定办。碰上这样的"铁管家",厂家只好把损坏的产品运回,换来合格产品。

走上领导岗位这几年,逢年过节,总有些单位为了项目而进行名目繁多的请客、送礼,刘颖萍都回绝了。面对陌生人好坚持原则,可熟人熟面的要做到铁面无私,这人情关可不好过呀!

一位大学同学得知刘颖萍负责科研管理工作后,敲开她办公室的门,直奔主题,说有一个项目经费没有落实,如果刘颖萍帮助落实,不会白帮忙。刘颖萍耐心委婉地对同学说:"如果你的项目有应用价值,而我们又不具备研究条件,可以考虑合作。如果没有应用价值或我们有能力研究就不能外协。"经过一番调查,证明这一项目根本没有推广价值,她果真没有进行该项目的合作。老同学没有说什么,刘颖萍铁面无私的事却远近闻名了,使很多想套关系的人"闻"而却步。

刘颖萍还坚持能自行研制开发的项目就自行开发,把有限资金用在刀刃上。1998年,断东东块注聚前整体调剖试验有6口井要注示踪剂。如果请人设计注示踪剂方案要花上2万元。领导把注示踪剂方案设计的任务交给了刘颖萍,当时她觉得压力很大,因为示踪剂的价格很贵,设计用量大了,是浪费;设计用量小了,油采不出来,达不到目的,同样会造成浪费。于是她查阅了大量国内外注示踪剂的资料,从中总结出计算示踪剂用量的方法,并结合萨中油田的实际进行了修改和校正,最后推导出萨中油田示踪剂用量计算方法。

几年来，刘颖萍已为葡I组注聚前后调剖试验、二类油层注聚、侧钻水平井等16口井设计了7个示踪剂注入方案，均达到了预期目的，节约资金14万元。

刘颖萍一步一个脚印。这脚印坚实而丰满，这脚印将会不断延伸，深深印在油田可持续发展的征途上。

（刘颖萍，2002年荣获黑龙江省劳动模范称号。本文摘自《新时期大庆人》）

为采油树常青喝彩
——记黑龙江省五一劳动奖章获得者宁树枫

2000年年底的一天深夜。

北国边陲大庆。位于萨尔图区中七大路与会战大街交叉处的大庆油田有限责任公司第一采油厂的办公大楼，在二楼东侧有一个办公室依然灯火通明。办公室内有一位老者，花白的头发，瘦高个，后背微微有些弯曲。办公桌上的烟灰缸里已经有了第11个烟蒂。他又点燃了一根烟，深深地吸了一口。在慢慢飘升的烟雾中，老者的眼睛一亮，紧锁的眉头打开了。他一拍桌子，自言自语道：实现一厂的可持续发展，就从创新入手。

这位老者就是刚刚上任的第一采油厂厂长宁树枫。他20世纪70年代初毕业于东北石油学院，经过9年生产实践磨砺后，光荣地加入中国共产党，先后担任过技术员、工程师、副矿长、副科长、科长、厂长助理、总工程师、副厂长、厂长等职务，把所有的心血都熔铸在了采油树常青的奋斗中。

时间的车轮飞转。宁树枫这个从生产一线一步一个脚印踏踏实实走出来的老采油工人已两鬓斑白，年届57岁了。但他依然才思敏捷，精神焕发。而他带领的第一采油厂这棵大庆油田的常青树，在42年的时间里为国家生产了4.45亿吨的原油之后，依然生机盎然，蓬勃向上。

接了这个职务就是接了这个责任

2000年年底，宁树枫从第五采油厂调到第一采油厂，挑起了这个大庆油田建厂最早、规模最大、产量最多的采油厂厂长的重担。在他和班子的带领下，把2001年确定为"创新发展年"，进行了一系列的技术创新、管理创新和人力资源开发创新实践。

上任伊始，一个难题摆在了他的面前。随着聚驱的大面积推广，第一采油厂的油井检泵率和返工率不断攀升，不仅对油田生产和控制成本造成很大威胁，而且增加了作业工人和采油工人的劳动强度。油井综合返工率高达45.2%，位居油田公司各单位之首，用他的话说，"简直是放了卫星。""卫星"是放出去了，收回来何其难？尤其是对于第一采油厂这个经过四十多年的开采和开发，面临着诸多困难和问题的老厂、大厂而言，更是难上加难。面对困难，宁树枫说："接了这个职务就是接了这个责任。"

第一次开会研究"降两率"的措施，技术干部们都面露难色，交头接耳。有的人摇着头说："一厂地下情况太复杂，'降两率'，难。"还有的人说："一厂太老，油水井杆管的使用年头太长，直接影响'降两率'。"更有人说："'降两率'涉及的单位、部门多，有采油矿、作业大队，还有地质、工技等技术单位，责任分清难……"宁树枫运用自己扎实的理论功底和丰富的实践经验，摆数据、讲理论、谈思路，提出了"一年基本缓解，两年大见成效，三年进入良性循环"的目标。渐渐地，技术干部们开始点头，逐步达成一致，决定在全厂广泛开展"作业质量年"活动。通过完善井下作业管理制度，积极开展技术攻关，加大杆管更换力度，全厂作业质量明显提高，2001年油井综合返工率下降到29.7%，实现了年初确定的目标。

宁树枫有个习惯，特别愿意和各种数据打交道。在他的时间表上，没有星期天、节假日。他每天工作十几个小时，白天忙不过来，就晚上把材料带回家里看。因此，他对全厂的各种油藏开发数据熟记在心，在各种会议上，他常常用大量的数据阐述观点，令人口服心服。有些干部一听要给他汇报，就怕所说的数据和他掌握的有出入，逐渐在干部队伍中形成了深入调查研究，掌握第一手准确、翔实资料的风气。

有的人说：老宁头简直就像过去的账房先生，账算得太"精"。水、电、气是第一采油厂成本消耗的大项，也是挖潜增效的主要对象。过去，全厂的水、电、气都在一个"盘子"里，节约多少都与各矿大队无关。宁树枫给大家算了一笔账：全厂的外输天然气如果冬季多产一万立方米，就是9000元；节约电量一万千瓦·时，就是4450元；节水一万立方米，就是3万元。如果节约超支部分厂里与各矿大队按比例分成，肯定会缓解成本紧张的局面。于是，他把外输天然气收入作为重要指标列入各采油矿总收入，并规定超收的70%留给采油矿，用于生产性支出；把水费指标也下达到矿（大队），超支不补，节约归己，有效地调动了基层生产的积极性。各单位加强管理，推广应用新工艺、新技术，

减少消耗和损耗,全年超计划外输气11310万立方米,节电2000万千瓦·时,节水400万立方米,创造了显著的经济效益。

按照建立现代企业制度与国际惯例接轨的要求,传统的采油队管理模式已不适应新的形势。宁树枫安排主管领导带领有关人员到第五采油厂、第九采油厂学习经验,结合实际制订方案,在采油五矿南七队和七矿506队进行了采油队专业化管理改革试点,从以计量间为单元的管理方式转变为以中转站为单元的专业化管理模式,进一步理顺管理流程,降低管理成本,提高工作质量和效率。通过半年时间的运作,取得了明显效果。他从建立健全各项管理机制入手,针对各单位和机关各部门指标制订不细、责任划分不清、考核奖罚不严等问题,组织有关人员反复论证,制订了"深化改革与加强管理总体方案以及经营责任制考核管理细则"等10个配套管理办法,细化了21个矿(大队)305项承包指标,第一次确定了机关13个部室150项管理指标,并根据各单位生产经营指标完成情况,年终考核兑现。建立有效的激励机制,本着向生产一线和科研单位及岗位倾斜的原则,确定了不同的奖金分配系数。在工资分配上,打破平均主义,在全厂普遍实行200元以上浮动工资制度,部分单位还实行了全额浮动,进一步体现了多劳多得,调动了员工的工作积极性。

由于历史原因,一厂干部队伍老化问题比较突出。为了建立起匹配合理的人才梯次结构,宁树枫与党政班子成员反复研究、讨论,对优秀的青年干部逐个进行分析,制订了切实可行的干部调整方案,积极引入竞争机制,大胆使用,凭能力和业绩选人、用人,对厂机关各部室副职、各矿(大队)行政副职和仪表大队党政正职岗位,以及厂、矿两级机关一般管理岗位,实行公开竞争和全厂招聘,使一批来自基层的优秀人员通过竞争走上了中层领导岗位。通过竞聘上岗,优化了全厂管理人员队伍的年龄结构、文化结构和专业结构,达到了精干管理人员队伍的目标。

对于年轻同志,他既像一名长者,又像一名老师,耐心指导,手把手地教;对有发展前途的好"苗子",他关爱有加,悉心培养。在五厂当厂长时,他建议党委把非常有培养价值的青年大学生李士奎直接从地质大队室主任提拔到大队长岗位,并经常给予指导和帮助,使李士奎成长很快,又走上了副总地质师岗位。毕业于大庆石油学院仅仅6年的任刚,各方面都很优秀,他与班子成员集体研究,大胆提拔使用,担任了一厂工程技术大队大队长。对于机关和基层的同志,他常常利用开会、听汇报等机会,教思路,教方法,传经验。刚调到机关的青年石建科，还没有掌握动态分析的方法，他把 18 项指标一项一项给小石讲解，使小石很快熟悉了工作，进入了角色。

领导干部的身正了，党风才能正，采油树才能常青

宁树枫是一个平凡之人。他有挚爱亲朋，也有老同学、老同事。但作为厂长，他从来都不把个人的情感带入工作之中。他常说："我手中有权能办事不假，但要看为什么办、为谁办、怎么办。如果我身不正，群众又怎么会认为党风正？只有领导干部的身正了，党风才能正，采油树才能常青。"

第一采油厂地处油田中区，深受偷盗原油和私搭滥接之害。在拆除违法违章建筑活动中，宁树枫逢会就讲："要始终当好拆除违法违章建筑的促进派。"并在市政府和油田公司统一行动之前，就安排厂属各单位自行组织拆除。为了加强对拆迁工作的领导，他亲自担任领导小组组长，每次大的拆除活动，都亲临现场指挥。许多人通过各种渠道求他"高抬贵手"，他没有为任何人破例，没跟工作人员打招呼。有的人见此路不通，就打电话威胁恐吓，他丝毫没有畏惧，反复叮嘱下属一定要彻底查清情况，严格按规定处理，确保拆除违法违章建筑工作的顺利进行。在近 10 个月的工作中，全厂共清理黑村屯 67 个，清走流动人口 6 万余人，拆除违法违章建筑 28217 户、120.1 万平方米，分别占油田公司拆除总户数的 70%、拆除总面积的 75%，有效地净化了油田治安环境，使被开井放油和盗窃油田物资等案件发生频率大幅度下降，维护了油田生产秩序，大大减少了企业资源损失。

债权债务是困扰一厂管理的又一个老大难问题。宁树枫没有因为不是自己任期内产生的问题而坐视不管，更没有因为问题棘手而不深清细查。他迎难而上，组织财务、物资、审计、监察等部门认真清理，杜绝讲情、吃请，逐笔核实，确保了工作的顺利进行。为了彻底堵住管理漏洞，避免同类问题的再次发生，他组织有关人员制定了物资管理的各项制度，从计划编制、审批、验收到结算的各个环节，理顺程序，规范管理，严把计划编制关、入库验收关、库房管理及发放关、交旧领新关、资金结算关，并对全厂物资管理系统人员进行了全面调整，提高了物资管理水平。

宁树枫是个很有生活情趣的人，打篮球、下围棋，样样在行。然而作为行政"一把手"，虽然他的歌唱得很好听，却从没有踏进娱乐场所半步。他对家里

的人要求非常严格,不允许搞一丁点儿特殊。儿子结婚,他提前向纪委打了报告,主动接受组织的监督,严格按照有关规定操办,只是招待了一下双方亲属;女儿结婚时,单位的人他一个也没有告诉,别人问起时,他总是说:"还早呢。"他知道,只有自己行得端、做得正,才能严格要求和管理各级干部,对有问题、犯错误的干部才能敢于碰硬较真,严肃处理。有的干部工作失职,给企业造成经济损失和不良影响,他责成有关部门认真调查,按政策严肃处理。平时工作中,对各种不良现象,他从不放过,及时给对方指出,敲响警钟。党的十五届六中全会召开后,在厂党委召开的加强和改进干部队伍作风建设推进大会上,他对干部队伍中存在的不思进取、不负责任、作风漂浮、违规乱纪等问题和现象,集中进行了严厉批评,使大家受到了深刻教育。

依靠员工民主管理企业,这条原则任何情况下都丢不得

白云飞上班了。这个消息迅速传遍了全矿。人们都说,他的命是一厂给的。

白云飞是第一采油厂五矿南Ⅰ-1联合站的自动化仪表工程师,1989年7月毕业于西北科技大学,爱人在炼化公司甲醇厂工作,一家三口,月收入2000多元,是一个富裕幸福的小家庭。每天,告别贤淑的妻子、聪慧的孩子来到工作岗位后,他都觉得浑身有使不完的劲儿。然而,也许是命运之神太嫉妒他了,灾难接踵而来。1997年6月,他患上了白血病;2000年8月,又得了脑瘤;2001年10月,再确诊中枢神经白血病。四年间共支付医疗等费用37万多元,家里欠下了10多万元的外债,因为没钱,医院已经停止给他化疗。白云飞默默地问苍穹:为什么,这是为什么?我还年轻,我为一厂做的贡献还太少,我不想就这样离开啊!妻子的眼泪在背地里流成了河。

正当这一家人着急上火、四处奔波筹集救命钱时,一份特困报告送到了宁树枫的手里。一定要留住这个年轻的生命!特事特批。仅三天的时间,厂党委和厂工会的主要领导就把一万元的送温暖款及时送到了白云飞的家中。手捧厂领导送来的慰问金,白云飞的妻子激动得热泪盈眶,止不住地说:"这是救命钱啊!感谢组织,感谢厂领导。"截止到2002年11月,一厂先后四次共为白云飞送去了特困救助金5万元,年轻的生命不断地延续。

病情刚一得到控制,白云飞就拖着虚弱的身体来到站上。站领导和同事们都劝他回去好好休养。他固执地说:"我这条命是一厂给的,我没有别的回报,

哪怕是每天只是来站上看看，出点主意，我都觉得没白活，没辜负厂领导对我的厚爱。"

白云飞只是一个缩影。

作为一名领导干部，多年来宁树枫模范地实践"三个代表"，真心诚意地关心员工，时刻把员工的冷暖记挂在心上，千方百计为员工解决实际困难。无论是在第五采油厂工作期间，还是来到一厂以后，他始终坚持深入基层、深入群众，亲身体察员工的学习、工作和生活情况，了解员工所思、所盼、所忧、所虑。在经营管理上，他精打细算；而在为员工办好事、办实事上，他却"出手大方"。为了改善基层工作条件，他积极筹措资金，维修了矿（大队）办公楼，新建和改造了基层小队点，为所有联合站、中转站值班室配备了空调、饮水机。实行工间餐后，为了把好事办好，他带领有关人员深入基层调查研究，针对员工就餐拥挤的问题，积极向上级反映一厂的实际情况，增加了新建食堂的面积。看到员工遗属生活比较困难，他想方设法减免各项费用，并资助他们的子女上大学；待业青年找不到工作，他亲自帮助联系多种经营单位，安排临时工作；困难员工补助金比较少，他安排厂工会对全厂困难员工的情况进行全面调查摸底，建立健全困难员工档案，落实送温暖资金并加大数额，从8万到12万再追加到20万，缓解了这部分弱势群体经济上的拮据状况；与其他厂领导一起走访了13户困难员工，把总计11万元的慰问金一一送到特困员工手里。

油田公司重组改制后，员工参与企业民主管理的形式发生了变化。宁树枫深有感触地对各级干部讲："员工的心是企业的根，作为企业管理者，必须始终紧紧依靠员工民主管理企业，这条原则任何情况下都丢不得。"他一如既往地支持工会工作，带头落实企业民主管理制度，凡属全厂生产经营、管理、改革的重大决策和涉及员工利益的重要问题，都自觉提交职代会讨论通过，依法维护员工的民主权利和经济利益。对于职工代表2001年提出的62项提案，他专门责成主管领导组织召开提案落实会，逐一落实到有关单位和机关部室，使提案落实率达到98%以上，并对优秀提案给予奖励，调动了员工参政议政的积极性。

实行厂务公开，是民主管理的重要渠道。宁树枫要求各级班子成员认真学习贯彻油田公司关于厂务公开的文件和领导讲话精神，并结合第一采油厂的实际，组织人员重新修订了厂务公开实施意见和实施办法，将公开内容由3个方

面 15 项内容增加到 4 个方面 21 项内容,并通过职代会、议事规则、企业网、公开栏、电视台等多种形式进行公开宣传,使员工知厂情、参厂政,推进了企业民主管理,密切了党群干群关系。

　　时光不老人易老。穿行在一棵又一棵采油树中,朝涂曦霞,暮染烟岚,在宁树枫的脉络里注进的是拼搏的汗水,把每一棵采油树都涂成了一幅斑斓的图画;穿行在一棵又一棵采油树中,云蒸霞蔚,汇吐聚纳,在宁树枫的生命里注进的是奋斗的精神,把每一棵采油树都剪成一帖丰满的记忆。他热爱第一采油厂百里油海上星罗棋布的采油树。他的汗水、他的智慧、他的情感乃至他的生命,都与采油树结下了不解之缘。他就像那一棵棵采油树一样,根深深地扎进了百里油海,枝高高地伸进了员工心中,一树繁花一树硕果。当历史的清风轻轻吹动时,永远常青!

(宁树枫,2003 年荣获黑龙江省五一劳动奖章)

只要心能到达的地方
就会印上不屈的脚印

——记油田公司功勋员工王研

　　出生石油科研世家的王研，他的职业注定与科研分不开。一个"研"字寄托了父亲——一位中国工程院院士、著名的石油专家对儿子的殷切希望。从小王研耳濡目染的是石油人敬业精神和忘我的工作热情，对父亲天天埋头苦思的花花绿绿图纸他情有独钟，经常守在旁边若有所思的注目观望。当他颈下飘起红领巾参观铁人第一口井和地宫时，更为石油会战惊天动地的事迹而感染，为神秘的千米油层所吸引，他暗暗下定了决心，要像父亲那样为石油攻关一生。

　　带着儿时的理想，王研大学毕业来到大庆采油工艺研究所，他把油田生产中的难题作为自己科研攻关的主题，把去除这些制约油田发展的障碍作为己任。

　　当时，大庆油田注水井广泛采用的是由665型偏心配水器和水力压缩式封隔器组成的分层注水管柱。由于井下工艺的变化，无法通过大量地测取分层压力来了解分层开采状况，测得压力资料的准确性不高，对于试井解释产生较大影响。看到这种状况，王研主动请缨，向新型测试工艺发起了攻击。

　　他找来所有测试工具资料，一头钻进图纸之中。当对所有图纸了如指掌时，他又深入到现场与测试工人一起进行测试，了解测试的实际情况，记了满满一本的资料数据。回到办公室对照图纸分析测试工具的结构、特点和不足，一个个机理被他参透。他发现常规测试拔嘴子、投堵塞器的过程都会引起流量变化，然后流量才趋于稳定，这就影响了资料解释的准确性。要实现分层测试，提高资料准确性，就必须对测试工具和工艺进行改进。

　　王研没早没晚地开始了攻关。改进的图纸画了一张又一张，办公室里堆起了两尺多厚的图纸，可还是没达到预想的效果。王研又与现场测试的人员共同分析原偏心配水技术采用递减法进行流量测试时存在的问题，把主攻方向定位在改变工作筒主体上偏心堵塞器的部分结构尺寸和对工作筒主体的结构优化上。

为了节省时间,他住到了办公室,吃面包,泡袋方便面是常有的事,每天都不断地计算着枯燥的数据,反复修改设计方案,一干就是十七、八个小时。功夫不负有心人,"桥式偏心分层开采配套工艺技术"完成了。

通过改变工作筒主体上偏心堵塞器的部分结构尺寸,使其满足了分层注水和分层测压的双重需要。工作筒主体的结构优化,缩小了皮碗过孔时承受的压差,减少了测试密封段过孔时皮碗撕坏现象的发生。测分层压力时,不但可以实现单层分测,而且不用投捞偏心堵塞器,既提高了分层资料的准确度,又提高了分层测试效率,实现了对每个层段逐层测压,为精细地质描述提供了依据。这一成果获集团公司技术创新一等奖。

2000年10月,带着优异的成绩,王研来到第一采油厂担任副总工程师。王研深知,这个全国最大的采油厂能否持续有效发展,关系到大庆油田的发展。但与大庆油田同期开发的一厂,地下矛盾越来越突出,开采难度越来越大,开采成本不断增加。面对压力,这个步入中年的七尺男儿甚至没有考虑结果,就勇敢地担起了这份沉甸甸的责任。

聚合物驱油为油田带来了一个崭新的春天。然而,抽油机井产出液见到聚合物后,杆管偏磨井数急剧上升,增幅达320%,井在不停地坏,以至于修的速度没有坏的快,严重影响了油井的正常生产。2000年第一采油厂检泵率高达73%,返工率高达64%,井下作业量逐年上升,被当时的油田公司领导称为"天文数字"。

看着这些"天文数字",王研陷入了苦思,到底是什么原因造成"两率"这么高?在作业现场,王研与技术人员一遍一遍检查每一根杆管,看到那被磨得残缺的废杆,原因找了几十条,但都没有切中要害,转念就被他否定了。措施试验了十几个,加扶正环、增加抽油杆重量,可重量增加到1吨,还是没有解决问题。"偏磨"深深地折磨着他,几十个日日夜夜,一次次试验的失败,王研消瘦了,也困惑了。可每年3000多万元成本的支出,60万吨原油产量的损失,像一块大石头压在他心里,那种为油田发展不断攻关的使命感和政治责任感驱使他去除了杂念,攻关到底的信念更加坚定了。

他记得自己第一次独立承担的科研项目是"多级水力喷砂射孔",最终因效益问题没有推广应用。之后,承担的"水力深穿透射孔"项目,干了8年,也未获成功。一个个困难、一次次的失败使他深深认识到"只要心能到达的地方,就会印上不屈的脚印。有目标才会有奋斗,有向往才会有创造。"

随着上下起伏的抽油杆，王研入了神，思绪在飞转："看来不是措施不当，应该是自己的思路不对。""偏磨"也许只是表面现象，一个火花在脑海中闪现，抽油杆在上下运行时是不是还有其他力在起作用？"对，一定还有一个'力'在作怪。"

第二天，他和技术人员陷入忙碌之中，经过分析，最终认定抽油杆不但受抽油泵下行阻力影响，本身还受法向力的作用。

在得到理论和现场试验的印证后，王研带领科研人员潜心研究以抽油机全井扶正为主的防偏磨配套工艺，主持研究完成了"抽油机井杆偏磨治理技术"，这个项目在国际上首次提出了黏弹性流体法向应力是导致抽油机井偏磨主要原因的观点，这是一个理论上的创新和施工设计上的一次变革。现场试验证明，这项技术已经达到国际领先水平，获2003年中国石油天然气集团公司技术创新一等奖、2005年获黑龙江省省长特别奖。

"油田的需要就是我的目标，就是我前进的方向"，王研深深地感到身上责任的重大。

一厂地下区块油层非均质性较严重，要实现持续有效发展，解决聚合物驱分层注入问题迫在眉睫。过去注聚井始终没有一套有效的增注措施，运用常规压裂，聚合物注入井增注一次费用高达17万多元，有效期却不到3个月。高投入，短收效，让王研心急如焚，他又一头扎进了攻关中。

白天奔波于现场，一口井一口井地搜集资料，晚上，又一个数据一个数据地进行分析。油田没有实验室，他就到位于安达市的石油学院进行实验，带着整理的数据在实验室一住就是两个多月。实验室没有空调，几个小时下来，浑身湿透了，他和技术人员就光着膀子继续实验，当时在他的心里只有一个想法，一定要把项目拿下来，让地下的油流欢畅地流淌。

经过大量的室内实验，终于发现注聚井的注入压力接近破裂压力时，井下的注入压力瞬间会超过破裂压力，此时注入液会把裂缝中的支撑剂向地层深处推动，使井筒附近的裂缝闭合。

参透了机理，他带领技术人员着手研究压裂支撑剂在各种裂缝形态和注入条件下的运移规律，石英砂、核桃壳、碳纤维等传统的支撑剂都存在移动现象，没有一种现成的支撑剂可以拿来使用。有的技术人员灰心地说："等有人研究出新型支撑剂再说吧。"可王研说："油田发展的需求不能等，为油田发展的责任更让我们不能等，爱迪生为了给人类带来光明试验了成百上千种材料，发明了

灯泡,我们遇到点困难就退缩,还算什么科研工作者。"

他身先士卒,查阅了国内外油田相关的资料,又筛选出了十多种材料,一种一种的试验。每次试验失败后,他都给自己打气,又证明了一种材料不行,对胜利又充满了一个新的期望。经过试验,终于发现树脂砂能很好地凝结在一起,防止运移,从而完善了尾追树脂砂压裂施工新工艺。

这一工艺,填补了国内压裂在注聚井领域内应用的空白。使单井注聚平均有效期提高到 15.7 个月,其中压裂最早的一口井有效期已达三年且仍持续有效,创经济效益 2.29 亿元。

随着科学技术的发展,搞科研不能只靠一两个人的单打独斗。作为一名领导,王研注重以自身的表率作用影响和带动大家,发挥集体的智慧和力量。他率先在全厂建立起了学习型工程系统,建立了"合璧"文化,形成了"共振智慧,协力超越"的团队合璧理念,依据"多元整合、优势互补、盘活知识、团队攻关、整体发展"的思路,通过优化学习模式,促进了系统学习的深入开展,科研人员的学习力、创新力不断增强,初步形成了以学术技术带头人、专业技术骨干为龙头,以中高级技术人才为主体的学习型团队。在他的带领下,这个出色的团队相继攻下了"聚合物注入井压裂技术""注聚井表面活性剂增注技术""长井段水泥带压候凝封窜技术""抽油机免清蜡技术"等高难度课题,让制约聚驱后采油工程的三大问题——分注、增注、偏磨,均有了配套的工艺技术。

心有多远,探索者的路就有多远;心有多高,探索者的成就就有多高;心有多宽,探索者的局面就有多宽。王研生在油田,志在油田,为油攻关的意志坚如磐石,他坚信:"我一定能行。"

(王研,2004 年荣获油田公司功勋员工称号)

秉"三老四严"之魂
践"永创一流"之行

——记集团公司劳动模范杨广山

和蔼的神情蕴藏着深厚富足的阅历，深邃的目光充满了敢为人先的执着。他，在严细认真、求真务实中，传承"三老四严"精神；更在与时俱进、开拓创新中，践行"永创一流"品质。这个人就是大庆油田第一采油厂党委书记杨广山同志。

2001年3月，上任伊始，他感到了沉甸甸的责任……"一厂是有着辉煌历史和光荣传统的采油厂，与大庆油田同步开发，原油产量占大庆油田的四分之一，更是'三老四严''四个一样'的发源地。如何让大厂、老厂在创建百年油田的征程上焕发新活力，实现新发展，切实担当起主力采油厂的重任。这是公司领导交给我的任务，更是一厂万名员工的企盼。"

"大厂要有大作为，大厂要做大贡献。"杨广山深感责任重大，使命崇高。

然而，油田开采进入中后期，剩余可采储量逐年减少，开发难度越来越大，企业管理水平和员工素质与形势发展存在较大差距，尤其是油田重组改制后，员工的思想观念还不能完全适应新形势的要求。这一切都成为制约企业发展的现实障碍。

困难和挑战更加激发了这名老党员的斗志。他认为"只有思想的大解放，观念的大转变，才有一厂的大发展。"他与班子成员深入基层、深入井站、深入群众，了解员工的思想状况。白天没时间，他就利用晚上，深入到小队和生产岗位，与值班的干部员工面对面地交流沟通，促膝相谈。那段时间，他不分白天黑夜，走遍了所有基层矿（大队）单位。经过广泛调查、深入研究、细致分析，他发现员工思想上存在的因循守旧、论资排辈、平均分配等旧观念制约着企业的发展。

为了进一步解放思想，破旧立新，创新发展，他与班子成员将2001年确定

为"创新发展年"。认真总结回顾一厂40多年的发展历程,在发展中赋予"四个一样"新的时代内涵,总结宣传推广以"素质高低使用不一样;管理好坏待遇不一样;技能强弱岗位不一样;贡献大小薪酬不一样"为内容的"四个不一样"新理念。"四个不一样"管理理念对于南方先进企业来说不算是新鲜的管理理念,但是对于第一采油厂来说,是在传承"四个一样"的基础上应运而生的,是符合一厂实际的、最为有效的先进管理理念。正是如此,在他的领导下,全厂广泛开展了"四个不一样"专题教育,以讲形势、讲变化、讲任务、讲责任为内容的"四大讲"活动;专门组织职工代表赴南方先进企业学习考察,回来后组织了"职工代表赴南方企业考察宣讲团"在全厂巡回宣讲。一场思想的洗礼,一场观念的再造,一场认识的重塑,给全厂员工带来了强烈震撼,符合市场经济要求的发展观、效益观、人才观、竞争观、贡献观、分配观,崇尚竞争、业绩至上、开拓创新等新观念在员工头脑中深深扎根。

观念一变天地宽。他及时与班子成员总结实践,分析研究,升华认识,在与时俱进中,赋予"三老四严"以"永创一流"的时代内涵,确立了"三老四严,永创一流"的核心理念。并以此为指导,审时度势,超前谋划,形成了具有前瞻性、体现进取性的发展战略。在2001年厂党代会上,"实践'三个代表',塑造'三老四严,永创一流'形象""取得四个突破""改善两个环境""实现一个目标"的总体发展战略,唱响百里油区,引领一厂发展。按照这一发展战略的要求,他坚持把创新发展作为全厂工作主线,一年一个发展主题,提速一厂发展。2002年的"推进创新发展年",2003年的"解放思想,创新创效年",2004年、2005年的"学习创新发展年"……在一次次的革故鼎新中,向人们昭示着一年一个新发展,一年一个新跨越。

他认为,"新形势、新体制下的党建和思想政治工作必须在继承的基础上勇于创新,才能为提速发展提供重要保证。"他从提高基层干部队伍能力素质出发,广泛开展了以"做合格干部,争当优秀干部,争创一流业绩"为内容的"双争"活动,使基层干部普遍感到了压力。如何变压力为动力?他利用干部大会,亲自进行宣讲教育;深入基层单位,指导活动的开展;来到干部身边,面对面地进行交流,使基层干部明确了认识,激发了动力,形成了人人争当优秀干部、争创一流业绩的良好态势。在取得阶段性成效的基础上,他进一步探索活动规律,组织制定了干部"双争"活动机制,把"双争"活动纳入了经常化、规范化的轨道。

在他和班子成员的共同努力下，一个个创新亮点频频出现。以增强基层党组织战斗力，提升党员素质为重点的"五比、五争当"竞赛的开展；以加强党风廉政建设为目的的"六廉"工作机制的构建；以建立思想政治工作新机制为内容的"大政工"格局的形成……这一切，无不映衬出全国精神文明建设工作先进单位、黑龙江省"六好"先进党组织和思想政治工作先进集体等荣誉背后，他所倾注的智慧和心血。

企业文化是企业发展的灵魂。在实践中，他不断推进企业文化创新。组织开展了"企业文化在基层"活动，建设了企业文化示范点，连续四年召开了企业文化建设成果发布会。在继承"三老四严"优秀传统文化的基础上，建立形成了"13311"理念文化体系，管理层、技术层、操作层的行为文化规范，机关、科研室、生产班组、施工现场的环境文化规范，初步构建了理念文化、行为文化、环境文化"三位一体"的文化体系。同时，他注重在融合中发挥企业文化功能，与班子成员一道，推广落实"四个不一样"管理理念，整合管理要素，完善管理体系。先后创新了经营考核机制，建立了井下作业市场化运行机制，探索了专业化管理模式，推进了文本化制度体系建设，形成了以文化发展推动管理升级的良好势头。"四个不一样"管理理念荣获中外企业文化2003青岛峰会设计案例奖，被确定为油田公司管理理念；"永远做油田精品"等4项成果获油田公司首届企业文化创新奖；34项成果被编入油田公司《企业文化创新实践风采录》。第一采油厂被授予全国企业文化建设先进单位奖。

"要推进百年油田建设，实现一厂的持续有效发展，就必须大力建设学习型采油厂，在学习中创新，在创新中发展，在发展中超越。"放眼百年油田伟大征程，已近花甲之年的杨广山目光远眺，超前思考，挑战自我，迎难而上，与班子成员一道，以建设学习型采油厂为主线，努力提升企业的学习力、创新力和发展力，在实践中印证着"三老四严，永创一流"的精神品质。建设学习型采油厂实施方案的出台，"学习——超越自我"学习理念的明确，"遵循四项原则、构建五种模式、建立四个机制、整合八大系统、拓展十条途径"的学习型采油厂基本框架的构建，学习型团队的生成，人人是学习之人，时时是学习之机，处处是学习之所浓厚氛围的形成，使一厂焕发出蓬勃生机。

"要努力将人员大厂建成人才大厂。"杨广山深有感悟。组织制定实施了"134"人才规划，建立了人才培养、使用、考评和激励机制。制订了《技术专家、学术技术带头人和专业技术骨干评聘办法》《技师考评聘任管理暂行办法》

《培训师选拔管理办法》，通过开展"百做不误"岗位练兵活动、选送30名优秀干部到中国人民大学进行现代管理知识培训、举办工程硕士脱产培训班、组织最新技术理论培训、参加国内外技术交流、开展团队协作攻关等方式，搭建人才成长发展的平台。举办了技术革新成果展览，让员工亲自讲解自己在生产实践中创造形成的技术革新成果，交流经验，共享学习，共同提高。营造了"尊重人才，崇尚创新"的浓厚氛围，培养出了以油田公司技术创新突出贡献奖获得者王研为代表的集团公司技术专家2人、技能专家3人，油田公司技术专家、学术技术带头人7人，厂学术技术带头人19人、专业技术骨干50人，集团公司和油田公司技术能手46人，厂岗位能手628人等一大批优秀人才。在油田公司举办的历届职业技能大赛上，一厂均获得团体总分第一名，为推进持续有效发展提供了人才支撑。

"不能只为了学习而建设学习型采油厂，创新才是真谛，发展才是目的。"他注重把学习力向创新力和发展力转化。大力倡导"层层有项目、人人有课题"，引导员工自觉做到学习工作化、工作学习化，实现人人都有学习创新成果。他与班子成员共同研究制订了岗位创效和管理创新成果评审奖励办法，增设了400万的重大科技成果效益奖，在全厂掀起了创新创效的热潮。先后取得了以集团公司技术创新一等奖《抽油机井防偏磨治理技术》为代表的一大批技术创新成果，创造形成了"首问制""无加班管理""七班两库"等一大批管理创新成果，全厂呈现出踊跃创新，竞相发展的态势，强力驱动一厂实现连续32年年产原油1000万吨以上的持续有效发展。

"三老四严，永创一流"作为一厂的核心理念，是新时期一厂人崭新形象的真实写照，更映射出杨广山勇于超越、崇尚一流精神品格的独特魅力。

（杨广山，2005年荣获集团公司劳动模范称号）

攻关就是以进攻的姿态做事
不是坐在屋子里空想

——记集团公司劳动模范闫亚茹

在三十余年的科技生涯中,她始终孜孜不倦的刻苦学习,并努力把学习成果应用于攻关实践,一路栉风沐雨,一路披荆斩棘,潜心研究,苦苦探索,不怕挑战,不怕困难,不怕失败,用辛勤耕耘和累累硕果,奏响一曲科技兴油的激情乐章。

她就是集团公司劳动模范、原第一采油厂副总地质师、现第四采油厂总地质师闫亚茹同志。

"作为一名科技工作者,要有天降大任,舍我其谁的使命感,努力破解制约油田发展的瓶颈问题。"闫亚茹如是说。油田进入开发中后期,传统的开采技术已经难以为继,必须有接替技术,用不断更新的技术把地下的油尽可能多地开采出来。否则,没有油的油田谈何发展。闫亚茹暗下决心,必须用手中的科技利剑,穿透地下油藏的坚硬外壳,勇攀高峰,有所建树。近年来她始终把提高油田采收率作为主攻方向。中区西部"三次加密与三次采油现场试验"项目就是她攻关征程中一个里程碑式的代表作。该项目是研究分质分期不同三次采油方式的可行性问题,是评价三次采油方式各阶段提高采收率及经济效益、最终形成一套三次加密布井与三次采油相结合的综合配套技术,为实现大庆油田可持续发展的储备技术。如果试验成功了,那就等于又新发现了一个大油田。可是三次采油是个世界级难题,没有任何资料和经验可以借鉴,要想试验成功又谈何容易?这是一项高风险的充满挑战的艰苦攻关。为了取得试验成功,她倾注了自己的全部智慧,亲自编写方案,亲自进行试验的分析与调整,亲自解决试验中遇到的各种困难和问题。她遇到的第一个拦路虎就是注聚失效问题,所有同志都一筹莫展、束手无策,悲观沮丧的情绪笼罩在项目组,因为注聚见效是三次采油的前提,个别同志觉得原因都找不到,以后的试验更无从谈起,认

为这是个不可能完成的项目,甚至打起了退堂鼓。闫亚茹微笑着鼓励大家:成功必有方法,失败必有原因。只要我们坚持下去,没有过不去的火焰山。话虽这样说,可是作为项目组的负责人,她深深地知道,问题不解决,就等于宣告试验的失败。闫亚茹承受了巨大的思想压力。在试验的最紧要关头,为摸清注聚合物效果不好的原因,她和项目组的同志一起奋发大干,一口井一口井地查,一个层一个层地找,一个平面一个平面地进行分析。当时试验区共有9口试验井,三天时间她们连轴转,对270个小层反反复复组合了四次,处理数据1000多个。在领导项目组进行集体攻关的同时,她更给自己压了担子。那段时间她食不甘味,夜不安寝,脑子里全是三次采油的事,陷入一种如痴如狂的状态。别人下班走了,她把自己关在办公室里独自分析,常常一干就是一宿。由于经常连续加班,她的整个人明显消瘦,真是为油消得人憔悴!不知经过多少次的不眠之夜,经历过多少次的失败,最终她凭借丰富的专业知识,创造性地提出了同井异步周期注聚的试验方法,立刻使试验峰回路转。该试验获得了空前成功,有效改善了不同性质油层的注聚效果,三类油层通过注聚可以提高采收率9个百分点,为油田进一步增加可采储量提出了攻关方向,对实现大庆油田的可持续发展具有重要的指导意义。

　　长期以来,随着油田开发的不断深入,油田内部一直缺少一个统一的油层分类标准,水驱时期对油层的分类越来越不适应聚合物驱油的需要,再用主力油层的概念描述油层状况差异较大,不便于今后油田公司对萨尔图、杏树岗油田三次加密与三次采油井网部署和潜力安排的整体规划,必然制约油田可持续发展。因此,建立一种统一的油层分类标准迫在眉睫。闫亚茹又临危受命,担负起油田公司"萨尔图、杏树岗油田三次加密与三次采油结合的研究与部署"项目课题长。主要任务就是把一到五厂的地质情况、井网井距、适应井网井距的参数搞清楚,这是搞好油田进一步开发的基础性工作。这项课题地理位置纵跨几百平方千米,涉及五个采油厂、几万口油水井。作为第一采油厂的副总地质师,协调其他厂合力攻关,并不是她的分内工作,可强烈的使命感驱使她义不容辞地挑起这副重担。她采取有秩序的讨论与分工研究相结合的办法,努力做好项目组组织工作,团结和带领大家一起为试验项目尽心竭力,合力攻关。一个厂一个厂的进行现场调查,一口井一口井地数据分析,严寒酷暑,雨里风中,都闪现着她奔波忙碌的身影。因平时总是跑现场,加班加点工作,使她积劳成疾,患上腰椎间盘突出。而她全心投身在工作上,根本没有时间去治疗,导致病情不断发展，最严重时，曾经连续10天躺在床上不能动。直到现在，她晚上翻身还需要先坐起来，然后侧转身，再慢慢躺下，上下楼仍比较吃力。在组织项目试验的同时，她还要努力做好本职工作，工作很辛苦，常常回到家里就筋疲力尽，爱人每天都需要为她做长时间的按摩。并常常心疼地埋怨说："你这么做就是透支生命。"同事也有不少人劝她说："你身体这么不好，年龄又大，工作指挥一下就可以，用不着这么拼命。"可她却说："攻关就要身体力行，亲眼看到，亲耳听到，亲自操作，坐在屋子里如何攻关？"一年多的时间里，她就跑了上万口油水井。一次次到各厂井站调研，一次次与各厂总地质师开协调会、研讨会，以她高度负责的敬业精神、精深的专业知识和严细认真的求实态度，受到大家的一致认可，大家非常愿意和她交流，也愿意配合她的工作。经过群策群力的攻关，取得了阶段性重要成果，结束了大庆油田没有井况分类标准的历史，为油田进一步开发指明了方向，提供了标准，也为同类油田开发积累了经验。

老骥自知夕阳晚，不用扬鞭自奋蹄。闫亚茹知道自己年龄大了，为企业做贡献的时间越来越少，她就分秒必争，与时间赛跑。高含水后期油田开发地下情况非常复杂，摆在广大科技工作者面前的新课题越来越多。经过30多年的开发，一厂地下已无新的储量可以动用。那么，要继续保持稳产，出路在何方？潜力在哪里？向三次采油要潜力，向科技要潜力，闫亚茹开始了向新的石油开采科技领域进军。

她负责了萨中开发区二类油层注聚开发技术研究课题。由于二类油层性质与主力油层相比有较大的差异，具有油层厚度小、渗透率低、河道砂分布范围小、平面相变关系复杂等特点，能否完全沿用主力油层的做法，还没有实践依据，只能用攻关数据说话。面对困难，她以不断超越的精神和主动进攻的姿态投身科技试验，向油田开发禁区发起了一次又一次冲击。她组织人员对试验区块的地质沉积特征进行了详细的研究。用现代曲河流的沉积特征与地下亿万年前的古河流沉积相对比，进行精细的地质研究，重新认识油层动用状况，重新认识老资料，重新认识储层的剩余油分布规律，重塑地质模式和剩余油分布模型，精选目标，大胆探索，从宏观和微观上弄清地下剩余油的分布状况，为合理布井奠定了科学基础。在注采井网、合理井距、层系组合、采收率幅度和经济效益评价等多方面没有借鉴经验的情况下，运用数值模拟的方法，结合油田开发现场试验阶段性成果及工业性注聚的开发实践，进行了深入研究，使二类

油层注聚研究喜报频传，在布井方式、层系组合、注聚对象和采收率幅度测算等10个方面取得了突破性进展。尤为可贵的是应用到北一二排东、西部两个区块，初步形成了二类油层注聚模式和思路，对今后的研究工作具有重要的指导意义。财务评价结果，应用该技术实施二类油层注聚，仅北一二排就可创经济效益税后13亿元以上。这一项目的成功为一厂的高产稳产带来一片明媚的春光。

科学没有止境，探索未有穷期。已届知天命之年的闫亚茹，2005年底又走上第四采油厂总地质师的岗位。站在新的工作起点上，闫亚茹激情澎湃，更信心满怀，她又向着油藏科技的高峰发起了新一轮的冲刺。

（闫亚茹，2005年荣获集团公司劳动模范称号）

精品站里的女"舵手"

——记全国五一劳动奖章获得者王雪莹

王雪莹，中共党员，1976年出生，1998年毕业于沈阳化工学院。先后担任第三油矿中二联技术员、聚中312队党支部书记，时任中十六联合站党支部书记。多年来，王雪莹同志勤奋工作、开拓进取，和班子成员一起引领中十六联全体员工在永远做油田精品的道路上不断取得新成绩。她本人也荣获集团公司优秀共产党员，油田公司杰出员工、优秀基层党支部书记等称号。

在实践中创新，做中十六联发展的引领人。中十六联合站是集多项国家级荣誉于一身的样板联合站。29岁的王雪莹来到这个站任党支部书记，承载着"油田精品站的荣誉如何保持下去"的压力，她带领班子成员和骨干到1205钻井队、北十五联等基层建设标杆单位学习，把中十六联的老领导请回来找缺点、挑毛病，组织班子多次坐下来分析现状，找出优势、差距和不足，明确了中十六联永做油田精品的努力方向就是在创新中求发展，在发展中促创新。

王雪莹始终认为一个人的力量是有限的，中十六联的每一步发展需要集体智慧和力量去推动。她和其他干部一起研究制订了班子"四强"标准，倡导提出了班子"六个沟通""三个主动见面""一岗双责""首问制"等协作制度，促进了班子整体功能的发挥。几年来，中十六联班子集思广益，在操作员工绩效考核、班组达标评比、五项全能员工培养、重要操作唱票制等方面都探索出行之有效的好方法，全队各项工作管理水平提高了，员工对班子的测评满意率一直在98%以上，6人（次）被评为厂优秀干部、杰出干部。

2008年，中十六联进行了建站11年来规模最大的工艺流程改造。王雪莹和班子成员创造性地提出不停产"连头"方案，通过精心安排，保证了施工环节有序衔接和平稳生产，创造了联合站不停产施工的新经验，确保了几十项大规模导流程操作无差错、无事故的目标。她还针对全站工艺技术更新的需要，狠抓员工基本功的训练，组织"手画流程图""心装流程图""岗位应知应会一

口清""三级阶梯式"技术培训，开展了课题攻关、难题会诊等富有实效的管理提升活动，开通各岗位网络培训学院，加强员工实际操作技能的训练，涌现出助理技师6人。

在创新中培育，做中十六联文化的倡导人。任中十六联支部书记以来，王雪莹如舵手一样引领着中十六联这只大船的方向，她把"永远做油田精品"的内涵细化为"五精"，即管理精雕细刻、技术精益求精、操作精工细作、经营精打细算、队伍精明强干。她带领干部员工以实际行动践行"五精"，使中十六联的管理水平有了突飞猛进的进步和发展。在厂、矿领导的指导帮助下，2008年她利用队点扩建的契机，完善灯杆、墙面、阵地，彰显站史、安全亲情及餐桌等文化；推行"5S"的管理方法，物放规整、物见本色、物尽其用。2009年元旦前，油田领导来站检查时，参观荣誉室、培训室、职工之家等企业文化宣传基地之后，对十六联的新变化给予了高度评价。

在中十六联建站十周年之际，王雪莹筹划了"庆建站十年，展望再十年"站庆、"看变化、讲发展、明责任、求创新"的队会、评选"十大功臣"员工、评比"精品成果示范区"系列活动，激发干部员工创新发展的意识，凝聚了保持精品的力量。俗话说："人心齐，泰山移。"中十六联74个人一颗心，大家心往一处想，劲往一处使。一次，夜间突发生产险情，一名副站长及两名生产骨干打车来到岗位与岗位员工一起紧急查找原因，最后分析是管线内窜入了天然气，需要给4台脱水器和加热炉放空。凌晨1点多零下30多摄氏度的严寒，大家坚持放空4个多小时，没跑一滴油，没发生任何安全事故。中十六联的干部员工用实际行动为保持精品站的荣誉做出了贡献。

在服务中凝聚，做中十六联员工的贴心人。站以员工为本，员工才能以站为家。每个员工的心里都有杆秤，干部心里装着员工，员工就会用实际行动来回报组织。王雪莹总结出了"五个一"原则，把员工进步作为第一目标，把员工冷暖作为第一责任，把员工情绪作为第一信号，把员工需要作为第一重点，把员工满意作为第一追求。

王雪莹以女性特有的爱心和细腻倡导和谐，营造温馨，欣赏他人的长处，记挂他人的好处，帮助他人的难处。在关心员工、帮助员工的过程中，不断总结经验，制定了"八清八必到"的思想工作制度，营造出浓厚的亲情氛围，为每名员工建立了"爱心小档案"，从兴趣爱好、身体状况到家庭情况都了解清楚，适时地把一份关爱送到员工的心坎上。

一次赶上停电不能做饭，看到员工辛辛苦苦工作了一上午，就着咸菜吃凉馒头，对付了一顿饭，王雪莹的心里很不是滋味。没过几天又赶上停电，她和炊事员一起拿着大包小包的米、饭锅和洗好的菜，跑到其他小队把饭做好，当员工吃上热乎乎的可口饭菜时，王雪莹的脸上露出了惬意的微笑。一年当中很多节日，她都努力让员工感到像在家里一样，"二月二"餐桌上有猪头肉，"三八节"有巧克力和鲜花，"端午节"有粽子。2008年中秋节的晚上，她和丈夫把孩子送到婆婆那里，到市场买了8个大西瓜，打车来到单位，挨个岗位送过去，一个值班的岗位员工给她发来短信："这是我有生以来吃的最甜的西瓜。"看到员工的话语，王雪莹的心里比吃了西瓜还甜。到中十六联工作四年来，她每个大年三十晚上都是在单位度过的，每次都给员工煮饺子送到岗位上。

几年来，王雪莹带领中十六联获得全国巾帼文明岗、全国模范职工小家、全国五四红旗团支部、中央企业学习型红旗班组标杆等荣誉称号，圆满完成近800次4万人的迎检接待任务。王雪莹以自己的感召力赢得了精品站里的女"舵手"的赞誉。

（王雪莹，2009年荣获全国五一劳动奖章）

爱岗敬业、求实奉献的好队长
——记中央企业先进职工徐卫庆

徐卫庆，中共党员，1978年出生，时任六矿中区西部油水井管理队队长。2009年，在构建萨中模式的创新实践中，中区西部油水井管理队被确定为中区西部老油田二次开发试验区，徐卫庆带领全队干部员工继承传统不丢根，锐意创新争一流，先后获得油田公司功勋集体、先进集体等殊荣，四号井组被评为集团公司先进班组。他本人也荣获黑龙江省青年岗位能手，油田公司杰出员工、优秀共产党员、十大杰出青年等荣誉称号。

真抓实干，以身示范带队伍

为了在全队形成推进中区西部示范区建设的强大合力，徐卫庆提出了"八个向我看齐"，在全员中做出了郑重承诺，以模范带头作用感染、影响、带动员工，自觉投身到"为推进萨中模式当先锋、为建设中区西部建功业"实践中。抓生产运行、抢新井投产、商讨解决办法、及时协调处理……他始终与员工一起坚守在生产最前线，忙碌的身影穿梭在生产现场的每个单元，坚实的足迹踏遍了施工现场的每个角落，经受住了风霜雨雪的洗礼、艰难困苦的考验。抢投产那几个月，多少次中午吃不上饭，多少次晚上回不了家，多少次工服冻成"盔甲"，多少次在思考中和衣而眠……他没有完整地休过一次假，没有帮妻子干过一次家务，没有去幼儿园接过一次孩子，却保证了在新的管理模式下，全队生产各环节安全有序、高效运行，为萨中模式示范区建设赢得主动。

大胆突破，创新方法促推进

萨中模式实施后，井数由295口增至1012口，计量间由18座增至21座，注入站增加了3座。管理规模扩大，工作量增加，而人员只增加了12人。面对这种实际难题，徐卫庆积极探索适应萨中模式的管理新方法、新机制。他打破计量间、水聚驱、油水井管理的界限，创新实施了区域化管理。结合油水井井距、计量间匹配关系，工作量均衡，以及地理位置等因素，将全队划分为10个管理区域，油水井就近管理，便于巡检。对每个管理区实行承包制，设正、副区长各一名。建立班组核算管理考核配套制度，做到工作区域、工作内容、工作标准、管理考核"四个明确"。建立"三评价"激励机制，员工按承包井数、管理水平、成本消耗等因素拿奖金，激发了工作积极性。区域化管理实施后，人员配置更加合理，少增加一线班组8个；解决了水聚驱井、油水井交叉管理的问题；员工巡井速度快了，发现问题快了，信息沟通快了，解决问题快了，大大提高了工作效率。

为了进一步加强协作，徐卫庆按照地理位置把相邻的几个管理区，组建成为一个协作区，管理区区长轮流担任协调人，加强同检修队包片班长之间的沟通交流，提前商定检修计划，设备出现问题直接沟通，有效、及时解决生产管理中的实际问题，提高了工作效率。面对地质组重组之后，管理井数增多，工作职能发生了较大变化的实际情况，徐卫庆扩大地质组的职能范围，对地质组的职责进行整合和重新划分，在地质组下设油井录入小组和注水井录入小组，在提升资料员对数据分析判断的同时，保证数据上传的速度和质量。现在，地质组资料员每天到油水井现场、计量间核实产量，分析生产运行中的问题，提出解决方案，为组织生产提供了可靠的依据。

严格要求，精雕细刻抓管理

徐卫庆把每口新井当作一个工程对待，从施工到投产的每一个环节都坚持高标准、严要求，精管理、细运作，快节奏、强推进。他对员工和施工单位提出了"三个一点"要求，即工作细一点、标准高一点、精品多一点。钻井、投新井最忙时，每天有20多个施工单位、近百个施工点，他坚持到各施工点查看管线走向，了解埋线深度，监督施工质量，协调各种占压管线改线。期间及时发现并督促施工方整改大小问题273个，及时消除了各类安全隐患。抢投新井中，通过优化投产方案，周密组织安排，加强指挥协调，严格跟踪监督，认真落实好每一项方案措施，控制好每一个管理环节，管理好每一口单井指标，保证投产进度和质量，做到了射孔一口、作业一口、投产

一口。遇到困难时,他与员工共同努力,集思广益,寻找最有效、最简捷的解决方法。针对环状和树状流程的井,采取分步组合式量油法,先按规定核实量油5天,准确计量单井产量,5天后下一个量油周期,对所有井同时量油,再进行产量推算;针对部分新井井口没有掺水控制阀的问题,通过控制计量间总掺水阀门,精细控制井口掺水量。各种矛盾和难题不断攻克,保证了各项工作扎实有序,安全生产平稳运行。自2009年12月2日第一口新井投产以来,油水井管理队圆满完成710多口新井投产任务,投产一次成功率达到100%。

抓实队伍,强化培训塑人才

为了适应萨中模式需要,徐卫庆重点抓好员工复合型技能提高。他着手培育员工树立"百人如一,百做不误"的学习理念,提出了因需、因岗、因人、因疑的"四因"培训方法,还主动与矿生产、技教岗结合,制作培训课件。由于新井井口流程多样、管线连接复杂,三管、树状、环状等新的工艺流程干部员工以前都没接触过,造成了投井难度增大。每次施工单位装井口流程,徐卫庆都会跟在现场,边看边问边记,还要来说明书,借来新式的井口流程,回去与员工一起研究新流程的工作原理。他还充分发挥技术干部、技师和老劳模、老师傅的经验优势,通过导师带徒、干部"一帮一"方式进行培训,使员工快速地熟悉了各种工艺流程原理,使全员标准化操作能力、多岗位工作能力、独立解决问题的能力不断加强。目前全队47名采油工全都达到了复合化员工的基本要求。

心中有花,灵魂自香。心中有灯,执着前行。在打造"六个大厂",构建萨中模式的伟大征程中,徐卫庆正以奋发有为、昂扬向上的精神状态和强烈的事业心、责任感,奋力谱写示范区建设的新篇章。

(徐卫庆,2010年荣获中央企业先进职工称号)

勤学苦练　挑战实践
做新时期技术尖兵

——记黑龙江省五一劳动奖章获得者祁战宝

祁战宝，中共党员，1994年技校毕业，是第一油矿108采油队一名采油工。参加工作以来，无论他从事哪项工作，都把学习技术作为首要任务。他用成功、智慧和汗水走出了一条成才路，荣获全国石油系统技术运动会采油工第四名、黑龙江省第五届职工技术运动会采油工第一名、油田公司首届技术运动会采油工第四名，多次被评为黑龙江省、集团公司、油田公司技术能手。

勤学苦练，永不满足

1994年，祁战宝以五级工的优异成绩毕业于大庆技校，被分配到采油一矿204队当上了一名采油工。刚到队上，就有很多人送来赞扬的话语，而祁战宝却说："这只能代表学习成绩，不能代表工作水平。"他把工作岗位作为新的课堂，如饥似渴地不断学习。白天他将书拿到岗位，抽出各种时间实际演习；晚上下班回家一看就是半夜。为了能熟练地换皮带，他扛着40斤重的皮带上下抽油机，调螺丝紧皮带，几天下来十个手指头磨出了水泡，吃饭都不敢拿筷子。凭着惊人的毅力和韧性，他的技术很快就达到了较高的水平。

由于表现出色，祁战宝被任命为204队107站站长，这对他来说是一个新的挑战。参加工作以来，他一直干的都是采油工作，从来没有接触过输油，对中转站的技术和生产管理了解很少。他深知中转站是队里原油生产的中枢，要有个"头疼脑热"，就会直接影响全队正常运行。作为一站之长，必须要精通业务。他下定决心，从头学起，先后学习了《油站、库岗位工人练兵问答》《油田离心泵使用与检修》《原油集输操作规程》等有关书籍。泵房内外、整

个罐区，凡是站内流程走过的地方，他都无数次揣摩，在最短时间内熟知站内的流程，全站管理水平保持在全矿前列。2002年，矿采油队重新整合后，祁战宝调整到113采油队继续从事采油工作，年底就以优异的成绩被聘为采油技师。

2009年，祁战宝被选拔参加省技术运动会。面对强手如林的赛场，祁战宝暗下决心，要与他们比试比试，为厂、矿争光。集训期间，他为了能够熟练掌握管路组装操作技能，从识图做起，由简入繁，不断深入，每天坚持安装5个图纸，手上磨出了"茧子"，胳膊肌肉拉伤，他也不当回事。刻苦钻研的精神和勇于实践的劲头使他练就了过硬的本领。在此次职工技术运动会中，他凭借着娴熟的技能，出色的发挥，一举夺取了采油工种比赛个人第一名的优异成绩。

解决问题，学以致用

干一行，爱一行。祁战宝坚持用自己所学的知识来解决生产中遇到的实际问题。

热洗工作的好坏直接关系到全队原油产量能否完成及机采指标能否达标。起初他按照老热洗工留下的周期表进行热洗。可是，经过一段时间的实践，他发现井洗得勤了，会影响产量；间隔长了，井就会结蜡。由于热洗周期看不见、摸不到，只能通过数据分析、现场观察才能摸索出最佳规律，祁战宝就对每口井的热洗周期进行重新摸索。在研究101-29井热洗周期的关键时刻，他突然患上了重感冒，一连吃了几天药也不退烧。母亲心疼地让他请假去医院看病，他不肯，往口袋里装了几片退烧药迎着寒风又赶到了井上。经过几次摸索，他发现这口井电流已有所上升，产量下降，应及时热洗。他先导旁通，准备让热水循环以后倒入井内热洗，可是回计量间关掺水闸门时，出现了憋压现象。这时发烧的他已是浑身无力，真想一下子倒在计量间的地上，可是一想到自己肩上的责任，心中便升腾起一股力量，一股劲走到800米以外的井场。这时想起药还没吃，他便在井场旁抓一把雪，连药一起吞了进去。忍着头晕用耳朵听，没走水声，用手摸，闸门冰凉，用管钳转丝杠，发现旁通闸门闸板掉了，阀不起作用，他又关上套管闸门，打开热洗和油套连通闸门、打循环。经过三个多小时的努力，对这口井进行了热洗，最终确定了这口井的热洗周期为85天。通过对每口井的跟踪监测、产量和功图对比,改变热洗周期,使全队一年少洗井87井次,提高了热洗质量,减少了产量和泵漏失,一年增油1218吨。参加工作以来,他共提出合理化建议数百余条,解决各类生产问题百余个,为夺油上产贡献着自己的力量。

精细管理,真抓实干

作为一名石油工人,祁战宝牢固树立为油田生产负责一辈子的思想,自觉发扬"三老四严"优良传统,以高度的主人翁责任感和强烈的事业心对待工作,不放过任何细微漏洞。

2009年新年这一天,他值班巡回检查时,发现二合一加热炉由于分水不均导致上水管线冻结,如不及时处理,就会造成大面积冻井的生产事故。为了消除隐患,保证安全生产,他发扬事不过夜的传统,不等不靠,扛起胶管,一点一点用热水分段解冻。水飞溅到了裤子上就冻上一层冰,渐渐裤子成了一个"冰铠甲",腿从里到外刺骨的凉,他硬是坚持了6个小时,终于把这段管线处理通,使生产恢复了正常。

祁战宝不仅严格要求自己,还以自己的实际行动带动身边人。由于新工人的不断补充,给生产管理带来了一定的难度。祁战宝认为,要加强队伍建设,就必须从抓作风入手,从严从细。一次,一名青工穿便装上岗,被祁战宝发现后,当即对他进行了严肃批评。这名工人不以为然地说:"我不怕弄脏衣服,穿便装上岗也不会出现危险。"他马上对这名青工讲明上岗穿工服、工鞋是对工人的保护,也是为了保证岗位安全生产。责令这名工人马上更换,并按规定进行了处罚。通过严抓作风,班组再没出现此类现象。

成绩只能说明过去,未来的路还很长。祁战宝靠着一股执着劲儿在岗位上不断拼搏,用自己的行动为油田发展做出贡献。

(祁战宝,2010年荣获黑龙江省五一劳动奖章)

精品引路　不断向前

——记集团公司优秀党务工作者赵丹

赵丹，中共党员，1983年5月出生，2006年参加工作，2010年9月担任中十六联合站党支部书记。作为在标杆单位任职的年轻基层党务工作者，她锐意进取，自我加压，和班子成员一道不断谋划新的发展思路，带领全站干部员工始终保持高标准的管理水平，在短时间内承担起引领中十六联合站创新发展的重任，得到了各级领导及员工的好评与赞誉。

她是一滴水，却愿意去做那个穿石的水滴

2009年9月，赵丹顺利完成大庆石油学院石油工程专业的培训学习，分配到中十六联合站实习。在中华人民共和国成立60周年、大庆油田发现50周年的"双庆"活动中，她仅在短短的半个月内，以出色的业务知识，参与到接待任务之中，并以高标准、高水平的讲解出色完成了接待任务。同年12月，赵丹被任命为中十六联合站的党支部副书记。为了尽快提高自身素质，她对照先进找差距，制订适合自己的学习计划，带着目标、问题去学习。她常常利用休息时间上站学习，虚心请教老师傅及工人技师，跟着师傅一个管线、一个阀门地摸索学习，掌握工艺流程；为了快速提高文字写作能力，协助书记工作，她常常下班不回家，在单位研究各种文字材料的起草、撰写，还虚心请教单位的"笔杆子"，不断找相关的人员谈心，深入挖掘第一手资料。她总是以饱满的热情认真地完成组织布置的每一项工作。哪怕只是一个小小的贴对联的工作，她都做得一丝不苟。也正是凭着这股水滴穿石的坚韧，年仅27岁，赵丹就走上了中十六联合站党支部书记的岗位。

她是一滴水，却愿意汇成涌泉回报党组织

"又是一个小书记，她能行吗？十六联已经获得了太多的荣誉，她还能怎么发展？"赵丹深感肩上的责任重大，丝毫不敢懈怠，她把中十六联每一名同志，都作为自己学习的榜样，时刻勉励自己要以"时时刻刻求进步"的精神，锐意进取，勇往直前，勇敢地承担起组织交予的重担，不辜负领导和同志们的期望。为了进一步增进集体的凝聚力、战斗力，增强员工的集体意识，缓解员工的紧张情绪和工作生活中的压力，她从情绪管理、压力疏导、心理辅导入手，组织干部员工开展户外拓展培训，通过大家的共同努力、相互配合，进一步提升了团队的凝聚力。她还精心组织策划，成功召开了以"我们共同走过的日子"为主题的建站十三周年系列活动，利用参观学习、素质拓展运动、主题队会等多种形式，鼓舞了队伍士气，凝聚了精品的力量。

她是一滴水，却愿意折射整个太阳的光辉

作为一名80后的年轻女干部，在中十六联这个特殊的环境中，她付出了全部的精力，因为她不仅仅是一个小家庭的女主人，还是一个大家庭的负责人，她的心里还装着更多的人。为了让员工在队里就能感受到节日的喜庆和家的温馨感，每年过年的时候，她都放弃和家人在一起团圆的时刻，主动要求值班，和食堂大姐一起给岗位员工包饺子，准备丰盛的年夜饭；正月十五特意赶到单位给值班员工煮汤圆，平安夜给每个值班员工送去平安果；员工过生日她就送去温暖的短信祝福。一件件节日的"礼物"捧出了一个80后女书记的爱心和真心！她常说："没有爱的心灵是黑暗的，没有爱的集体，是一盘散沙。心中有花，灵魂自香；心中有灯，前面有光；心中有爱，芬芳世界！我们是普通人，所做的工作自然琐碎、平常，但我们都是一滴水，只有点点滴滴汇聚起来，才能折射出整个太阳的光辉！"

赵丹担任党支部书记以来，中十六联合站出色接待了各类参观考察700余场次，参观人数近万人，中十六联合站的知名度和美誉度进一步提高，先后荣获中央企业先进基层党组织，集团公司先进基层党组织、基层建设"千队示范工程"示范单位，油田公司先进党组织标兵等称号，她个人也荣获集团公司优秀党务工作者等称号。

（赵丹，2011年荣获集团公司优秀党务工作者称号）

脚踏实地 积极探索
全心全意做好党支部书记工作

——记集团公司优秀党务工作者尹秀梅

尹秀梅，中共党员，1984年参加工作，2007年12月担任聚中510队党支部书记。任职以来，她积极探索，勇于实践，把生产的重点、管理的难点和群众的热点作为工作的落脚点，用满腔热情和辛勤汗水浇灌她钟爱的党群事业，结出了累累硕果。在她的带领下，聚中510队先后获得油田公司管理先进队、厂工人先锋号、先进集体、先进党支部、QHSE管理先进小队等荣誉称号。

始终牢记责任，把建设过硬班子作为工作的第一追求

班子分工虽各有侧重，但目标一致。分工不能分心，补台不能拆台，只有形成合力，班子才能更有战斗力。2007年12月，组织安排她到生产安全处于被动局面的聚中510队担任党支部书记。她没有被困难吓到，而是觉得环境变化了，追求不能变；岗位变动了，责任不能变。她和班子成员一起不等不靠，深入班组调研，用较短的时间掌握了生产情况和队伍人员状况，并细致地做好员工思想工作。同时她从安全工作入手，狠抓员工的安全意识，以"明责任、强素质、练内功、创一流"为目标，开展"安全常讲、技能常练、警钟长鸣"安全文化活动，为队伍建设和生产安全管理注入了生机与活力。

为了建设一支政治坚定、作风过硬、具有凝聚力的基层队班子，她持续抓好班子成员的政治理论和形势任务学习，并结合工作实际，有计划、有针对性地组织班子成员到油田教育基地、先进单位参观学习，用大庆精神、优良传统育人铸魂，不断增强干部的责任意识，练就干部想干事、能干事、干成事的魄力和能力。在普遍要求干部学习本职业务和经营管理知识的基础上，她提出"双促双学一对红"目标，要求干部相互结对，管生产的要懂党群，管党群的要

懂生产，管井的要懂站库流程，管站的要懂采油工艺。通过结对共学，班子成员间既加深了友谊，开拓了工作视野和思路，也有助于彼此取长补短、推动工作。在她的带动下，班子成员经常在一起研究解决工作中出现的问题，畅所欲言，发表自己的见解与建议，对于已经确定的工作目标严格落实，使队班子成为聚中510队强有力的战斗核心。针对班子6名成员中两名80后的干部，工作中存在不能吃苦和考虑问题不全面、组织协调工作不到位的现象，尹秀梅就经常和他们谈心，讲述自己参加工作时的条件、环境，指出近期工作中存在的问题，毫无保留地传授自己在基层十几年的工作经验，遇到类似问题应该怎样处理，还发动其他班子成员一起帮助他们，促进了青年干部成长成才。

自担任党支部书记工作以来，尹秀梅始终铭记自己的职责，以自律无私的标准去工作，以求真务实的作风抓队伍，发挥班子每一个成员的力量。要求别人做到的她首先要做到，别人做不到的她也要努力做到，严格律己，以诚待人。在班子成员的共同带动下，队伍中逐步形成了健康和谐的人际关系、崇尚正气的良好氛围、积极向上的发展势头。

始终坚持实干，把建设一流队伍作为工作的第一要务

在尹秀梅看来，说破嘴皮子不如干出好样子，基层干部的威信只有靠实干才能树立，除此别无捷径可走。2009年1月，西东三注入站开始实施高浓度聚合物驱油。投产初期注入站内设备、仪表等存在大量的问题，不能实施自动调节，必须全部改用手动调整，工作量成倍增加。尹秀梅与队长带领班子成员认真分析，组织对影响注入质量的问题进行会战，将问题全部整改。同时加大对注入井资料录取和调控的管理力度，采用手动调整单井配比和加密巡检次数，提高了注聚质量。为进一步提高单井配比合格率，她与班子成员连续两天没有回家，与岗位工人一起采取手动方式，每两小时调整一次母液调节器，有效保证了45口注入井严格执行配比方案。

在2009年夏季生产管理上水平活动中，尹秀梅不失时机的把"学习中十六联合站，七创七思七做铸精品"主题活动与本队上水平活动有机地结合起来，她连续一个多月同全队员工奋战在生产一线，用带头表率去影响和带动员工，努力提高管理水平。在代表厂参加油田公司电泵井检查时，受到油田公司业务部门的好评，被评为免检单位。

作为党支部书记,除了各项工作走在前、干在前之外,她还时刻注重培养典型,充实骨干力量,进一步挖掘员工潜能,激发员工工作热情。先后培养选树出"爱岗敬业、锐意进取的好副队长项阳""刻苦学习、爱岗敬业的技术员刘庆萍""爱站如家的好站长王志明""勇挑重担的女强人黄庆丽"等先进典型。全队人人向典型学习,人人争当模范,骨干的作用日益彰显,合力发展的势头不断形成。2010年,聚中510队在矿生产、安全、环保检查中始终名列前茅。

在做好先进典型培育的同时,尹秀梅认识到实现原油持续稳产需要的是一支高素质的员工队伍,需要的是知识型、技能型员工。为此,她按照"学为所需,学以致用"的原则,创新"ABC智能培训法",将培训对象按年龄、体力、现状进行分类培训,强调针对性与实用性。针对井、站、计量间经常出现的生产问题,组织开办了"午间学习屋",开展"一帮一,一对红"互助学习,有效提升了员工的整体素质。在2010年厂第二十一届技术运动会中,全队6名参赛选手有5人被评为厂优秀选手;1人在厂单井分析大赛中获得二等奖,2项革新成果分别获得厂二等奖和三等奖。同时,她注重发挥和挖潜员工的智慧和潜力,结合实际开展"三献三比"活动,鼓励员工积极为原油持续稳产献计献策。员工先后提出夺油上产"金点子"24项,其中15项被矿采纳,1项被油田公司评为优秀合理化建议。

始终发挥优势,把搭准思想脉搏作为工作的第一方向

作为一名党支部书记,尹秀梅始终积极探索新时期基层思想政治工作的新方法。多年的基层管理工作使她深知,要想了解员工的所思所想,及时、准确掌握员工的思想动态,不但要掌握"听、看、观、摸"的中医看病秘诀,还要讲究换位思考,理解和尊重员工的性格特点,充分考虑不同员工所处现实环境的差异,真正做到想员工之所想,解员工之所急。

2010年10月中旬的一天,她发现队内一名原来爱说爱笑的女工坐在会议室唉声叹气。因为近期油田公司先进队要验收,而她们班长因大腿骨折在家休养,组内另一名员工参加工作时间短、经验不足,班组工作都压在她一人身上,每天既要录取资料,还要处理班组其他工作,爱人又在私企工作顾不上家,孩子正上初中学习要操心,一时间感觉压力重重。尹秀梅看在眼里急在心头,当时队里人员紧张,怎么办?经过认真思考,第二天尹秀梅主动与这名女工一起

上井巡检，在巡检过程中，她们边走边聊，尹秀梅说："我没当过采油工，每次看到你们在搞变压器的规格化时，一个小时左右就能将场地收拾得有棱有角、平平整整，我觉得特别厉害、特别佩服。这段时间你给我当师父，教教我怎么干好采油工。"她诚挚的话语、爽朗的笑声深深感染了这名女工。在班长休假期间，尹秀梅只要有时间，就坚持来到这个井组，帮助他们合理安排各项工作，和他们一起巡检、录取资料，和他们一起加密封填料、紧螺丝、做好设备保养。每天与员工一样一身土、一身漆、一身油。同时为减轻这名女工的后顾之忧，她又与女工的爱人进行了沟通，希望他多理解、多支持妻子的工作。就这样没过多久，笑容又回到了女工的脸上。在检查验收中，这名女工所管理的设备赢得了检查人员很高的评价。

始终以人为本，把关爱员工作为工作的第一目标

尹秀梅深知采油队不仅仅是一个生产单元，还是一个人文团体，员工也存在情感的需求。要想带好队伍，促进发展，就必须对员工做到体贴、关心，以点滴小事聚人心。尹秀梅把实现好、维护好、发展好员工的利益作为工作的着眼点，关注员工素质提高和个人成长，不断改善员工的工作、学习和生活条件，充分调动员工的积极性、主动性和创造性。

她与班子成员一起，重新规划队部各房间，充分发挥各房间的功能，为全队干部员工开辟了提供技术咨询、学习交流的图书室、革新室等"十室一堂两库"，设计了队部一层和二层以班子建设、创先争优、员工技能提高和环境建设为主的走廊文化，把融入优良传统和执行标准的生动故事变为教育载体，培养大家严细认真的工作作风。建立了最佳员工榜、阳光班组评比台，开展"主人翁风采"展示活动，将员工在夺油会战、刻苦钻研技术、参加各种活动等的精彩瞬间，及时进行捕捉留影，并将照片悬挂在会议室，使员工每天都能看到自己为队建设的身影，激发全队员工爱家、护家、为家增光添彩的情怀和动力，增强员工的使命感和责任感。

她根据队伍实际，精心培育"自觉做好每一件事"的管理执行文化，促进了干部员工诚实守信做人、严谨求实做事的良好作风养成。岗位员工提出的建议和要求，她认真收集整理，及时提交队班子会议研究，能够解决的限时整改，已经解决的及时在队务公开栏中公示，接受员工监督，营造了人人勇于执行、

善于执行的氛围。员工自觉发扬传统，人人身体力行。院内烟头没有了；刮鞋板不知是谁悄悄立在了院外，员工从岗位回来自觉先更换工鞋，再进办公楼洗手、到食堂就餐；洗过手后将溅到台面上的水擦拭干净才离开；用餐结束将餐具自动摆放整齐，板凳放回原位；自行车、私家车定位停放，统一朝向。

尹秀梅始终把员工的冷暖放在心上，真情实意地服务员工、关爱员工，让员工真正体会到党组织的温暖。员工谭梅住院时，尹秀梅前去慰问，当时西东三注入站只有两名化验员，刚注聚时化验工作量大，谭梅担心另一名同事干不过来，尹秀梅一边悉心安慰，一边跟班子成员商量协调人手，解决谭梅的后顾之忧，让她安心养病。退休员工郑传有的母亲去世，尹秀梅主动帮助联系大客车，协助他的家人一起操办丧事，得到郑师傅的赞扬。她还组织员工利用业余时间，在队内空地开垦出一块荒地，种植了茄子、辣椒、柿子、生菜、小葱和水萝卜，既丰富了员工的餐桌，又陶冶了员工的情趣。同时，在食堂管理上，努力做到员工健康快乐每一餐。无论工作有多忙，她都坚持每周与炊事员一起制定周食谱，每天到食堂检查食堂卫生和饭菜质量，做到色香味俱全，并根据当天的工作安排，及时调整饭菜种类。通过为员工办实事、解难事，在组织和员工之间架起了一座连心桥，营造了浓浓的"家"氛围。2010年，聚中510队跨入油田公司模范小家、厂工人先锋号行列。

站在新起点，面向新征程，尹秀梅在平凡的岗位上，自觉做好每一件事，用心做精每一件事，努力做成每一件事，用实际行动创最棒的业绩、育最棒的团队、树最棒的形象！

（尹秀梅，2011年荣获集团公司优秀党务工作者称号）

党旗下谱写人生华彩乐章

——记集团公司优秀共产党员金敏辉

金敏辉，中共党员，1974年出生，1995年参加工作，是第五油矿南二采油队7号计量间井长。参加工作以来，他身残志坚，对工作的热爱痴心不改，始终如一；对技术的学习精益求精，持之以恒，用实际行动在平凡的岗位上谱写人生华彩乐章。连续17年被评为厂级优秀员工，1997年荣获大庆市"十佳残疾青年"称号，多次被评为油田公司优秀共产党员、厂杰出员工、优秀共产党员。

自强不息，锤炼坚实的羽翼

金敏辉出身于一个普通的工人家庭，父亲在他14岁时就因病过世，母亲省吃俭用、含辛茹苦地把他和哥哥拉扯成人。良好的家教和艰苦的生活环境使他从小养成了正直、上进、坦诚的性格。在先天的三级肢残面前，他没有怨天尤人，更没有自暴自弃，而是以学习为动力，选择了一条自强不息的奋斗之路。1992年，金敏辉以优异的成绩考入了技工学校，1995年被分配到第一采油厂，成为一名光荣的采油工人。

走上工作岗位以后，金敏辉始终没有放弃学习，坚持在学中干、干中学，不断提升自己的技术水平。他深深知道，自己在学校掌握的知识已经远远不能适应形势发展的需要，为此，他跑遍了市内大大小小的书店，用节省下来的钱购买了大量的技术书籍，在他家里的书桌、窗台、椅子、床上，到处摆放着一摞摞的书本和资料。同事们看到后，都说这是他家中的特殊"景观"。20多年来，他利用休息时间查阅了大量的学习资料，写下了四十余万字的学习笔记。他还把计量间的井史资料搬回家，利用休息时间把每口井的开发时间、开采层位、井深、泵径等情况整理出来，详细掌握所管井的基础数据，并将学到的理论知识与生产实际紧密结合，用理论指导生产，靠科技挖油。

一次，金敏辉发现南 1–1 更 33 井的含水上升速度加快，并且井组其他井的含水率也有抬头趋势。他反复进行量油、取样化验，结果发现产液量、功图等资料都显示该井泵况正常。他认真分析了这口井的 34 个沉积单元的沉积相带图，发现 SII15+16 单元发育为三角洲内前缘相枝状砂体，与水井连通性较好，形成了注水通道，导致含水上升速度加快。他把情况向队里进行了汇报，并且提出对该井的该层段进行测试，每天下调 50 立方米的水量。技术员经过认真分析，认同了他所提的措施方案。调整后井组的综合含水率逐步下降。近年来，他共提出上产措施 7 井次，累计增油 2700 多吨。

在学习面前，金敏辉是个永不懈怠的人，为了不断提高自己的技能水平，作为一个家庭条件异常困难的残疾人，他付出了比常人更多的汗水和心血。矿举办的第十三届技术运动会，金敏辉作为采油工代表参加了比赛。比赛前夕，他的母亲突发脑梗死住进了医院，为了不影响比赛，他向队里隐瞒了这一情况，白天在单位正常工作，晚上就把学习资料和工具带到医院，一边护理母亲，一边坚持学习。为了不影响别人休息，他只能借助墙角壁灯微弱的灯光看书，困了就拿扳手、螺丝练习实际操作，几天下来，整个人瘦了一圈。功夫不负有心人，在技术比赛中，他以唯一的满分夺得了采油工比赛第一名，被授予矿岗位能手荣誉称号。

在金敏辉看来，所有的学习都是为了更好地做好本职工作。自己懂不如大家都懂，自己会不如大家都会，只有大家的能力都增强了，全队的工作水平才能提高。为此，他建议队里成立"技术会诊"小组，把技术骨干吸收进来，随时对出现的生产难题进行会诊。他还利用业余时间将自己多年来积累的知识要点和参加各种竞赛的体会，把自己的经验和技术毫无保留的同大家分享。一次他发现新调来不久的小班工人在洗井时遇到了困难，他就主动地给她讲解，教她如何调整和计算水量，如何填报洗井报表。在他的耐心帮助下，这名小班工人很快掌握了正确的洗井方法，不到半年就能独立顶岗。

岗位奉献，释放敬业的情怀

金敏辉作为一名党员，始终铭记党旗下自己无悔的宣言。在工作中，他总是努力做一名强者，奉献着自己勤劳的汗水。

多年来，他冬天一身冰雪，夏天一身油泥，风里来，雨里去，急难险重的活他总是冲在最前面。队里在创油田公司"铜牌队"期间,要求党员带头打"样板井",给群众做示范。金敏辉的井组有14口井在162排路边,他想,打造一口"样板井"不如打造一个"样板排"。他把自己的想法向井组人员一说,大家都十分赞同。于是他们早晨4点钟到岗,晚上8点钟收工。三伏天里,烈日将抽油机晒烤得烫手。有一天,一口井因光杆质量问题突然发生断杆,金敏辉立即组织全班组人员进行会战,他带着残疾的身体、顶着烈日爬到14型抽油机驴头上擦洗油污,一干就是3个多小时,班组人都劝他下来休息,换换人,但他说,这一上一下太浪费时间。他知道自己的身体确实不如常人,但他更知道作为党员,困难时刻就要冲在前。榜样的力量是无穷的,在他的带领下,全班组人员齐心协力,仅两天时间就使这口井恢复了原貌。他们井组也在他的带领下,创出了受到各级领导高度赞誉的162亮点井排,为队夺得油田公司铜牌队做出了贡献。

金敏辉作为一名井长,善于思考问题,抓准要害。全队20位采油工提起他没有不佩服的。他的管理方法不仅是挂在计量间墙壁上的规章制度,更是关心同志、帮助同志那颗真挚的心。他很少给别人讲大道理,而是力所能及做好身边每件事。在生产上,他充分发挥班长的作用,做好"传帮带"工作,注重班组整体素质的提高。他自己多次主动承担对新分配大学毕业生的实习指导任务,几年来已经有10余名大学生在他的精心指导下,熟练岗位知识和技能,成为独当一面的工作骨干。

对待工作,金敏辉总是满腔投入,而面对妻子和女儿,他却是充满了愧疚。记得一天中午,妻子因急性阑尾炎住进了医院,当把妻子送进手术室的时候,金敏辉犯难了,怎么办?爱人需要护理,女儿和年迈的母亲需要照顾,单位的工作更离不开自己。于是他雇了两个人陪护,自己仅在医院看护妻子一个晚上,第二天就返回了队里。女儿高考,他连续工作了50多天没休息,很多时候都是通过电话为女儿加油鼓劲。有一年冬季大雪天,女儿过生日,他本计划着下班后第一件事就是给女儿买生日礼物,一家人晚餐坐在一起共同庆祝,可当等他把所有井都巡完,距离坐班车的时间只有15分钟了。他忽然发现计量间后面冒着浓浓的雾气。"不好,有管线穿孔!"金敏辉快速地向前面跑去,由于平衡能力差,他一个趔趄摔倒在地上,左脸被冻地面蹭破了皮,钻心的疼。他顾不上这些,迅速赶到现场,果然是高162-50井的掺水管线穿孔了。为了争取时间,金敏辉一边向队里汇报情况,请

求支援,一边倒好流程,自己动手挖起穿孔来。挖穿孔可是力气活,平时都得上设备。这天寒地冻的北国大地,一镐刨下去,地上只有一个白点。镐把粗,戴着手套使不上劲,他把手套脱下,赤手挥镐。一会,他手指冻僵了,手掌磨出了泡,手臂也震麻了,半天挖不下一个碗大的坑。汗水顺着脸颊往下流,落到地上,结成了冰,身体散发出的热气,在红色的工作服外结了一层白霜。他横下一条心,自己多抢一镐,就离穿孔点更近一点。等到维修班的同志们赶来时,发现金敏辉一个人已经把处理穿孔的工作坑挖好了,都露出惊讶的表情。队长和维修班的同志齐声赞道:"真是好样的。"仅用半个小时一切都恢复了正常。脱下已冻硬的"战袍",金敏辉换上崭新的工服,由于担心穿孔造成的压力损失会导致回压高的井发生冻井事故,所以他还要再检查一遍,井场间的雪地上又留下一串他的足迹。几年来,他义务献工时近100小时,为群众做好事12件,查找安全生产盲点4项,提出合理化建议3项,带领班组成员实现了油水井管理全优。

精益求精,创造更新的业绩

金敏辉在工作中以精湛的技术,创新管理思路,促进了学习力向创新力的转化,创造了更新的业绩。

一次,金敏辉在更换抽油机皮带时,发现该井刚换完没几天的密封填料又跑油了,看到更换下来的旧皮带材质、厚薄同抽油机加的密封填料差不多,他的头脑中闪过一个念头,能否用废旧的皮带当密封填料?回家后他立即找来相关资料,仔细进行分析研究,在充分了解密封填料在工作状态下的运行情况、密封填料胶体受力、密封等工作原理后,他开始自己动手找来废旧的皮带制作样品。经过反复论证,数次实验,金敏辉终于发现了用废旧皮带当密封填料的方法。由于用废旧的皮带当密封填料,不仅耐用,而且防油效果好,更有着良好的经济效益。在全队推广后,全年仅此一项就可节约密封填料费用万余元。在五矿节能降耗示范区创建工作中,金敏辉立足岗位实际,放弃休息时间,认真描绘出采油岗位每一环节的节能点,有效带动了班组节能降耗工作的开展。

近年来,随着油田开采难度的不断加大,要求各项工作也更加标准化、精细化。工作中,金敏辉坚持以"精细工作流程,创新工作方法,创造性的完成工作的每一环节"的管理理念为指导，对井组员工的管理范围进行重新规定，要求管理范围辐射地面、地下和空中，不仅要对井口、驴头、游梁、中尾轴等十三个部位按照标准进行细致的检查，而且要对变压器、空中电力线路、埋地电缆、辖区违章建筑、管线进行检查；不仅要查掺水温度、套压、加药等情况，而且还要对井下开采层系、管柱和泵况进行分析判断，改变了采油工只注重地面管理，而忽视地下和外围的粗放管理状况，使油水井管理实现由表及里、由点到面的转变。

金敏辉在采油岗位上播撒着辛勤的汗水，对工作倾注了全部的心血。他用默默无闻、执着前行，成就了人生之路，用智慧和汗水写就了壮丽的诗篇。

（金敏辉，2011年荣获集团公司优秀共产党员称号）

执着追求　勇攀高峰
在平凡的岗位上奉献青春和智慧

——记集团公司优秀共产党员李庆林

李庆林，中共党员，1963年出生，1980年7月分配到第一采油厂第七油矿工作。30多年来，在大庆精神铁人精神的培育下，他立足岗位，勤于自学，攻坚克难，从一名普通的采油工成长为一名采油技师，这期间陪伴他的不仅是用汗水和心血管理的一口口油井，更多的则是心中对采油工作的无限热爱，对技术创新的执着追求，让他在平凡中升华了人生最崇高的理想——为油田奉献一辈子。由他负责的技术革新项目和参与完成的课题累计达14项。其中，国家实用新型专利技术1件，获油田公司重大技术革新一等奖1项、管理现代化成果三等奖1项，获厂技术革新成果一等奖1项、二等奖2项、管理现代化创新成果三等奖1项。连续多年被评为油田公司优秀共产党员，厂杰出员工、优秀员工。

勤奋上进，争做刻苦钻研的知识型员工

1980年高中毕业后，李庆林被分配到第一采油厂第七油矿工作，通过组织的培养和个人努力，他由一名司机成长为一名采油技师。作为一名在采油战线上工作30多年的员工，他对大庆油田这片土地充满了热情。

李庆林是读着铁人的故事长大的，从小就对铁人充满了崇敬，参加工作以后，他就下定决心要成为一名优秀的石油工人。刚参加工作时，面对眼前新鲜而又陌生的设备，他一时不知所措。每次看见同事们交流如何解决现场遇到的问题时，自己只能像听天书一样默默地站在旁边，插不上话。为了尽快提高自己的操作技能，他从技术员那儿借来了《采油工》《地质工》《机械采油》等书籍，认真研读。白天他和工人师傅们打成一片，主动跟着老师傅、懂技术的人

员学，识别各类功图、卡片，画各种地质图表。晚上回到宿舍，把白天所学的知识认真总结归类，常常学到深夜。只要有时间，不管是室内还是野外，他总要拿出书来学上一阵子。他随身带着笔和本，遇到跟工作有关的业务知识、疑难问题，他都留心记下来，虚心求教，学习掌握。为了弄清学习过程中的一些问题，他从不放过任何一个细微的环节，结合生产实际，反复琢磨，时刻注意把所学的理论知识和实际相结合。不到一个月的时间，他就熟练掌握了基本操作技能，独立顶岗。1998年年底，他被聘为厂采油技师，主管机采井设备维修保养和员工的技术培训工作。为了尽快进入采油技师的角色，掌握全队设备的情况，他从设备清查工作开始，吃住在单位，每天从凌晨3点查到晚上8点。8月的天气变幻无常，上午是30多摄氏度的高温，天气闷得让人喘不过气，到了下午又下起了小雨。雨天路滑，车开不到井场，李庆林就步行，几天下来脚磨起了水泡，脸也被晒得爆皮，洗的时候又疼又涩。身体的伤痛能够恢复，可带病的设备却不能马虎，那会直接影响到员工的安全和全矿的效益。他每到一口井都认真检查，仔细询问，把每项问题都记录明白。经过连续几天的努力，他把采油地面设备彻底排查了一遍，查出各类问题200多个。在领导的协调下，投入了30多万元改进了设备，取得了良好的效果。那一年，他的工作得到了上级业务部门和矿领导的一致好评，他所在的小队管理水平也从全矿倒数几名一跃升为第一名。

刻苦钻研、勤奋学习，使李庆林逐步成长为一名管理能手和技术骨干。30几年来，他先后提出换泵、压裂、调整配注等24项措施，合理化建议35条，实施后均取得较好的增油效果。他不仅仅是生产的好助手，更是员工的好师父。在工作岗位上他刻苦钻研技术，提高自己的业务能力；在培训工作中他慷慨相助，将自己的所知所学手把手传授给员工。为了提高员工的抽油机井管理水平和安全操作意识，他潜心制作了《抽油机井操作风险指导书》等多媒体课件，用通俗易懂、生动形象的现代化教学手段，使员工在最短的时间内掌握了抽油机管理知识，熟知操作过程中可能存在的风险。

勇于创新，争做开拓进取的能力型员工

量的积累，产生了质的飞跃。自2008年开始，李庆林担任全矿采油系统的培训师和技术创新的带头人，在培训工作上，他务实进取，大胆实践，更新了

固有的培训模式和管理方法；在技术创新上，他发挥才智，破旧立新，解决了困扰采油工日常管理的工作难题。

2009年，随着大庆油田开发规模不断扩大，油水井数量递增，生产成本紧张，人员缺少，管理难度加大，各采油队的管理水平出现了参差不齐的现象。面对现状，李庆林反复琢磨如何提升全矿整体管理水平。经过深思熟虑，他创新提出了"百分制"管理办法，改变了以往只罚不奖和"月检查"管理机制。采取层层承包培训方式，他负责培训采油队生产副队长，生产副队长负责培训班井长，班井长负责培训员工。这种方式开始以后，每个月在完成自己本职工作的基础上，他还要培训采油队副队长，讲述抽油机设备的工作原理、故障判断、如何对重点部位进行检查、设备运转的重要指标和安全知识。通过现场手把手指导，将理论和实践相互统一，大家接受领悟很快，个人的业务素质和管理能力都得到了提高。这种"检查式"培训方式很快被大家所接受，成为员工学习提高技能的一种模式。每年他集中为员工授课不少于3次，每次不少于6小时，员工培训率不低于95%，他还请来矿技术大赛尖子人才和技术明星作为授课老师，对员工进行理论知识培训和现场培训。通过一年的"检查式"培训，使全矿的油井管理水平连续两年在厂年度检查中获得第一名。员工们从怕检查、怕提问逐渐转变为主动迎接检查、主动回答问题，极大提高了技术素质和发现问题、解决问题的能力。2009年、2010年连续两年，设备的大修费用从过去的50万元下降到9万元。

在日常抓管理的同时，李庆林把更多的心思放在提升油水井管理创新上。一次，一个采油工在更换皮带的过程中，不小心把手夹坏了。这件事情让李庆林深深地反思："我虽然是负责油井管理，但是每名工人能否安全规范操作、确保自身安全，才是我最应该关注的。"从那之后，他就对设备反复观察、在创新中反复实践，成功研制了"快捷安全移动抽油机井电机装置"，节省了更换皮带的时间，皮带的"四点一线"自然形成，延长了皮带的使用寿命，并大大提高了员工的工作效率和安全系数，现已在全厂范围内500多口抽油机设备上推广使用，创造效益50多万元，节约皮带成本费用5万余元，在油田公司的重大技术革新评定中获得了一等奖。一次改造的成功让他看到了技术革新给管理带来的巨大效益，他也深刻认识到，光有干劲不行，还要有头脑，要发挥自己的聪明才智，将管理中的不足或安全隐患进行革新，用科学技术来改变管理水平，用创新实践来展示科技成果。几年来，他先后发明了多通路定量式掺水阀、自动补偿密封填料盒、防冻取样阀、应用节点管理控制皮带消耗等科技成果。他研制的多通路定量式掺水阀，使掺水压力和掺水量得到有效控制，降低能耗，减轻采油工劳动强度，保证掺水系统平稳，一个采油队 39 口井全部装配后，可少运行一台掺水泵、一台加热炉，每台掺水泵每天节电 1400 千瓦·时，加热炉节气 2800 立方米，年节电 250000 千瓦·时，节约电费 15 万元，节约天然气费用 30 万元。

2011 年，第七油矿为了汇聚更多科技人才的智慧，加大对科技人才的培养，在矿培训基地建成了"庆林技术攻关团队"，以李庆林为技术带头人，以全矿各条战线的技术人才为支撑，为技术创新提供了良好的平台。在揭牌仪式那天，李庆林激情澎湃，感触颇多，是组织对他的培养，是与他摸爬滚打多年的员工们对他的支持，才能取得这些成绩，从那一刻起，他暗下决心，一定要发挥起攻关团队的龙头作用，以企业发展为己任，始终以感恩之心回报企业、努力工作，积极投身到技术创新的工作中。

乐于奉献，争做默默无闻的实干型员工

作为一名技术攻关带头人，李庆林经常爱讲一句话："只要心中有责任，你就知道自己应该干什么。"这责任中包含更多的是一种精神、一种动力、一种人格的彰显。

在工作中，不论哪个小队有了疑难问题，他都及时去解决，大到故障处理，小到搭手帮忙。无论是分内分外，他都热心对待。在一次创"五好优质井"活动中，他为了能够使所管理的油水井全部达标，每天起早贪黑整改问题。在他参加矿检查验收时，一台抽油机设备得了 94 分，对照五好优质井标准只差 1 分。当时，被检查的员工不解地对李庆林说，"你检查也太苛刻了，我们在这口井上投入了很多心血，花了很多时间，只不过差 1 分，差不多就得了呗。"看到那一张张被晒得黝黑的脸，李庆林坚定地认为，标准就是标准，差 1 分也不行，必须让他们心服口服的知道差在哪里。他拿来一根 3 米长的直尺，对这台设备的"四点一线"进行了彻底检查，原来这 1 分就差在"四点一线"上，他向大家耐心讲解了"四点一线"的工作程序，告诉了他们问题出在哪里，在场的员工们不好意思地低下头。

要保持一流的工作业绩，就得始终走在前面。2007 年 7 月，按照油田公司

和厂油田部的要求，要在生产一线评选出样板井和样板计量间。当时，恰逢七矿开展提高管理水平活动，为了夺得油田公司样板井和计量间的称号，为了展现七矿人"厂内排头，公司一流"的决心，作为这项工作的负责人，他必须确保高标准、高质量完成好这项任务，为七矿争得荣誉。他每天都顶着烈日，深入到井间指导工作，严格要求。每一项工作结束后，他都将标准拿到现场进行逐项对照，小到一个防松记号的方向、一个螺丝的选配、一个弹簧垫圈的位置，大到一项参数调整、一道防腐粉刷工序是否合理，有时一项工作或一道工序要反复修改几遍，甚至十几遍才能合格。为了使抽油机井号在游梁上分布均匀醒目，他反复上下15米高的抽油机十几遍。经过7天的奋战，一台高标准的样板抽油机设备、两座样板计量间终于完成了。在验收过程中，他精心打造的样板设备各项指标全部合格，获得了"油田公司样板井间"的光荣称号。成绩的取得让人高兴，可他却永远见不到他的老母亲了。在提高水平工作期间，73岁的老母亲因患严重的类风湿病住院半个多月，他却一次都没有去医院看望过，爱人多次打电话催促他，可母亲却一再叮嘱，还是工作重要。甚至在母亲生命最后的几个月，他都没有尽到做儿子的孝心，他把这份愧疚深深埋在心底，将母亲的这份期待化作动力，激励自己不断前行。

30多年来，李庆林在平凡的岗位上默默地耕耘，取得了不平凡的业绩。但他却说："这主要是组织培养和同事们支持的结果，组织给了我充分的肯定，这是一种激励和鞭策。"作为一名普通员工，他仍在继续努力，用自己实际行动为油田奉献自己的智慧和力量。

（李庆林，2011年荣获集团公司优秀共产党员称号）

革新迷的"三股劲儿"

——记全国技术能手任相财

任相财,中共党员,1956年出生,高中文化,1974年参加工作,是第四油矿北十一队的一名采油工。2002年12月,受聘为第一采油厂第四油矿采油技师,2006年5月,受聘为中国石油天然气集团公司采油技能专家。参加工作30多年来,任相财以对企业负责、对工作负责、对自己负责的责任感和使命感,针对油水井生产中存在的疑难问题,凭着一股钻劲学技术、一股拼劲搞革新、一股韧劲传技能,共取得技术革新成果48项。其中,获公司级重大技术革新成果奖10项、厂级技术成果奖28项,国家实用新型专利9件。这些成果的推广应用,解决了生产难题,提高了工作效率,获得了2000多万元的经济效益。任相财本人也先后荣获集团公司劳动模范、黑龙江省技术能手、优秀共产党员,油田公司杰出员工、优秀共产党员等称号。

一股钻劲儿学技术,他成了妻子眼中的痴人

任相财是"文革"后期毕业的高中生,文化底子薄。参加工作后,面对知识性、综合性很强的采油工作,任相财毫无头绪,只会一般性的实际操作,不懂工作原理,技能考试经常不及格,哪个班组都不愿意要他。任相财的自尊心受到了很大的打击,他想,别人能学会的东西我也一定能够学会,而且还要比他们强。从此,他几乎放弃了所有的娱乐活动,一头扎在书堆里,就连家务事也全都推给了妻子。起初,面对专业性很强的采油地质、工程书籍,就像手捧天书一样看不懂。妻子埋怨他,家里活一点都指望不上,整天就像个傻子似的看书,好几天还没看完一页,照这样学下去,还不得等到猴年马月。妻子的责难并没有令他灰心,不认识的字就查字典,不懂的问题就四处虚心求教。凭着这股不服输的钻劲,像蚂蚁啃骨头一样,用了两年

多的时间,任相财终于通读了《采油工程》《集输工程》《采油地质》《采油工新工艺、新技术》《采油技师知识问答》等大量书籍,还记录了二十几万字的读书笔记,专业理论水平有了很大提高。在努力学习的同时,他注重把理论与实际相结合,在实践中不断提高自己的能力。一次,任相财看到更换注水井总闸门丝杠密封圈需要关井泄压的操作,不但严重影响注水效果和资料全准,而且不利于套管保护,还增加劳动强度。针对这一问题他抱着试一试的想法,经过反复琢磨,研制了"注水井总闸门维修闸板固定器",实现了关井不泄井底压力更换密封圈,这项成果在全厂推广,并获油田公司革新二等奖。他的努力终于得到了全队的认可和妻子的理解,他也成了各班组抢着要的"香饽饽"。

一股拼劲儿搞革新,他成了员工心中的能人

学习的收获,使任相财尝到了甜头,尤其是家人支持他,单位鼓励他,使任相财学技术、搞革新的劲头更足了,甚至达到了"痴迷"状态。多年的不懈努力,他由一名普通的采油工,成为采油技师。2004年,任相财被矿指派到大庆技校参加技师培训班学习,进一步拓宽了他的攻关视野,坚定了攻克更大难关的信心。这一年年底,四矿地区面临着大面积钻井,部分注水井需要钻降关井,而原来冬季钻关注水井管理中,普遍采取扫线井口挤防冻油方法,不但操作过程复杂、劳动强度大,而且消耗大量防冻油,造成压力录取难,有时还容易冻井,影响正常生产。领导期待的目光,摆在眼前的难题,使他吃不好饭,睡不好觉,脑子里整天琢磨的就是这件事。一天凌晨,他突然想到,北方冬季冻层约1.5米左右,如果能用少量的油充满到容积小的管子内,下入井中,超过冻层就能解决这个问题。他立即起床绘制图纸,并用家里的鱼缸做实验。经过反复实践和改进,制作了"冬季钻关注水井防冻取压配套装置",解决了冬季注水井钻降关井录取压力难的问题,保证了第一性资料的及时准确录取,使每口井需加注的防冻油由原来的100公升减少到现在只需0.5公升,一口井就节约各种费用4000元。这套装置获得油田公司革新三等奖、厂革新一等奖。梅花香自苦寒来,正是凭着这股拼劲,一个个技术难题在任相财的刻苦攻关下,迎刃而解。"DQF-5型定压控气阀"的改进,使定压放气达到了最佳效果,在全厂推广使用后,极大地减

少了机采井的气体影响,有效地提高了泵效,达到了增产降耗的目的,创直接经济效益100多万元,获得油田公司群众经济技术优秀创新成果奖、厂技术革新成果一等奖;"抽油机井杆断部位判断器"的研制,解决了过去应用测示功图来计算、用吊车上的吨位仪判断杆断部位不准确的问题,达到了准确测量断杆部位,及时打捞,恢复生产,降本增效,获油田公司重大技术革新一等奖。自2004年至今,他先后完成了"维修250型阀门专用工具""抽油机井口光杆涂油润滑装置""多功能测试防喷盒""多功能快速装卸压力表接头""油井井口防盗油装置"等48项技术革新成果。一个个成果、一本本证书、一声声赞誉,任相财成了员工心中的能人。

一股韧劲儿传经验,他成了全厂闻名的红人

优异的业绩和突出的表现,使任相财获得了许多殊荣。他至今难以忘怀的是2006年6月,胡锦涛同志考察大庆时,他作为党员先进代表受到亲切接见。报纸、网页、电视上经常宣传任相财的先进事迹,他也成了全厂闻名的"红人"。面对荣誉和表扬,他感到更多的是责任和压力。他常提醒自己,作为一名党员和技术骨干,仅自身技能的提高还很不够,要把所掌握的理论知识和实际技能传授给广大员工,用"一点红"带来"一片红"才对得起党组织的培养、领导的关怀和同志们的期望。因此,他把自己所掌握的理论知识和实践经验毫无保留地传授给同事。在领导的支持下,任相财组织全矿采油、集输技师和技能骨干组成帮教小组,分期、分批深入到生产岗位,现场普及闸门维修保养、更换皮带电机三点固定方法及操作、抽油机井杆断部位判断器应用等方法,很快提升了广大员工的维修技能,消除了安全隐患,降低了物耗,提高了生产管理水平。受聘为厂、矿培训师以后,任相财更是把搞好"传帮带"当成一种责任。他先后编写了《百做不误岗位练兵卡》和30多个采油工多媒体教材,让大家在轻松愉悦的气氛中获得更多的知识和技能,并指导、配合技术骨干研制出球座阀密封环、油水井连接密闭洗井装置等技术革新项目20多项,获经济效益1000多万元,大幅度提高了培训效率。先后培养出矿级以上技术能手42人、技师10人。

多年来,在上级领导及相关部门的支持和帮助下,任相财取得了一大批优秀的技术革新成果,并已应用到生产实际工作中去。随着任相财工作室的诞生,

他立志以此为平台,立足生产岗位,带领一大批技术骨干共同钻研,解决生产中的疑难问题,搞革新、创效益,为提高油田生产管理水平,实现原油持续稳产做出更大贡献。

(任相财,2012年荣获全国技术能手称号)

拳拳赤子心　殷殷石油情
——记黑龙江省五一劳动奖章获得者李文学

李文学，中共党员，工学博士，高级工程师。1988年毕业于大庆石油学院石油地质专业，先后担任第一采油厂二矿生产办综合秘书、一厂干部科科员、六矿副矿长、试验大队大队长、二矿矿长、呼伦贝尔分公司总经理等职务，时任第一采油厂工会主席。无论从事何种职务，李文学始终坚持职工为本、创新为魂、实干为基，用执着和坚毅踏出了一串闪光的足迹，丰盈着自己人生的内涵。先后荣获全国青年创新创效奖、全国企业文化先进个人等荣誉称号。

培育文化传薪火

有人说，在第一采油厂担任领导工作是很有挑战性的。2008年10月，刚刚走上厂工会主席岗位的李文学就感到了沉甸甸的责任。一厂地处大庆油田中区，是全国人数最多、大庆建厂最早、产量最高的采油厂，是大庆精神、"三老四严""四个一样"的发源地，如何让大厂有大作为、做大贡献，是领导交付的任务，更是全厂1.46万名职工的企盼。多年的基层工作实践，使李文学深深意识到，一个企业的经营水平，一支队伍的好坏，在相当程度上取决于职业道德意识的强弱。为推进企业的持续有效发展，李文学把眼光锁定在与现代管理相融相渗的企业文化建设上，致力于为企业精神传薪播火成为他矢志不渝的"主旋律"。

他以大庆油田发现50周年和一厂建厂50周年为契机，先后组织开展了"忆传统，看发展，讲感恩""知荣辱，爱一厂，创百年"主题教育活动，在全厂职工中开展"知我一厂，爱我一厂，强我一厂"网上答题、"一厂是我家，为家做贡献"大讨论、"追寻历史足迹，感受50年辉煌"一厂今昔摄影图片征集

展览等活动,成功举办了庆祝建厂50周年"我为祖国献石油"和纪念建党90周年"红歌会"等大型演出,带领一厂在油田公司2011年"和谐杯"男子篮球联赛、红歌传唱活动中获得冠军,在黑龙江省2011年舞蹈大赛中荣获金奖。在主题教育系列活动的推进开展上,他重点突出"四个重视,四个推进",即重视"忠诚"意识教育,推进职工队伍思想建设;重视职工业务素质的提升,推进企业综合能力的提高;重视提高职工文明素养,推进企业精神文明建设;重视培育职工与企业的凝聚力,推进企业和谐稳定发展。通过开展主题教育活动,使"我为祖国献石油"成为每一名一厂人的崇高使命和精神支撑,有效激发了广大员工爱厂、爱岗情结,凝聚了广大员工共同为打造"六个大厂"、构建萨中模式的智慧和力量,确保了第一采油厂在老油田开发中后期,实现了高水平高效益1111万吨持续稳产。

创新管理聚合力

结合企业生产实际,创新开展工会工作,是李文学的又一亮点。2009年,他积极倡导"让劳模香起来,让职工动起来,让首创专利多起来,让民主管理热起来,让权益维护实起来"工会工作"五让"文化理念,深入开展企业民主管理、职工权益维护、群众性经济技术活动、职工素质教育、职工之家"五大"示范基地建设,依托"十大"文体协会,将示范基地建设纳入基层工会特色建家的总体发展规划,促进了全厂工会工作的创新发展。四年来,他以创建"维护的家、民主的家、学习的家、温暖的家、和谐的家"为载体,把工会经费用在刀刃上,充分调动职工参与建家的积极性,在行政大力支持下,协调修缮9个矿大队体育场馆,投入570万元为基层配备了篮球架、乒乓球台、台球桌、多功能组合健身器等活动器材258件,先后举办了书法美术摄影艺术展、球类比赛、棋类比赛、游泳比赛、钓鱼比赛、拔河和田径运动会等员工喜闻乐见的文化体育活动。全厂涌现出大庆油田公司模范职工小家48个,厂先进职工小家覆盖面达到85%以上。第一采油厂被评为中国石油天然气集团公司"基层文化活动"先进单位。

围绕厂"3510"持续稳产目标,他深入推进群众性经济技术活动,组织开展了"勤俭节约、挖潜增效,我为原油持续稳产做贡献"竞赛,成立了任相财工作室,确立重点攻关项目18个,推广工具、装置2500多套,任相财工作室被评为黑龙江省技能大师工作室；发动员工共提出合理化建议18000多条，技术革新1200余项，创造经济效益达5000多万元。

以"光大劳模思想，激励职工争先，促进企业发展"为主旋律，将劳模的先进事迹登报编书，上台宣讲，是李文学的又一创新。王雪莹原是中十六联合站的党支部书记，她带领队伍先后荣获全国巾帼文明岗、全国模范职工小家等诸多荣誉，她本人也被授予全国五一劳动奖章。为表彰劳模精神，李文学特意组织将王雪莹的感人事迹整理成文，编印写进《黑龙江女职工风采》《大庆市劳模风范》，并在集团公司做典型发言，还作为北京奥运火炬手光荣地参加了火炬传递活动，极大地鼓舞了广大员工立足岗位求发展、创精品、增效益、做贡献的工作热情。

无私奉献树标杆

"别让职工受委屈了"，这是李文学经常说的一句话。多年来，他始终心系职工，无私奉献，用真诚书写着工会主席履职尽责的情怀。

不让职工受委屈，就是要让职工有事有处诉。在李文学的大力推动下，在重大问题向厂党委汇报的基础上，建立了与人事部、油田管理部、生产运行部、技术发展部、稳定中心等五个部门的年度联席会议制度，开通了"信息桥"，畅通了职工利益诉求表达的渠道。同时，为了实现更广泛的民主，李文学运用现代化的网络工具，设立了工会网站和谏言献策信箱，职工的意见和建议发送到信箱，就能够得到答复和解决。第五油矿聚中510站因注聚后采出液高含聚，导致加热炉损坏频繁，生产管理难度增大，一名岗位女工给谏言献策信箱发了一封邮件，没过两天，李文学就亲自来到该站实地了解情况，并向厂主要领导进行专门汇报，在厂领导和相关部门的高度重视和大力协调下，这一问题得到了圆满解决。

不让职工受委屈，就是要让职工有事有人管。为了进一步拓宽服务功能，使职工有事有人管，李文学积极筹划，多方联系相关职能部门，率先在油田成立了"职工服务站"，建立了12项服务制度及工作程序，为职工提供信访接待、法律服务、劳动争议调处、生活救助、大病救助、助学帮扶、心理咨询等7个方面的一站式服务，形成了职工服务站与企管、信访、工会、稳定"一个中心四个接口"的联动帮扶机制，为职工办事打造了一条"绿色

通道"。

不让职工受委屈,还要有难有人帮。李文学的工作很繁忙,但每逢职工有大事小情,他都坚持到访。为了两名身患白血病、尿毒症的职工,他一次次地向厂送温暖基金领导小组汇报,为他们争取尽可能多的困难补助;为了家庭突遭变故的员工,他带头捐款,发动全体职工献爱心;为了让实验小学两个家庭贫困的孩子安心读书,他每年都从自己家中拿出4000元钱进行捐助。四年来,李文学亲自走访看望困难职工家庭369户,积极沟通解决了生产一线缺少饮用水等实际问题107件。同时,在他的积极倡导下,每年都以工会为主导开展"冬送温暖,夏送清凉""春风工程""员工生日餐"等活动,实实在在地维护了员工切身利益。

李文学以饱满的工作热情和奉献精神,带领第一采油厂工会开拓创新,大胆实践,创造出了喜人的业绩。厂先后获得全国模范职工之家、全国第十一届职业道德建设标兵单位、全国五一劳动奖状、全国厂务公开先进单位、黑龙江省厂务公开示范单位、黑龙江省先进女职工组织、中国石油先进集体等荣誉称号,1个基层小队被评为全国工人先锋号,2个班组分别被评为全国安康杯竞赛优秀班组、全国能源化学系统女职工建功立业标兵岗。

(李文学,2012年荣获黑龙江省五一劳动奖章)

测试铁军的带头人
——记黑龙江省劳动模范车宝志

　　车宝志，中共党员，1980年参加工作，1991年起担任第二油矿试井队队长。参加工作以来，他始终奋战在测试第一线，锐意进取，敬业奉献，留下一串串坚实的脚印。他带领的二矿试井队连续10年获得油田公司先进集体荣誉称号，2004年被授予功勋集体，2005年被授予红旗试井队。他本人多次被评为油田公司杰出员工、优秀共产党员、厂优秀基层队长、党员管理明星。

　　担任试井队队长二十年里，车宝志把自己和试井队融为一体，带领着试井队从平凡走向卓越，打造出一支响当当的测试铁军。

　　1991年二矿试井队成立了。刚刚过完26岁生日的车宝志走马上任，决心带领大家夺金牌、创红旗试井队、争当行业样板。然而，面对这个刚刚成立，人员来自各个单位，一切都从零开始的集体，谈何容易。在一次检查资料中，车宝志发现很多资料的综合记录字迹不工整。抓住这件事情，他在全队提出了"横扫低水平，严细创一流"的口号。白天利用空闲时间，教技术员和资料员如何验收和整理资料，晚上到队里一个本一个本地查，一遍遍核对数据，每口井资料他都认真地查一遍，一干就是半个月，周六、周日也不休息。在他的逐个把关下，一千多口井的综合记录，二十几万个数据工工整整没有一个差错。在狠抓基础资料的同时，车宝志把突破口放在了提高测试质量，打造队伍过硬作风上。他提出了狠抓一个"严"字，杜绝一个"假"字，确保一个"准"字，突出一个"实"字的"四字"管理法，坚持做到艰苦的工作干在前，急难险的时刻冲在前，用自身的模范行动来带动和影响全队员工。终于在1993年拿回了试井队第一块奖牌——大庆石油管理局同工种劳动竞赛铜牌队奖。

　　随着测试井数和工作量的增加，队伍管理规模也随之扩大。车宝志和班子成员一起加强学习先进的管理经验，及时转变观念，解放思想，大胆实践，坚持用"五无"管理法来抓好日常工作，即管理无小事，抓小促大；管理无难事，

攻坚啃硬；管理无形式，真抓实干；管理无死角，消除隐患；管理无穷尽，争创一流。十几年来，试井队在油田公司、厂组织的各项检查中始终名列前茅。同时，他还把解决管理点多面广、安全系数低、测试工作量繁重、测试质量亟待提高等问题作为重点，把形成职责明确、流程清晰、考核规范、简洁高效的管理模式为目标，和班子成员一起组织生产技术骨干反复研究修订，在公司同行业内率先完善制度体系，编制了《试井队管理手册》《试井队干部岗位说明书及工作指南》《试井队岗位员工操作手册》，在管理上理清了工作思路，明确了工作职责、岗位权限、业绩指标，确保了测试工作水平年年提高。仅2010年，全队完成油水井测试23825井次，水井测试合格率达93%，测试率达98%以上。

车宝志虽是个性格粗犷的东北汉子，但在抓管理的过程中，却处处体现着精明精细。面对繁重的测试任务和管理难度，他始终把"高的标准，严的作风，创的气魄，争的意识，实的精神"作为自己的行为准则，总结了测试工"五个一"工作标准，即一牌、一单、一布、一袋、一整洁，规范了测试班上井测试的全过程；总结了定位摆放测试车内的工具物品，实现测试现场工作流程步步规范、口口标准；在安全管理上，针对车辆较多的实际，总结了"一、二、三、四、五"车辆安全管理法，即一个坚持，坚持每日、每月组织专人对车辆定期检查登记；二个整洁，车容整洁、车库整洁；三个提高，提高驾驶员的技术素质、安全观念和爱车意识；四个做到，队干部做到对全队驾驶员和车辆车况心中有数，安全员做到每日对驾驶员进行安全教育和安全技术知识考核，驾驶员做到每天出车前、收车后对车辆进行检查，严格执行当日路单，值班干部做到每天对入库、交包和收车情况检查讲评；车库管理"五定"，定车库承包干部、定班组、定班组安全员、定司机、定车。此项管理办法在油田公司现场会议上做了经验介绍。

从1993年开始，试井队先后获得铜牌2块、银牌6块，2001年，车宝志带领试井队跨进了大庆石油管理局金牌队的行列，实现第二油矿金牌零的突破。油田公司成立后连续10年获得公司先进集体荣誉称号。2004年又跨入油田公司功勋集体的行列。车宝志用他的一言一行实现了他的理想和信念。

多年的管理经验让车宝志认识到，要想使测试工作成为油田稳产的透视眼，就必须采用新工艺、新技术，提高测试质量效率，不断培养技术过硬的测试人才。

2002年初，非集流流量计作为一种新型测试仪器，开始在油田试行，没有经验可以借鉴。车宝志多次带领全队20多名生产骨干去电子仪器仪表厂向专业技术人员学习。理论和现场实践的结合，使员工快速掌握了多种型号仪器的使用方法，实现问题的及时发现、及时处理、及时反馈，既减轻测试工劳动强度，又提高了测试质量和效率，为全矿开发方案的实施和产量任务的完成提供了保证。2004年，在普遍使用恒流水嘴测试中，经常出现因为水质结垢、井内工作筒间隙小等原因，造成投捞器遇卡，上不去、下不来、拔断上作业等问题，既耽误时间，又造成很多不必要的浪费。他结合实际进行研究改进，在前端加了一个除垢刮蜡器，研制成功了除垢式投捞器，成功率提高30个百分点，投捞效率提高50%。2009年，车宝志带领测试队在油田公司内率先实施了分层注水井三次加密测试工作，层段注水合格率控制在±20%以内，使小层注水合格率保持较高水平，确保精细注水，使二矿水驱自然递减率降到5.61%，2010年降到3.85%，创油田历史最好水平，为保证油田开发良性循环做出了贡献。2010年6月，油田公司在二矿试井队召开了分层注水井测试现场会，试井队介绍了经验和做法，获得油田公司领导的高度评价和认可。

作为一队之长，二十年来，车宝志始终把培养人才作为己任，注重高素质技能型员工培养，总结出"操作步步求稳，测试口口求精"的理念，以师带徒、安全演练、技术比武等多种形式，为了提高整个测试队伍综合技术素质。在队里开展的提高测试基本功的大练兵活动中，他要求全队每名测试工都能够一次性打一个优质的测试绳帽。队干部以身作则，亲自做示范，哪个员工做得不到位他就手把手单独训练，手上磨起了厚厚的茧子，连筷子都拿不住。经过刻苦训练，在岗测试工人人达到优秀标准，员工技能鉴定通过率、合格率均达100%，全队33个一线班组全部通过厂标准化班组验收。

二十年来，在车宝志的带领下，共完成油田公司、厂、矿技术革新46项，五小成果36项，其中"改进刮腊器，提高清蜡效果"获油田公司QC成果一等奖。"分层测试工作筒除垢器""计量间和井口管线防盗装置"等多项技术革新成果在生产中得到应用推广，累计创经济效益700余万元。

如果说严抓管理和注重科技支撑是试井队不断发展的有力载体，那么车宝志奉献的品质和过硬的作风是这支队伍勇往直前的发展之魂。

车宝志是土生土长的油田人，出生、成长、工作在岗位责任制和"四个一样"的发源地第二油矿，骨子里浸透着大庆精神的血脉。担任试井队队长以来，与他搭班子的党支部书记共有5任，每位搭班子的书记都成为他的挚友。班子的整体合力作用是试井队前进的关键所在，车宝志本着"分任务不分思想，分重点不分中心，分指标不分目标"的共事原则，优势互补，共同促进，团结协作，最大限度发挥了班子成员优势，打造出素质过硬、作风顽强、勇于创新的领导班子。针对试井队班组多的特点，要求每名班子成员与班长建立联系网络，畅通沟通渠道，便于指导工作和班长骨干作用的发挥，从而增强队伍整体的战斗力。先后向兄弟单位输送优秀骨干32人，有12人被推荐到矿生产管理干部岗位。

二矿试井队共有员工156人，班组40多个，各种车辆40多台。面对生产规模大、管理链条长、工作现场多的实际，车宝志从严于律己做起，注重塑造班子成员的良好形象。一次，在对全队车辆底盘、灯光和刹车及测试设备逐一进行安全检查时，发现一台车转向灯不亮，他立即对司机进行了严厉批评，并提出了整改意见。事后按规定对自己及该车的承包干部各扣罚奖金100元，并在员工大会上进行了自我批评，让全队员工来监督实施。多年来，凡出现安全问题他都先对自己进行经济处罚，为员工做出榜样。在他的影响下，许多干部员工在节假日主动加班工作。只要队里有人上班，他就坚持在队里，尤其是元旦、五一、十一的长假，基本上都是在队里度过的，哪里有困难，他就出现在哪里，同志们都说，车宝志把队里当成第二个家了。2010年4月，第二油矿加产3.6万吨，组织开展了注水井检配大会战，他率领班子认真谋划，定方案、制措施，全力以赴投入到会战中，每天坚持在井上工作十几个小时以上。为了让员工在会战中吃好，他组织分几路把热饭热菜和水送到每个井场，使全队仅用5天就打检配400多口井。

车宝志在试井队队长岗位一干就是二十年，把最宝贵的年华献给了油田测试事业。如今，他依然是信心百倍，以自己的言行践行着大庆精神铁人精神，脚踏实地，开拓进取，带领队伍阔步前行。

（车宝志，2012年荣获黑龙江省劳动模范称号）

戎装素裹展英姿

——记黑龙江省劳动模范王荣梅

王荣梅，1971年6月出生，1990年3月参军入伍，1992年12月复员后，被分配至第一采油厂第五油矿南三队污水站工作，2000年10月调至第一采油厂第三油矿聚中312采油队，先后从事过采油工、汽车驾驶员等工作。2006年，王荣梅光荣加入大庆市女子民兵高炮连，担任班长、排长、副连长、指导员等职务。她所带的连队先后被评为全国巾帼文明岗、沈阳军区基层建设标兵连、黑龙江省三八红旗集体、劳动模范集体，两次荣立集体二等功。她本人多次被大庆军分区授予优秀民兵、训练先进个人、民兵干部标兵。

刻苦钻研，抢占炮射技术制高点。在部队服役期间，王荣梅是卫生兵，参加民兵训练伊始，她被分配到女子高炮连，担任副连长职务。面对高大的"三七式"高射炮，她一脸茫然。自己对这个"大家伙"可谓是一窍不通，曾经萌生过打退堂鼓的想法。可是她想到组织上这么信任自己，还被任命为副连长，这是何等艰巨而光荣的任务啊，自己一定要不辱使命，不辜负领导和同志们的期望。"三七式"高射炮共有八个炮位，五、六炮位主要负责压弹和退弹操作，是炮手中最艰苦的岗位，她主动要求担任这个炮位的炮手。为了尽快掌握发射原理及操作步骤，她每天紧跟教官身后，虚心求教，从认识零部件开始，一点一滴进行刻苦钻研，二十多斤重的弹夹，她每天要重复装填上百次，手上磨起了水泡，胳膊累得抬不起来，吃饭时手抖得连筷子都拿不住。她没有在困难面前退缩，而是毅然地坚持着。在完成紧张训练任务的同时，她还要兼顾其他战士的出操、就餐、召开班会、就寝等副连长的工作职责，这一切，她都做得井井有条。只要功夫深，铁杵磨成针。在不到一个月的时间里，她不但熟练掌握了本炮位的操作流程，对其他炮位的操作也是游刃有余，被战友们誉为女人堆中的"铁小子"，并受到了上级领导的嘉奖和好评。

执着坚守，夺取实战演练主动权。养兵千日，用兵一时。为了检验训练效果，2010年8月，黑龙江省军区计划举行多兵种、大规模的实弹射击演练。听

到这振奋人心的消息，王荣梅兴奋不已。她带领女子高炮连不分昼夜地加紧训练，就是为了在演习中取得好成绩，战士们心往一处想、劲往一处使，没有一人叫苦叫累。就是在这样紧张训练的关键时刻，王荣梅接到了一个让她撕心裂肺的电话，父亲确诊为胃癌，随时都会有生命危险，此时已经转院至黑龙江省肿瘤医院等待手术治疗。正在她犹豫不决的时候，部队领导得知了这一消息，立即派专车将她送往省肿瘤医院。见到病榻上虚弱的父亲，王荣梅泪如雨下。由于抢救及时，父亲脱离了生命危险，病情也出现了好转。身在病床前，心在军营中。三天后，王荣梅接到了部队的演习通知，在父亲的鼓励与支持下，她毅然决然地返回部队投入到紧张的训练中。在实弹演习过程中，她带领的女子高炮连凭借着熟练的技术，精确定位、协调一致、弹无虚发，夺得固定靶和移动靶等多项全优，在"双37"高炮战术考核中，成为内地军分区4支参考民兵队伍中唯一获得优秀的连队，现场观摩的黑龙江省军区首长给予了高度好评。

殚精竭虑，当好战士贴心指导员。由于民兵预备役是全封闭式训练，习惯了早八晚五工作模式的企业员工，明显感到不适应，每年新兵训练时，都有很多女兵哭闹着要回去。为了维护正常的训练秩序，已经身为指导员的王荣梅深感自身肩上责任的重大。一名战士在训练时由于精力不集中，被100多斤重的牵引杆砸伤，王荣梅立即将其送往大庆市人民医院就治，经诊断，这名战士只是皮外伤并伴有轻微脑震荡，虽然伤不重，但情绪波动较大，坚持要放弃训练。王荣梅每天陪伴在她的身边，生活上照顾她、思想上引导她，给她讲战士的光荣使命，给她讲自己的亲身经历，用实际行动感染着她，最终打消了这名战士放弃训练的念头。指导员的工作忙碌而繁杂，既要协助连长搞好训练，还要配合部长抓好全连工作，王荣梅却做到了项项工作忙而不乱、井井有条。她那种对军营的眷恋情结，感染和带动了身边的女兵们，练就了严明的作风和精湛的技术，创造了女子民兵操练高射炮的奇迹。

戎装素裹展英姿，爱岗敬业站排头。训练时，她是部队的精英；工作时，她是生产的骨干。多年来，在企业领导的关心培养下，王荣梅始终坚持以大庆精神激励自己，用"三老四严"约束自己，用实际行动诠释了新时期的铁人精神，为员工做出了表率。

（王荣梅，2012年荣获黑龙江省劳动模范称号）

让生命之花在科技攻关的征途璀璨绽放

——记黑龙江省劳动模范王洪卫

王洪卫，1975年2月出生，中共党员，硕士研究生，高级工程师，时任第一采油厂试验大队副大队长兼责任地质师。参加工作以来，他始终把科技兴油作为不变的理想，牢记责任，躬身实干，锐意创新，把所有的时间和心血都花在油田开发的科研实践中，在开发方案设计、方案跟踪调整和三次采油技术攻关领域取得多项重大技术成果。完成国家级项目2项，集团公司、大庆油田公司项目20余项，发表国际SPE论文和国家级论文8篇，其中国家级课题"大庆油田开发关键技术研究"顺利通过国家验收，"大庆油田'二三结合'水驱控水挖潜技术"获集团公司技术创新特等奖，"萨尔图、杏树岗油田'两三结合'技术研究"获油田公司技术创新一等奖，由他独著的"大庆高含水油田剩余油描述方法及应用效果"获中国石油学会一等奖。这些成果已广泛应用于各种开发方案编制及跟踪调整过程，为大庆油田的可持续发展做出了突出贡献。他用自己的实际行动自觉践行着一个青年共产党员、一个石油科技工作者的神圣使命和铮铮誓言，先后荣获集团公司十大杰出青年、优秀共产党员，油田公司杰出员工、优秀共产党员等称号。

牢记责任，始终把油田高效开发作为自己的不懈坚守

随着国家经济快速发展，对石油能源的需要越来越为迫切。大庆油田以维护国家石油战略安全为己任，按照集团公司的总体部署和要求，制定了《大庆油田可持续发展纲要》，提出了新的奋斗目标。

王洪卫深知，作为产量占到大庆油田四分之一还多的第一采油厂，地位举足轻重，作用无可替代。一厂的产量稳不住，油田的稳产就无从谈起。作为一

名科技人员，必须勇挑重担，肩负责任，不断强化科技攻关，把有限的地质储量变成可采储量，把可采储量变成技术经济有效产量，为一厂长期持续稳产打牢科技基石。因此，油田高效开发在他生命的天平上成了最重的砝码。在地质大队任开发室主任期间，他主要负责开发及射孔方案编制工作。方案编制就像盖楼房的图纸，是油田开发的指导书，是最基础的一项工作，每一个方案后面都是一口井两百多万的投资。在方案编审过程中，常常会因测井过程中干扰因素大、解释误差大等原因，使地质人员对地下认识与实际情况的相差较大，由此带来方案符合率不高的问题。为了更加直观真实地反映地质体在几亿年前的沉积状态，他提出了用网络航拍图认识现代河流沉积的方法，通过古今对比来确定地下的古河道在什么情况下发生弯曲或截弯取直，沙滩在什么情况下发育面积最大，洪水期、枯水期河流沉积面积和方向上的变化。经过深入研究，他根据地下沉积砂体的变化特征，提出了布井方案编制需要遵循的"三性"原则，即在井位部署上追求准确性，在井距设计上追求连通性，在注采关系上追求完整性，从而保证最大限度钻取地下砂体，不漏掉每一块潜力。在这个原则的指导下，一厂重新构建了开发井网，新井及时补位，老井充分利用，既提高了砂体的控制程度，又提高了方案的经济有效性，方案实施后产能到位率由原来的90%提高到95%以上。

在集团公司实施老油田二次开发过程中，第一采油厂面对油田40余年高效开发带来的开发矛盾突出、接替技术不成熟等一系列挑战，提出了要构建高水平、高效益、低成本发展的萨中模式。由于第一采油厂地处城市中心区，钻井空间不足，所以新钻井多为成群成片的斜井，而搞清斜井在每个小层上的投影，是寻找和挖潜剩余油潜力的前提，必须把每口井近两百个小层的数据在近千米的油层中标绘出来，工作量翻了几十倍。作为老油田二次开发的技术带头人，他在方案编审过程中，坚定了当年"老会战"用放大镜照钢丝的认真劲儿，看尺寸、量距离、找连通、挖潜力，一个层一个层地校对，一个数一个数地核实，不放过任何一个有用参数，每天都与成千个小层、几万个数据打交道，在这日复一日地方案编审和核对分析中，自觉践行着大庆精神铁人精神。

"十一五"以来，他主持编写了18个区块的油田开发调整方案和现场试验方案、5000多口新井的钻井及射孔方案制订工作，既优质、高效、及时地完成了工作任务，又保证了开发调整、现场试验、产能建设的有序运行。同时，创新性的成果为油田增加可采储量 2500 万吨以上，推动油田持续稳产的同时也创造了巨大的经济效益。

躬身实干，始终把水驱精细挖潜作为自己的执着追求

　　第一采油厂作为大庆油田老区，地质上沉积了 100 多个小层，好油层、差油层混杂交错，在特高含水区块，剩余油已经零散得像天上的星星，即便各种上产措施纷纷上马，效果仍不理想。在新钻井开采过程中，技术人员就遇到了水驱新建产能小，产量不断下降的难题。为此，在水驱挖潜控递减项目方案设计初期，王洪卫为了获取第一手资料，他急切地把全区每口井、每个层、每个单砂体都摸了个"底儿清"。记得在攻关最关键的时候，他曾连续三天没离开过办公室，兴奋的神经让每一个脑细胞都紧绷着、活跃着，一心只专注手头厚厚堆着的资料，饿了嚼口方便面，困得不行了才趴在桌上睡一会儿。经过几个月没日没夜的研究，上万次的数据分析，无数次的技术比对，一个个创新的思路被提出，有时半夜突然有了个好想法，赶紧爬起来验算求证。这样的日子一过就是一年，他的体重整整掉了 20 多斤，可是好的方案和思路却在他的心里不断增重。经过上万次的数据分析，无数次的技术比对，他带领攻关团队终于超前设计出了一套全新的"二三结合"开发井网和挖潜思路。通过集团公司专家组论证审批，"二三结合"水驱挖潜试验在大庆油田风风火火地开展了起来。

　　2008 年，王洪卫走上了试验大队副大队长岗位，作为主管技术研发的副大队长，他始终高度注重水驱的精细开发调整。水驱开发是油田低成本战略的支撑，少打井、少建站、少措施、少污染，才能节约大量的开发投资。水驱开发调整追求的是注好水、注够水、精细注水、有效注水，靠的是真功夫，体现的是真水平。为了把注水工作做精做细，他重点抓好资料全准管理、水驱测调管理和进攻措施管理。取全取准第一性资料是大庆油田的传统，在资料全准管理方面，他充分发扬了这一优良作风，推行资料自动录取仪，实现数据自动采集，数据自动上传，报表自动生成。既准确又快速录取了第一性资料，又大大解放了生产力，起到了事半功倍的效果。在精细测调管理方面，他提出了方案设计要超前调查、减配问题要及时跟踪、调整水量要注重实效，在此基础上他组织建立了注水井监测网络平台，保证能实时监测每口井的工作状态，及时发现问

题,把握主要矛盾,快速做出反应,做出准确决策,实现了试验区在两年内含水率基本不升,产量基本不降。

他始终认为,科技是生产力,管理同样也是生产力,管理模式的提高必然带动技术创新力的提高。他建立了以技术室动态分析岗、实验中心室内研究岗及试验采油队技术员岗为核心的四个提高采收率技术攻关大项目组,根据技术干部个体能力,实施专业规范整合,资源优化重组,突出机制创新,形成"联动、互动、约束、互促"的有效机制,促进了基础研究及试验管理水平的整体提升。经过五年的潜心攻关,这项技术被不断完善并获得了极大成功。油田综合含水上升率被控制在0.4%以内,水驱采收率提高了4个百分点,"二三结合"试验区直接创效超过4.4亿元。不但经济效果显著,还为三次采油技术成熟配套赢得了宝贵的时间。2010年,"'二三结合'水驱挖潜技术"获得了集团公司重大技术创新特等奖,为油田水驱深度挖潜找到了一条新路子。他带领的团队以优异的成绩获得了股份公司"第一试验基地"、集团公司"先进班组"、油田公司"基层样板化验室"等多项荣誉称号。

锐意创新,始终把接替技术研发作为自己的神圣使命

应用现有技术能让油田实现稳产,超前储备接替技术才能让油田走得更远。所以必须坚持技术攻关,以创新保稳产,以创新促发展。王洪卫深知,石油与其说在地下,更不如说在科技人员的头脑中,原油稳产就在超越权威、超越前人、超越自我的责任里。作为厂科技骨干,他必须带领科研团队加快技术创新,闯出一条适合老油田二次开发的新路。

作为三次采油提高采收率试验项目的前导者,在技术攻关的道路上,他发扬"三超"精神,一往无前地进取,寻找创新思维,做超越权威的探索者。针对化学驱油技术建立统一的油层分类标准迫在眉睫。没有成型的资料可查,没有现成的经验可循,只能摸着石头过河。在多个矿场试验的基础上,他通过一年多的反复论证,大胆提出了一种全新的油层分类方法和标准。一石激起千层浪,一个毛头小伙子竟然对油田沿用了几十年的分类方法提出疑义,引来各种质疑。最终,在上级部门的指导和帮助下,这种油层分类方法在油田三次采油领域得到了广泛应用,为提高原油采收率发挥了重要的作用。

二类油层三元复合驱技术是大庆油田"十二五"后两年稳产的重要接替技

术，聚驱后和三类油层大幅度提高采收率技术是"十三五"乃至更长时间持续稳定发展的重要储备技术。作为这几项技术的主力攻关者和现场试验组织者，他深知每一项提高采收率攻关试验项目都是一项系统工程，每一个节点都可能对提高采收率造成致命的影响。为了把握好这些关键要素，他在现场亲力亲为，在优化调整方面狠下功夫。坚持实行"一组一策""一井一法"，像大海捞针一样，努力寻找含水低的层位和砂体。

三元复合驱技术不但能扩大波及体积，更能增加洗油效率，大幅度提高采收率，是大庆油田"十二五"后两年稳产规划的主要接替技术。但三元复合驱技术攻关之初，由于检泵周期平均只有一百天左右，生产成本太高，成为该技术推广应用的"软肋"，也是油田久攻不克的主要难题。以前研究的方向主要是在如何除垢上下功夫，王洪卫却勇于解放思想，在如何防垢上想办法。在具体的组织攻关过程中，他更打破常规，建立油藏、采油、地面一体化攻关团队，技术上分工不分家，打好技术"组合拳"。观念一变天地宽，通过大量的油藏室内研究，成垢机理解剖，研究制定解决破坏结垢的方案，加强现场攻关试验，大大缓解了采油系统及地面集输系统的结垢问题，使油井检泵周期平均延长到 400 天左右，使该项技术在大庆油田大规模工业化推广应用成为可能。

通过近年来更加优化的方案设计，更加及时有效的跟踪调整，王洪卫带领他的攻关团队开展的各项试验取得的效果及研究成果领跑了大庆油田。其中，二类油层三元复合驱试验提高采收率达到 28 个百分点，二三类油层聚表剂驱试验提高采收率达到 27 个百分点，三类油层聚合物驱试验提高采收率达到 8.5 个百分点，展示了良好的推广应用前景。

在不懈拼搏和攀登的路上，王洪卫在大庆油田找到了事业发展的支点，把准了人生前进的航线。在他年轻的心中，永远燃烧的是对石油事业的热爱，永远坚定的是对科技工作的执着，永远不变的是拼搏奉献的激情！

（王洪卫，2012 年荣获黑龙江省劳动模范称号）

风雨采油路　精彩写人生

——记集团公司优秀共产党员于振宇

于振宇，中共党员，1978年出生，1998年参加工作，采油高级技师，是第一油矿北一采油队采油二班班长。参加工作以来，他热爱岗位，当班长出类拔萃，成为本行业的行家里手；他热爱知识，干技师甘当人梯，手把手教出技术骨干；他热爱员工，做党员一心服务，真心实意为群众办事，三种身份样样精彩。

作为班长，他对待工作高标准严要求，尽职尽责。他所在的北一采油队位于第一采油厂西部过渡带，地下形势复杂，开采难度大。由于队里人员紧张，班里一直处于缺员状态，他和一名女员工管理着42口油井、3座计量间，日常的工作量很大，重活、累活全压在他一个人肩上。一年夏天，班员因为孩子中考休带薪假。那段时间，为了不影响班里的工作，他顾不上回家，索性吃住在队里，起早贪黑在井上忙碌。几次冒雨上井，导致着凉得了重感冒，他都咬牙坚持着，没有休息一天。工作中，他力求精益求精，不容自己有半点马虎。有一次，维修班在一口抽油机井调参后，发现用肉眼调整"四点一线"总有误差。他就动起脑筋，井场边一截废弃的方钢一下启发了他，他拣起铁杆，试着把它当作靠尺来检查"四点一线"，发现比用肉眼看要精确很多。他认准了这个方法，回家后又仔细研究、改进了杆的长度、宽度、材质。他把这个方法推荐给了队里，队里专门定制了几根铝合金杆来调整"四点一线"，使全队的"四点一线"调整全部达标。在每次作业队交井时，他都在现场仔细查验，每个卡箍、螺丝、顶丝甚至备帽及弹簧垫，他都要一一清点，而且地面油污必须清理干净，才能覆盖新土进行交接。"零缺陷验收"是他的标准，出现问题坚决返工。作业队的人曾对他说："你这人真轴，和你交井真难！"可于振宇却认为，高标准都是从严要求中来的，要干就要干一流，这样做，不是为自己，而是为井组负责。

也就是因为这股"抠劲儿"，在2014年油田公司甲级队验收中，采油二班迎检的3号计量间和6口采油井全部取得了100分的好成绩,同时资料检查全准率也达到了100%。

作为高级技师,他苦心钻研技术,地面地下都能通。虽然于振宇只是技校毕业,可他顺利通过了石油工程本科专业的学习,因此对地上、地下情况都有系统清晰的认识,对井上出现的问题和故障,他总能做出准确判断,凭着那一股子钻劲和毅力,他先后被评为2006年中央企业技能大赛、集团公司技术大赛优秀选手,2005年、2006年、2010年油田公司技术能手,2013年被聘为采油高级技师。十几年的工作学习和大赛经验,让他琢磨出了一套独特的学习方法和教学经验。他先后带过15个徒弟,有3人在油田公司技能大赛上获奖。他与新员工结成师徒对子,不仅教技术、传经验,还教徒弟要从心底里热爱岗位,感恩油田。子女工小陈在刚来队里时,对采油工作一无所知,还有些抵触心理,于振宇不断激发她的学习兴趣,给她讲会战传统、大庆精神和铁人故事,让她对石油人的身份产生认同,带着她干苦活、干累活磨炼意志。在他的悉心培养下,小陈也成为一名合格的技师。于振宇常说:"技能由我一个人掌握,作用不大,大家都会了,那才能发挥更大作用。"为此,他挑起了培训队里员工的重任,将"于振宇课堂"坚持了8年。平日里,不管谁有什么不懂的,遇到什么难题,他保证随叫随到。2014年,"于振宇工作室"成立,他与矿里多名优秀技师组成导师团队,与青年员工结成40多个师徒对子,他们手把手地教,面对面地练,为青年员工提供了更加优越的技术服务。工作室成立以来,创新推广"7211皮带管理法""螺杆泵井三点控制法"等技术革新48项,36项应用于现场生产,获得油田公司级成果5项、厂级成果18项,修旧阀门年创效20余万元。

作为党员,他严格要求自己,全身心地为员工服务。他在心里给自己立下了规矩,只要是恶劣天气,他会第一个赶到队里,急、难、险、重冲在前,干在先。只要员工有困难,他会第一时间赶到,做实、做细、做到位。冬天,只要是下雪,他都会提前两个小时赶到队里,把院内的积雪打扫得干干净净;夏季,只要是下雨,他都会随时待命,做好应急准备,哪个班组出现情况,他就会及时赶过去帮助解决。有一年腊月二十七晚上,已经下班回家的于振宇突然接到队里通知,由于电路故障,要停电72个小时,这意味着全队92口油井和1座转油站将无法正常生产。这么冷的天,如果不能及时启停机就极易造成冻井,后果不堪设想。"危急时刻,共产党员必须顶上

去。"怀揣着这样一份信念，于振宇赶到队里，一个人摸黑打着手电，用最快的速度完成了42口井的启停机任务，为救援队伍的到来争取了宝贵时间。3天时间里，他往返查看井况33次，顺利通过了"停电大考"，没有一口井出现冻井。前几年，外单位分流来了一名50岁的男员工老唐，老唐小时候得过脑病，记性差，只有小学文化，被分到哪个采油班组，人家都不太愿意要。得知情况后，于振宇主动向队里申请把老唐要到了自己的班组。自打那天起，他上井干活就带着老唐，两个人形影不离。为了教会老唐，培养他规范性操作的习惯和意识，记熟流程，于振宇可谓付出了常人无法想象的努力。往往一个简单的操作，于振宇都要亲自说、亲自做，而且是反复很多遍地演示。经过于振宇每天手把手地教操作，一口井一口井地讲流程，一年时间，老唐已经能够单独顶岗，管理的12口井全部达到了一类井水平。老唐的家庭情况很特殊，爱人智障没有工作，全家的生活来源全靠老唐一个人的收入来维持。在这期间，于振宇只要一有空闲时间，就主动上门帮助他们料理家务，买粮买菜贴补家用，时间一长，老唐一家把他当作了亲人，把家里的存折都交给他保管。

  三种身份样样精彩。于振宇以点滴行动感动着身边的每一个人，用最朴实的情怀践行着作为共产党员的坚定信仰。

（于振宇，2014年荣获集团公司优秀共产党员称号）

真情凝聚幸福家　实干铸就品牌站

——记集团公司优秀党务工作者黄磊

　　黄磊，中共党员，1978年出生，2006年参加工作，2012年2月担任中十六联合站党支部书记。工作中她带领全站员工攻坚克难，团结奋进，争做油田持续稳产的排头兵和先锋队，中十六联合站荣获全国创先争优先进基层党组织、全国五一劳动奖状、全国文明单位、集团公司百面红旗单位、油田公司功勋集体等荣誉。黄磊先后荣获油田公司杰出员工、优秀党务工作者等称号。

　　直面挑战，聚思谋远，创建永做精品的管理品牌。作为中国石油百面红旗单位、大庆油田基层建设标杆，中十六联置身高起点、发展难的处境中，逆水行舟，不进则退。黄磊深知肩负的责任之重。她带领党支部一班人坚定"有第一就争，见红旗就扛"信念，在新时期确立了"品牌联合站"建设目标：即"三老四严，永争一流"的精神品牌；"创先争优，永夺红旗"的党建品牌；"素质提升，永站排头"的队伍品牌；"精细挖潜，永做精品"的管理品牌；"真情凝聚，永恒家园"的文化品牌。党支部围绕品牌站目标，大力开展宣传和教育，使"品牌"建设成为全员共识，进一步凝聚了员工思想，激发了工作积极性。按照油田党委提出的"把中十六联打造成可学习、可借鉴、可复制的一流站队"工作要求，黄磊带领班子瞄准国内外先进管理水平，推行了联合站集中管控模式，使岗位人员配置由65人减少到45人，降低了员工劳动强度，提升了工作质量和效率，成为全油田用工最少、质量最好、水平最高的联合站。中十六联连年获得油田公司"金牌联合站"，实现了由"精品站"向"品牌站"的跨越。

　　继承传统，聚智合力，打造永扛红旗的支部堡垒。铸造品牌站，党建来引领。为了充分发挥党支部的战斗堡垒作用，黄磊创造性开展党建工作。一是抓教育，创建"红石榴"网上支部，将党建工作由被动灌输变为主动参与，由8小时内延伸至8小时外，拓宽了党建工作渠道，活化了党建工作方式；创办《中十六联声音》，用图文并茂的形式记录党建活动，宣传榜样典型，已出

刊146期,成为员工喜爱的队内刊物和外界了解中十六联的窗口。二是抓载体,深化党员"一单三卡"管理办法,实施党员"先锋岗"评比活动,实行党员联系群众"四助法",对群众进行思想帮助、技能扶助、工作协助和困难救助,有效地激发党员发挥模范引领作用。三是抓服务,建立党员帮扶小组,帮助党员在互促互助中提升业务能力和综合素质。通过"三抓",全站党员提升了责任意识,急难险重任务冲在前。2014年大年初四凌晨,外输油管线腐蚀穿孔,党员突击队迅速从四面八方赶到现场,冒着零下30多摄氏度的严寒,连续抢修21个小时及时恢复了生产。全站党员民主评议优秀率始终保持100%,涌现出油田公司级以上优秀共产党员、党务工作者17人次。

　　以人为本,聚情凝心,建设团结进取的和谐团队。铸造品牌站,队伍是根本。黄磊关注员工思想提升,坚持用大庆精神铁人精神育人铸魂,组织员工到教育基地学习,开展"传统故事天天讲"活动,践行"三老四严"成为员工的自觉行为。中十六联作为集团公司企业精神教育基地,圆满完成了国务院、中组部等国内外、行业内外800余场次、近3万人的参观任务,传播了大庆精神铁人精神,展现了中国石油和大庆油田的良好形象。黄磊还关心员工文化养成,以"永远做油田精品"发展理念为核心,形成管理精雕细刻、技术精益求精、操作精工细作、经营精打细算和队伍精明强干的"五精"精品文化。她还关怀员工成长进步,按照一专多能员工、工人技师、技术人员、管理人员四个方向对员工进行职业生涯规划,实施全员能力关怀、全过程能力培养,目前岗位员工中两岗证达到100%,三岗证达到81%;累计培养技师、技能骨干15人,厂级以上技术能手20人,输送管理和技术干部49人。黄磊关爱员工生活健康,坚持"八清八必到"工作制度,在她心里员工的事无小事。她四处奔走,把员工的小饭盒换成四层保温饭盒,解决了员工的实际困难,小饭盒体现了大关爱。她还考取了全国二级心理咨询师,探索应用"彩虹"心理调节法,帮助员工建立阳光心态。

　　黄磊以积极热情的工作态度感染大家,以拼搏进取的工作作风带动大家,以细致周到的工作方法温暖大家,带领中十六联合站奋勇争先,阔步前行。

（黄磊,2016年荣获集团公司优秀党务工作者称号）

金牌采油队的"创意队长"

——记集团公司优秀共产党员宫啸鸣

作为油田公司金牌采油队,如何闯出一条管理提升、提质增效的新路?2014年末,被任命为四矿中十八采油队队长的宫啸鸣,深感压力重大:如果躺在功劳簿上守摊子,那就如逆水行舟,不进则退。到底应该怎么干?"一个管理者有多少创意,他所带领的团队就能创造多少奇迹!"宫啸鸣把这句话挂在墙上,张开了管理创新的风帆。

经过短短一年的时间,他带领的中十八采油队超产原油1万吨,各项生产指标均创历史最高水平,宫啸鸣用创意为企业交上了一份优异的答卷。

推进专业化,勇创生产管理的"升级版"

2014年年底,矿里对采油队进行整合,将另一个采油队的井站和部分员工划入中十八队管理。油水井由167口增加到243口,计量间由5座增加到10座,外加2座转油站。全队63名员工,如何在人少活多的情况下让队伍高效运转呢?这是摆在宫啸鸣面前的一道难题。

经过一番深思,他坚定地认为,除了人,企业的其他一切资源的价值都是固定的,必须通过优化配置,让人力资源潜力得到充分的发挥。

采油队大多是以计量间为单元划分井组,由于井数、井距和机型的不同,导致人员无法合理配置,工作量也不均衡,加上员工操作技能参差不齐,工作效率和质量也会打折扣。不仅如此,生产骨干及专业技能较强的员工分散在各个井组,形成不了合力。找准了短板,宫啸鸣感到,要带好中十八队,就要打破这些传统管理模式,解决短板问题。

"打破以计量间划分班组的陈规,按照区域化和专业化相结合的原则,以巡检、维修、集输、技术为单元组建专业班组,让专业的人干专业的事。"一个大

胆的设想在他脑海里形成,并与班子成员共同确定了优化整合方案。建立巡检专业化管理模式,将原采油13个班整合为5个巡检班,专业负责巡回检查和资料录取,将33人定员减为24人;建立站库专业化管理模式,将2座临近的转油站合并,实行集中监控、定时巡检,将原20人定员减为14人;建立维修专业化模式,将原热洗班与维修班合并,专业负责维修保养工作,减少了1人。

专业化管理,让专人干专事,解决了缺员、人员组织调配和员工操作技能参差不齐,不能适应管理需求的矛盾,并将操作能力强的员工集中到维修班,提高了解决问题的能力。通过管理模式创新,这个队创出了生产管理的"升级版"。仅一年,全队机采井利用率由93.5%提高到97.4%,有效时率由94.2%提高到98.8%,一类油水井间达100%,优质率91%,资料全准率达100%。

实施标准化,打造质量提升的"助推器"

宫啸鸣深知,一个采油队管理水平的高低,不在于工作量多少和管理幅度大小,关键在于管理质量的高低。为此,他以建立标准化管理体系为突破口,做起了管理质量提升的大文章。

他同班子成员一起跟班到岗位,对每个工种、每个岗位工作进行跟踪写实。对标油田采油队管理最高水平,集中对各项工作制度、操作规程、岗位规范、井站和计量间的每个动静点的管理标准进行重新修订。编制了各岗位说明书18个,形成了岗岗有标准、人人有职责、项项有考核的质量管理标准化评价体系。

为了把标准化体系真正落到岗位、工种、人头上,他创造性地组织员工对本岗位每月、每周、每天的工作进行计划,使每个人一上班就知道自己一天要干什么,工作的时间、地点、责任、工作量大小、要达到的目标都清清楚楚。为了促进各班组工作上的配合,避免工作脱节影响效率,他组织绘制了7个跨班组工作流程,对每个交叉节点进行责任量化,形成管理责任链条,有效促进了责任落实。如在安全管理上,他确立了"前期预防是基础,过程控制是关键"的控制思路,组织员工将风险提示清晰地标在风险点源上,采取声、光、警示牌相结合的方式,让员工从视觉、听觉及时得到提醒,达到控风险、消风险的目的,建立了目视化管理新方式,保证了安全生产无事故。

突出效益化,释放降本增效的"超能力"

基层采油队是降本增效的源头,每一个班组、岗位、员工都跟效益息息相关。但工作中总有少数员工存在"家大业大"的思想,这种"短视效应"成为降本增效最大的障碍。宫啸鸣认为,必须改变旧的管理思维,才能让降本增效落实到每一个工作岗位,每一个操作环节。

他与班子成员带头倡导"节约就是创效"的理念,组织员工开展"查找身边浪费行为,努力挖掘节约潜力"的活动。同时,严格细化班组核算实施办法,将成本指标层层量化分解,开展单车、单机、单台设备成本核算。坚持对标管理,由单点单个岗位向全员和全面管理推进,由浅层次节约向深层次节约推进,将任务和压力层层传递给每名员工,全员节能意识显著提高,促进了降本增效工作的整体提升。

皮带管理是采油队的一大难事,按过去的管理模式,采油工巡检发现皮带断了,需要回队取皮带,同时通知本班组监护人到现场监护更换皮带,平均下来耗费时间大约1小时,并且由于技术能力差异,更换质量也不能完全保证。实施成本分解核算后,巡检人员发现皮带断了,直接通知维修班,维修班开车带上皮带更换,平均耗时缩短为30分钟,同时保证更换质量。2015年全队平均单井更换皮带周期由往年4.8条减少到2.3条,年节约皮带360多条,节省费用近20万元。一年来,全队修旧利废创效近7万元,节能创效近30万元,实现成本节余100多万元。

宫啸鸣坚信,只要坚持不懈探索创新,就一定能在大庆油田这片沃土上把更多的不可能变成可能!

(宫啸鸣,2016年荣获集团公司优秀共产党员称号)

为油田稳产奉献智慧的三元矿场管理领军人

——记黑龙江省劳动模范王瑞行

王瑞行，中共党员，硕士研究生，时任第一采油厂试验大队聚西一配制站站长。参加工作以来，他凭着对三采事业的挚爱，直面挑战，在三元技术推广主战场上践行着科技兴油的信念与执着，诠释着青年先锋的责任与担当，以敢为人先的创新精神开启了三次采油现场管理新实践，为原油稳产和油田新形象的树立贡献了"试验智慧"和"试验力量"。

敢为人先当先锋，创造了复合驱见效新纪录。三元复合驱是油田剩余油高效挖潜的主要技术。王瑞行瞄准复合驱数亿吨可采地质储量和400多万吨年产量的资源潜力，顶着压力亮剑。面对大庆油田首个弱碱三元复合驱工业化生产区，从设计到生产都没有可借鉴经验的技术挑战，面对主要指标不合格、碱结垢严重阻碍试验开展等困境，他主动请缨，带领攻关小组对全站14个重要节点开展了26项技术创新。首创了"五步加药新方式"，从加药方法、储药箱、输送装置、除尘装置和防护措施等五个方面统筹考虑，摸索出单袋加药时间仅需4分钟的好办法，实现日加药时间缩减10个小时；首创"不停产酸洗"，通过对全站6个关键流程的成功改造，设备运行时率从90%提高到100%，极大地减少了因碱结垢停产造成的产量损失；首创"调配浓度的个性化外输管理"，单井方案符合率从62%提升至93%；首创"碱溶液配制闭环控制模式"，方案符合率由85%提高至100%；完善了复合驱调配工艺，实现二元调配站4项主要方案指标连续26个月100%的好效果，突破了工艺不适应、碱结垢系统效率低所导致区块不见效的瓶颈。集成配套的复合驱调配工艺体系推广后，创造了东区投产三个月日增油1400吨、当年超产5万吨的"一厂速度"，为复合驱高效挖潜提供了技术支撑。王瑞行也成长为复合驱矿场管理的领军人。

提质增效做主力，开启了精优配制新局面。聚合物驱是油田持续稳产的支撑力量。面对油田低成本发展战略，他聚焦厂年耗聚合物 6 万余吨、价值 7.5 亿元的巨大效益空间，提出精优配制、精准外输、精益挖潜的"三精"管理理念，强化母液黏度、浓度、外输量三个核心指标的源头控制，创造了冲、换、调、修"四字工作法"，并对找到的粘损主要症结点腐蚀、剪切和熟化时间，逐个治理、综合调整，攻克了母液粘损制约采收率的顽疾，实现了系统粘损控制在 1% 内的最高水平。不仅单站年节省干粉 300 多吨、创效益 600 余万元，优质的驱油剂还使油田开发效益得到良性增长。他做精做细配制系统管理靶向，摸索实施"7714"节点控制法，一举创下了母液配制合格率、化验准确及时率、干粉抽样及时率、岗位设备完好率、仪器仪表完好率、及时检定率、资料全准率、岗位一类率 8 个 100% 的高水平，实现配制系统效果最好、效益最优，为一厂聚合物驱年 300 多万吨产量任务的完成和高效开发提供了内生动力。他强化革新增收做大效益，组织全员参与"降成本，提效率，增效益"创新创效实践活动，完成了配制站母液回收装置、机泵油质检测及自动停泵装置等 5 项革新成果，并在配制系统推广应用，年创效益 300 多万元。两年来，全队完成了 13 项技术革新，有 6 项申报了油田公司重大技术革新成果。

提档升级立标杆，打造了配注管理新模式。王瑞行坚持以人为本、科学高效的原则，大力推进管理创新，率先实施配制系统专业化管理模式，实现了配制站单站由 20 人精减至 12 人。不但人员配置得到优化，而且工作质量和效率得到有效提升。他还利用自己数学硕士的专业优势编程建模，通过搭建数据自控监测录入平台，实现了资料录取信息化，日减少人工录取数据 1200 个，减少巡检 6 小时，使员工将更多的劳动时间用于精细化、规范化管理，实现工作质量的跨越式提升。为打造可复制的三元复合驱矿场管理新模式，他积极实践、认真梳理、大胆总结，将多年来的心血和经验做法，编制形成了《弱碱三元复合驱二元调配站管理办法》和《弱碱三元复合驱二元调配站管理经验示范报告》，构建了可推广的复合驱配注管理体系。他大力倡导和实施"耕心"工程，开展"最美西一"国学小讲堂、晨读《弟子规》、"最美员工评选"等活动，带出一支高度觉悟、为油拼搏的员工队伍。聚西一配制站先后荣获油田公司先进集体、管理先进站等称号。作为代表大庆油田三次采油先进技术的窗口和基层建设的形象代表，成功接待了苏丹石油部长、美国壳牌石油公司总裁等 16 个国家、100 余个团体的参观访问，为推进三次采油技术交流和油田外延式发展发挥了积极作用。

　　王瑞行用自己的言行传承着大庆精神铁人精神，用丰硕的成果诠释着铁人后代的责任与使命。他把青春和激情奉献给了可爱的油田，奉献给了他挚爱的三次采油事业。

（王瑞行，2017年荣获黑龙江省劳动模范称号）

"三老四严"新传人

——记集团公司铁人奖章获得者侯涛

侯涛，中共党员，1999年9月参加工作，2004年7月加入中国共产党，先后担任采油班班长、工程技术员、副队长、队长等职务，凭借过硬的素质、扎实的作风，在历任岗位上都取得了优异成绩。2010年，侯涛任中四队第21任队长，他把做"三老四严"新传人当成目标，带领全队员工坚持做到继承传统不断线，严细作风不走样，创新发展不止步，用"三老四严"建班子、带队伍、强三基，在永续发展的道路上砥砺前行。

把传承"三老四严"作为神圣使命。进四队门，做"三老四严"传人。侯涛自觉肩负起把"三老四严"优良传统从老一辈手中接过来、发扬好、传下去的神圣使命。他收集会战传统故事一个一个解读，拜访老会战员工一位一位请教，把"三老四严"优良传统转化为自己的思想和行动。在自身学习领会的基础上，亲自给入队新员工上队史教育课，教育新员工进了四队门，做"三老四严"传人。开展"忆传统，讲发展，学典型"活动，邀请"老会战"、老师傅、老同志回队重温历史，激发员工弘扬传统、岗位建功的积极性，在工作中时时高标准、处处严要求，一点一滴做到位、一丝一毫不放松，使严细作风代代相传。在坚持优良作风上，侯涛时时以老队长辛玉和为榜样，处处从严要求。一次夜班，侯涛到305转油站查岗，他问新来的员工小于，站上给全队多少口井提供掺水，小于含糊半天给了个"差不多"的数，侯涛当时心里一沉，作为中四队的一员，怎么能出现"差不多"这个答案？他先召开了班子会，分析问题，深挖根源，落实每名干部身上的责任，又在305站召开了全队员工参加的现场会，在会上带头做检查，班子成员也都进行了自我剖析，干部的举动极大地触动了员工，让大家认识到"三老四严"是四队人的做事标准、做人原则，是中四队的根，无论到什么时候，四队人都不能忘，不能丢！

用"三老四严"的态度强化班子建设。从2010年产能建设以来，中四队生

产规模迅速扩大,缺员严重。如何保持中四队一流管理水平,成为一个新课题。打铁还需自身硬。侯涛和班子成员一道,秉承"高度觉悟、严细成风"的队风,制定了目标同向、团结同心、学习同进、工作同干、廉洁同律、发展同步的班子建设"六同"原则,树立干工作敢于吃苦、谋发展敢于较真、抓管理敢于碰硬、创效益敢于攻坚的"四敢"干部形象。工作中,侯涛脑勤,工作有思路,安排有计划、有检查、有记录、有落实,做到奖罚有度,让人心服口服;腿勤,每天都跑现场,指导岗位员工,手把手地教大家如何干标准活;手勤,养成了写工作记录的习惯,每天都静下心来反省当日工作不足之处,做到今日事今日毕,提高工作效率。在他的带动下,班子成员集体坚定了创新发展思路,推动了新时期中四队新发展。2011年以来,中四队荣获全国工人先锋号、集团公司基层建设百个标杆单位和先进基层党组织、油田公司功勋集体等荣誉。

用"三老四严"的作风抓实开发工作。针对新时期的开发形势和任务,侯涛组织大家共同研究确立了"三老四严,挑战极限"的开发管理理念,创新推行"八字"一体化油田开发管理方法,实现以油田开发工作为核心的一体化管理,随时掌控全队各套层系开发状况,了解动态变化,及时发现问题井和潜力井,及时进行动态跟踪调整,工作效率显著提高。持续开展"专地下,抓管理,优指标,保稳产"活动,以"一口井就是一项工程"为载体,带头开展单井分析活动,针对西5-丁11井层间注水调整,绘制连通图、数据表18张,进行分析研究,提出的调整意见被工艺队动态管理采纳后,取得日增油3吨的好效果。在干部的带领下,全队员工人人为稳油控水献计献策,提出上百条措施意见,实现各项开发指标持续向好。建队以来,中四队油水井资料全准率始终保持100%,2010—2013年累计超产原油2.2万吨,水驱综合含水低于计划0.46个百分点,实现了高水平开发管理。

用"三老四严"的标准加强生产管理。在生产现场管理上,侯涛组织编制实施了《井间标准化管理手册》和《中转站精细管理手册》,每年召开油水井标准管理现场会,实施质量管理节点控制,生产现场达到同一标准、同一水平、同一面貌。在设备维护上,实施"4233"工作法,"四定":定时、定人、定量、定责;"两查":队里每月进行两次检查;"三同步":日常机采井维修保养与线检、测压、作业同步;"三及时":及时发现、及时汇报、及时处理,中四队设备完好率和抽油机"五率"合格率始终保持98%以上。在考评激励上,实行"3+1"工作法:每月根据各路检查情况,形成以开发为中心的地质公报、以机采为中心的工程公报、以安全为中心的生产公报，召开一次管理讲评会，确保生产管理规范高效。2010年，中四队争创油田公司金牌采油队期间，侯涛和班子成员一起打出一口样板井，组织全队员工现场学习，以立体教学的形式亲自为员工讲解，使员工了解怎么做，做到什么标准。他还带着生产骨干深入井场帮助解决问题，通过以点带线，以线带面，带动全队提高管理水平。中四队生产管理水平始终处于全厂前列，一类油水井、计量间达100%，优质率90%，管辖的305转油站被评为油田公司样板站，中四队连续3年获得油田公司"金牌采油队"称号。

用"三老四严"的要求夯实安全基础。在安全工作上，侯涛坚持在传统管理的基础上，融入现代安全管理理念，以新的管理思想和模式推动安全管理上水平。中四队创新实施安全"五乘五"管理方法，率先推行安全目视化管理，在新中305站、处于繁华闹市区的油井等要害位置设置了350余个可视化风险提示牌，开展"安全里程碑"活动，根据采油队生产实际和安全管理的现状，编制《五乘五安全管理手册》，通过实施安全文化五进、安全目标五零、安全监督五查、安全培训五课及安全风险五控五项管理方法，实现安全工作水平的全面提升。2011年，侯涛作为大庆油田基层代表在集团公司安全环保工作会议上做了安全经验介绍。中四队安全生产已超两万天，是全油田安全生产时间最长的基层队。

用"三老四严"的精神引领创新发展。为更好地发挥技师在技术攻关、技术创新、技术培训等方面的积极作用，侯涛以"生产的智囊团、管理的创新源、项目的攻关队"为目标，组织成立"方萍团队创新工作室"，把技术骨干聚集起来，带动和鼓励热爱技术、钻研技能的员工在岗位成长成才。每年初，他组织班子和生产骨干一起研究确定全年技术创新重点攻关课题，并建立周会诊、月总结的管理制度，共同探究解决问题的思路和办法，年底召开成果发布交流会，总结经验，交流成果。2013年，针对新建产能井电路保护器易损，影响时率的难题，侯涛和方萍团队一起立项攻关，研制成功的电器智能控制器，延长了抽油机保护器使用寿命，提高了开井时率，年节电14.6万度，节约材料费58万元。工作室成立以来，共解决生产技术难题150多项，累计完成创新成果26项，节约材料费510.9万元。为了实现由传统管理向现代化数字管理的转变，侯涛和班子成员一起探索采油队数字化管理新模式，通过现场写实、工作跟班等方式的论证，对中四队运行管理模式及劳动组织结构进行优化，大幅度提高

了工作效率,在油水井增加168口的情况下,员工总数减少22人。

把中四队作为传播"三老四严"优良传统的窗口。侯涛不仅在生产管理上是行家里手,同时还肩负起传授新时期四队传承"三老四严"好经验、好做法的责任。油田公司举办的采油队队长培训班中,侯涛作为中四队现场教学基地的讲师,将中四队新时期的基层建设理念、现场管理经验、数字化管理成果专业系统地给前来参观学习的同行讲授,出色地完成450人次的现场教学任务,受到领导和同事的一致好评。作为展示油田形象的窗口,中四队圆满完成2016年集团公司领导干部会议等重要接待任务,展示了新时期大庆人的良好精神风貌。

时代变了,为油拼搏的信念不变;地下形势变了,诚信开发的意识不变;人员变了,永续发展的目标不变。侯涛团结带领四队全体员工,鼓足干劲,敢于担当,承载使命谋发展,弘扬传统做传人,奋发进取争一流,续写中四队新篇章!

(侯涛,2017年荣获集团公司铁人奖章)

责任心中永驻
——记集团公司优秀共青团员周芷仪

周芷仪，中共党员，1993年1月出生，2015年毕业于东北石油大学海洋油气工程专业，2017年3月担任第二油矿北八采油队地面工程技术员。参加工作以来，周芷仪在"岗位责任制""四个一样"会战优良传统的熏陶下，始终把责任心放在做人做事的首位，把会战优良传统的精髓融入工作和生活中，用吃苦耐劳的工作态度诠释出责任带给她的前行力量，用昂扬向上的精神状态和奋勇拼搏的工作劲头诠释着油田青年的蓬勃朝气。2018年6月，她作为代表参加了中国共产主义青年团第十八次全国代表大会。

勤奋学习，完善自我。选择了石油事业，就要尽一个石油人的职责，就要干出自己的样子。实习期间，作为一名采油地质工，她在兢兢业业干好本职工作的同时，不断加强自身的专业知识学习，并通过竞聘，走上了技术干部的岗位。为了尽快提高自己的技能水平，她总是随身带着笔和本，只要是跟工作有关的业务知识、疑难问题，都留心记下来，学习掌握。2017年，在厂"双立"青年争先竞赛地面工程组复赛中，为了弄懂与分析题目相关的业务知识，她无论遇见谁总是要问一问、学一学，即便不是自己所管业务，也总要了解一下。有时候遇到不明白的问题，她就立即向老师傅请教或主动带着资料跑到业务部门上门请教，直到弄懂为止。这种认真学习的态度没有辜负她，她在决赛中获得了地面工程系统二等奖，也被授予"双立青年岗位能手"荣誉称号。

严细认真，履职尽责。她常说："来到会战优良传统发源地工作，成为这个光荣集体的一员，就要在光辉下努力奋斗"。因此，她在工作中始终保持着严细认真的工作作风。2016年，在打造基层建设示范点工作中，她主动承担起了全队3座站、1个小队点的维修改造，以及159井区利用井更换抽油机的重任。作为年龄最小的技术员，她撸起袖子加油干，周末总能看见她的身影，无论是在井上、计量间里，还是在站上，总能传来她和各位师傅探讨的声音。每个仪表

设备她都要到站上逐个核实情况,尤其是涉及设备改造的时候,她都要到现场跟踪,确保施工质量,积极配合队里解决施工遗留问题,减轻队内的生产负担。她的乐观和坚持让她在自己的岗位上,发光发热。

爱岗敬业,甘于奉献。在北八队,让她感触最深的就是大家高度的责任心,干部员工干工作的点点滴滴也深深地感染着她。她也逐渐养成了一个习惯,每到周六周日,不管有事儿没事儿,都得到队里转一圈心里才踏实。2017年年底,为了编制下一年的地面工程规划,周芷仪每天都到现场去核实数据,那几天天气特别冷,一不小心就被感冒盯上了。她一开始没在意,一如既往跑现场,可后来身体顶不住了,到医院一检查才发现是肺炎,要住院治疗。可她却悄悄地揣起了诊断,每天利用午休到社区打点滴,下午再赶回队里继续工作。同事都劝她回家休息,可她第二天就又在队里忙乎上了。她还主动和队里青年人打交道,尽可能用她的资源来帮助他们学习,鼓励他们时刻保持学习的积极性,也经常帮助年轻人与经验丰富的老师傅结对子,提高年轻人的技能素质。在她的帮助下,很多青年都得到了进步。2018年,她有幸参加了中国共产主义青年团第十八次全国代表大会,回来后她积极传达大会精神,以身作则。她用实际行动证明了,努力进步的青年会在工作中有所收获,她得到的认可远比荣誉更多。

在会战优良传统的发源地,周芷仪感受到了什么是真正的责任,那是一种发自内心的热爱,是一种无声无息的牵挂。她始终把责任放在心里,与责任同行,与青春为伴,在建设百年油田的征程中不忘初心、砥砺前行,用优异的工作业绩诠释着个人成长奋斗与油田振兴发展深度融合的时代命题。

(周芷仪,2018年荣获集团公司优秀共青团员称号)

淬火成金的三采护航人

——记中央企业劳动模范李国龙

李国龙，中共党员，先后从事采油、集输、仪表、配制等多项工作，是试验大队采油维修队的技术员。参加工作近40年，他几乎把所有的时间和心血都花在了解决三采试验生产难题的创新实践上。93项革新成果，26项创新技术成果，20件实用新型专利，2件国家发明专利，记录着他的攻关足迹；5项创新实用技术填补了三元复合驱工艺设计空白，起草的3项企业技术标准通过国家质量部门审定，彰显着他的突出贡献。李国龙曾荣获油田公司功勋员工、首届油田工匠等荣誉称号；李国龙劳模创新工作室荣获黑龙江省工人先锋号，全国总工会、省人大、省总工会的领导亲临工作室调研并给予高度评价。

他始终以解决难题为己任，伴随着三采技术的应用一路攻坚克难。李国龙咬定"三采"难题不放松，为大庆油田推进三次采油技术接力攻关不止，降服了很多制约现场试验的"拦路虎"。他的革新发明全部应用于生产，见到了实实在在的效果，带来了巨大的经济和社会效益。

一厂三次采油年产量占总产量的40%，是老油田增产"升值"的利器。大庆油田首个二类油层强碱三元工业化示范区，直接影响到公司未来及油田开发的走向，但新技术的应用并不顺利。投产不久，64台注入泵相继结垢，严重到部件拆卸困难，全站即将陷于瘫痪，试验项目眼看就得"趴窝"。李国龙主动请缨，常规工具无法拆卸，强拆就得拆坏部件，换泵又行不通。怎么办？盛夏里的泵房如同下了火一样，穿戴防护服的李国龙从头到脚被汗液包裹着，不眠不休跟时间赛跑。经过一个多月的反复试验、改进，一套快速拆泵、清垢的"手术刀"——"柱塞泵专用维修组合工具"研制出来，让"死泵"起死回生，使近乎停滞的试验得以正常开展，使二类油层强碱三元复合驱技术有了广阔的开发空间，为油田稳产提供了技术支撑。

"试验生产的难点就是我工作的重点。"朴素的信念激发着李国龙创新的生

命力。实用新型专利《机泵齿轮油乳化检测及报警装置》成本仅百元,作为注聚柱塞泵保护的推广技术,在全油田年可节约维修费用千万元,并作为"油田设备典型故障分析与处理"案例编入出版教材。5项创新实用技术填补了复合驱工艺设计、油水井管理、井下作业等领域技术空白。他起草了免放空取样装置等3件专利技术的企业标准,通过国家质量监督部门审核并执行。"取压装置"在五个采油厂近万口井应用至今并在全油田三元区应用。

他始终以精益求精为目标,伴随着三采技术的发展不断追求卓越。每一项革新发明都打磨了他的毅力,提升了他的经验,升华了他的思维。李国龙不仅仅是一个革新者,而是由革新到创造发明飞跃的"工人发明家",创出直接经济效益上亿元。

三元驱技术工业化应用后,出现了采出井结垢严重、设备阀门频繁堵塞、环境污染等一些难以解决的瓶颈问题,不但影响原油生产,还制约着开发效果和效益。这些本不是他分内的工作,但他义无反顾地投入其中。一次井口试验,由于取样阀无法复位,原油一下喷射出来,他立刻扑上去,用手和身体挡住漏口,顿时成了油人,徒弟劝他说:"师父,这是第28套方案了,效果也不错,你何苦这么较真呢?"李师傅听后瞪了他一眼说:"有病就得找病根儿,现在三元的规模越来越大,不从根儿上解决,早晚是病。"就这样,他靠精益求精做到极致的追求,历经3年攻关,29套设计、50多次的改进、260多井次的试验、近百次的取样对比,第三代创新性技术"三元采出井加药、掺水、计量集成式工艺装置流程"研制成功,井口流程由5米缩至2米,控制闸门由7个简化为2个,实现多功能快速转换、快速拆卸,一次性解决了诸多技术难题,获全国能源化学系统创新成果奖、油田公司重大革新成果一等奖,彰显了"油田工匠"的深厚功力。

他始终以传道授业为职责,伴随着三采技术的精进培育新生力量。三采试验是全新的技术工艺,急迫地需要大批像李国龙这样的"能工巧匠"。传承技能、传承作风,使他找到了接力百年振兴的希望火种。

随着创新成果的不断增多,以李国龙名字命名的劳模创新工作室挂牌成立。这不仅是一份荣誉、一份责任,更是一份托付。作为师父,李国龙注意言传身教,不但传授技能,更注重作风培养。徒弟们说他身上有正能量,他谦虚地说自己就是做到了一条:以身作则。每件事不论大小,都认真去做,困难时刻冲在前,不获成功不罢休。如今的工作室已发展成为由30多名技术骨干为支点辐射各工种的联合攻关团队，攻关的内容囊括了现场试验、油水井管理、各类设备、安全环保、节能降耗等方方面面，破解各类生产、试验难题600多件，13名徒弟成长为技术骨干、8名徒弟走上了管理岗位，被评为大庆油田"百对优秀师徒"和"十大金牌师徒"，成功接待全国总工会、黑龙江省总工会等重大活动8次，接待油田内外参观交流活动60多次。有人劝他说"你已是五十多岁的人了，也算功成名就，见好就收吧。"李国龙却说："组织为我搭建了平台，我得对得起组织的这份关怀，为油田留下点什么。苦也好，累也好，值！"他是这样说的，也是这样做的。

李国龙以超常的付出闪亮了三采人的形象，诠释着一名优秀石油人的责任与担当。他把工作室经营成了革新成果的"孵化器"、人才成长的"高速路"、员工比武的"竞技场"。这里不仅飞扬着一线员工的创新激情和石油情怀，也叫响了群众性创新创效的"石油"品牌。

（李国龙，2019年荣获中央企业劳动模范称号）

站在员工最需要的地方

——记集团公司优秀党务工作者张友礼

张友礼,中共党员,1966年出生,1984年参加工作,现任第一油矿北一采油队党支部书记。担任党支部书记以来,他始终站在员工最需要的地方,倾听员工的诉求,满足员工的需要,坚持做员工群众的娘家人、贴心人、当家人,与员工心贴心、情融情,努力构建一支团结友爱、和谐向上的员工队伍。在他的带领和全队员工的共同努力下,北一采油队获得集团公司先进集体、油田公司功勋集体等荣誉称号。

真情服务,做维护员工群众利益的娘家人

"员工的需要是我不懈工作的动力。"张友礼始终将员工关心关注的事情作为工作的有效抓手。在工作中,他始终坚持面对面倾听呼声、心贴心增进感情、实打实解决问题。在企业民主管理上,通过创新实施"875"队务公开机制,充分发挥员工首创精神,实现好、维护好、发展好员工的利益,做到了问需于民、问计于民,获得了员工的一致好评。

在总结大量经验的基础上,张友礼提出了"八公开"民主管理工作机制,制定了员工"七参与"队务管理制度,建立起监督小组对队务公开进行以"五核实"为内容的全过程、全方位监督。为了使企业民主管理融入员工工作生活的方方面面,他尽心竭力,采取队务公开上早会、看公示栏、听广播的方式,共公开相关内容1700余条;倾情倾力,坚持到岗征求意见、家访交流沟通,使员工从"不愿说、懒得提"变成了"想说啥、就说啥";不遗余力,带领监督小组协调解决问题30余个。在2013年,有的员工就提出采油井定类制度需进一步完善,过去是由管井副队长一个人定,定类的标准统一但不够透明。他把这个问题拿到会上讨论,让全队员工集思广益,共同商讨定类的办法。有的

员工说："应该由每个班组推选出代表，统一组织定类，这样才公平。"还有的人说："几类井的标准到底啥样，我们不看看咋能知道？"他以此为契机，综合员工意见，组织召开员工大会修订制度，最后敲定了现在的全员参与定类制度，每月由各班组员工代表统一进行定类，同时还能达到互相促进提高的目的。从这以后，只要员工发现问题，他就组织公开讨论、制定相应制度，鼓励大家多提问题，多找疑点。通过鼓励监督核实，队伍里的工作自然而然地得到了规范，有了这种自觉，干部员工做事细致了，参与民主管理的意识增强了。

通过落实"八公开""七参与""五核实"，在维护员工知情权和监督权的同时，搭建了员工利益与队务管理"同频共振"的企业民主管理平台，为构建民主和谐、团结奋进的基层采油队提供了坚实有力的保障。2013 年，张友礼代表北一采油队在厂企业民主管理基地授牌现场会上进行典型经验介绍。

亲情关怀，做心系员工群众需要的贴心人

员工的需要始终是张友礼绷得最紧的一根弦。工作中，张友礼练就了一副"火眼金睛"，员工的一丝情绪波动都逃不过他的眼睛，他坚持与员工"零距离沟通、零障碍服务、零死角解难、零空白帮扶"。困难员工的家中、患病员工的榻前，都有他奔波的身影。点滴行动汇聚亲情关怀，温暖的是员工的心，凝聚的却是团队的力量。

在员工遇到困难的时刻，他就是冬季的暖阳，是员工坚实的后盾、温暖的港湾。有一年，员工小王的母亲在老家青岛探亲时突然心肌梗死去世。张友礼得知后，考虑到小王是独生子，在这个时刻得有人陪在身边帮着出主意、想办法。于是，张友礼当晚就启程出发。由于买不到卧铺，他坐了 24 小时的硬座，换乘了 3 次车，马不停蹄地赶到了小王的农村老家。到达后，顾不上吃饭休息，径直来到在灵棚守了一天一夜的小王身边，一面安抚，一面跑前跑后，忙着操办后事。按照当地农村习俗，儿子要为老人守灵三天三夜。他握着小王的手说："我陪你给咱妈送行。"说着也跪在老人牌位前。小王再三劝阻，可张友礼硬是不起来。白天暖和，可夜里就遭罪了。灵棚里结上了一层薄霜，地上只铺了一层麦秆，张友礼看小王冻得发抖，紧紧依偎着他，给他搓手取暖。连续跪了十几个小时，牙齿冻得直打战，腿麻得没有了知觉。但他在心里鼓励自己，即使

再苦再累也要挺住,守得是老人的灵柩,可是温暖的却是员工的心。张友礼咬牙坚持着。当外地的亲戚赶来时,看到这一幕,都对小王说,"能做到这个份上,这哪像单位的领导,倒像老人的儿子!"三天后老人在当地火化,张友礼和小王带着老人的骨灰,一路又将老人送回了大庆,一切都安置妥当。小王看着跪在牌位前给老人磕头、两腮明显消瘦了的张友礼,终于再也抑制不住内心的情感,紧紧抱住他号啕大哭。这样一个拥抱,让张友礼深深感到只要为员工做到的,自己不管再苦再累也值得。那一刻,他与员工的心交融在一起,温暖在员工的心头。每年的中高考期间,他都会到有子女参加考试的员工家庭走访,提前安排好员工假期。考试当天,他又带着解暑的绿豆汤来到考场门口,陪着员工一起等待孩子,让员工非常感动。员工都说:"家里有了大事小情都不怕,张主席就是我们的'主心骨'!"。

张友礼有一句话在北一队员工中流传,"只要来到北一队,这就是一种缘分。"队里的每一位员工,张友礼都会用一片真心、真情来关爱。

倾情付出,做带领队伍前进的当家人

员工群众是企业的力量之源。张友礼将构建和谐温馨的职工之家作为工作重点,紧紧围绕党支部提出的"过渡带上立标杆"的目标,结合队伍发展和员工需求,在与广大员工充分沟通交流的基础上,确立了"环境安家、服务聚家、文化兴家"建家思路,形成了"北一队,我们永远的家"的建家理念。

为打造"绿色庭院式采油队",围绕"自然环境景点型、人文环境和谐型、发展环境学习型"的发展思路,张友礼带领全队员工自己动手,平整场地2.5万平方米,栽种树木3万余棵。利用矿区改造的废旧砖、油管、道板、路牙石铺设休闲健身广场4800平方米、建葡萄长廊120平方米、鱼池900平方米,打造了以绿化景区、休闲景区、生态景区、工业景区、北一快速路风景带和月亮湖环湖风景带为主的"四区两带"景观,形成了集休闲、娱乐、健身于一体的花园式采油队。在服务员工的过程中,张友礼始终坚持以"标准化配备设施、人性化服务、亲情化管理"为工作思路。为了丰富员工的业余文化生活,他主动向矿工会申请,为队里配置一台室外广播,每天早晨员工在《我为祖国献石油》的嘹亮歌声中开始工作,伴随着悠扬的轻音乐共进午餐,在一曲萨克斯风

《回家》中愉快地踏上回家路。利用休息时间，他带员工做起有氧操，让员工在劳累的工作之余，保持愉快的心情和积极的生活态度。在员工就餐时，播放员工工作影像的 VCR，并在餐后养成了干部与员工交流十分钟的习惯，使员工餐厅成为增进干劲、增进感情的体能加油站、思想加油站。《大庆日报》《大庆油田报》分别对北一队花园式采油队建设刊发了报道。厂里还在北一队召开后场建设现场会，推广管理经验。为了增强队伍的文化软实力、构建美好家园，张友礼带领员工系统思考，确立了"四个文化园地"，形成了以"八星班组"为内容的灯杆文化、以"三基工作"为内容的走廊文化、以"员工寄语"为内容的围栏文化和以"双向加油"为内容的餐厅文化。通过文化建设，形成了正向激励，激发了员工向前的动力，汇聚成了自觉从严、锐意进取的正能量。全队形成了"干群一心、步调一致、亲如一家、爱心一片、相伴一路"的氛围。员工心往一处想、劲往一处使，以忘我的团队精神，凝心聚力、共谋发展，真正构建起了温馨和谐的职工之家。

做员工合法权益的维护人，做员工参与管理的代言人，做员工嘘寒问暖的贴心人……张友礼带着情感融入员工，带着责任服务员工，带着成果惠及员工。"踏踏实实为员工多办好事、多谋福利，是职责所在，也是我的心愿。"这就是张友礼，一位基层党支部书记的心声。

（张友礼，2019 年荣获集团公司优秀党务工作者称号）

不忘初心　砥砺前行
争做"三信"党支部书记

——记集团公司优秀党务工作者刘丽萍

刘丽萍，中共党员，1975年出生，1994年7月参加工作，现任第五油矿南Ⅰ-1联合站党支部书记。多年来，她以让组织信任、同行信服、员工信赖为标准，与班子成员团结合作，带着队伍争一流、创佳绩。

让组织信任，就要勇于争创一流业绩

1994年，刘丽萍从大庆技校毕业走上工作岗位，2004年6月从事党支部书记工作。担任党支部书记十几年来，她始终认为自己没有高学历，却得到组织的信任，唯有干好工作，创一流工作业绩，才能对得起这份信任。

2017年1月17日，她被矿党委安排到南Ⅰ-1联合站担任党支部书记。她去之前，大家都说南Ⅰ-1联合站是"生产不稳爱出事，人心不稳爱闹事，管理不好老倒数"的问题单位。因此她很担心会辜负组织对自己的信任。矿领导看出了她的心思，帮她分析站里的情况，鼓励她要敢于担当。通过几天与干部员工的接触，刘丽萍在看到问题的同时，也看到了员工为解决生产难题而研发的革新成果，义务奉献自建的阳光暖棚、葡萄园，大家自己动手铺设的300米长的平安路、幸福桥。她对这支队伍充满了信心，坚定了不辜负组织信任带着队伍向前冲的决心。

那么，这样一支以队为家的队伍，发展停滞、排名靠后的原因是什么？通过认真思考，刘丽萍觉得，是因为大家不清楚奋进的目标在哪里。为此，她组织班子成员认真学习油田"当好标杆旗帜、建设百年油田"总体要求，认真分析南Ⅰ-1联合站的历史发展、队伍特点，大家一致认为，联合站是采油矿能耗大户，油田同类联合站年耗水、电、气、药等成本可达上千万元。因此，创建效益型联合站就是长期的最大目标，就是南Ⅰ-1联合站当前的发展定位。她与班子成员共同提出"举旗立标，匠心铸效"的发展理念，编写"匠心铸效"站歌，号召全体干部员工"在每方气里抓节能，向每度电里要效益"。有了发展方向，还要让员工自觉去追赶方向，实现奋斗目标。党支部以正向激励为管理主线，总结了"老王的'百宝袋'""一班不一般""第二十五个油样"等22个弘扬会战传统的身边小故事，提炼了具有南Ⅰ-1特点的爱岗敬业的"沉降罐"品格、持续学习的"压缩机"精神、自主攻关的"吊柱"作风。这些身边小故事几乎涵盖了每一名南Ⅰ-1人，让大家感受认可，感到骄傲，极大地激发了队伍创新创效的热情。在全站干部员工的共同努力下，2019年南Ⅰ-1联合站被评为油田公司"效益型金牌站"。

让同行信服，就要善于解决工作难题

在与许多同行交流工作时，大家普遍认为党支部工作的难，难在落地。刘丽萍认识到，只有真正把生产的难点作为党支部工作的重点，党支部工作才具有生命力和战斗力。

2019年，按照油田党委的要求，南Ⅰ-1联合站作为老区施工改造的试点，与施工单位联合共建，实施"一区两部三化"管理模式。刘丽萍担任项目党建协作区共建党支部书记，许多同行都担心她不能完成任务，这对她来说也确实是个挑战。因为共建的各单位人员互相不熟悉，融合较难；站内员工认为参与施工建设增加自己的工作量，因此，调动员工参与共建也很难；还有就是施工工期紧，即使多数党员早六晚六奉献在施工现场，组织各方党员集中开展活动也是个难题。全面考虑共建的各种不利因素，她与党支部委员共同讨论对策，制定了支委"五个一"任务清单，让支委明晰工作任务，带头做示范。为了了解施工难点，刘丽萍全程参加每晚六点项目部施工问题协调会。回家后，在陪孩子学习的同时，她也对当天施工的难点进行一一梳理，第二天有针对性地组织开展"项目难题，党员认领"活动。共建过程中，支委带头认领解决难题57个，党员主动认领解决难题48个。为了解决多家单位党员融合难的问题，她打破单位界限，按照业务特长成立了安全监督、生产运行、标准施工三个职能党小组，不但满足了施工需要，还让党员增加了参与党小组活动的积极性。根据施工阶段特点，她为三个党小组制订不同时期党日的活动主题，助力施工建设。

比如标准施工党小组的党员制作"首件示范"17 项,编制了《党员优质工序指导书》,使本册上的"文本标"变为眼前可见的"施工标"。开展党员积分评比活动,号召党员争当"项目明星",有 11 名党员受到党建协作区表彰,被制成形象展示牌,悬挂在施工现场的灯杆上,真正做到让典型亮起来、多起来,带动队伍好起来、强起来。在党建新模式的引领下,项目施工做到了安全环保零伤害、零事故、零污染,主体工程建设时间提前 3 个月完工,已建工程 276 道工序全部优质,累计减少施工投资 375 万元。党建协作区的成功经验在全油田推广,先后接待了 132 家单位、1354 人次观摩。2019 年,南 Ⅰ-1 联合站作为大庆油田发现 60 周年庆祝大会现场参观点之一,迎接油田内外各级领导、专家莅临指导。

让员工信赖,就要甘于真心对待员工

刘丽萍坚持真心对待每一名员工,让员工感到被关心、被关爱、被需要、被认可,营造和谐氛围,凝聚强大的向上力量。

关心员工,从营造"我们依恋的家园"入手。刘丽萍注重抓好家园文化创建,做到最好一餐在食堂,最好心情在岗位,最好环境在单位,最好记忆在家园,最好文化在心里,让员工感受家的力量。2019 年,队部后场建设要种葡萄树,7 月份即将退休的王伟师傅知道后,特意回老家背回来 20 棵葡萄苗献给了队里,他说:"自己最好的青春、记忆都留在了南 Ⅰ-1,他要把根也扎在这里。"

关爱员工,为员工"疏肝理气"。工作中,员工有频繁操作的厌烦点、担心害怕的风险点、生产管理的难控点,这些都是影响队伍士气的必消点。借 2019 年南 Ⅰ-1 联合站工艺系统完善及集中监控工程改造的契机,刘丽萍通过深入岗位了解、下发建议单、召开恳谈会,收集整理全站指标管理难点 23 项、安全生产难点 16 项、节能管控难点 13 项,员工操作难点 35 项,把这些难点作为生产管理的提效点,在站里开展"我建我家,我家我建"活动,发动员工为消除难点想办法、出实招儿。在大家共同努力下,提出改造建议 51 项,其中 21 项被设计院采纳,5 项成为油田同类联合站的施工设计标准。集中监控模式运行以来,员工都说:"队里消除了自己工作的烦心事,以后轻装上阵,更得好好干!"

需要员工,为不同特点、特长的员工安排不同的任务。为了发挥技能人才带动作用,刘丽萍将5名擅长革新、修旧工作的骨干组织在一起,成立"大拿工作室",让他们带头攻关、带头修旧,带动全站员工投身创新创效工作中。脱水技师张秀梅结合集中监控运行模式下脱水系统指标控制的难点主动攻关,提炼出脱水系统"五定控制法",大大降低了脱水器的负荷,年节气8万立方米,还使前端污水含油、含悬浮物下降到150毫克/升以下,远远低于油田300毫克/升的标准。"修旧大拿"白雪东研究出阀门"833"修旧法,年创效12万元。"大拿工作室"成立三年来,革新创效230余万元,修旧创效50余万元。

认可员工,对员工所做好人好事及时宣传,激励员工做得更好。站上脱水泵泵前过滤器赶上"五天一清",可负责这项工作的张化君母亲刚去世。队里批了假让张化君回去给老人处理后事,并安排其他人负责清理工作。没想到,清理当天张化君却出现在现场,与现场人员一起将过滤器清理干净,直到确认机泵运行处于最佳节电状态才回去。像这样的事还有很多很多,刘丽萍将故事全部记录在《南Ⅰ-1风采录》中,发动身边人讲身边事,用身边事影响身边人。员工们在被认可中感受到了激励,更加奋发有为干工作。2019年,南Ⅰ-1联合站党支部被评为集团公司先进基层党组织。

刘丽萍全心干事业、用心带队伍、贴心爱员工,用火一般的热情,点燃员工火热创业激情,朝着更高、更远、更好的目标前进!

(刘丽萍,2019年荣获集团公司优秀党务工作者称号)

躬身实干　铭记匠心
——记集团公司优秀共产党员代龙兴

代龙兴，中共党员，大专文化，1986年9月参加工作，先后从事过井下作业工、维修电工、热力司炉工、集输工、输油工等工种，现任第一油矿北Ⅰ-1联合站脱水班班长。参加工作30多年来，他积极投身生产实践，积累了丰富经验，成为一名解决问题的快手、革新创效的能手、企业内训的强手。先后荣获黑龙江省技术能手、油田公司杰出员工等称号。

一手绝活练就真本领。代龙兴身上有着一股常人没有的钻劲，不干则已，干就要干出个样子。参加工作以来，他全身心地投入到提升自身技术水平上，1996年，第一次参加厂级集输工技术竞赛就夺得第一名的好成绩，之后他更是再接再厉，捷报频传：1999年省集输工职业技能竞赛获得第四名；2001年油田公司首届职业技能竞赛获得输油工第二名，并破格晋级为输油技师；2006年考取输油高级技师；2009年被聘为油田公司集输技能专家。

代龙兴坚持把自己的过硬技能发挥到生产实际工作中。2014年3月，他带领两名维修工负责全矿闸板类阀门的维修工作。为了干好维修工作，他经历了修旧技术的探索、修旧程序的整合、修旧方式的调整、修旧标准的统一、修旧管理的精细"五个阶段"，结合实际独创了收检、泡拆、查修、装验、发收的"250阀门维修闭环十字"工作法，制作了一套具备拆卸、换件、研磨、校验等功能的阀门维修组合工具，应用后年修复250阀门190个。在阀门修旧工作的基础上，他又琢磨起上门服务、在线修复。一次，他现场处理了一处由于长期浸泡在水中导致开关不动的污水线阀门，仅用半小时就解决了问题。可是水位再上涨时，问题就又会出现，他下定决心，一定要根治这个问题。正在他苦思冥想之际，装修工人用发泡剂封门框与墙体缝隙时的场景启发了他。于是。他做了一个塑料护套，套在阀门传动装置套上，将发泡剂喷入护套内发泡定型，当需要操作时可直接开启或关闭，操作完毕后重新发泡，不仅实现了单人操作，还可有效延长阀井内阀门使用寿命。三年来，经他手修复的阀门直径小到40毫米、大到700毫米，共计 485 个，在线抢修复 50 余次，节约材料费 55 万元。2016 年 3 月，代龙兴荣获油田公司"降本增效，岗位建功"劳动竞赛创效操作手称号。

一门心思勇闯革新路。技术创新的源泉来自生产和生活，代龙兴从"小投入大用途、小窍门多省力"的出发点去思考问题，广泛收集集输站库生产中遇到的难点和问题，有针对性地开展技术攻关和创新研发，从现场发现问题中来，到助力生产实践创效中去，使每一个革新成果接地气、有效力、能推广。

代龙兴带领技师团队从实战、实用、实效的立足点出发，用最小的成本去解决生产难题。几年来，先后获得国家级 QC 成果二等奖 1 项，油田公司级重大技术革新成果三等奖 2 项、技术革新 7 项、五小成果二等奖 1 项，厂级技术革新 25 项，在国家级刊物发表技术论文 2 篇。一个个革新成果、一个个创新研究，都记录着代龙兴的点滴心血。"支脚转动式移动吊装架""脱水器放水看窗清洗疏通装置"获国家实用新型专利；"组合式橇移工具"被油田公司以代龙兴个人名字命名；"机泵加装引风护罩"解决了机泵前端轴承高速运转产生的热量散失慢、轴承温度偏高的问题，投用后用红外线测温仪测量前端轴承运行温度仅为 22℃，用环境温度检测仪测量前端轴承部位风速达到每秒 12.3 米，减缓了润滑脂老化，延长了机泵轴承使用寿命；"移动式可转动支脚吊装架"解决了室内重型设备吊装架跨越泵房内地面管线、泵房门槛和室外门台阶需多人搬运、吊装架运不到维修现场的问题，减少了人力成本的投入，提高了工作效率；"脱水器放水看窗清洗疏通装置"解决了油气集输站库油水分离设备放水看窗内壁挂油不便观察放水水质和喷嘴经常堵塞问题，单人 5 分钟即可完成看窗疏通和清洗工作，既方便又快捷。

一心传授遍布桃李香。作为一名年轻的技能专家，他的心愿是把全部本领分享给更多的人。2012 年 4 月，代龙兴在第一采油厂培训中心的指导下，牵头组织研发《转油站油气集输工艺及设备》《联合站密闭脱水工艺及设备》等八个系列集输工组合课件，开办集输工技能操作能力提升班 30 余班次，培训学员 1500 多人。2013 年集团公司举办职业技能竞赛，油田公司人事部和开发部抽调各厂优秀培训师组建教练组，代龙兴出任集输组长，带队完成了为期四个多月的紧张训练，最终取得了集输工团体第五名和个人 1 枚金牌、1 枚银牌、3 枚铜牌的好成绩，代龙兴被评为油田公司优秀教练员。

2016 年 8 月，他接到任务，与来油田参观访问的哈萨克斯坦哈德油田的高级管理人员进行地面油气集输设备管理和维护的技术交流。面对国际友人，他

代表的不仅是大庆油田,更代表了中国石油人的形象。经过半个多月的准备,9月3日,他凭借丰富的理论知识、高超的技术水平和做培训多年良好的心理素质,与哈萨克斯坦高管人员进行了2个小时的技术交流,得到哈萨克斯坦同行的高度赞誉,展现了大庆油田员工过硬的业务素养和工作能力。几年来,他还参与完成了大量的教材编写校对工作。2009年8月,他参与了石油石化职业技能培训教程《集输工》编写工作。2010年,在海塔油田培训期间,编写了《联合站岗位员工应知应会手册》和《海拉尔石油勘探开发指挥部基层站队培训教材》。2011年,协助厂质量安全环保部编写了《集输工反违章纠正与预防》丛书。2013年和2016年参与大庆油田公司组织编写的《集输工岗位练兵手册》和《输油工岗位练兵手册》的校对工作。2016年10月24日,集团公司在山东青岛召开的"集团公司工种目录、鉴定培训教程和题库开发工作推进会"上,代龙兴代表大庆油田做了教程编写经验交流的发言,受到集团公司、石油工业出版社、大庆油田职业技能鉴定中心领导的肯定。2017年,历时两年,他参与主编的集团公司职业技能题库修订和教程编写的《输油工》一书正式出版发行。

代龙兴的身上体现了一种坚持、一种追求、一种责任,他以严谨、细致、专注、负责的工作态度和精雕细琢、精益求精的工匠理念,影响和带动了一批又一批石油人,在创新创效的道路上,鼓舞、感染着油田的新生代力量,用最大的热情奉献自己的汗水,奉献自己的热度,奉献自己的价值。

(代龙兴,2019年荣获集团公司优秀共产党员称号)

如琢如磨　有匠兴焉

——记集团公司优秀共产党员张有兴

张有兴，中共党员，1994年参加工作，是四矿中十八采油队采油技师，任相财工作室负责人。参加工作以来，张有兴发扬工匠精神，在技术上勤学、技能上苦练、革新上攻关，把"匠心"融入生产的每个环节，立足岗位解决好生产中的疑难问题。

在岗位上立志，他是一个有本事的员工。张有兴在技校学的是采油专业，成为一名优秀的采油工是他的梦想。走上工作岗位后，他不断为自己充电，认真学习业务知识，苦练技能本领，在实践中学习，在学习中创新，在创新中进步。当作业工时，为摸清油水井作业原因，做好施工前准备、施工中问题判断、施工后总结，张有兴主动跟着技术员学习丈配管柱，短时间内就掌握了井下工具结构原理，仅用半年多时间，就完成了从实习生到作业班长的转换。到了采油工岗位后，他从初级理论学起，从标准操作规程练起，单井分析、问题判断项项不落，先后取得了采油工初级、中级、高级和采油地质工岗位资质。当上维修班长后，为了提高维修技能，他四处拜师学艺，不顾眼睛被电弧灼伤、手臂被焊花烫伤，胳膊上绑沙袋苦练电焊技术，最终顺利拿下电焊工岗位证书。聘为采油技师后，为了提高技术革新能力，他认真学习CAD绘图软件和3D制图软件，由于自己没有计算机基础，在四处求教、到处碰壁的情况下，他主动找到东北石油大学机械系的老师，提出当旁听生的想法，被婉言拒绝后，他仍不放弃，硬着头皮跑进课堂蹭课。一次一次被赶出教室后，不死心的张有兴就躲在门外偷听。老师被他的学习劲头所打动，破格收下了他这个编外学生，经常利用业余时间给他上课。在老师的帮助下，他很快熟练掌握了计算机制图软件的应用，成为第一采油厂培训讲师，培养了大量掌握3D软件应用的人才。在不断努力下，张有兴自学取得了成人大专学历，成长为一名学习型、知识型技师，先后荣获了龙江技术能手、油田公司青年岗位能手等称号，逐步成长为集

团公司技能专家。

在技术上攻坚，他是一个有担当的技师。张有兴立足岗位，刻苦攻关，以解决生产难题，为原油生产多做贡献为己任。采油队有种立卧式计量间分离器，常出现内部穿孔，导致玻璃管无法量油，常规的解决办法只能是花几十万元更换分离器或等着同计量间一起报废。一个小穿孔就造成这么大的损失，张有兴看在眼里，疼在心上，下定决心要解决这个难题。他找到厂家，想查看分离器的内部结构图纸，但厂家以各种理由拒绝了。就这样认输了不行，没有现成的图纸，张有兴就找到了一个暂时不量油的计量间，打开分离器的入孔，清理干净淤泥和积沙，钻到分离器里研究。分离器里直不起腰、转不开身，只好打着手电半蹲着，不一会就腰酸腿麻，他出来活动活动再进去，一点一点地摸清了结构原理。盯着结构草图，一连几天，他吃不下睡不安，不断地琢磨，想了几个方法，到现场一核实，又一个个被他否定了。一天晚上回家路过医院，他忽然想起一名亲属做过心脏搭桥手术，一个火花在脑海里闪现："搭桥？能不能绕开穿孔想办法？"有了灵感，他顾不得回家，又赶回现场，钻进分离器量起了尺寸，琢磨起来。他像开了窍似的，终于想出了办法，就是运用搭桥原理，通过改进分离器的内部结构，既保证了压力平衡，又避免液体进入玻璃管，达到计量的目的。当张有兴钻出分离器时，已经凌晨两点多了。越琢磨越有劲头，越研究越有想法，张有兴又根据分离器结构原理，制作了分离器卧罐、立罐冲沙工具，解决了分离器冲洗困难、经常堵塞的问题。这次革新获得了油田公司重大技术革新成果一等奖，还申报了国家专利。多年来，他奔跑在技术攻关的道路上，矢志不渝。他研制的"法兰支撑器"，让单次更换法兰垫片的时间缩减了20分钟；他研制的"更换抽油机井毛辫子组合工具"，让原本需要3个人1个小时才能完成的工作，改进为只需2个人20分钟便可完成；他研制的"多功能密封盒压盖"，达到了单井日节电11千瓦·时，在油田大面积推广；他研制的"抽油机井杆断防喷应急装置"，有效地解决了抽油机井发生杆断后井口难以控制的问题，获油田公司重大技术革新成果一等奖；他研制的"双封封井器"，有效地实现了不压井维修，大幅缩短了操作时间，减少了72小时左右的产量损失；他研制的"抽油机曲柄拆装辅助工具"，通过运用机械结构改变了以往锤击拆装曲柄的现状，有效提高了工作效率，降低了操作风险。多年来，张有兴完成技术革新攻关66项，获国家专利20件，全国石油化工系统优秀职工技术创新成果奖2项，油田公司重大技术革新成果奖28项，解决重大生产疑难问题

86 项，累计创效 3800 余万元。

  在传承上尽心，他是一个有责任的导师。张有兴深知，是油田的培养和师父的帮助，使他这个普通技校生成长为技能专家。他怀着感恩之心，像师父那样尽心当好传承人，用坚定踏实、精益求精、专注执着的态度，把热爱工作的精神和经验技能传下去，让自己的价值在岗位上体现、能力在岗位上提升、作用在岗位上闪光，让工匠精神薪火相传。新来的大学生小李对工作充满激情，虽有较深的理论知识，但缺少实践经验和创新视野。张有兴就像教小学生一样，从采油工艺原理和采油设备性能等方面一点一点地启发引导她。一次，在研究连续洗井装置时，小李独立设计的方案，3 次都没通过，张有兴就耐心地鼓励引导她，又经过了 3 次修改，使问题得到了解决。通过一次次的历练，小李逐渐养成了面对问题多思考、勤摸索的好习惯，快速成长起来，在竞聘中走上了技术员岗位。在大庆市开展的"咱们工人有绝活"竞赛中，张有兴被厂选定为教练。他在积极传授操作技能的同时，还不断革新参赛工具，使参赛选手操作效率大幅提高，一举包揽了采油工比赛前三名，创第一采油厂历年来采油工参赛最好水平。多年来，在不断进行技术革新的同时，张有兴把更多的精力放在带徒和培训岗位员工上，参与编著了《采油工岗位练兵手册》《油水井计量间操作使用手册》等 7 部书籍，编制了油田公司"职工创新大讲堂""铁人大讲堂"等培训课件，现场授课 8 场 300 余人次，到岗位培训 4200 多人次。共带徒 26 人，有 3 人成为高级技师，5 人成为技师，7 人被聘为技术干部。

  积土成山，积水成渊。多年不懈的努力，让张有兴在历练中不断成长，成为采油战线上的一名技能全才。张有兴坚定地走在技术革新的道路上，勇往直前，砥砺奋进。

（张有兴，2019 年荣获集团公司优秀共产党员称号）

洗尽铅华始见真

——记集团公司优秀共产党员吴志英

"人们大都追求飞扬的人生,其实,平凡才是人生的底色",这是第五油矿综合办公室主任吴志英经常挂在嘴边的一句话,所言如所行,吴志英这个普普通通的女性,凭着对党务工作的热爱,把一份艰巨严肃又平淡清苦的工作干得有滋有味,有声有色,绘出看似平凡却并不平凡的人生底色。

她甘愿"自讨苦吃"

1995年,21岁的吴志英怀着憧憬,怀着希冀,怀着一颗赤诚滚烫的心,从大庆石油学校毕业后分配到第一采油厂五矿当上了一名采油工。从离开家乡伊春的莽莽林海,看到遍地挺拔的采油树的那一刻起,她就爱上了这份"与众不同"的工作,决心要多学知识,干出一番成绩来!

从最初想从事计算机本行,到现实中的与抽油机亲密接触,她渐渐明白了在采油单位工作,不懂生产,不会分析,无异于一个盲人走路,随时会有摔倒的危险。在采油一线工作的三年里,她一脚油一脚泥地在井场上忙碌,一丝不苟地录取各项数据资料,认真细致地分析每一口油井,没有一句怨言。也正是这三年,为她日后肩负重任打下了坚实的基础。

2002年,由于多次在厂、矿组织的各种演讲、写作比赛中崭露头角,组织安排她在办公室担任综合秘书工作。生性开朗活泼的她,既羡慕生产一线的激烈与精彩,又不喜欢文字工作的枯燥与单调。但是她想,不管在哪个岗位,都要干好工作,做出自己的贡献,即便是写材料,也要努力用纤细之笔,服务百年油田大业。

办公室的工作,没有惊天动地的壮举,没有感人至深的事迹,最多算得上个幕后英雄。平时的日常工作任务重,要求高,难度大,既要有思想性,更要有指导性。要想干好这项工作，知识面窄不行，思路不清不行，理论水平不高不行，但光有这些还不行，还必须具备扎实的文字功底、严谨细致的工作作风、埋头苦干的拼搏精神，因此，许多人把办公室工作形象地比喻为"一苦二累三受罪""有本事的人不愿干，没有本事的人干不了"。为了使自己的文字材料达到要求，得到领导的认可，她在学习、辨析、思考上下了大量功夫，在阅读中按照自己的业务进行分析理解，通过思考融入自己的思想。针对领导布置的材料任务，并不急于求成，而是首先认真揣摩领导意图，然后精心构思布局，每一份材料都字斟句酌，不用华丽的辞藻，实事求是，认真修改。为了写好材料，她还主动了解国家大政方针，学习上级文件、精神，及时深入基层调查研究，认真阅读报纸杂志的观点论述，努力使起草的材料既符合企业的宏观要求，又紧贴基层实际。

一次，省政法委要到大庆验收"平安矿区"工作，作为一厂唯一获得"平安采油矿"殊荣的单位，她承担了起草经验材料的重任。她集中精力，夜以继日，埋头苦干了一周，完成了6000多字的汇报材料，9条经验，每一项都有事实根据，每一条都准确到位，在市里召开的经验交流会上第一个进行了发言，受到市政法委领导的高度关注，并亲自到所属小队进行实地考察，对经验给予了充分的肯定。她就是凭着这种"自讨苦吃"的意志，在她钟爱的岗位上拼搏奉献着。

她这样"风雨兼程"

"干工作要有责任心，要么不干，干就要干好，干出特色，干出品牌"。2005年，吴志英刚刚走上办公室主任岗位的那一天，她就把党委书记一番语重心长的话牢牢地记在了心里。多年过去了，熟悉吴志英的人都知道，她的工作年年有新花样，一年比一年干得好。细品她的人生轨迹，在一串串闪亮火花的背后，是一段段难忘的风雨兼程。

一次，矿领导安排她起草专业化改革材料，参加厂管理创新经验交流会。记得领回任务已是周五下班时间，下周一就要上报材料，周日要提交党委会讨论修订。时间紧急，她立即进入角色，梳理思路，构思提纲，提炼精华，渲染亮点，白天晚上接着干，一天只睡短短几个小时，终于按时拿出了初稿。周日下午的党委会讨论得很热烈，矿领导提出了精辟的修改意见。会开完已是下午5点半，回到办公室天已渐渐黑了。一连几天的紧张工作，她的牙上火了，半

边脸都肿起来,一阵阵疼得厉害,饭也吃不下,非常的难受。她想到了一个土办法,冬天的自来水冰凉冰凉,她到走廊上接了一杯,一口一口含在嘴里缓解牙疼,一边赶紧开动脑筋修改、润色材料。冰凉的自来水含了好几杯,把材料整理完已是凌晨。

其实,办公室工作也可以轻松应付,写材料也可以信手拈来。但作为一名综合办主任,她常常感到每一份材料、每一项活动都意义重大,都非同寻常,她努力使自己像一个辛勤的石匠,精益求精,精雕细刻,把工作最闪亮的一面雕琢出来,把最有特色的一面展示出来,把矿党委的决策全面准确地表述出来,为单位增光添彩,为工作呐喊加油,为企业的发展尽自己的一份微薄之力。2007年,油田第一座含油污水生化处理站在五矿投产,为了做好这座站的宣传和形象设计工作,她带领全体同志连续半个月扎根在站上,将这个站的设计思路、工艺流程、投产时期的小故事、好做法都记录下来,总结提炼了"绿色发展、和谐共赢"文化理念,并按照企业形象设计的要求,制定了《员工行为规范》,制作了《宣传画册》,建设了食堂文化、走廊文化、文化墙,加大了站容站貌等硬件设施的管理力度,使这个站成为油田公司环保工作参观点。先后成功接待各类参观检查30余次,树立了良好的企业形象。由于表现突出,她还被抽调参加了厂"五亿吨"宣传书籍的编写、会战传统教育展馆的筹建和《见证辉煌五十年》画册的编辑工作,受到了领导的好评。

她选择厚"彼"薄"此"

都说女人多的地方是非多,难管理,可吴志英却凭着自身的人格魅力和无私奉献精神,把综合办6名姐妹团结得亲如一家人。

作为办公室主任,吴志英总是在其他人有事的时候主动补位,并力求每件事情都能做到身体力行。只要有时间,她就自己收集材料写报道信息、自己到现场拍照片、自己陪着采访记者,好几家与她打过交道的宣传设计和材料印刷单位都说:"给五矿做东西最省心也最烦心,省心是因为她自己会排好版、设计好思路和方案,烦心是她工作标准高,多半个字符的空格也能挑出来,让我们的工作不敢有丝毫的懈怠。"平时,办公室人员经常来找她商榷材料,吴志英总是不厌其烦地和她们一起研究写作路子,材料写好后又逐字逐句地帮助修改,连哪些段落需要调整,哪些句子需要改动都详细地指导,使办公室同志每写一个材料都有所进步有所收获。

其实吴志英家里也有很多事情需要她去料理,尤其是像她这样没有老人帮忙、仅靠自己带孩子的基层干部,能够深切体会到那种"难"。因为经常加班加点,她很少回老家看望年迈的父母;因为经常加班加点,使得在一线工作的爱人一边忙工作,一边照顾家里,经常半夜陪她加班;因为经常加班加点,她没有更多的时间照看孩子。几年来,她撰写的宣传稿件、起草的文件材料,粗略计算,大概有50万字,加起来也是很高的一摞了。在这50万字材料的背后,是日复一日的苦思冥想与奋笔疾书,是无数次的字斟句酌与苦苦推敲,是无数个节假日、夜晚的加班与熬夜。父母买了很贵的好视力眼贴从老家捎来,姐姐出差在外给她买治疗眼罩,爱人经常买补眼睛的食品。面对家人的关心,她常常感到愧疚,也很珍惜与家人在一起的宝贵时间,可在别人求助时,在工作需要时,她却毫不犹豫地选择了厚"彼"薄"此"。

"干了这一行就越来越感到一种责任,生怕工作没干好,对不起党组织"。从事党务工作以来,吴志英恪守自己的一份责任,用手中的笔书写着精彩的人生。

(吴志英,2019年荣获集团公司优秀共产党员称号)

不忘初心担使命　建功立业勇担责

——记集团公司优秀共产党员刘长友

刘长友，中共党员，1971年出生，1991年7月参加工作，现任第六油矿609站所管理队队长。有着近20年党龄的他，做什么事都一丝不苟，干什么活都亲自示范，被员工们亲切地称为"奉献队长"。在他的带领下，站所队管理面貌蒸蒸日上。先后获得油田公司先进集体、注水变电金牌队等荣誉称号。

高起点，严要求，模范带头做在先。刘长友深刻地认识到，要想带出一流的队伍，必须要严格管理。为了让员工们能够接受，他首先给自己定下了"三个做到"工作标准，要求员工做到的自己首先要做到，要求班子做到的自己首先要做到，要求党员做到的自己首先要做到，让干部员工信服。他是这样说也是这样做的。在每次接到突发或者临时工作时，刘长友总能第一个赶到现场，脏活累活抢着上，急难险重冲在前，为全体干部员工树立了榜样。一年冬天，聚中九注水站清水管线突发穿孔，由于无法及时更换管线，为了确保生产平稳，只能在站外的水渠旁靠潜水泵往外排水，现场必须留人看守。身为队长的他二话没说，第一个就站了出来，穿上棉衣棉裤，戴上棉帽，开着车就赶到了现场。脚冻麻了就站起来，跺跺脚跑两圈，手冻僵了就捧起地上的雪使劲拍打揉搓，别的员工想替换他，都被他推了回来，他说："我是队长，让我来！"就这样，他硬是在穿孔处蹲守到施工队伍前来，用行动诠释了共产党员的担当。

高标准，严执行，精细管理落实处。工作中，刘长友始终秉持"见红旗就扛，是第一就争"的思想，筑牢基础，精细管理。他引导员工不论做什么工作都要高标准，突出一个"细"，从小事做起，善于在细节处发现和解决问题，突出一个"精"，使"干一项工作就让它成为亮点，创出精品"的思想深入员工心中，不断加快全队精细管理进程。在两座转油站施工改造过程中，他多次带领副队长、站长等人查找风险，有一丝隐患都要求施工单位停工整改，履行好属地管理的责任，确保了安全施工、安全生产。在设备管理上，他强调在"保养"

和"修理"上多下功夫,提出了"及时保养、全面保养、前置检修、定时验收"的要求,并实施了队、班组、岗位员工三级设备承包管理考核制度,严格执行设备修保验收制度。2018年,为了进一步提高全队管理标准,争创一流管理站所,他以周为时间单位,按各站所基础管理水平制订详细计划,明确检查标准,严格奖金考核,积极调动全员力量。特别是在厂验收前,他连续三个月没有回家,吃住全在队里,孩子中考只能交给爱人照看,中秋节只是给老人打个电话问候。在他的带动下,许多员工加班加点自觉会战、挥汗如雨无私奉献。十个月的付出换来了圆满的成果,609站所管理队顺利通过了油田公司"注水变电金牌队"的验收。在当年的管理提升活动中,作为矿四家迎检单位之一,接受了全厂干部员工的观摩,得到了大家的一致认可。

　　高素质,严培训,技能学习重实效。刘长友把抓好员工培训工作放到重要位置上,突出复合型目标、辐射型方向、多样型方式、阶梯型措施的"四个特色",努力打造复合化员工队伍和专家化技师队伍。在做好日常培训的同时,注重强化员工的实际操作,根据各站情况开展了标准化大练兵活动,"生产无小事、万事寻标准"的理念深入到员工心中,不论是倒闸还是启停泵,都严格按照标准执行,操作水平和技术能力有了大幅提升,相互配合也更加熟练。他还总结形成了复合化员工"五步走"培养流程和"3212"技师晋升方法,使得一线岗位具有"双证"以上的人员比例提高到了77%,技师队伍也由建队时的9人扩展到如今的22人。同时,他还组织成立了集输、注水、变电三个难题攻关组,根据年初征集的各站所问题,提出难题攻关方向,定计划、定步骤、定标准、定考核,不断总结形成好的经验做法。近年来,609站所管理队共获得厂级以上重大革新成果62项,申请国家专利11件,在国家重点期刊发表论文10篇。

　　奉献不言苦,追求无止境。作为大庆石油人的后代,作为承担着光荣责任的共产党员,刘长友始终不忘初心,牢记使命,在奋斗中挥洒汗水,在管理中注入智慧,在平凡的岗位上绽放不平凡的光彩。

（刘长友,2019年荣获集团公司优秀共产党员称号）

用钉钉子精神叩开地宫之门

——记集团公司优秀共产党员崔建峰

崔建峰，中共党员，现任地质大队开发室党支部书记兼副主任。多年来，崔建峰牢记"工作岗位在地下、斗争对象是油层"的理念，用钉钉子精神叩开地宫宝藏之门，在科技兴油的道路上践行着一名党员的责任担当。

发扬钉钉子精神，就要站得直、立得住，闯进神秘地宫立在那儿就是一个地标。做方案就像钉钉子，不能偏、不能歪，关键时刻站得直、立得住，这样才能出最好的方案。2015年，在编制北一二排西部方案时，崔建峰发现埋在地下的一块"肥肉"。2002年开发时，把产量高的油层开发了，聚驱后产量低的油层留下了。到了2015年，产量低的油层也成了"肥肉"，单井日产量达4.2吨。然而，按照常规编制方案是吃不到"肉"的，要想吃到"肉"，就得出一个新方案。当时，崔建峰挺纠结，按说，根据要求完成一个常规方案，省时省力，还稳当；选择一个新思路，费时费力，可能还有风险。尤其是方案已经编到一半了，重新开始难度会很大。但是，放弃"肥肉"，崔建峰不甘心，他想，这么多年，企业给了我们很多，我们回报企业的就是不放过一滴油。崔建峰暗暗叮嘱自己，在产量面前，思想不能跑偏，钉子不能钉歪。党员就该讲党性，干工作不能只选择好干的，而要选择该干的。连续半个多月，崔建峰到井场核实井位、到档案室查阅资料、到研究院请教学习，整理分析数据100多万个、绘制图表几百张。一次，晚上加班，又困又累，眼睛都花了，想趴在桌子上休息一会，这一趴竟睡着了，晚上11点多，爱人打电话才叫醒他。就这样，通过一个多月的奋战，他采取层系转换的思路编制出了新方案。方案实施后，累计多产油30多万吨，为全厂原油生产奉献了一顿"大餐"，这个成果获得厂2017年度科研成果特等奖。

发扬钉钉子精神，就要敢碰硬、挺得住，面对险关隘口撕开它就是一道口子。编制方案有个特点，越快越好，方案早出一天，产量就会主动一天。因此，越是时间紧、任务重，越要像钉子一样，不能软、不能折，关键时刻挺得住，再硬也要把地宫之门撕开一道口子。有一年3月，他组织大家编制南一区高效井方案时，突然接到通知，原定9月份的方案，要求4月份就要完成。时间紧、任务重，大家心里都没了底。面对急难任务和员工的畏难情绪，作为党支部书记和群众的"领头雁"，崔建峰把大家拢在一起，攥成一个拳头，再困难，迎难而上。大家统一了思想后，加班加点编制方案，偏偏在这节骨眼上，崔建峰的牙疼又犯了。俗话说，牙疼不是病，疼起来真要命，但更要命的是，它疼得不是时候，气得崔建峰直跺脚，干脆拔了得了。到医院一问，必须住院一周手术拔牙，在这关键时刻，别说一周了，一天都会影响方案进度。牙疼能挺住，发不出方案产量挺不住；牙再疼，也要带领团队啃下这块硬骨头。就这样，在崔建峰的带动下，大家心往一处想，劲往一处使，终于提前完成了方案，并一次性通过了公司审核。

发扬钉钉子精神，就要钉得牢、稳得住，漫漫征途守在这儿就是一座堡垒。记得刚参加工作的时候，师父对崔建峰说："小崔，搞开发很苦很累的，要做好思想准备呀。"那时候，崔建峰没把师父的话当回事，心想一个大小伙子还害怕吃苦？可没多久，崔建峰就明白了师父这句话不是随便说的。有一段时间，连续加班加点编方案，2个多月几乎没休息，没时间陪女朋友，女朋友认为崔建峰不诚心，提出了分手。崔建峰一看事不好，赶紧拽着师父一起去解释，好说歹说，才消除了误会。师父笑着对崔建峰说，"不是吓唬你吧。我们开发技术人员，一年到头很少休息，加班加点是常事。但是，既然选择了开发，也就选择了坚守，就要像钉子一样牢靠稳固，不能松、不能散，要把全部热血倾注到探索地宫之妙、叩开地宫之门上。"多年来，崔建峰凭着这份坚守，坐得住凳子，耐得住寂寞，一钉就是16年，16年来崔建峰几乎没休息过一个完整的假日。崔建峰的父母也在大庆，但有时几个月崔建峰都顾不上去看望一下，父母理解他工作忙、工作累，家里有点好吃好喝的从不让崔建峰去取，都是70多岁的父亲给送来，每当这时，崔建峰心里有种酸楚的感觉，愧对父母太多了，但崔建峰无怨无悔。

走在油田这片大地上，脚下是无尽的宝藏。唤醒这些宝藏的就是扎根黑土地、坚守初心的钉子精神。崔建峰就是立在油田的一颗钉子，如果每一位石油人都像一颗颗钉子永远不松动地钉在这儿，那么油田就是钢打的、铁铸的，油田的发展根基就会越来越牢固。

（崔建峰，2019年荣获集团公司优秀共产党员称号）

当好"三老四严"领头雁

——记黑龙江省向上向善好青年李雪莹

李雪莹,中共党员,1986年出生,2009年参加工作,是"三老四严"发源地——中四采油队的党支部书记。担任党支部书记以来,她坚持把"三老四严"这一传家宝,接过来,发扬好,传下去,持续保持干部无违纪、员工无违规、安全无事故、荣誉无水分的"四无"目标。李雪莹荣获黑龙江省三八红旗手,集团公司优秀党务工作者,油田公司十大杰出青年、巾帼岗位建功标兵等称号。

当好"三老四严"领头雁,先要成为"三老四严"知情者

进四队门,就要做"三老四严"传人。作为中四队第27任党支部书记,李雪莹面对中四队获得的一面面锦旗、一块块奖牌,厚重的历史让她感到了肩上沉甸甸的责任,也激发了她当当好"三老四严"传人的执着信念。李雪莹一头扎进传统教育室,在中四队的光荣史中探寻"三老四严"的历史脉络,在老队长辛玉和、"老会战"余章宝身上感受"三老四严"的代代相传。那段时间,她把讲好"三老四严"故事作为自己的首要任务,反复练习,抓住机会就让员工作为听众,锻炼提高自己。不到一个月,就做到了每块展板、每个故事都倒背如流,顺利迎接全国工会系统领导的参观讲解任务。

初出茅庐的李雪莹,经过短时间的训练,就圆满完成迎接省部级领导的重要任务,让她信心满怀,但一名普通参观者的提问,让她深刻认识到"三老四严"优良传统任何时候都不能丢,更丢不起。在一次参观中,一位老人指着照片中的人问她都是谁,面对提问李雪莹脑中一片空白,尴尬的没有答上来。在那以后她意识到传承"三老四严"不仅仅是简单的讲述,而是历史的还原,精神的传承,如果作为四队人都不了解这段历史,那么随着时间的流逝就不再会有人记得起了。于是她下决心,将"追寻传统背后的历史"作为自己的光荣使

命，从还原每张照片、每个人物、每项荣誉做起。面对时间跨度大、人员分散、年龄层次多、居住地分散、联系方式变化等困难，她登门拜访仍然健在的"老会战"，从他们的只言片语中还原会战故事；先后到历史陈列馆、大庆日报社借阅书籍20余本，复印各类史料60多份，从残缺不全的资料中搜集原始数据填补断档空白，这也让李雪莹对"三老四严"的人和事有了更加全面掌握。

李雪莹常说能够在有着光荣历史的中四队工作是幸运的，一次特别的寻根之旅，让她记忆犹新。1966年中四队分出一部分人远赴胜利油田，支持新区建设，2015年来自胜利油田的特殊的客人，他们带着老一辈中四队人的夙愿、寻着"三老四严"的足迹回到了大庆。交谈中，李雪莹感受到他们把四队的好传统、好作风带了过去，并扎下了根。"三老四严"在大庆油田、胜利油田不同的土壤中，都展现出了旺盛的生命力，融入了新老四队人的血脉中，在各个历史时期都发挥了重要作用。作为新时代中四队的党支部书记，她感到无比光荣，也坚定了继承好、发扬好"三老四严"的信心和决心。

五年来，李雪莹累计完成"三老四严"传统教育室近4万人次参观交流，圆满完成2016年集团公司领导干部会议、大庆油田发现60周年现场观摩等重大接待任务，进一步提高了"三老四严"的知名度和美誉度。

当好"三老四严"领头雁，就要成为"三老四严"示范者

中四队建队以来，干部换了一届又一届，员工换了一批又一批，但"三老四严"始终代代相传，凭借的是每一届干部的示范引领，靠的是"老会战"、老师傅、老党员的言传身教。中四队新一届班子有着学历高、年纪轻的特点，李雪莹为确保队伍继承传统不走样，从班子建设严起，在原则性、倾向性问题上，始终坚持高标准、严要求。特别是在采油工作上，做到宁要一个真实的数据，不要一个虚假的荣誉。一次，地质管理检查前一天，一口注水井压力波动，影响资料全准率，有人提出如实上报会影响检查成绩。李雪莹组织召开班子会，旗帜鲜明的讲出："'三老四严'讲求的是实事求是，一就是一，二就是二，中四队之所以能够连年超额完成产量任务，就源于取全取准了第一手的资料。"队干部取得一致共识，一个假资料不仅会影响到油田开发，更会让中四队的好传统丢失，名次丢了可以再夺回来，传统丢了却是无法弥补的。最后如实填写了资料，队干部以身作则为员工做出了表率。

对于队里 90 后青年员工存在对"三老四严"的理解和认知停留在口头上多，付诸在行动上少的现象，李雪莹从点滴小事抓起，从行为养成严起，要求员工做到的，自己先打出样来。青年党员小王第一次参加组织生活会，个人发言材料问题寥寥数语、格式排版不对、材料有错字，李雪莹要求他反复修改，并把自己的发言提纲作为样本给小王参考，会上还对他不严不细提出批评。小王本人表态说："我一定从严要求自己，成为一名合格的四队人。"李雪莹因势利导安排他做宣讲员，带着他一遍一遍重温队史故事，一幅一幅回忆会战画面，慢慢地小王从倾听者、讲述者变成了传播者、践行者。

担任中四队书记 5 年来，李雪莹一直坚持自己定下的"三个驻队"规矩，恶劣天气驻队，为生产抢修提供后勤保障；重大节日驻队，为岗位员工送去组织温暖；重要接待驻队，为迎检参观做好充足准备。在迎接集团公司领导干部会议现场参观期间，由于大规模更换陈展内容，大幅度修改讲解词，李雪莹连续驻队半个月，心里着急上火，嘴里起了大泡，她没有退缩，仍坚持圆满完成了 10 批次 300 多位局处级领导参观讲解，受到了与会领导的一致好评。干部的行动是员工的学习榜样，在李雪莹的带动下，每名中四队的员工都自发地为四队发展贡献力量，每逢队里承接重要任务、重大接待，大家都主动找到队里，积极分担任务，形成心往一处想、劲往一处使的良好氛围。

当好"三老四严"领头雁，更要成为"三老四严"推动者

面对"当好标杆旗帜"光荣使命，如何实现老典型新时代的创新发展，成为摆在中四队全体员工面前的重大课题。围绕贯彻落实油田主要领导到中四队调研时提出的"把标杆立得更稳，把旗帜举得更高"的要求，李雪莹提出用"三老四严"抓党建的工作思路，将"严""细""实"的标准、要求贯穿于党支部建设、原油生产、经营管理的全过程。面对班子和支委成员的畏难情绪，她逐一与其交流谈心、统一思想，形成"实现更好发展，取得更高成绩，必须勇于自我革命、自我提高"共识，深入开展调查研究，广泛收集意见建议 100 多条，挖掘提炼新时代"三老四严"故事 78 个。在编制总体建设方案过程中，先后修改十几稿始终达不到满意效果，每一次的反复推敲、推倒重来，虽然备受打击，但李雪莹等一班人不气馁，以踏石留印、抓铁有痕的劲头，攻克了一个个难关，最终"三老四严"抓党建工作方案得到了集团公司主题教育巡回指导

组领导的高度评价。

2019年，李雪莹荣获了集团公司优秀党务工作者，并代表大庆油田基层党支部在集团公司"守初心、担使命、践行四个诠释"报告会暨两先一优表彰大会上做了典型发言，展示了新时代"三老四严"领头雁的良好形象，外表光鲜的她，却因此牺牲了很多。一次，连续一周没有见到妈妈的女儿，吵着让爸爸领着到单位看妈妈，一进屋就满心欢喜地扑到怀里懂事地说："妈妈，我不打扰你工作，我就是想你了来看看你"。李雪莹亲了亲孩子，继续忙着手中的工作，干完活才发现孩子不知道什么时候已经回家了，桌子上留下一张色彩明艳的画像，七扭八歪地写着：我爱妈妈。那一刻，李雪莹百感交集，她也想像其他母亲一样每天陪伴孩子成长。但作为中四队的党支部书记，她知道自己肩负的使命和沉甸甸的责任，她时刻要求自己义无反顾、责无旁贷地做好"三老四严"领头雁，确保继承传统不丢根、创新发展不止步，引领全体干部员工在推动老标杆新时代新发展的道路上不忘初心、砥砺前行，各项工作干在实处、走在前列。

（李雪莹，2019年荣获黑龙江省向上向善好青年称号）

二、市（局）、油田公司级模范人物

1960 年油田"五好红旗标兵"

马德仁　薛国邦　孙玉庭

1961 年油田"五好红旗标兵"

侯祖跃　林　丰　蒋三大　贾世远　李传录　杨光福
樊继山　徐德泉　袁昌国　张帮政　刘伯州　王金远
蒲培昌　石　军

1962 年油田"五好红旗标兵"

马德仁　薛国邦　孙玉庭　孟宪忠　黄士伦　李天照
李守德　王金远　时孝宗　徐德泉　贾世安　夏良才
王建武　金福根　蔡江河　杨　杰　刘功林　侯祖跃
李祥贞　吕贵洲　于友兰　蒲培昌　张智宇　曾新发
蒋三大　王庭富　张跃飞　李清超　万年福　林　丰
刘兴俭

1962 年油田"五好家属标兵"

于文兰　龚玉兰　林淑花　张尚福　李秀英　齐若芝

1963 年油田"五好红旗标兵"

马德仁　薛国邦　孙玉庭　侯祖跃　李天照　黄士伦
杨　杰　贾世安　汪庭福　张跃飞　张智宇　曾新发
蒲培昌　王金远　杨兆勋　李绪海　马立成　代长松
郑金德　陈学智　杨万勋　薛振锁　申友武　霍生勤
熊维成　李忠和　姚慧君　张建武　冉茂进　于友兰
姬德先　朱玉华　陆念乐　辛玉和　刘素连　林裕昌

田世良	刘兴俭	李清超	褚银国	陈昌友	刘绍效
蔡江河	刘功林	邵成柱	吕贵州	郭典贵	傅孝余
蒋三大	夏良才	万仁甫	李淑廉		

1963 年油田"五好家属标兵"

于文兰　陈美连　肖远明　高玉连　卢凤英　吴月姣

1964 年油田"五好红旗标兵"

李天照	李绪海	田世良	汪庭福	马立成	黄士伦
郑全德	翟生勤	贾世安	汤志歧	杨德福	李　森
董凤亮	蔡江河	薛振锁	熊维成	陈学智	于友兰
杨万全	徐永林	朱玉华	张智宇	金道荣	姜兴汉
辛玉和	傅孝余	池清林	陆念章	章玉春	陈守谦
王淑芳	王友全	姚慧君	夏良才	代长松	王金远
刘国喜					

1964 年油田"五好家属标兵"

于文兰　林淑花　齐若芝　周风兰　孙秀兰

1965 年油田"五好红旗标兵"

辛玉和	杨德福	黄士伦	樊成太	吴春贵	杨万泉
李　森	薛振锁	汤志歧	于友兰	查振胜	姚慧君
刘明田	陈立智	熊维成	李绪海	池清林	潘凤歧
金道荣	胡法莲	陈淑英	陈玉田	陆念章	王淑芳
王友全	腾洪灵	王忠义	王怀兴	董存泰	李国清
代长松	曹亚范	马立成	刘国喜	宫兆启	张大庚
杜国民	王金远	姜兴汉	夏良才	徐永林	张智宇
郑金德	黄梅英	沈明德	孙歧松		

1965年油田"五好家属标兵"

于文兰　陈美连　肖远明　高玉连　齐若芝　王静仙
周凤兰　孙秀兰　翟爱荣　王金连　甘兰英

1972年油田"标兵"

宫兆启　王立忠　苏庆寿　黄士伦　王友全　刘明田
刘国喜　樊成太　夏良才　赵玉兰　王喜连　于友兰
张大庚　贺长虎　高玉连　张玉兰　杨阴龙　周应枚
周辉良　沈明德　于文兰　王永超　王宪义　王秉章
刘占民　王增年　张智宇

1973年油田"模范标兵"

黄士伦　夏良才　王立忠　王宪义　高玉连　归海涛

1974年油田"模范标兵"

黄士伦　夏良才　王立忠　王宪义　高玉连　归海涛
孟庆军　李草英　郑遗燮

1975年油田"模范标兵"

王立忠　夏良才　孟庆军　郑遗燮　张金凤　黄彭杰

1976年油田"模范标兵"

王立忠　张金凤　孟庆军　黄彭杰　郑遗燮　王友全
徐美银　杨淑珍

1977年油田"模范标兵"

王立忠　王友全　张金凤　徐美银　郑遗燮　夏良才
林淑范　庞月梅　黄彭杰　孟庆军

1978年油田"模范标兵"

王立忠　王友全　张金凤　郑遗燮　杨淑珍　庞月梅
张凤喻　陈良铸　李治平　白荣进　黄彭杰　孟庆军
林淑范

1979年油田"模范标兵"

王友全　郑遗燮　王立忠　黄彭杰　林淑范　杨淑珍
俞加兵　区永迪　曾纪芳　曲淑云　张凤喻　李治平
白荣进　吕尔兴　王文英　庞月梅

1980年市（局）"劳动模范"

王立忠　吕尔兴　沈明德　罗蜀生　梁银成　王文英
张凤喻　韩进伯　李治平　黄福隆　李淑香　苗淑云
童朝云　阎爱连　陈曲碧　张景昆　武广军　廖爱连
曾纪芳　姜守义　岑　鹰　区永迪　乐翠平

1981年市（局）"劳动模范"

王友全　张凤喻　阎淑珍　吕尔兴　陈铁华　王文英
李治平　韩进伯　黄福隆　梁银成　蒋桂英　李淑香
区永迪　周登科　乐翠平　罗蜀生　张景昆　刘金成
阎爱连　陈曲碧　李长庆　贾成师　魏金忠　王桂琴
童朝云

236

1982年市（局）"劳动模范"

吕尔兴	阎淑珍	李春富	张景昆	王友全	阎德义
梁银成	胡远友	李治平	黄福隆	杨幼生	贾成师
魏金忠	成金元	陈良铸	管永安	李淑香	王振良
夏良才	谢亚平	莫丽明			

1983年市（局）"劳动模范"

夏良才	李淑香	李治平	杨幼生	贾成师	陈良铸
管永安	童朝云	乐翠平	黄福隆	张亚彦	梁银成
朱玉华	王振良	谢亚平	张景昆	阎淑珍	魏金忠
燕德琴	严泽高				

1984年市（局）"劳动模范"

杨树才	张振宇	张亚彦	燕德琴	孙加贵	王若军
娄秀莲	叶忠桂	陈良铸	蔡伟志	陈方祥	王振良
李淑香	孙德山	姚慧君			

1985年市（局）"劳动模范"

李 霞	燕德琴	陈良铸	汪二道	沙玉富	姜秀莲
胡凤珍	赵 珍	熊振富	冯树岩	彭 玉	黄文清
张亚彦	李淑香	刘淑华			

1986年市（局）"劳动模范"

谷文明	张亚彦	燕德琴	汪二道	刘万喜	陈良铸
冯树岩	于亚琴	陈方祥	张迎旭	赵 珍	陶玉石
印喜银	刘淑华	白守启	罗志光	彭 玉	李淑香

1987年市（局）"劳动模范"

陈良铸	彭　玉	白守启	刘淑华	李文英	印喜银
岳柏清	朱彩霞	李丽秀	宋立波	赵惠芳	赵　珍
陶玉石	罗志远	刘文政	刘文喜	孙德山	

1988年市（局）"劳动模范"

樊尚莲	宋立波	罗　玉	赵惠芳	曾龙革	张迎旭
曹德贵	谢良昌	刘淑华	彭　玉	李增锐	孙德山
陈高祥	何金祥	冯树岩	刘美华	李　根	岳柏清
林文政	李文英	陈良铸	魏顺木		

1989年市（局）"劳动模范"

岳柏青	刘淑华	李　根	刘美华	樊尚莲	魏伍魏
陈良铸	李文英	林文政	赵惠芳	张迎旭	刘丙庆
罗　志	刘海运	宋立波			

1990年市（局）"劳动模范"

刘加春	杨洪雁	蔡晓云	张迎旭	王西利	韩树民
张元文	樊尚莲	冯效树	刘美华	刘玉江	吴淑凤
刘海运	王辉兰	厦元国	陈东荣	魏振刚	李　根
匙子会	岳柏青	崔秀坤	陈良铸	冯抗美	李喜臣

1991年市（局）"劳动模范"

陈东荣	张迎旭	张元文	匙子会	刘美华	李　根
黄晓云	杨洪雁	张　杰	冯效树	杨文林	刘佳春
夏元国	刘玉江	李兴让	王西利	李秀莲	林文政

姜　启　岳柏清　陈良铸　冯抗美　李喜臣

1992年市（局）"劳动模范"

刘加春　蔡晓云　陈东荣　王西利　张元文　李　根
姜　启　陈良铸　匙子会　冯抗美　杨洪雁　单井松
李桂荣　王金富　李秀莲　杨文林　冯效树　邵　单
岳柏青　又俊奇

1993年市（局）"劳动模范"

王西利　夏良才　刘　丽　夏元国　李桂荣　王　林
石鸣宇　冯效树　张忠伟　陈东荣　杨乃福　霍苗苗
蔡晓云　李秀莲　匙子会　宋凤玲　何光忠

1994年市（局）"劳动模范"

霍苗苗　刘　丽　李文英　夏元国　李桂荣　王西利
宋凤玲　王　林　姜洪福　何光忠　黄福龙

1995年市（局）"劳动模范"

李文英　李桂荣　王西利　刘颖萍　刘　丽　杨　森
王桂兰　姜洪福　薛月霞

1996年局"劳动模范"

张彦彬　刘　丽　卢炳新　严树坤　刘颖萍　李桂荣
焦英光　李传红　钟孝权　姜洪福　何光忠　张忠伟
王志强

1997年局"劳动模范"

张彦彬　周兴文　王洪星　高广太　王志强　何光忠
钟孝权　卢炳新　王敬刚　李桂荣　李传红　史春华
张忠伟

1998年局"劳动模范"

张　杰　周兴文　刘建忠　李桂荣　刘秀坤　史春华
钟孝权　朱继玉　卢炳新　王洪星　赵淑艳　冯丽清
何光忠　陶华玲　范风文

1999年局"劳动模范"

祁战宝　朱严华　刘建忠　王洪星　苗新蕾　赵淑艳
冯丽清　杨守林　何光忠　陶华玲

2000年油田公司"功勋员工"

张景昆

2000年油田公司"杰出员工"

苗艳华　孙桂兰　李传红　李永伏　王秋艳　周　铁
朱严华　李占海　何延红　沈玉龙　高军林　高广太

2001年油田公司"杰出员工"

苗艳华　孙桂兰　朱严华　李占海　高广太　何延红
张淑敏　刘建发　沈玉龙　张喜民　隋凤芝　李传红

2002 年油田公司"杰出员工"

张彦林　车宝志　孙桂兰　姜福东　姚立军　闫国顺
李伟红　焦印涛　周胜民　张淑敏　王秋艳　沈玉龙
张喜民

2003 年油田公司"杰出员工"

张彦林　车宝志　王鸿平　于　兵　宋保利　王成军
李传红　焦印涛　王秋艳　沈玉龙　张喜民

2004 年油田公司"功勋员工"

王　研

2004 年油田公司"杰出员工"

祁战宝　车宝志　王鸿平　于　兵　范铁斌　张　雷
焦印涛　张忠慧　沈玉龙　张喜民　王　研　上官永亮

2005 年油田公司"杰出员工"

祁战宝　车宝志　王鸿平　于　兵　尹秀梅　赵忠志
王义军　焦印涛　王洪卫　赵　嵩　张忠慧　沈玉龙
张喜民　赵志强　武钟麟

2006 年油田公司"杰出员工"

范宏钰　费立军　王鸿萍　周跃文　高　扬　尚秋玲
王义军　石东义　张忠慧　彭玉辉　朱庆男　祁战宝

2007 年油田公司"杰出员工"

范宏钰　王义军　王雪莹　李建国　高　扬　李　刚
朱庆男　曲国君　彭玉辉　王维国　赵　嵩　张　伟
费立军　武钟麟　冯　平

2008 年油田公司"功勋员工"

王雪莹

2008 年油田公司"杰出员工"

宋保利　范宏钰　刘　超　任相财　王良庆　朱庆男
曲国君　彭玉辉　王　岩　梁东林　孟祥鹏　张　伟
冯　平

2009 年油田公司"杰出员工"

卞昌松　范宏钰　习文伟　王文清　张景斌　徐卫庆
付宝利　康少冬　倪明泉　李瑞升　孟祥鹏　栾　庆
祁战宝　董　刚　信松柏

2010 年油田公司"功勋员工"

车宝志

2010 年油田公司"杰出员工"

范宏钰　习文伟　李　明　孟庆辉　徐卫庆　付宝利
康少冬　刘秀坤　金贤镐　范云泽　闫德惠　刘伟民
崔兆东　孔振辉

2011年油田公司"功勋员工"

王洪卫

2011年油田公司"杰出员工"

刘忠恒　张　弼　赵　丹　张体鹏　徐卫庆　李庆林
刘秀坤　张忠伟　张　伟　周　铁　苏爱华　杨守林
姜　平

2012年油田公司"功勋员工"

任相财

2012年油田公司"杰出员工"

闫　斌　张　弼　侯　涛　林志波　杨　名　李庆林
贾世华　张忠伟　闫德惠　王庆国　朱雪芹　张　伟
周　铁　司建敏　张　雨

2013年油田公司"杰出员工"

安新明　张　弼　侯　涛　梅丹超　孟庆辉　刘长友
甘森林　窦建洋　刘广辉　李瑞升　朱雪芹　史海霞
张忠伟　闫德惠　韩　彤　万建荣

2014年油田公司"功勋员工"

侯　涛

2014 年油田公司"杰出员工"

于振宇　张　伟　孟庆辉　刘长友　孙志涛　王瑞行
王　岩　何俊峰　崔建峰　梁跃东　苏　博　李大光
张向东

2015 年油田公司"功勋员工"

王瑞行

2015 年油田公司"杰出员工"

程　刚　邵守君　韩　波　黄　磊　王树庆　张景斌
刘长友　周　刚　杨延峰　王云庆　谢　彤　苏　伟
李瑞升　张大恒　高伟栋　欧阳华章

2016 年油田公司"杰出员工"

邵守君　王建庆　方　萍　宫啸鸣　张景斌　李　刚
闫春福　李国龙　刘广辉　王　达　李　凯　苏　伟
金贤镐　钟　荣　史海霞

2017 年油田公司"功勋员工"

李国龙

2017 年油田公司"杰出员工"

代龙兴　甘红根　王建庆　王树庆　张有兴　王海波
王廷浩　贾　蕊　孙志涛　王　皓　杨延峰　刘文武
梁东林　林　冬　谢红鑫　张彦刚

2018 年油田公司"杰出员工"

刘　岩　邵守君　王建庆　杨　生　卢海洲　苏建华
付宝利　闫　斌　刘广辉　姜学瑞　岑力毅　郑　强
王庆国　张大恒　欧阳华章

2019 年油田公司"杰出员工"

丛子博　刘　梅　王一伦　张林默　刘丽萍　程学松
刘子恒　耿保彬　赵　明　王　雷　苏　伟　王月英
孙成元　司建敏

第二部分 集体篇

一、厂获得省（部）、集团公司级（以上）荣誉称号部分事迹材料

荣获"国家质量管理奖"事迹材料

我厂于1979年全国第二次"质量月"活动中开始推行全面质量管理，至今已10年。推行全面质量管理的10年是不断探索的10年，是不断实践的10年。

我厂由探索实践到形成自己特色的全面质量管理，经历了制定规划，完善基础；搞好试点，全面展开；结合实际，不断深化的发展过程。我厂的产品是原油，可以说是"皇帝女儿不愁嫁"，供不应求。但这并不是说采油厂不存在质量问题，恰恰相反，质量仍然是采油企业生存的支柱，发展的保障。如何结合采油厂的实际，运用全面质量管理的思想和方法，本着"以我为主、博采众长、融合提炼、自成一家"的原则，走出一条具有自己特色的质量管理新路子。对此，我们经过探索，确定了自己的方略，就是：把油田开发质量作为我厂的质量重心；把工作质量和工程质量作为我厂的质量管理重点；把油田开发试验和采油工艺攻关作为我厂的质量进步；把提高人的素质作为我厂的质量管理根本。

我们说采油厂质量重心是油田开发质量。这是因为，原油是矿藏，质量是天然形成的，不以人们意志为转移，目前，国家检查原油质量只检查外输油含水率。显然，这是"代用质量特性"，仅此不足以客观地、公正地、全面地反映一个采油厂的质量管理水平。正因如此，我们在保证外输油含水率达到国家标准的前提下，把提高油田开发水平确定为采油厂的质量管理重心。这就是提高油田阶段采收率，控制自然递减率、综合递减率和含水上升率，做到少投入多产出，提高油田开发效益。本着这一原则，根据国家对原油产量的要求和采油厂的性质，我们的经营思想是：勇于创新，不断进取，完成任务，千方百计延长油田稳产期，不断提高油田经济效益。

采油厂质量管理工作的重点是工作质量和工程质量。依靠工作质量保证工程质量，依靠工程质量保证开发质量。这是因为采油厂是一个多层次、多结构、多工种、资金密集、知识密集、技术密集的现代石油开采企业；下属30个矿级生产单位，267个基层小队，1185个生产班组，有118个工种，大多是单兵独立作战，野外施工，露天作业，春夏秋冬，风霜雪雨，24小时连续生产。采油

生产这一特点，客观上要求每个工人、每个岗位、每项工程都必须是优质的工作。为此，我们在深化上下功夫，对所有岗位、各项管理业务和每个生产过程，都制定出严格的标准和制度，实行岗位工人管质量。具体采用的是"四三三"管理策略。"四"是"四个搞好"，"三三"是"三个建立"和"三个必须"。"四个搞好"，即一是搞好质量"立法"。编制了《质量手册》，制定了技术标准、管理标准和工作标准共1131项，作为每个职工的行为规范，使质量管理从"人治"走向"法制"。二是搞好质量管理机构建设。强化全质办、检查站，按专业系统健全地质、采油、作业等10个质量检查分站，全厂共有质管人员985人，专兼职检验人员508人，实行岗位、班组、小队、矿和厂五级管理，层层把关。三是搞好质量控制。采用新的控制技术、检测仪器和监督办法，采取自查、互查、抽查的方式，坚持小队天天查，矿场月月查，厂每年搞一次岗位责任制大检查，每次检查都以质量安全为重点，狠反低标准、老毛病；对质量事故苗头做到查不到事故原因、整改措施不落实、当事人不受教育"三个不放过"，万一出现质量问题，坚持推倒重来，把质量隐患消灭在发生之前。四是搞好现代化管理方法应用。在油气集输、机采井管理、开发试验等18个专业系统，运用正交试验网络技术、预测技术等15种方法，取得成果105项，经济效益4000多万元。"三个建立"，即一是建立科学工作程序。在计划、生产、财务、劳资、设备、物资等各管理部门，全部实行4PDCA循环，使"五个W一个H"落到实处。二是建立质量信息网络。根据我厂质量信息流的特点，建立以计划科为主的日常管理信息流，为主管生产的厂领导提供日常管理质量信息；建立以地质大队为中心的油田动态信息流，为管油田地质的厂领导提供油田地下质量信息；在全质办建立原油产品和油田开发主要质量信息流，为厂长指挥决策提供质量信息。三是建立高效稳产的质量保证体系。我们根据油田生产专业之间相互服务、相互控制、相互制约的特点，按其重要程度划分为地质工作、油水井管理、油气集输、油田监测、设备管理、物资供应、生活后勤服务、思想政治工作等16个子系统，并按系统健全质保体系，形成了以提高油田开发质量为目标的大环、小环环环紧扣、闭路运行，使质量职能渗透到每个环节，把质量职能、质量指标、质量责任、质量奖惩全部落到实处。"三个必须"即讲效益必须以质量为基础，讲责任制必须以质量为中心，讲考核必须以质量为否决指标。通过实行"四三三"管理策略，质量管理从单一的控制外输油含水，扩大到油田开发的全过程，形成全方位、全过程、全员参加的质量管理，变管结果为管原因。

采油厂质量进步是不同阶段的开发试验和相应的工艺技术。这是因为，我们厂的产品单一，不存在更新换代问题，贯彻"三个一代"的方针，主要体现在不同阶段的开发试验。所以，在油田开发一上手，我们就采用解剖麻雀的方法，开辟了30平方千米的生产试验区，进行"十大试验"。经过3年实践，取得5项成果，探索出早期内部注水、保持能量开采的开发方式，为编制油田整体开发方案奠定基础，走出我们自己的开发道路；针对"注水三年，水淹一半，采收率百分之五"的情况，开展群众性的地下分析活动，组织了"101、444"分层注水大会战，实现了"四定三稳迟见水"，使油田开发水平向前迈进了一步，由笼统注水、笼统开采走向分层注水、笼统开采的新阶段；为了寻找油田高产稳产的途径，又开展了"六分四清"提高采油速度试验，实现分层注水、分层开采，使油田开发技术攀上新的高峰，居世界领先地位；油田进入中高含水期后，年产达到1000万吨，稳产难度越来越大，根据大庆油田提出的"高产5000万，稳产再十年"的要求，又开展了接替稳产、高台子油层开发、全面转抽、加速开采等一系列试验，为我厂"七五"期间油田稳产提供现场依据；为实现年产1000万吨，稳产到2003年的奋斗目标，现在又开展特高含水期开发试验和注天然气、注聚合物提高采收率试验。在试验过程中，我们始终加强科研队伍建设，配备专业试验人员974人，工程技术人员403人；严格按照"三个阶段""十一个步骤"进行质量控制，使开发试验按客观规律，步步展开，取得成效。全厂累计开展油田开发试验24项，吸收引进国外先进成套技术5项，取得科研革新成果3401项，采用新工艺、新技术256项，获得国家和省（部）级奖励7项，市（局）级奖励194项，使油田开发部署做到"走一步、看一步"，及早准备，争取主动，减少失误，油田开发质量和原油产品质量不断提高。我厂外输油含水率是0.22%，而苏联是0.5%，美国加州一个油田是3%。显然，原油产品质量处于国内外同行业先进水平。我厂萨葡油层综合含水率81.9%，采出地质储量达到24.9%；而美国同类型的威明顿油田综合含水率达到82.4%时，采出地质储量只有19.8%；苏联同类型的阿尔兰油田和乌津油田，综合含水率达到81.2%时，采出地质储量只有18.76%。显然，我厂油田开发效果也居于世界先进水平。

提高油田开发质量的根本是提高人的素质。我们石油工人有句话叫作："工作岗位在地下，斗争对象是油层"。这是因为，我们要开采和研究的对象，是深

埋在地下上千米的油层，隐蔽性很强。原油在地下既不是河，又不是湖，而是储存在孔隙度只有25%的砂岩之中，地下的几十个油层，厚的十余米，薄的只有几厘米，薄厚差异很大，分布又不均匀。对各类油层的产状、储油状况、油水运动规律、压力变化趋势，只有通过星罗棋布的油水井，千千万万个资料数据，进行分析处理，找出内在规律。资料数据是否准确，取决于人的素质。众所周知，人的素质主要包括政治素质和技术素质两个方面。为了提高人的政治素质，我们坚持加强以党支部为核心的基层建设，对职工进行爱国精神、创业精神、求实精神和献身精神教育，培养"四有"队伍；教育职工以厂为家，树立"为油田负责一辈子"的思想，不断增强主人翁责任感，自觉地做到"三老四严""四个一样"，上标准岗，干标准活，交标准班，达到"人人做出事情过得硬，事事做到规格化，项项工程质量全优，台台在用设备完好，处处注意增产节约"，以第一流的精神风貌，用第一流的工作质量，创第一流的文明企业。为提高职工的技术素质，我们坚持加强以岗位练兵为主要内容的基本功训练，做什么学什么、缺什么练什么，练好真本领、硬功夫，人人做到"几知""几会""几过硬"，都有一套"绝招"。如熟知质量要求、规格标准，干活正正规规、一丝不苟，质量上过得硬；熟知安全知识，能判断、预防、处理事故，复杂情况面前过得硬。同时，我们还开展比智、比武、比美的"三比"大赛，激发了职工学技术的积极性，涌现出一批又一批地下尖兵、地下警察、地下分析能手、管理能手和百问不倒的技术尖子。在提高职工技术素质的同时，紧紧围绕质量的时间价值，加强职工的质量意识教育，广泛开展群众性QC活动。在全厂349个QC小组中，有2项获国家优秀质量管理奖，7项获黑龙江省优秀管理奖，28项获大庆市优秀质量管理奖，累计取得成果571项，获得经济效益4450多万元。

我们采取上述方略，在各级机关的领导下和兄弟单位的支持下，经全厂职工的共同努力，实现了年产1000万吨，稳产16年；并在1983年以后，原油产量每年以7%~8%的速度递增。30年来，累积为国家生产原油2.61亿吨，我厂被原石油工业部多次评为高产稳产采油厂，1987年获黑龙江省质量管理奖，1988年获原石油工业部质量管理奖。

（第一采油厂1990年荣获国家质量管理奖）

荣获"全国模范职工之家"事迹材料

我们厂现有职工 14441 人，共管理油水泵站和计量间、变电所 421 座，油水井 4198 口，年产原油 1500 万吨。厂工会下设 34 个矿（大队）级工会、293 个小队级工会、1524 个工会小组。1990 年以来，我们在上级工会和厂党委的领导下，认真贯彻落实党的十三届六中、七中全会决议和中央《通知》精神，积极响应全总《关于深入开展建设职工之家活动的决定》，在巩固整顿建家工作成果的基础上，以深入建家为主线，全面开展工会工作，有力地促进了工会整体工作的提高，进一步增强"四项职能作用"，全面推进工会建设工作。

一、全面深入开展建家活动，不断加强工会自身建设，工会工作整体有了明显提高

建家工作是增强工会整体工作的有效途径。几年来，我们始终注重通过建家工作促进工会工作的全面发展。在整顿建家工作中，被评为省先进职工之家。

深入建家工作开始后，我们在认真学习全总关于深入建家的"六条标准"和省、市总工会关于深入建家的指示精神，在广泛宣传深入建家意义的基础上，采取积极措施，全面开展深入建家工作。一是积极向厂党委汇报工作，在党政领导的支持下，把深入建家工作纳入双文明考核的重要内容之中。厂党委专门起草了《关于党政工齐抓共建职工之家》的通知，以文件的形式下发到各级党政工组织，明确规定凡没有达到合格职工之家标准的单位，取消双文明单位的评比资格。二是层层制定了深入建家活动的条例，明确目标，规定内容，为深入开展建家活动打下了坚实的基础。三是积极开展"六比"竞赛活动，推动建家活动的深入开展。"六比"即比建家方案落实得最好，比建家工作搞得最活，比职工之家凝聚力最强，比职工热情最高，比职工之家环境最美，比工会小组活动最实。为了使"六比"竞赛活动扎扎实实地开展起来，专门成立领导小组，下设办公室，实行月小结、季小评、半年初评、全年总评的方法进行考核，并且作为全年工作评比的一项重要内容。四是压缩计划开支，拨专款 73500 余元，作为小队工会深入建家活动经费，小队工会利用这些经费积极开展劳动竞赛、

文体活动等,极大地增强了基层工会的活力。

为了在深入建家工作中更好地促进工会的自身建设,增强工会活力,我们还重视工会干部和工会积极分子的素质建设。一是加强工会班子建设,在各级党政领导的支持下,调整各矿(大队)和小队部分工会主席,使工会干部的整体水平更趋于年轻化、知识化。二是经常结合不同时期的实际情况,不断加强对工会干部和工会积极分子进行党的路线、方针、政策教育,提高思想政治水平。三是经常结合工会干部的思想实际,开展丰富多彩的活动,激发他们的积极性和工作热情。比如,在工会干部中层层开展工会干部形象标准大讨论,根据中央《通知》精神和十三届六中全会精神,制定工会干部形象标准,层层组织对照讨论。在讨论中树立近百名优秀工会干部形象,召开小队级以上的讨论报告会100多场,并且把他们的事迹汇编成册,下发到各基层工会,引起强烈反响。工会干部形象讨论活动,极大地提高了工会干部的思想觉悟和工作热情,特别是平时不引人注意的工会小组长也明确了职责,提高了认识,使工会小组工作充满生机活力。市总工会在我厂召开了全市工会小组长形象讨论现场会。四是经常从业务素质上对工会干部和工会积极分子进行培训。两年来,先后选派18名工会干部脱产学习工会业务。厂工会举办工会干部业务培训班,对全厂各矿(大队)级的30多名工会干部进行了工会业务培训。各矿(大队)也经常结合自己的实际,举办不同类型的培训班,对工会干事和工会积极分子进行业务培训,两年来共举办7期,培训人员400多人次。

通过全面深入开展建家工作,不断加强工会自身建设,使工会的整体工作明显增强。主要表现在:一是主动接受党委的统一领导,同时依据法律和工会章程,独立自主地创造性地开展工会工作,两年来,工会工作取得了可喜成果,被评为市先进工会,各项业务也在单项评比中名列前茅。二是各级工会委员会组织健全,责任明确,并且都建立了每年向会员(代表)大会报告工作制度和代表常任制度,坚持经常性开展工作。三是在深入建家工作的促进下,不断修订和完善各项规章制度。各单位每年年初,都要按照深入建家工作的总目标,对全年工作进行统一规划和部署,从工作目标、考核内容、考核形式到考核标准,都有详细的计划和安排,使工会工作形成了制度化、网络化、规范化、目标化。四是工会经费审查委员会组织健全,定期审查工会财务工作,工会经费如数拨交,并注重小队级工会经费的使用安排,保证工会经费为工会建设服务、为职工群众服务。五是各级工会组织的竞争意识和进取心日益增强,出现了一个先进更先进、后进赶先进的新局面。比如服务公司工会和经警工会，在深入建家活动中，从基础抓起，各项工作都有了新起色，在半年检查中受到好评。在上半年建家工作检查验收中，全厂34个矿（大队）级工会，全部达到先进职工之家标准，其中17个单位被评为优秀职工之家，6个单位被评为模范职工之家。

二、广泛发动，积极组织，以"双增双节"为中心的社会主义劳动竞赛活动稳步发展

我厂地处油田老区，原油开采时间较长，生产上存在的问题较多，尤其是近两年来，由于限电、钻井降压、套变等各种原因，原油稳产的难度越来越大。为保证各项生产任务的完成，我们充分发挥工会组织的特点，紧紧围绕原油生产，广泛发动、积极组织职工开展以"双增双节"为中心的多种形式的劳动竞赛活动，极大地激发了广大职工为油大干的积极性。

先后开展了"双增双节"立功竞赛、"创双十佳优胜班组"竞赛、"争当技术能手"竞赛、"我身边无事故"竞赛、"三懂、两会、一千天"安全竞赛、"革新挖潜提合理化建议"竞赛等多种形式的劳动竞赛，为了使竞赛活动不走形式，扎扎实实地开展起来，我们在竞赛活动中，注重做好以下四个方面的工作。一是注重培养树立典型，调动职工们的积极性。每次竞赛都要及时发现树立一批典型，通过经验交流会、事迹报告会等形式向职工宣传。比如在"争当技术能手"竞赛中，树立了青年工人李文英这个典型。李文英是1980年技校毕业生，由于她在工作中刻苦钻研、大胆实践，很快掌握过硬的技术本领，多次在厂、矿技术比赛中获奖，1988年还获得全国石油系统青工技术大赛采油一路第二名的好成绩，被破格提拔为工人技师，当时才22岁，是全国石油系统最年轻的工人技师。我们抓住这个典型，大会小会进行宣传，并在青年工人中开展"对照李文英找差距"的大讨论，在全厂职工（尤其是青年职工）中引起强烈的反响。三矿中一队一井组井长、青工王辉兰说："李文英和我们年龄差不多，也都是技校毕业，她能练就过硬的技术本领，我们也决不能落后。"于是她带领井组的职工开展了一个"学技术、练本领"的比赛，技术水平提高得很快，在全厂技术运动会上，她和井组另一位职工分别夺得采油工比赛的第一名和第二名，获得了"厂技术能手"称号。二是注意配合竞赛活动，落实系统工作，促进基础工作的开展。比如在开展"三懂、两会、一千天"安全竞赛中，我们以北二联为典型，推行安全系统工程理论，落实安全检查表、安全鱼刺图、安全系统保证

图等模型图,并在全厂采油、作业等8大系统开展安全系统工程理论教育,录制《机采井标准化操作》专题录像片,全厂8大系统职工中参加安全系统工程理论教育的人员达60%,促进了劳动保护工作和安全生产。厂工会曾在全国石化系统劳动保护部长会议及省总劳动保护工作会议上,介绍推广安全系统工程理论的经验。同时,太原、合肥、广州等地市工会领导也来我厂进行学习指导。三是注意把竞赛和岗位练兵与提高职工技术素质结合起来。四是注意总结表彰工作,激发职工的竞赛热情。竞赛结束坚持每年都召开竞赛总结表彰大会,对竞赛活动进行总结,对在竞赛中涌现出来的先进集体和先进个人给予精神鼓励和物质奖励。

多种形式的竞赛活动极大地调动了职工的生产积极性,有力地促进了生产发展。1992年,共完成技协项目131项,完成计划的131%,创经济效益1333万元;"双增双节"指标完成4059万元,完成局下达指标的186%;原油生产完成任务1504万吨;一举夺得省文明单位标兵、国家质量奖企业、全国合理化建议先进单位、省模范职工之家4块奖牌。

三、强化民主管理制度,增强职工参与意识,以职代会为基本形式的各项企业民主管理工作得到进一步落实

为不断深化企业民主管理工作,我们从发挥职工代表作用入手,狠抓企业民主管理工作。

一是进一步健全和完善以职工代表大会为基本形式的民主管理体制。目前,全厂各级工会组织全部建立了职工代表大会制度,并且按时召开职代会或职工大会,凡涉及企业大政方针的重大问题,都提交职代会审议通过。为了进一步发挥广大职工的民主监督作用,各级工会坚持定期开展民主评议干部活动,有效地促进了干部的民主意识。

二是注意发挥职工代表的作用,促进企业民主管理。首先,制定"一培二考三评议"制度,不断加强职工代表的素质培训。一方面通过开展民主评议职工代表活动,增强他们参政议政的紧迫感,另一方面又按计划层层举办培训班,对代表进行参政议政的素质培训。在代表培训中,做到每届代表上任前都进行就职培训,在此基础上,再根据代表的素质情况,随时进行素质培训。比如,1993年我们厂、矿两级工会组织都分别进行了换届选举工作,产生新一届职工代表,为使新当选的职工代表增强参政能力,我们在培训中心举办两期职工代表培训班,对厂级的职工代表200余人进行为期15天的素质培训。与此同

时，各基层工会也结合代表的实际，举办职工代表各种短期培训班，仅1990年以来，就举办30余期，对提高代表素质起到积极的促进作用。

在不断提高职工代表素质的基础上，为了充分发挥代表的民主管理作用，特别注重发挥在职代会或职工大会闭会期间职工代表的作用。通过划分职工代表责任区，组织代表视察团等多种形式，发挥代表的参政议政作用。比如，电修大队工会为促进生产质量管理工作，年初组织15名职工代表到已经检修过的线路视察质量，他们查看了3条线路，查出8处质量问题。通过视察，代表们感到大队在质量管理上还有漏洞，回队后就给大队领导提出3条加强质量管理的建议，如创样板线路，建立质量跟踪检查和验收制度等，受到领导的高度重视，立即进行整改。

三是充分发挥班组民主管理监督员的作用，把企业民主管理工作落实到最基层。目前，我们全厂共有行政班组1801个，班班建立民主管理制度，设立民主管理监督员，并且制定民主管理监督员职责，负责对全班组的民主管理工作进行监督。为了调动监督员的积极性，除正面教育外，我们还在奖金上给予一定的倾斜。由于民主管理监督员的积极作用，保证了班组长决策的民主性，调动了职工的积极性，深受职工欢迎。工程一大队安装五队民主监督员范福臣在行使民主监督员职责时，不仅敢于及时指出班长的一些主观行事的缺点，还积极地协助班长出主意、想办法，解决班长工作中的难题，促进了班组建设。1992年，上级给他们班组下达的"双增双节"任务比较重，班长拿着任务书发了愁，范福臣就发动大家集思广益，从节约一滴齿轮油，一颗螺丝钉做起，在全班开展"双增双节"竞赛活动，结果经过全班同志的共同努力，全年节约齿轮油2.5吨，沙子80多立方米，机械台班61个，折合人民币36400多元，超额完成班组"双增双节"任务。

四是为了进一步激发职工的主人翁责任感，强化企业民主管理，我们把合理化建议作为企业民主管理的一个重要形式坚持下来。在不断完善合理化建议的申报、审批、表彰奖励等各项制度的基础上，经常结合生产实际，开展各种形式的合理化建议活动。如"红五月万人合理化建议月""我为原油生产献一计""假如我是厂长怎么办"等活动，深深吸引了职工群众。同时我们还注意总结树立一些典型，及时召开经验交流会，推动合理化建议活动的不断深入开展。一年来，全厂共有12700多人参加合理化建议活动，共提合理化建议14010条，创造经济效益8696万元。其中，七矿王文英提出的改进排液转注井口工艺的合

理化建议推荐为全省合理化建议重大成果奖。1990年9月份,市总工会在我厂召开全市合理化建议现场经验交流会,省总工会领导和市政府领导参加会议,对我厂开展合理化建议活动的经验给予高度评价。1991年3月份,我厂被评为全国合理化建议先进单位。

通过采取以上措施,企业民主管理工作得到进一步落实,以职代会为基本形式的各项民主管理、民主监督制度健全完善,《企业法》规定的"五项职权"得到落实,职代会提案落实率达95%以上,职代会各专门小组都能坚持活动,行使民主权利,实现职工民主管理制度化、行使职权程序化、组织体系网络化、开展活动经常化,在推进全厂生产建设和改革中发挥了应有的作用。

四、注重引导,把握结合,职工队伍两个素质明显提高

在职工教育上,首先注重正面教育、正面引导,通过组织职工参加各种有意义的政治活动,提高思想政治觉悟。我们在配合厂党委开展"四大""三好"教育的基础上,积极组织职工开展学习马克思主义哲学活动,全厂从上到下层层建立学哲学领导机构,并成立493个学哲学理论小组,还购买了5000册"两论"小册子,下发到各理论学习小组,使学哲学活动达到组织制度、理论学习小组、学习计划、学习时间、检查考核方法五个落实,全厂掀起了火热的学习热潮。据统计,全厂有90%以上的职工参加学习,其中41%是在理论小组学习、5%是自学。1990年4月,市总工会在我厂召开全市职工学哲学用哲学现场会,市委和局党委领导到会并讲话。为进一步激发职工学习热情,检验职工们的学习情况,我们还举办全厂职工学哲学用哲学知识竞赛,同时选拔3名选手参加全市职工学哲学用哲学知识竞赛,一举夺得第一名,我厂被评为全省学哲学用哲学先进单位。

在学哲学用哲学活动中,职工们把学习马克思主义哲学同改造客观世界和主观世界结合起来。一是促进了自身世界观的进一步改造,思想政治觉悟有了明显提高。职工们通过学习马克思主义哲学,树立起正确的人生观。二是职工分析问题解决问题的能力明显增强,解决大量生产难题。一矿北一队工人胡振生在本队职工对过渡带油田低压热洗产生怀疑时,就运用哲学观点分析生产实际,确定了低压热洗对本队过渡带井的积极作用,使职工们消除疑虑,积极配合热洗,促进原油生产。为巩固"四大""三好"教育和学哲学用哲学活动的成果,进一步加强职业道德教育,激发职工的主人翁责任感和工作积极性,认真贯彻落实党的十三届六中、七中全会精神,在市总工会和厂党委的领导下,定标准抓典型，开展职工岗位形象讨论活动，形成了层层讨论、人人开口的热烈局面。全厂共召开各种形式的讨论会、事迹报告会等1875场次，树立典型1750个。为了推动讨论活动深入开展，厂工会还组织4个岗位形象讨论典型事迹报告团到各大队进行巡回报告，在职工队伍中引起强烈反响。岗位形象讨论活动极大地激发了职工的主人翁责任感和工作热情，涌现出许多可歌可泣的感人事迹。六矿采油女工李桂荣遭遇父亲去世、爱人车祸重伤、母亲病重等一连串打击的时候，看到班里人手少又有一名职工外出学习，就把一切痛苦默默地咽到肚子里。晚上照顾亲人，白天坚持工作，没有请过一次假，甚至没有一次迟到早退，以超人的毅力和忘我的奉献精神，奋力苦干，不但使自己承包的7口井全部达到一类标准，还兼管了那位外出学习职工的4口井，同样口口达到一类水平。

在正面教育的基础上，我们始终坚持三个结合。一是与"学雷锋树新风，学铁人立新功"活动结合起来，积极开展向先进模范人物学习活动，全厂树立100个先进集体和模范个人，并编印了《百面红旗》一书。二是与党委的中心工作结合起来。结合建党七十周年，开展"三热爱"系列教育活动，举办"我为党旗添光彩"演讲活动、"我身边的共产党员"征文活动，还与局党委组织部联合开展迎"七一"歌咏大赛，并在市局同类比赛中获得4个一等奖，职工合唱队被推荐参加全国业余歌咏赛。三是与文体活动结合起来，寓教育于娱乐之中。每年结合实际开展丰富多彩的文体活动，比如围绕北京亚运会召开，开展"迎亚运、练百日"体育活动，举办各种比赛570余场次。围绕着市局两个运动会，举办球类、棋类、第十届田径运动会等12个项目近400场次的体育活动，参加人数达12500余人，占职工总数的89%以上。还有每年一度的秧歌比赛、文艺汇演、元宵灯展和周末舞会都深深地吸引了职工群众，并取得丰硕成果。近几年来，多次参加市级以上的各类比赛，并多次获得冠军。特别是厂职工围棋队代表大庆石油体协参加全国业余围棋赛，获国家乙级队称号。工程一大队风筝代表队先后两次代表大庆参加在北京门头沟举办的国际风筝大赛，分别获得单项三、四、五等奖和集体荣誉奖。在1991年市五届、局二届运动会上均获得团体冠军的好成绩。

在开展职工思想教育的同时，为了提高职工的文化技术素质，我们积极参与职工教育，开展读书自学活动。全厂从上到下层层成立读书自学领导机构，建立职工读书自学小组1203个。为了把读书自学活动扎扎实实地开展起来、坚

持下去，在活动中我们抓住以下四个环节。第一，鼓励职工立足本岗，缺啥补啥、岗位自学、岗位成才。为此，我们充分发挥工会的优势，组织职工开展岗位培训、岗位练兵、技术比赛活动，每年都要举办一次生产技术运动会，去年还组织了采油知识大赛。第二，积极培养树立典型，激发职工的自学热情。第三，与开展系列兴趣爱好活动结合起来。根据职工的业余爱好和特点，成立了读书、书法美术、文学创作、革新科技等一系列的兴趣爱好小组，并且通过举办征文、知识竞赛，提高职工读书自学的自觉性。第四，积极地为职工读书自学创造条件，全厂设有图书馆（室）31个，藏书7万多册，并且配备图书车定期为边远小队送书上门。通过以上的积极工作，激发了职工读书自学的热情，使读书自学活动年年都有新发展。据统计，目前全厂有85％以上的职工参加读书自学，涌现出300多名读书自学积极分子，其中有省自学成才标兵1人、市标兵6人、市积极分子12人。年年被评为市"读书自学活动"先进单位，被推荐为省"读书自学活动"先进单位，宣传工作也年年名列全市前茅。

五、热情关心，积极维护，职工生活福利水平逐年提高

工会作为职工的组织，始终把关心职工生活、积极为职工排忧解难做好事当作一项重要工作来抓。一是积极解决好职工的生活福利待遇。每年安排职工疗养400多人，为职工发放困难补助2000余人次，病号慰问1300余人次，每年还要给每个职工发放10元营养补助，同时与保险公司联系开办职工人身简易保险、家庭财产保险。二是号召各级工会组织积极为职工排忧解难做实事。仅去年以来，就为职工做好事9000余件，解决信访问题148件。采油二矿一位职工的母亲前不久在洪灾中不幸遇难，工会组织为她家捐款2400余元，还派人到她老家甘南县慰问。教师赵会芹因患严重的肾病，失去生活的勇气，工会除在生活上关心外，还积极协调，厂拿出12万元先后两次给她做换肾手术。三是积极开展"三互助"活动，解决职工临时出现的困难。全厂从上到下层层建立"三互助"领导机构，成立专业互助小组334个、包户小组261个、思想互助小组321个，并以小队为单位建立"三互助"活动信息反馈制度。两年来共为职工解决暂时经济困难3071次、职工间劳力互助3841次、思想互助3786次、解决生活困难1580次。市总工会在我厂召开全市职工"三互助"活动现场会，并被推荐为省"三互助"工作先进单位。

积极开展后勤服务工作，为职工创造良好的工作、生活条件。在全市后勤服务竞赛活动中，年年被评为省、市先进单位，同时还受到省、市的嘉奖令。

在做好工会工作的同时，我们还非常重视女工工作。目前全厂共有5000多名女工，全厂各级工会都建立健全了女工委员会，积极开展女工工作。几年来，我们根据市妇联和市总工会女工部指示精神，从思想教育入手，通过党的基本路线教育、"四自"教育、"三八"红旗竞赛、"巾帼建功"竞赛、"攻坚啃硬争当行业女状元"竞赛等活动，不断提高女工的思想政治觉悟和工作热情，涌现出一大批"三八"红旗手、红旗集体和女劳模、女先进生产者。与此同时，各级工会组织还积极关心和维护女工的生活，几年来，共为女工排忧解难做好事3000多件。为了活跃女工的文化生活，经常开展一些适合女工特点的文体活动，如针织、刺绣、家庭运动会、时装表演赛等等。厂年年被评为市女工工作先进单位。

经过不懈努力，我厂真正把工会建设成了群众化、民主化的职工之家，各项工作均在市总评比中名列前茅，年年被评为市先进工会，并在1991年跨入省模范职工之家行列。

（第一采油厂1993年荣获全国模范职工之家称号）

荣获"全国精神文明建设工作先进单位"事迹材料

第一采油厂是 1960 年大庆油田最早成立的采油厂，也是全国各大油田中员工最多、规模最大、产量最高、经济效益最好的采油厂，全厂下设矿（大队）级单位 21 个，基层小队 252 个，共有员工 12901 人，油田管理面积为 161.25 平方千米，共有油、水井 8879 口，计量间 542 座，各类站、库 296 座，固定资产原值 190 亿元，净值 83 亿元，全厂原油产量占大庆油田总产量的四分之一，占全国原油产量的十分之一，建厂 42 年来累计为国家生产原油 4.3 亿吨。2000 年 8 月 24 日江泽民同志亲临我厂视察。

多年来，我厂始终坚持"两手抓、两手硬"的工作方针，积极致力于文明单位创建工作，特别是 1999 年我厂荣获"全国精神文明建设工作先进单位"荣誉称号后，我们以此为动力，不断鞭策和激励全厂员工，使全厂"两个文明"建设不断取得新成绩。

油田开发创出新水平。油田继续保持注采平衡，3 年来，累计生产原油 4330.0473 万吨，实现年产原油 1000 万吨以上连续稳产 28 年。

经济效益取得新增长。深入挖潜，严格控制油气操作成本，3 年累计上缴内部利润 202.8688 亿元。

科研攻关再获新成果。3 年来，在油藏工程、采油工程、地面工程、信息化技术等方面共取得科研成果 196 项，完成群众性技术革新 1012 项，有 16 项科研成果通过油田公司评定验收。

生产管理水平实现新提高。全厂一类油水井达 85.6%，一类计量间达 91.4%，一类站库达 95.14%，实现安全生产不超标。2000 年，我厂被油田公司评为安全生产金牌，有 44 队（站）次获得油田公司金、银、铜牌队（站）称号。

企业改革取得新突破。按照上市公司要求，全厂实行组织结构、队伍结构调整和"五定"（定员、定岗、定编、定责、定岗位规范）工作，健全完善不同形式的内部经营承包机制，初步形成符合现代企业制度要求的企业管理体制。

员工队伍建设取得新成绩。3年来，先后涌现出全国优秀女职工1人，省级劳模2人，油田公司级先进集体21队次，油田公司级劳模27人，厂级以上技术能手584人，通过技能鉴定有2878人达到高级工水平。通过文化技术培训，培养出研究生42人，大专和本科生187人。职工犯罪率在万分之二以下，计划生育工作连年被局、油田公司评为红旗单位。

油田综合治理取得新成效。3年来，共破获各类刑事案件57起，抓获犯罪团伙33个，缴获被盗原油及油田物资总价值2120万元，为油田生产创造了稳定、有序的环境。

员工生活条件得到新改善。1999年、2000年、2001年员工收入分别比上一年增长4.3％、7.6％、10％，3年共分配员工住房2437户，重新维修16个矿（大队）办公楼，新建和改造21个基层小队点，每年拨款50万元为员工进行健康体检，分批组织员工到外地疗养。

精神文明建设取得新成绩。厂工会被评为全国模范职工之家，厂团委被评为全国五四红旗团委，厂被评为黑龙江省思想政治工作先进集体，第三油矿中十六联合站被授予全国五一劳动奖状。

一、形成新共识，建设进取型领导班子

1999年9月，我厂荣获"全国精神文明建设工作先进单位"荣誉称号，全厂干部员工无不欢欣鼓舞。面对新的荣誉，我们深深地感到，这一荣誉的取得，是省文明办、市文明办、局文明办领导关心培养的结果，是全厂干部员工努力奋斗的结果。在新形势下，保持荣誉，提高创建水平，必须坚持牢牢抓住班子这个"龙头"，努力建设进取型的领导班子，真正做到"两手抓，两手硬"，带领全厂员工在文明单位创建的道路上不断取得新成绩。

一是在改革发展上进取。2000年，我们针对油田公司重组上市的新形势，在全厂深入开展"找差距、定规划、谋求新发展"活动，突出领导班子的进取精神，组织全厂各级班子、各级干部对照上市公司新体制要求，对照国内外同行业先进水平，认真查找我厂在改革发展中存在的差距和不足。在此基础上，认真贯彻油田公司"高水平、高效益、可持续发展"的战略方针，把2001年确定为"创新发展年"，确定了在管理、技术和人力资源开发创新上取得新突破的工作思路。在厂第一次党代会上，提出"塑造一个形象、取得四个突破、改善两个环境、实现一个目标"的今后3年全厂奋斗目标。即实践"三个代表"，塑

造"三老四严,永创一流"形象;技术创新取得新突破,体制和管理创新取得新突破,人力资源开发创新取得新突破,思想政治工作取得新突破;改善油田治安环境,改善员工工作环境;到2004年原油产量稳定在1100万吨以上。领导班子坚持与时俱进,积极进取,激发了全厂员工的工作热情,为全厂的改革发展提供良好的思想和组织保证。

二是在精神文明建设上进取。要求全厂各级班子、各级干部把"全国精神文明建设工作先进单位"这一崇高荣誉作为新的动力和起点,在精神文明建设的道路上继续发挥领头雁的作用。为此,我们加强领导力量,对厂精神文明建设领导机构进行重新调整,形成了厂、矿、队文明单位创建工作三级组织网络;完善机制,健全了各级干部"两手抓"的责任制度;抓好落实,在确定工作思路、组织运行和成果检验过程中做到"两个文明"并重。使全厂形成了"一把手抓两手、一班人两手抓"的局面。

三是在提高干部队伍整体素质上进取。深入学习贯彻党的十五届六中全会精神,大力加强干部队伍作风建设,提倡"三戒三求"作风,即戒浮求深、戒虚求实、戒粗求细,结合实际,在科级以上干部中开展廉洁勤政"新形象工程"活动,在小队干部中开展以"做合格干部,争当优秀干部,争创一流业绩"为内容的"双争"活动,锤炼领导班子的过硬作风。结合我国加入WTO和油田重组上市的新形势,分期分批地组织干部学习现代企业管理知识、工商管理知识和法律法规知识,培养各级班子、各级干部创新发展的本领,使全厂各级班子逐步成为政治坚定、思维敏锐、开拓创新、团结务实、廉洁勤政、作风民主的坚强集体。

二、树立新理念,培育学习型队伍

我们感到,随着我国加入WTO和中国石油在境外上市,石油企业面对的将是激烈的国际市场竞争环境。因此,文明单位创建工作必须着力提高员工队伍的综合素质,坚持传统与创新相结合,引导员工树立新理念,努力培养学习型的员工队伍。

一是建设文明厂,培育文明人。我们牢牢抓住继承发扬大庆精神铁人精神这条主线开展教育,充分发挥"三老四严"优良传统发源地中四队、"四个一样"优良传统发源地5排65井组、岗位责任制发源地北二注水站等市级爱国主义教育基地的作用,坚持不断开展大庆精神铁人精神教育。每年都详细制订教育计划,通过系统灌输、专题辅导、开展活动等多种教育形式,使大庆精神铁人精神之魂深深地根植于每名员工的心中。坚持抓好员工的社会公德、职业道德和家庭美德教育，组织员工认真学习《公民道德建设纲要》，深入开展"三五""四五"普法教育，提高员工的文明素养，增强遵纪守法的自觉性。近3年来，全厂共举办"三德"教育培训班90期，普法教育培训班165期，还先后建立了员工形象标准、行为标准和文明规范。工会、共青团等群众组织经常性地开展岗位管理明星、巾帼建功、创建青年文明号、争当青年岗位能手等群众性创建活动，开展歌咏、演讲、知识竞赛、读书、体育比赛等丰富多彩的群众性文化活动，陶冶员工的情操，激发员工工作热情。说文明话、办文明事、做文明人成为员工队伍的共同行为。中十六联合站以"永远做油田精品"为理念，把用人干工作转变为工作中育人，培养高素质的员工队伍，党中央、省部级领导多次到站里视察工作，对员工过硬的作风给予高度评价。

二是适应新形势，培育智能人。面对油田公司上市的新形势，教育引导员工解放思想、超越自我，做智能型员工。在员工中积极灌输"大庆油田为祖国加油"的社会理念，引导员工以自己的真诚和努力服务社会、回报社会，为推动人类文明和社会进步做贡献；灌输"高水平、高效益、可持续发展"的发展理念，引导员工从过去的以原油生产为中心转移到以提高经济效益为中心上来；灌输"发展的企业为人才的发展提供广阔的平台，发展的人才为企业的发展创造无限的空间"的人才理念，激发员工岗位成才的积极性；灌输"学习——向上的阶梯"的学习理念，激发员工学文化、学技术的自觉性。为了营造学习型组织的氛围，我们采取多种形式，进行职业生涯设计，为员工成长"铺路子"；创造学习机会，为员工成长"搭台子"；建立竞争机制，为员工成长"架梯子"，使全厂员工的技术素质不断提高。全厂基层小队普遍成立技术攻关小组，群众性"五小"活动遍布基层。在油田公司员工技术大赛上，我厂连年获得团体总分第一名。在2000年省职工技术大赛上，我厂获得金牌总数和团体总分两项第一的好成绩。

三是实现新发展，培育创新人。实现油田可持续发展，需要全员的创新意识，我们在加强对员工进行技能培训的同时，采取多种形式鼓励员工突破禁区，挑战极限，围绕生产经营积极进行创新实践。厂设立创新创效奖，开展创新创效"点子"工程，定期评选创新创效英才，激发员工的创新热情。第六油矿员工积极实践，创出"计点法"管理方式，确保各项生产经营指标落实到人；仪表大队员工在实践中总结形成"首问制"的管理方式，提高了工作效率；第

二油矿适应新形势,赋予大庆"四个一样"优良传统新内涵,创建以"素质高低使用不一样,技能强弱岗位不一样,管理好坏待遇不一样,贡献大小薪酬不一样"为内容的"四个不一样"管理模式,被确定为油田公司的管理理念。近3年来,全厂员工围绕生产经营和改革发展提合理化建议3627条,采纳率达30%。

三、着眼新发展,打造效益型企业

企业精神文明建设必须以物质文明为基础。油田公司重组上市,标志着企业从以确保油田稳产为目标转移到以实现可持续发展为目标,经济效益直接关系到厂的前途命运。为此,我们适应形势发展要求,努力使企业由管理型向经营型转变。

一是靠深化改革促效益。按照建立现代企业制度的要求,在油田公司统一部署下,认真总结过去改革经验,积极深化企业内部改革。健全完善内部经营机制,根据工作特点分别对各矿(大队)实行内部承包责任制、资产经营承包责任制、费用承包责任制;按照精干、高效的原则,实行组织结构、队伍结构调整,压缩编制、精干机构;按照专业化管理的原则,进行作业区管理试点和"五定"工作,提高工作效率;引入竞争机制,择优选人用人;实行业绩管理,进行绩效激励;实行计件工资、效益工资和全额浮动工资等多种分配机制。通过深化改革、建立新机制,激活了各个管理单元,提高了经济效益,促进了管理上水平。

二是靠科学管理促效益。紧紧围绕企业管理做文章,在生产运行管理上,加强油田日常管理,保持了注采平衡、优化措施方案、优化措施工作量、优化运行,仅2001年就实现措施增油48.89万吨,油田管理水平始终处于油田开发系统前列;在成本管理上,加强成本预算管理,强化成本控制,做到"纵向到底、横向到边,落实到岗,责任到人",2001年节水400万立方米,节电2000万千瓦·时;在投资管理上,加强中长期规划编制,加强概算、预算和结算管理,确保全厂投资不超;在质量管理上,严格按ISO9001质量管理认证体系,加强生产全方位、全过程的质量监督,全厂工程施工合格率始终保持100%,优良率达97%,2001年作业施工检泵率、综合返工率分别比上一年下降6.02和15.43个百分点;在安全生产管理上,强化安全生产教育,完善安全生产管理体系,明确目标,落实责任,年年实现安全生产。

三是靠科技创新促效益。坚持"超前、创新、实用、高效"的科技工作方针。建立完善科技管理体系,对部分项目实行招投标制度、科技成果按效益奖励制度，集中人力、物力、财力突破"瓶颈"技术，促进科技成果尽快向现实生产力的转化。抓好群众性技术革新，围绕岗位工作实际，突破技术难点。在此基础上，我们注重激发科研人员及广大员工的科研创效积极性，鼓励员工发挥聪明才智。通过采取上述措施，全厂科技工作不断取得新成果。油田地质系统的科技人员以深化油藏精细地质研究、发展稳油控水技术、完善三次采油配套技术为重点开展科技攻关，其中以萨零组储层物性特征及潜力分布研究、水淹层多资料综合解释方法、微型构造与沉积相带叠合绘制技术为主要内容的油藏精细地质研究，为各类油层挖潜、实现油田可持续发展提供了科学的地质依据。地面工程系统的科技人员积极研究推广抽油机节能配套装置、常温集油技术、高效节能燃烧器等节能降耗技术，共获经济效益4587万元。

四、规划新环境，构建生态型矿区

加强环境建设是文明单位创建工作的重要内容，作为能源开发企业，我们深感责任重大。近几年来，我们在不断探索和深入总结经验的基础上，对环境建设进行整体规划，努力在构建生态型矿区上下功夫。

一是实施环境治理工程。按照市委关于建设生态城市的要求，我们从容易造成工业污染的源头抓起，大力实施污油、污水治理，并实施三个方面的保证措施。在组织上保证，厂、矿专门成立环保领导小组，各基层单位配备兼职环保员，形成三级环保管理网络。在制度上保证，按照HSE管理体系要求，重新修订完善环境保护制度；健全相应的管理考核机制。在物质上保证，近几年来，厂投入大量资金用于治理工业污染，仅2001年就投资1.346亿元新建4座含油污水处理站，投资1000余万元进行环保设备改造，使各项含油污水处理指标均优于国家标准。同时，我们强化日常管理，抓好作业施工，保证不放油；管好外排口，保证不带油；加强设备管理，保证不漏油。经过不懈努力，全厂8个主要原油生产单位全部达到无油污采油矿的标准，厂实现无油污采油厂目标。

二是实施"美化、绿化、净化、亮化"工程。我们坚持矿区建设与矿区美化同步规划的原则，厂每年都拨出专项资金用于环境绿化，3年来，共植树22万株，绿化覆盖率为21%，厂连年被评为局、油田公司绿化工作先进单位。我们还筹集资金对友谊楼区进行环境治理，在地处市中心区的矿（大队）办公楼、小队点普遍安装了霓虹灯，在市中心组成一道道亮丽的风景线，美化了市容。

三是实施社会治安专项整治工程。为保证全厂良好的社会治安环境，我们认真落实打、防、控一体化措施，仅去年以来，全厂共开展集中专项整治行动

62次,打掉盗窃油田的犯罪团伙29个,抓获犯罪嫌疑人958人次,缴获盗窃油田物资车辆586台,收回被盗原油2000多吨,挽回经济损失890多万元。去年,我们在油田公司的整体部署下,在市政府的支持下,加大矿区内"三无"人员治理,拆除违法违章建筑,全厂共出动人力2.3万人次,各种设备4140台次,拆除违法违章建筑28217户、120.1万平方米,铲除黑村屯67个,取缔非法炼钢厂16个、化油点6个、沥青厂3个,捣毁盗油窝点3个,进一步净化了油田治安环境,确保油田良好的生产、生活秩序。

以上是我厂文明单位创建工作的基本情况,我们深知所做的工作按照上级要求还有一些差距,我们将虚心向先进单位学习,不断提高我厂文明单位创建水平,为实现油田高水平、高效益、可持续发展和大庆市经济社会全面发展做出新的贡献。

(第一采油厂1999年荣获全国精神文明建设工作先进单位称号)

荣获"全国五四红旗团委标兵"事迹材料

第一采油厂团委以争创"全国五四红旗团委标兵"为目标，按照"贴近生产搞活动、围绕效益抓创新、服务青年强素质、团建创新举红旗"的思路，立足"新、活、精、顺"四字，切实抓好团建工作，连续18年在市、局、油田公司名列前茅，先后被评为全国五四红旗团委、黑龙江省五四红旗团委标兵。

创新设置，探求团建新途径。随着企业的重组改制，按照实际需要灵活设置团的组织，一方面随着生产建制的变化建立、合并、分解、撤销团组织；另一方面，打破行政区域、行业类别，成立两个文化园区，形成条块结合、上下联动、横向互动网络型团建模式。同时，针对新的管理运行机制，依托工会、生产、行政等部门，建立"大团建"的格局，变"独唱"为"合唱"，纵横交叉，"主角""配角"交替扮演，团组织的影响力不断扩大。

搞活形式，焕发团建新生机。围绕"四好"创建标准，探索出以"四个一"竞赛（树立一个团干部典型，开展一个精品活动，创建一个标兵支部，建设一个特色阵地）为载体的新形式，开展"我为'四个一竞赛'献一计"最佳方案评选和精品活动评选。仅一周时间，全厂就有320人提建议598条。在厂团委网页上开设"每月一赛""有奖荐书"活动，团的活动影响面不断扩大。活动中，重点抓住支部建设这个中心环节，一方面在先进团支部中开展"红旗标兵、红旗模范"系列团支部竞赛活动，另一方面在后线团支部中开展团干部"一包一"、模范团支部"一带一"活动，先后涌现出省级红旗团支部标兵1个、省红旗团支部1个，市（局）、油田公司红旗、模范团支部40多个，团支部合格率达100%，先进率达45%。厂团委被评为全国五四红旗团委、黑龙江省五四红旗团委标兵后，面对荣誉，没有骄傲，而是向更高的目标——全国五四红旗团委标兵迈进，轰轰烈烈地开展"找差距、订规划、求创新、谋发展"活动，共召开座谈会、讨论会120场次，发放调查问卷2000多份，青工参与面达80%以上。

精选内容，拓宽团建新领域。工作中，不是就团建讲团建，而是充分发挥

团组织的服务职能,精选活动内容,拓宽领域。一是把握青工思想教育这个根本环节,为培养"四有"新人服务。以"党在我心中""永远跟党走"为主题,先后组织3万余人次青工参加由团中央主办的各类知识竞赛5次。为基层配备价值10余万元的图书和影碟。组织近1万人次团员青年参观爱国主义教育基地。在厂团委网页上专门开办"红娘"网站。开展丰富多彩、健康向上的文化活动200多场次,有8千多人次参加各项活动,培养音乐、舞蹈、书法、绘画、文学创作等各类人才600多人。二是把握企业生产经营这个中心环节,为企业大局服务。连续3年与油田公司管理部联合开展"共青团优质井站竞赛""狠扫井站低水平,精细管理创优质"活动,2002年全厂油水井优质率比上年上升10.69个百分点,计量间上升28.98个百分点,优秀地质组上升7个百分点;在严抓地面管理的同时,参与全厂"一口井就是一项工程"活动,在青工中广泛开展"单井分析"活动,培养地下分析尖兵300多名。以"红马甲"为标志,深入开展青年志愿者活动,仅2003年就先后举办5期新型工具技术培训班,有200多名青年志愿者送科技下基层,为共青团的发展拓宽了空间,延伸了领域。三是把握培养和造就青年人才这个关键环节,为青工的成长成才服务。精心设计,通过开展各种活动,挖掘和发现生产管理和技术人才、创新创效人才、青年文学人才等,仅2003年,就涌现出1个全国青年文明号、2个油田公司级青年文明号集体标兵、2个油田公司级青年文明号集体、10个厂级青年文明号集体、10名厂级杰出青年岗位能手、20名厂级青年岗位能手,在2002年厂第18届生产技术运动会的参赛选手中90%是青工,获奖选手93%是青工,创造"五小"成果185项,提出"创新创效点子"648条,被采纳181条。同时,成立青年管理人才、青年科技人才、青年文体人才等人才库。

理顺环境,谋求团建新发展。主动争取党委的重视和行政的支持,优化政策环境,将团建工作与党建工作有机结合,形成"党建带团建、党建促团建"的工作格局。一是把团员队伍建设与党员队伍建设结合起来,有计划地发展团员,理顺"推优"工作组织程序,创建"四化"工作机制,仅2003年就发展团员55人,推荐优秀团员作为党的发展对象426人。深入开展"学团章、举团旗、唱团歌、戴团徽、知团情、持团证"的"六团"主题教育活动,深化了团员意识教育。二是把团干部队伍建设与党的干部队伍建设结合起来,积极协助党组织把好选配关、培训关、管理关和使用关,坚持民主集中制原则,每月召开一次团委会。通过集中培训、典型引路、外派学习等方式加强团干部业务培训，使团干部做到"五会"，即会本职业务、会一门外语、会计算机操作、会市场经济有关知识、会一样文体活动。在团干部管理上，一方面采取"逐级考核，双项挂钩"的方法；另一方面实行"一日、两单、三报、四讲"的文本化管理方式，有效的管理机制极大地提高了团干部的作风建设，从而使近80名优秀团干部走上各级党政干部岗位。三是把团的基础建设与党的基础建设结合起来。评选"十大特色"阵地，开展上百场次各种文体活动。全厂团的各项工作实现"六有"，即有规划、有标准、有典型、有经验、有考核、有实效，创建"五四红旗团委"活动取得较大的发展，团组织的吸引力、凝聚力、战斗力得到进一步的加强，团组织焕发出蓬勃的生命力。

（第一采油厂团委2003年荣获全国五四红旗团委标兵称号）

荣获"中国石油天然气股份有限公司油气田开发先进单位"事迹材料

第一采油厂主要担负萨中开发区油气开发管理工作,2001年以来,认真贯彻落实股份公司和油田公司的总体部署,坚持"高水平、高效益、可持续发展"的油田开发方针,解放思想,转变观念,深化改革,依靠管理创新和技术创新,进一步提高油田采收率,实现原油产量1000万吨以上连续30年高产稳产,为"稳定东部、发展西部"战略目标的实现做出贡献。

油气生产经营保持高效益。2001年以来,克服油田高含水后期采出程度高、含水高、储采失衡、成本控制难度大的困难,原油、天然气生产及各项开发指标年年完成国家计划。2001—2003年原油年产分别为1399万吨、1347万吨、1321万吨,原油年产在1000万吨以上保持了30年;天然气年产一直保持在5.5亿立方米以上,3年实现产值436.9亿元,上缴利润302亿元,操作成本控制在3.14美元/桶以下,全面完成各项经营和安全生产指标。

油田开发保持高水平。2001年以来,在精细油藏描述和深入精细刻画高含水后期储层各单元和微相的剩余油基础上,在水驱开发上,实施6个区块896口二三次井网加密调整、3个区块229口井注采系统调整、两个区块616口井的综合治理,以及优化注水产液结构,使自然递减、含水上升率分别由2001年的9.8%和1.31%控制到2003年的8.7%和0.93%,增加可采储量1064万吨;在聚合物驱开发上,新注聚区块采用高分子前置段塞、深度调剖和缩小注采井距等进一步提高聚驱采收率技术,老注聚驱块采取分注、调剖、调驱、优化井组停注聚时机等跟踪调整措施,使聚合物驱采收率比原方案整体提高0.5~2个百分点。通过水聚两驱精细开发和调整,3年共增加可采储量1793万吨,提高全区采收率1.46个百分点。

技术攻关成果显著。创新高含水后期区块控水挖潜配套技术,北一区断东试验区取得注水量、产液量、含水上升率、自然递减率和套损率分别下降3.36、14.91、0.27、0.92和1.71个百分点,采收率提高1.11个百分点的好效果;开展二类油层聚合物驱配套开发技术攻关，中新 201 站二类油层聚合物驱先导型矿场试验阶段提高采收率 5 个百分点，预计最终提高 10 个百分点，该技术的成功使萨中开发区 2.4 亿吨储量投入聚合物驱成为可能；突破了含聚抽油机井杆管偏磨治理技术，该技术应用 3 年来，抽油机检泵率和返工率分别下降 36.77 和 36.5 个百分点，平均每年降低作业成本 2200 万元，实现"一年基本缓解，两年大见成效，三年进入良性循环"的目标。

管理水平进一步提高。在开发工程项目管理上，从立项、设计、招投标，到施工、验收实施全过程规范化管理，三年节约投资 1.3 亿元，工程项目合格率保持 100%，41 项工程被评为油田公司优质工程，其中新北一放水增压含油污水处理站工程被中国市政工程协会授予 2003 年度国家市政金杯示范工程；在成本管理上，优化水、电、气系统运行，采取新式燃烧火嘴、电力无功补偿和变频节能新技术提高运行效率，同时加大打击盗窃水、电、气的力度，减少跑、冒、滴、漏现象，年均节气 1500 万立方米，节电 8800 万千瓦·时，节水 1000 万立方米。

3 年来，厂领导班子求真务实、团结进取、充分发挥骨干带头作用和领导作用。构建了以"三老四严，永创一流"为核心的文化体系，提出的"四个不一样"被油田公司定为公司管理理念，员工队伍稳定、人心思进，无违法违纪案件发生，厂被评为黑龙江省思想政治工作先进集体。

（第一采油厂 2004 年荣获中国石油天然气股份有限公司油气田开发先进单位称号）

荣获"全国企业文化建设先进单位奖"事迹材料

大庆油田有限责任公司第一采油厂始建于 1960 年 10 月 9 日，是大庆油田最早成立的采油厂，也是全国最大的采油厂。油田开发面积 161.25 平方千米，共有油、水井 10403 口，各类站（库、所）806 座，计量间 559 座，资产原值 230.79 亿元，净值 96.87 亿元。全厂共有矿（大队）级单位 21 个、基层小队 259 个，员工 13043 人，其中干部 2941 人、专业技术人员 1060 人。建厂以来，累计生产原油 4.72 亿吨。

在创造巨大物质财富的同时，第一采油厂也创造了宝贵的精神财富，是大庆油田著名的"岗位责任制、三老四严、四个一样"等优良传统的发源地，也是大庆精神的重要发源地。在油田发展的新时期，第一采油厂积极应对挑战，在大庆油田有限责任公司"以观念更新推动理念创新，以文化发展推动管理升级"的文化创新思路指导下，积极探索企业文化建设之路，形成文化兴企新格局，推动企业持续有效发展。先后荣获全国精神文明建设工作先进单位、全国模范职工之家、中国石油天然气总公司管理先进单位、黑龙江省先进党组织标兵等荣誉称号。

一、秉承理念创新思路，在继承和发展中构建理念文化新体系

文化创新，理念先行。第一采油厂坚持以文化引领发展这条主线，科学把握自身传统文化的精髓，突出与时俱进的时代要求，在继承和发展中构建理念文化新体系。

注重文化的传承性，确立新理念。把握文化内涵的延展主脉，把"三老四严，永创一流"确定为核心理念，体现了第一采油厂优秀传统文化的底蕴。"三老四严"发源于第一采油厂，形成于大庆石油会战初期，是根植于第一采油厂深厚历史积淀的文化成果，是享誉全国的大庆精神的主要内容之一，体现了岗位职责的制度约束与行为养成的有机统一，成为几十年来发展的文化主脉。近年来，第一采油厂积极应对挑战，打造一流管理、一流技术、一流队伍，着力

提高企业核心竞争力，形成"四个不一样"管理理念，取得全国精神文明建设工作先进单位等新成绩，充分印证了"永创一流"的精神品格。"三老四严，永创一流"核心理念，就是追求文化的继承性与发展性、传统性与创新性的有机统一，为实现可持续发展提供重要的文化支撑。

追求体系的完整性，形成新框架。在实践中注重发挥理念文化的辐射功能，逐步形成较为完善的"13311"理念文化框架，推动全厂企业文化创新。"1"即"三老四严，永创一流"核心理念；"3"即涵盖管理层、技术层、操作层3个层面；"3"即形成厂、矿（大队）、小队3级文化架构；"11"即涉及管理、经营、成本、质量、安全、学习、人才、发展、服务、环境、行为11个方面内容。在管理上，形成"四个不一样""无加班管理"；在经营，形成"合作双赢、共同发展"；在成本上，形成"三全"管理；在质量上，形成"信得过——最好的承诺"；在安全上，形成"珍爱生命，享受美好生活"；在学习上，形成"学习——超越自我""四学四优"；在人才上，形成"能力关怀""百做不误"；在发展上，形成"永远做油田精品""精优同步开发"；在服务上，形成"首问制""三超"；在环境上，形成"信息桥""亲情关爱"；在行为上，形成"无过错免职""三不"等理念。"13311"理念框架虽然涉及范围、关注层面、涵盖内容各不相同，但每个理念无不凸显出文化管理的深刻内涵，构成相互联系、相互依赖、相互作用的有机整体，形成独具企业特色的"主脉清晰、结构完整、层次严谨、纵横辐射"的理念文化体系。

赋予文化的时代性，体现新特征。在企业文化建设实践中，立足厂内文化沃土，借鉴吸纳优秀文化成果，使理念体系体现时代特征。一是融入人本管理的特征。通过把人本理念覆盖、渗透到企业管理中，从以"物"为中心转变为以"人"为中心，突出一切为了人、一切尊重人、一切依靠人的企业文化基本特征，体现了从刚性控制到柔性管理的文化养成，从注重过程管理到突出业绩考核的文化激励，从强调员工付出到满足员工需求的文化关怀，营造管理者和操作者共享的管理文化。二是融入崇尚竞争的特征。通过构建理念文化体系，以"四个不一样"形成的"差异"为导向，积极搭建素质定使用、岗位靠技能、待遇看业绩、收入凭贡献的广阔平台，在企业内部营造平等竞争的环境，形成了勇于争先、敢为人先的文化氛围。三是融入追求效益的特征。通过文化倡导、制度约束、考核激励等办法，从"提升质量创效"到"诚信服务求效"，从"全员降本增效"到"业绩考核问效"，把企业效益与员工利益紧密联系在一起，使

效果效率效益意识内化为员工的文化自觉，形成讲求效益的文化导向。

二、突出理念统领地位，在指导和整合中形成文化兴厂新格局

实践中，第一采油厂突出理念文化体系在推进持续有效发展中的重要地位，充分发挥其文化张力，形成文化兴厂新格局。

以理念文化为引领，确定前瞻性的发展战略。突出理念文化的引领作用，始终把确定具有前瞻性、进取性的发展战略，作为企业发展的首要任务来抓，第一采油厂坚持把创新发展作为全厂工作的主线，连续开展"创新发展年""解放思想创新创效年""学习创新发展年"主题活动，2001年确定了"塑造一个形象，取得四个突破，改善两个环境，实现一个目标"的发展规划。去年，按照油田公司"持续有效发展，创建百年油田"的发展愿景，确立"构建学习型采油厂，实现人才、管理、技术、文化四大创新"的发展战略。通过不断总结实践，升华认识，使发展的走向逐步明确，发展的思路逐渐清晰，发展的规划日趋完善。

以理念文化为指向，探索高效型的攻关模式。第一采油厂以"三老四严，永创一流"核心理念为指向，积极探索建立有利于多出成果、快出成果的技术攻关模式，促进技术攻关活动的开展。2001年以来共承担和参加油田公司级科研攻关项目46项，获奖34项；油田公司级现场试验项目22项，其中8项通过油田公司评定验收；取得厂级科研成果158项、技术革新成果845项。油田开发技术的进步和开发水平的提高，不仅创造了巨大的经济效益，而且为持续有效发展奠定坚实的基础。

以理念文化为先导，完善系统化的管理体系。结合推广落实"四个不一样"管理理念，整合管理要素，完善管理体系，依托文化创新推动管理创新，先后创造形成"无加班"管理、"链式"管理、"逆向"管理、"三全"成本管理、"首问制"等一大批管理创新成果。电修大队围绕提高电力线路检修质量，确立超前防范、超值服务、超越自我的"三超"管理理念，实现由事后管理向事前管理转变，由被动管理向主动管理转变，由单一故障处理向全过程维护转变。

三、发挥理念内化功能，在倡导和培育中追求以文化人新境界

第一采油厂注重发挥理念文化体系的塑造、导向和激励功能，通过倡导和培育，锤炼员工队伍，调动广大员工的积极性、进取性和创造性。

塑魂——引导员工树立共同价值取向。近年来，适应油田公司改革发展形势，以落实"四个不一样"理念为切入点，以塑"三老四严"的传统之魂，塑

"百年油田"的发展之魂,塑"求真务实"的作风之魂为目标,以"解放思想,创新创效"为主线开展系列教育活动,组织以工人为主的14名员工代表到南方先进国有企业学习考察,回来后巡回宣讲,有力地促进了观念的转变,使员工树立崇尚竞争、业绩至上、开拓创新等观念,实现员工个人价值观与企业价值取向、个人成才意识与企业人才观、个人成就感与集体荣誉感的统一,形成勇于开拓、挑战自我的进取精神,讲求科学、精打细算的求效精神,突破禁区、挑战极限的探索精神和爱厂爱岗、团结奉献的敬业精神。第三油矿中十六联合站把"永远做油田精品"定位为自身发展理念,促进全站快速创新发展,荣获全国五一劳动奖状、全国青年文明号、集团公司先进集体等荣誉称号。

提智——培养员工提升自我发展能力。第一采油厂树立"人才是企业第一资源"的观念,提出建设管理人才、政工人才、技术人才、操作人才和培训师等5支人才队伍的工作目标,确立"给钱、给物,更要给个好能力"的"能力关怀"理念,实施全员的能力关怀、全过程的能力培养、全方位的能力展示,激发员工学习的积极性,促进员工技术素质的提升。在去年油田公司职业技能大赛上,第一采油厂取得所有参赛工种的个人和团体总分第一名,有13人被评为油田公司技术能手,2人被评为集团公司技术能手。全厂各基层单位进一步探索形成"百做不误""梯级平台""星级制"等培养模式,促进员工素质能力的不断提升。

立行——激励员工投身创新发展实践。第一采油厂充分发挥理念文化体系的导向作用,追求"人企合一,发展共赢"的文化管理境界,在领导干部中开展"六廉"活动,在基层干部中开展"双争"活动,在党员中开展"五争当"活动,在员工中开展"岗位建功竞赛""最佳创效状元""创新创效金点子"等活动。大力实施"送温暖"工程,进一步激发广大员工为企业改革发展稳定做贡献的积极性,形成了人心思进、人心思上的局面。广泛开展"夏之韵"系列文化大赛、女工风采大赛、摄影书画展览、演讲比赛、卡拉OK比赛等丰富多彩的文化活动,营造寓教于乐、健康向上的文化氛围。厂内基层单位还创造性地开展搭建"信息桥"、开辟"绿色通道"、实施"亲情关爱"等一系列做法,形成"企业为员工,员工为企业"的浓厚氛围。

(第一采油厂2005年荣获全国企业文化建设先进单位奖)

荣获"黑龙江省先进企业党组织"事迹材料

第一采油厂始建于1960年10月,是大庆油田建厂最早、规模最大、产量最高、效益最好、文化底蕴深厚、科技成果丰厚、获得荣誉奖项众多的主力采油厂。截至2007年12月底,共有油水井12488口、计量间615座、各类站(库)243座;下属23个矿(大队)级单位、268个小队级单位,共有员工14701人;下设14个基层党委、8个党总支、281个党支部,共有3736名党员。建厂48年来,全厂干部员工发扬大庆精神铁人精神,艰苦创业,团结拼搏,为国家创造了巨大的物质财富,年产原油1000万吨以上已连续稳产34年。2006年以来共生产原油2759.06万吨,上缴内部利润470亿元。在创造巨大物质财富的同时,也创造了宝贵的精神财富,首创"岗位责任制",培育"三老四严""四个一样"等优良传统。先后涌现出以中四队、北二注水站、5排65井组、中十六联合站以及油田公司技术创新贡献奖获得者王研等为代表的一大批英雄集体和模范人物。2006年以来,先后荣获黑龙江省第十届劳动模范集体、精神文明建设单位标兵、职业道德"十佳"单位、"创新杯"竞赛优胜单位,油田公司安全生产、文明生产金牌"三连冠"、油田公司环境保护突出贡献单位等荣誉称号。

一、适应形势,积极探索,在改革发展中加强党的建设

议大事、谋发展,充分发挥党委领导作用。近年来,连续组织开展"创新发展年""推进创新发展年""解放思想,创新创效年""学习创新发展年"主题活动。2005年厂二次党代会确定了以"三老四严,永创一流"核心理念为引领,"突出一个建设,提升五种能力,实现一个目标"的发展思路;2006年,面对创建百年油田的新形势,进一步确立"13231"工程目标;2007年,立足推进百年油田建设,提出创建"科学发展、和谐发展百年大厂"的发展目标,制定"十一五"及中长期可持续发展规划;2008年,按照油田公司原油4000万吨持续稳产的要求,重新认识资源潜力,宏观调整"十一五"及中长期规划,确立了实现原油1000万吨以上稳产再十年的奋斗目标。强班子、夯基础,充分发挥党支部的战斗堡垒作用。紧紧围绕党支部工作职责，在全厂基层党支部中开展以"比学习，培养全员学习力；比思路，确定发展新规划；比创新，取得工作新突破；比稳定，创造安定新局面；比成效，实现单位新发展"为主要内容的"五比"竞赛活动，使全厂98％以上的党支部达到党支部建设好、领导班子好、队伍素质好、经营管理好、文化氛围好、环境建设好的"六好"标准。着眼于新形势下基层干部的能力素质要求，在基层小队干部和厂、矿两级机关干部中开展以"做合格干部，争当优秀干部、争创一流业绩"为内容的"双争"活动，激发广大干部自我锻炼和实践提高的积极性和创造性，实现整体素质的普遍提升。大力加强干部队伍作风建设，努力塑造"作风形象好"的干部队伍。认真贯彻中共中央《建立健全教育、制度、监督并重的惩治和预防腐败体系实施纲要》，按照教育是基础、制度是保证、监督是关键的总体要求，建立以"教育筑廉、制度管廉、个人述廉、单位示廉、群众评廉、组织考廉"为内容的基层干部"六廉"机制，实现党风廉政建设的制度化、规范化。坚持从打基础入手，不断加强基层建设。在基层小队广泛开展"创铁人基层队，争当行业一强"活动，推动基层建设上水平，有132个基层队被授予"铁人式基层队"称号，93.6％的基层队达到"六好"标准，涌现出集团公司标杆班组2个、先进班组3个。北二注水站和5-65井组分别被油田公司命名为"永铸岗位责任心的注水站"和"四个不一样"井组。尽责任、当表率，充分发挥党员的先锋模范作用。连续6年在党员中开展以"争当学习状元、争当管理明星、争当科技标兵、争当岗位能手、争当思想政治工作模范"为内容的"五争当"竞赛活动。在保持共产党员先进性教育活动中，深入开展"创建学习型党组织，争当学习型党员，做百年油田先锋"主题实践活动，引导党员在创建百年油田的实践中充分发挥先锋模范作用。在党员的影响和感召下，广大群众积极向党组织靠拢。油田公司成立以来，发展新党员1161人，入党积极分子始终保持在1700人左右，党组织的凝聚力和战斗力不断增强。

二、疏情导欲，释疑解难，不断创新思想政治工作

珍惜大庆光荣史，传统教育不断线。坚持不懈地开展"忆讲学""传帮带"等传统教育活动，用大庆精神铁人精神育人铸魂。紧紧抓住2006年我厂实现累计生产原油5亿吨这一难得契机，深入开展"庆祝五亿吨，爱厂立新功"主题教育，抓住2007年集团公司领导干部会议在大庆召开这一有利契机，开展"珍惜光荣史、再创新辉煌"会战传统教育和"爱厂爱岗、敬业奉献"主题活

动。同时，对发源于我厂的岗位责任制、"三老四严""四个一样"等优秀传统文化进行全面整合，进行会战传统教育展览，成为对内进行员工教育的阵地和对外展示形象的窗口。选树典型扬正气，英模引领不间断。在时间上，每年"三八""五四""七一"和年底，都要对在党团组织及女工组织活动中表现突出的先进集体和个人进行表彰奖励。在层面上，在管理人员中评选廉政模范、管理明星；在技术人员中评选优秀科技工作者和科技工作先进个人；在操作人员中评选技术能手。在单项工作上，每年专门召开管理创新、科技工作、安全环保、油田保卫、员工培训等工作总结表彰大会，表彰先进单位和个人，营造学先进、赶先进、当先进的浓厚氛围。建立机制作保证，思想工作不削弱。探索建立思想政治工作新机制，构建党、政、工、团四方互动，矿、队、班组三级负责，每个思想政治工作骨干为一个辐射点的"四三一"思想政治工作新体系，形成了"大政工"的工作格局。坚持运用心理学知识对员工实施情绪管理，努力使传统意义的思想政治工作、企业文化建设、员工心理健康建设形成三位一体的良性互动。坚持做好深入细致的一人一事的思想政治工作，形成日常思想政治工作的"八清八必到"，即对每一名员工做到身体状况清、性格脾气清、特长爱好清、思想现状清、技能水平清、工作状态清、家庭情况清、社会交往清，生病住院必到、谈心家访必到、家庭纠纷必到、解决困难必到、节日慰问必到、婚丧大事必到、员工生育必到、买房搬家必到。坚持解决思想问题与解决实际问题相结合。通过增加员工收入，改善工作生活条件，维护员工合法权益，实行免费工作午餐，建立员工体检、带薪休假制度、健康疗养制度，实施"送温暖"工程，广泛开展群众性文体活动等一系列措施，切实让企业发展成果惠及员工。坚持做好不同群体的稳定工作。加强与各类群体之间的沟通和情感联系，真心实意帮助解决实际困难，使各类群体与企业之间建立良好的理解与信任关系，促进企业的稳定和谐，厂连续6年被评为油田公司稳定工作优秀单位。

三、以人为本，人才强企，着力提升员工队伍素质

落实人才开发工作机制。始终坚持以人为本，不断加大人力资源开发力度，积极构建学习型采油厂，确立了"学习——超越自我"的学习理念和"给钱、给物，更要给个好能力"的"能力关怀"人才开发理念，增强了员工学业务、练技能、强素质、提能力的自觉性。深化培训机制，建立培训效果考核评估制度，提高培训质量；深化管理机制，推进落实管理和技术人员业绩管理考核制度，强化管理、考核、激励；深化使用机制，建立公开、平等、择优的用人制度，破除身份和专业界限，不拘一格使用人才；深化考评机制，分类设定考评标准，促进作用发挥。强化人才队伍培养。突出管理、技术、操作三支人才队伍培养，分层、分类开展个性化培训，促进整体素质全面提升。目前，全厂拥有集团公司技术专家2人，油田公司技术专家1人、学术技术带头人4人，厂学术技术带头人19人、专业技术骨干50人；集团公司技能专家3人，油田公司技能专家3人、高级技师19人、技师155人、助理技师365人，高技能操作人才达到全厂操作人员总数的5.3％。注重学习成果转化。尊重基层首创精神，激发员工创造热情，深入开展"层层有项目、人人有课题"活动，引导员工带着问题学习、带着任务学习、带着目标学习，在学习实践中提高能力素质，在解决问题中提高管理水平。从建立激励机制入手，制定管理创新和岗位创效评审奖励办法，引导员工立足岗位提高素质，创新创效。仅"十五"期间，获得油田公司级以上技术创新奖39项，其中集团公司一等奖1项；股份公司二等奖2项；油田公司特等奖2项、一、二、三等奖34项。获得国家专利技术13件；推广新技术148项；完成群众性技术革新1619项，青工"五小"成果1103项，为油田持续有效开发提供有力支撑。

四、以文化人，固本强基，积极培育先进企业文化

传承发展，构建企业文化体系。牢牢把握"三老四严"这一优秀传统文化的主脉，在全厂确立"三老四严，永创一流"的核心理念。广泛开展"企业文化在基层"活动，连续4年召开企业文化成果发布会，推动全厂企业文化创新，逐步形成理念文化、行为文化、环境文化"三位一体"的文化体系，构成相互联系、相互依赖、相互作用的有机整体。融合管理，推动企业管理升级。形成"素质高低使用不一样，管理好坏待遇不一样，技能强弱岗位不一样，贡献大小薪酬不一样"为内容的"四个不一样"管理理念，被确定为油田公司管理理念，并获得中外企业文化2003青岛峰会最佳设计案例奖。第三油矿中十六联合站在弘扬大庆精神中形成"永远做油田精品"发展理念，不断攀上一个又一个高峰，先后荣获油田公司功勋集体、集团公司"百面红旗"单位、全国青年文明号、全国巾帼文明示范岗、全国五一劳动奖状等荣誉称号。培育"百做不误"行为文化，极大激发了员工自主学习、精心操作的积极性和自觉性。新时期北二注水站进一步总结形成"上标准岗，干标准活，交标准班"的"三标"行为理念，把员工的思想、目标和行动统一到"三标"上来，促进了管理水平的提高。发

挥作用,积极培育专业文化。在安全文化建设上,按照"以人为本"的思想,提炼出"珍爱生命——享受美好生活"的安全理念,在全厂形成人人重安全、人人想安全、人人要安全的浓厚氛围。在廉洁文化构建上,开展廉洁勤政论文和廉洁文化理念征集活动,并将优秀作品编辑成册,学习宣传。在节约文化构建上,重点围绕厂、矿、队、班四级,管理、技术、操作三个层面,油田开发、采油工程、规划设计、油田管理、生产运行、财务资产、后勤保障、党群工作等八大系统,进行节约文化体系构建,实现了节约管理网络覆盖,为推进节约型采油厂建设营造了良好氛围。

(第一采油厂2008年荣获黑龙江省先进企业党组织称号)

荣获"全国文明单位"事迹材料

大庆油田有限责任公司第一采油厂是大庆油田建厂最早、规模最大、产量最高、效益最好、文化底蕴深厚、科技成果丰厚、获得荣誉奖项众多的主力采油厂，也是全国最大的采油厂。始建于1960年10月，管理面积161.25平方千米，地质储量12.275亿吨，共有油水井12488口、各类站（所）934座，员工14701人。原油1000万吨以上连续稳产34年，2006年9月成为全国第一个累计生产原油突破5亿吨的采油厂。首创了"岗位责任制"，培育了"三老四严""四个一样"等优良传统，成为大庆精神的重要发源地之一。近年来，全厂干部员工努力践行科学发展观，切实履行企业的政治责任、经济责任和社会责任，积极构建科学发展、和谐发展的百年大厂。涌现出以全国五一劳动奖状、中国石油天然气集团公司百面红旗先进单位中十六联合站，黑龙江省五一劳动奖状北二注水站等为代表的一批先进基层单位。第一采油厂先后荣获全国精神文明建设标兵单位、企业文化建设工作先进单位、模范职工之家、五四红旗团委标兵，黑龙江省第十届劳动模范集体、先进企业党组织、思想政治工作先进单位、职工道德建设"十佳"标兵单位、厂务公开工作先进单位，集团公司管理先进采油厂、股份公司油气田开发管理先进单位和高效开发油田奖等荣誉。

一、坚持以奉献能源为己任，增强企业发展实力，切实履行好企业的政治责任

勇担大庆油田主力采油厂的发展重任，实现企业持续高产、稳产，以奉献能源为社会创造和谐。

建设创新型采油厂，实现原油持续稳产。依靠科技进步，推进技术创新，重点围绕提高油田采收率、挖掘难采储量加大科研攻关和现场试验力度，为维护国家石油战略安全提供资源支撑。开发研究了三元复合驱试验、"两三结合"现场试验等5大类17项自主研发的成熟技术，油田采收率达到50.04%。2005年至2007年，荣获中国石化学会科技进步奖1项、集团公司技术创新奖1项、

股份公司技术创新奖 3 项、油田公司技术创新奖 57 项,累计生产原油 3622.22 万吨、天然气 20.63 亿立方米。

建设文明采油厂,企业素质不断提高。以建设"四好"领导班子为重点,提升领导班子"五种能力",成为持续发展带头人、大庆精神铁人精神传承人、员工群众贴心人。秉承"三老四严,永创一流"核心理念,加强员工大庆精神铁人精神和会战传统教育,深入开展"解放思想谋发展,爱岗敬业保稳产"主题实践活动,强化爱国主义、集体主义、社会主义和社会公德、职业道德、家庭美德教育,认真贯彻《公民道德建设实施纲要》和集团公司《员工职业道德规范》,持续开展"四五""五五"普法教育,广泛开展以"八荣八耻"为内容的"知荣辱、爱一厂、创百年"主题活动,形成了知荣辱、讲正气、树新风、促和谐的文明风尚。

建设学习型采油厂,人才队伍不断壮大。坚持人才强企战略,实施"134"人才工作规划,建立人才培养、使用、考评、激励机制,开展"层层有项目、人人有课题"全员攻关、"百做不误"岗位练兵等活动,开办研究生班、大专学历班、主体专业进修班,建设现代化的员工培训基地,持续开展全员岗位练兵、职业技能竞赛等活动。全厂拥有集团公司技术专家 2 人,油田公司技术专家、学术技术带头人 5 人,厂学术技术带头人、专业技术骨干 69 人;集团公司技能专家 3 人,油田公司技能专家 3 人,高级技师、技师、助理技师 539 人。在油田公司历届职业技能大赛上,均获得团体总分第一名。2006 年,涌现出集团公司和油田公司技术能手 46 人,黑龙江省青年岗位能手 17 人,1 人获黑龙江省青工安全技能大赛第一名。

二、坚持科学规范管理,实现又好又快发展,切实履行好企业的经济责任

认真落实科学发展观,坚持向管理要效益,不断规范企业管理行为,努力建设效益大厂。

积极创新管理方法,提升经营管理水平。坚持以经济效益为中心,不断创新运行机制和管理方法。推行全面预算管理,构建内控工作体系,顺利通过历次外部审计专家和管理层测试、专家测试;优化 QHSE 管理体系,推进实施 ISO14001 环境管理体系,推行安全生产、清洁生产,建立绿色环保作业队,在全油田率先实施有遮挡作业,实现安全生产、文明生产金牌"三连冠"。推进管理创新,总结推广专业化管理、文本管理、"七班两库"等管理方法,提高管理效率。仅 2007 年,就实现总收入 481.19 亿元、利润 331.03 亿元,经济效益不

断攀升。

加大节能降耗力度，推进企业节约发展。以技术进步为依托，以精细管理为手段，以建设节约文化为载体，建立节能工作"六大体系"，搭建节能降耗信息平台，制定"十大标准"，形成"六大系统"监测网络，推广节能示范区经验，加快节能技术推广应用，建立修旧利废基地，强化水、电、气关键成本要素的精细管理，开展全员节能"金点子""算能耗"分析活动、"节约一度电、节约一方气、节约一滴水"生产实践活动。2007年，在生产规模不断扩大的情况下，综合能耗131.5万吨标准煤，比2006年减少5.9万吨标准煤，实现能耗总量和单耗指标硬下降。

加强企业民主管理，发展和谐劳动关系。广泛开展"抓维权、强素质、立新功"主题活动，切实维护员工合法权益，集体合同签订率100%。认真履行集体合同，加大劳动保护力度；规范职工（代表）大会制度，职工代表提案落实率100%；积极推行厂务公开，维护员工的知情权和监督权；开展"冬送温暖、夏送清凉"活动，2005年以来发放送温暖基金2199.69万元；实行员工带薪休假、健康疗养、免费工作午餐、健康体检，倡导全民健身运动，新建体育场馆，配备运动器材，维护员工健康权益；持续改善员工工作生活条件，全厂采油队全部搬进楼房，并为所有站（库）生产岗位安装空调，配备饮水机、微波炉等用具，为作业队更换现代化野营房，为一线小队安装自来水净化装置。建立了和谐稳定的劳动关系，切实把企业发展成果惠及员工。

三、努力营造和谐环境，推动地方经济发展，切实履行好企业的社会责任

注重企业发展与区域发展的和谐统一，强化大局观念，增强奉献社会、造福地方的责任意识，让企业发展成果惠及社会。

从建设环境友好型企业出发，积极建设绿色生态油田。按照"开发一片，保护一片，建设一片，绿化一片"的原则，开展生态环境治理工程，建设绿色生态采油厂。2007年以来，种植树木62.3万株、花卉200万株、草坪1.83万平方米，新增绿化面积152.1万平方米。投资上千万元，建设休闲广场12个。获得油田公司环境保护突出贡献单位称号，为建设"绿色油化之都"做出贡献。致力于军警民共建工作，先后与大庆市军分区、预备役高炮师、大庆武警支队、大庆市公安局建立共建关系，荣获市、油田公司综合治理先进单位、大庆市武装工作先进单位、预备役高炮连荣立集体三等功、女子高炮连荣立黑龙江省

"军区集体二等功"等荣誉。

从提升魅力城市品位出发,积极弘扬石油文化。着力打造石油特色文化品牌,完善了北二注水站、5排65井组、中四队等企业精神教育基地;以发源于第一采油厂的"岗位责任制""三老四严""四个一样"会战优良传统为主要内容,新建第一采油厂会战传统教育基地;建成大庆油田历史陈列馆,是全国第一个石油工业题材原址性纪念馆,已接待国内外游客60万人次,被评为全国博物馆十大陈列展览精品奖,弘扬了优秀石油文化,加强了城市文化建设,提升了城市品位。

从全面建设小康社会出发,积极推进新农村帮建工作。帮扶新农村建设,推动和谐社会建设。与大庆市让胡路区喇嘛甸镇三胜村结成新农村建设帮扶对子,修建了造价140多万元的村内公路和排水系统;为小学校赠送桌椅,捐赠衣物;坚持文化进乡村,开展"大庆精神中华魂"主题宣讲活动,赠送了书籍和光盘。高度关注社会福利事业,慰问大庆市儿童福利院,送去生活必需品和书籍。积极参与社会公益事业和"希望工程"活动,共资助贫困学生上百名。

面对新的形势和任务,第一采油厂自觉肩负企业的政治责任、经济责任和社会责任,从全面建设小康社会,维护国家石油安全,支持集团公司、油田公司整体发展和繁荣地方经济出发,在2008年工作会议上确立了原油1000万吨以上持续稳产的奋斗目标,全力打好新时期持续稳产、自主创新、科学发展、构建和谐"四大战役",向着百年大厂的宏伟目标阔步前行。

(第一采油厂2009年荣获全国文明单位称号)

荣获"全国五一劳动奖状"事迹材料

大庆油田有限责任公司第一采油厂是大庆油田建厂最早、规模最大、产量最高、效益最好、文化底蕴深厚、科技成果丰厚、获得荣誉奖项众多的主力采油厂。始建于1960年10月,管理面积161.25平方千米,管理油水井11792口,共有员工14503人。年产原油1000万吨以上连续稳产36年,2006年9月成为全国第一个累计生产原油突破5亿吨的采油厂。首创了"岗位责任制",培育了"三老四严""四个一样"等优良传统,成为大庆精神的重要发源地之一。

全厂干部员工始终努力践行科学发展观,以奉献能源为己任,坚持科学规范管理,努力营造和谐环境,切实履行企业的政治、经济和社会责任。始终坚持大庆精神铁人精神和会战传统教育,广泛开展以"八荣八耻"为内容的"知荣辱,爱一厂,创百年"主题活动,提升员工文明素养。努力建设学习型采油厂,实施"134"人才工作规划,建设员工培训基地,开展"层层有项目、人人有课题"全员攻关、"百做不误"岗位练兵等活动,企业自主创新能力不断增强。加强民主管理,积极推行厂务公开,集体合同签订率100%,规范职工(代表)大会制度,职工代表提案落实率100%。构建内控工作体系,优化QHSE管理体系,推进实施ISO14001环境管理体系,加大节能降耗力度,推进企业节约发展。积极推进新农村帮建工作,帮助乡村修建村内公路和排水系统,为小学校赠送桌椅,开展文化进乡村活动。新建第一采油厂会战传统教育基地,所管理的大庆油田历史陈列馆共接待国内外游客近100万人次,被评为全国博物馆十大陈列展览精品奖,为加强城市文化建设,提升城市品位做出贡献。积极建设绿色生态油田,制订实施了投资上亿元的《生态环境治理工程总体规划》,在市区内种植各类花木25.24万株、生态治理面积100.94万公顷。与政府紧密配合,拆迁违章建筑2149户,建筑面积7.06万平方米,先后建设了9个区域环境亮点,在铁路沿线种植乔木和灌木等9000多株,建设休闲广场12个,为大庆市创建全国卫生城市、建设绿色油化之都、天然百湖之城做出贡献。

第一采油厂先后荣获全国精神文明建设标兵单位、企业文化建设工作先进

单位、模范职工之家、五四红旗团委标兵、职工职业道德建设标兵单位，黑龙江省第十届劳动模范集体、"六个好"先进企业党组织、思想政治工作先进单位、职工职业道德建设标兵单位、厂务公开工作先进单位、厂务公开工作民主管理示范单位、"创新杯"竞赛优胜单位、"安康杯"竞赛优胜单位，集团公司管理先进采油厂、先进集体，股份公司油气田开发管理先进单位和高效开发油田奖等荣誉称号。

（第一采油厂2010年荣获全国五一劳动奖状）

荣获"中国石油创建'四好'班子先进集体"事迹材料

大庆油田有限责任公司第一采油厂成立于 1960 年 10 月，是大庆精神重要发源地之一，管理油田面积 161.25 平方千米，共有油水井 16071 口，各类站库所 958 座。建厂 52 年来累计生产原油 5.67 亿吨。近年来，第一采油厂深刻领会创建"四好"领导班子的重大意义，扎实推进创建活动，有力地促进了领导班子建设水平的不断提高。

一、当稳产主力，做贡献大厂，把"政治素质"体现到顾全大局、勇挑重担，确保原油 1000 万吨以上持续稳产上

厂党委始终坚持把加强政治理论学习作为提升思想境界、锻造政治品格的重要途径。引导领导班子成员把"政治素质"落实到担大责任、做大贡献，多产油、多产气，切实维护国家石油战略安全上。2006 年，厂领导班子在控制产液量增长难度逐渐加大，持续稳产与资源接替矛盾日益突出，水驱精细挖潜、各类油层大幅度提高采收率等配套技术攻关难度大等诸多矛盾和挑战面前，制订了《"十一五"及中长期可持续发展规划》，规划 2006 年至 2010 年原油产量保持在 1000 万吨，2011 年至 2020 年原油产量逐渐由 950 万吨递减到 650 万吨。2008 年初，按照油田公司 4000 万吨持续稳产的新目标，第一采油厂勇担大厂重任，在困难中找希望，在潜力中找优势，围绕地下储量、现有技术、攻关潜力进行区块分析、层系研究、单井挖潜，重新认识资源潜力，确立了打造"六个大厂"，铸强"六个优势"，推进"六个发展"的战略任务。为坚定原油持续稳产信心，厂党委坚持一年开展一个主题教育活动，通过研讨会、演讲会等形式，把全厂干部员工思想和行动统一到新的目标任务上来。

二、用产量说话，用成绩说话，把"经营业绩"体现到科学管理、自主创新，不断夯实企业发展基础上

厂党委始终坚持把高效益实现原油持续稳产、高水平完成生产经营任务作为检验"四好"班子建设成效的重要标准，引导各级领导班子紧紧围绕创新发

展,把"经营业绩"体现到科技创新、管理创优和经营创效上。大力推进精细油藏描述、精细高效注水、精细措施挖潜和精细生产管理,自然递减率和含水上升率控制到历史最好水平。"十一五"以来,生产原油7490万吨,续写了原油1000万吨以上稳产38年的新篇章。"十一五"以来,开展科研和现场试验574项,荣获国家科学技术奖1项、省部级奖11项、油田公司级奖107项。取得技术革新成果1860多项,获得国家发明专利15件、实用新型专利52件。健全完善内部经营机制,根据工作特点分别对各矿(大队)实行内部承包责任制、资产经营承包责任制、费用承包责任制;按照精干高效的原则,实行组织结构、队伍结构调整,压缩编制、精干机构;实施联合站"一体化"管理,通过完善自动化控制系统,减少人员配备21%,"十一五"以来,荣获省部级管理创新成果36项。开发应用"计算机全自动处理生成油水井电子选值本",有效解决16000多口油水井选值数据重复抄录的问题。"十一五"以来,实现总收入2234.21亿元,上缴内部利润1164.66亿元。

三、凝聚发展合力,破解发展难题,把"团结协作"体现到健全机制、发挥整体功能,营造和谐发展环境上

厂党委引导各级领导班子以制度规则为基础、以各尽其责为保证、以情感沟通为纽带,大力弘扬通力协作的团结精神,积极营造全厂和谐发展环境。制定了《关于加强两级领导班子建设的意见》,配套完善了《厂长办公会议事规则》《党委会工作规则》等一系列制度。坚持每月召开一次厂长办公会,每季度召开一次油田开发工作会,每半年召开一次工作务虚会,每年召开一次领导班子副职工作汇报会。日常工作经常碰头,交叉工作经常协商。对重大决策出台、重大项目安排、重要人事任免、大额资金运作等重大事项集体讨论决定。班子成员在政治上互相勉励,在思想上坦诚沟通,在工作上及时补台,在生活上给予关照。领导班子的示范作用深刻地影响了厂所属各单位领导班子和员工群体,各级干部大局意识普遍增强,员工精神状态更加饱满。广泛开展"冬送温暖、夏送清凉"和"进百家门、知百家情、解员工难、暖员工心"等主题活动。"十一五"以来,举办各类知识讲座50多场次,发放健康知识手册1万多本,安排健康体检8.5万多人次、健康疗养2万多人次。

四、脚踏实地,真抓实干,把"作风形象"体现到弘扬传统、以人为本,全心全意依靠员工群众办企业上

在廉洁上,制定《领导班子廉洁自律"八严八不准"规定》,建立"教育筑

廉、制度管廉、个人述廉、单位示廉、群众评廉、组织考廉"为主要内容的"六廉"教育监督机制，接受群众监督。在几年来的领导班子考评中，全厂各级领导班子的群众满意率始终保持在95％以上。在勤政上，推行"一线工作法""干部五跟班"，在机关干部中推行首问负责制、限时办结制、联系基层制三项制度。坚持传统教育不断线，用大庆精神铁人精神育人铸魂。始终坚持全心全意依靠工人阶级办企业的宗旨，时时处处相信群众、联系群众、依靠群众。在坚持厂务公开、通过职工代表大会民主监督领导班子的同时，建立领导干部联系点制度、群众意见建议征集反馈制度，经常性开展问需于民、问计于民、问情于民"三问"活动。对员工的意见和建议，领导班子都召开会议逐项研究，逐条落实。

"四好"领导班子创建活动开展以来，厂党委、厂先后荣获全国文明单位、全国五一劳动奖状、全国职工职业道德建设标兵单位、黑龙江省先进企业党组织、第十届劳动模范集体、集团公司思想政治工作先进集体、股份公司油气田开发管理先进单位等荣誉称号。

（第一采油厂2012年荣获中国石油创建"四好"班子先进集体称号）

荣获"全国厂务公开民主管理示范单位"事迹材料

第一采油厂始建于1960年10月，管理面积161.25平方千米，地质储量12.275亿吨，共有员工14732人。截至目前，实现年产原油1000万吨以上连续37年稳产，累计生产原油5.4亿吨，占大庆油田原油总产量的四分之一。首创了"岗位责任制"，培育了"三老四严""四个一样"等优良传统，是大庆精神的重要发源地。

新时期，我们深入落实科学发展观，牢固树立"奉献能源、创造和谐"的企业理念，继承弘扬大庆精神铁人精神，不断加大厂务公开力度，为推进企业科学发展、和谐发展提供有力保证。厂先后被评为全国文明单位、企业文化建设工作先进单位、模范职工之家，黑龙江省厂务公开工作先进单位、劳动模范集体。2010年荣获第十一届全国职工职业道德建设标兵单位、全国五一劳动奖状、全国厂务公开工作先进单位，省级厂务公开民主管理示范单位，集团公司先进集体等荣誉称号。

一、建立工作机制，拓宽厂务公开辐射面

我们把继承弘扬大庆精神铁人精神体现在坚持党的"依靠"方针上，充分尊重员工在企业中的主人翁地位，自觉发扬会战优良传统，依靠员工群众办好企业，注重抓好机制建设，确保厂务公开工作步入科学化、规范化的良性轨道。

一是完善组织机构，构建领导机制。成立了由厂党政主要领导任组长，副职领导任副组长，工会、纪检等部门负责人共同组成的厂务公开领导小组，明确领导小组的职责和工作内容。在工作落实过程中，各级党组织积极参与本单位重大问题的决策，把上级精神和党委意见体现到决策事项当中，有效发挥党组织的政治核心作用。各级行政部门在执行中主动落实厂务公开制度，精心组织，规范运作，充分发挥在厂务公开中的主体作用。各级工会、纪检组织认真抓好协调、督促、检查和考核等工作，在全厂形成"党委统一领导，行政主体到位，工会协调配合，纪委监督检查，员工积极参与"的工作格局。

二是明确公开载体，规范运行机制。从明确公开载体、规范公开内容、严格公开程序入手，形成了规范有效的运行体系。发挥职工代表大会的主渠道作用。把事关企业发展的重大问题、涉及员工切身利益的重大事项，都提交职代会讨论和审议。职代会闭会期间，召开职代会团（组）长会议，对推选先进、解除员工劳动合同等重要事项进行审议。发挥各种议事程序的民主决策作用。严格遵守《党委（扩大）会议制度》《厂长办公会议事规则》《领导干部廉洁勤政准则》等制度，认真落实领导班子"三重一大"决策制度，定期召开厂长办公会、党群办公会、专业办公会、生产协调会等，并将议定事项以纪要、公报等形式向基层传达，做到民主决策、公开决策。发挥企业信息网络的实时公开作用。依托企业信息网优势，及时将油田公司整体发展战略、厂各项重点工作部署和运行情况、员工普遍关心的热点问题在企业网上进行公开，使员工能够及时了解企业发展动态，增加工作透明度。

三是丰富监督形式，健全监查机制。成立了由纪检、工会、职工代表组成的监督机构，定期对各公开项目、基层各单位厂务公开工作情况进行检查考核，重点抓好职代会对企业发展重大事项的审议监督；监督小组对企业发展重点事项的检查监督；基层员工对党风廉政建设的群众监督。每半年对各单位厂务公开情况进行检查考核、打分排队，作为年终文明单位评比的重要依据，并在企业网上设立监督电子信箱和举报电话，丰富监督手段。开展厂务公开专项检查和调研，成立由工会、审计、人事、财务、企管5个部门组成的厂务公开检查调研组，深入基层总结工作经验，查找存在问题，制定整改措施。以厂纪委文件下发《关于做好厂务公开的9项要求》，对管理不规范、公开不到位等问题，及时纠正，追究责任，有效维护了员工合法权益，确保公开工作落到实处。

二、突出工作重心，找准厂务公开着力点

我们把继承弘扬大庆精神铁人精神体现在为员工群众服务上，坚持把群众最关心、反映最强烈的热点问题，涉及企业生存和发展及员工切身利益的重大事项作为公开的重点，进一步增强公开的实效性。

一是抓住员工关心的热点进行公开。始终坚持把员工关心的奖金分配、误餐费使用、先优模评选等热点问题作为厂务公开的重点，落实员工的知情权、参与权和决策权。在奖金分配上，建立厂、矿、小队分级考核，厂里每月发布考核公报，矿（大队）召开奖金考核例会，小队设立奖金考核公开栏，使奖金考核一目了然，员工人人清楚。在误餐费的管理上，实行矿（大队）财务统一

设账、基层小队食堂采购的分开管理方式。同时,各基层小队把每月公示一次误餐费使用情况延伸到每周公示一次,强化了员工对误餐费使用的有效监督。在先优模评选上,制定《第一采油厂先进集体评选办法(试行)》,按照专业考核与综合评定相结合,采取分系统、量化考核、优中选优的办法,评选出年度厂、油田公司先进集体,增强评选工作的广泛性和透明度。

二是抓住生产经营管理的重点进行公开。通过多种渠道对基本建设项目、物资采购供应、劳保用品选购、科研项目等专题及时向员工公开宣传,向群众"亮家底",增强员工的责任感,促进企业的健康发展。严格按照基建招标管理办法执行,基建工程应招标率达100%;扩大物资公开采购,成立物资招标委员会,对3大项、19大类、4000多种产品进行公开招标,严格执行开标、评标和定标程序,现场宣布招标结果;每年组织召开由基层员工代表参加的劳保用品选型、选商会,公开采购劳保用品,员工对劳保用品的质量、样式普遍满意;每年组织技术专家和全厂科研项目、技术革新成果、合理化建议成果等负责人共同参加的评审论证会,提高了评审工作的透明度。

三是抓住党风廉政建设的焦点进行公开。在领导干部廉洁自律、干部选拔使用、业绩考核、职称评聘、学术带头人评聘、市场化用工人员选用、送温暖基金使用等方面进行公开。先后组织开展领导干部公务用车、出国出境、装修办公用房及差旅费等5项费用使用情况专项检查,对拟提拔任用的中层干部,在全厂范围内进行网上公示。召开竞聘大会,公开选拔厂副职领导、矿(大队)领导和基层小队干部。在学术技术带头人和专业技术骨干的评聘上,及时公开评选标准,公布打分和评选结果,接受群众监督。

三、推进工作创新,增强厂务公开实效性

我们把继承弘扬大庆精神铁人精神体现在抓好基层工作上,鼓励基层大胆实践,不断创新民主管理方法,活化公开形式,拓宽企业日常民主管理渠道,为企业发展注入旺盛活力。

一是创新方法,实现民主管理渠道多样化。通过现场检查、听取汇报、座谈讨论等形式,连续4年组织员工代表对厂创新发展、职代会重点提案落实、厂务公开、集体合同履行和生产建设工程"三同时"执行情况进行现场巡视,增强员工代表参与企业民主管理的责任感。厂每年都对优秀提案、合理化建议成果进行表彰奖励,激发员工代表参与民主管理的积极性,为实行民主管理和民主监督奠定了广泛的群众基础。

二是多措并举，实现民主管理内容日常化。在健全完善各项民主管理制度的基础上，组织开展员工大会示范会、厂务公开示范点等活动，提高公开工作水平。从提高各级领导干部民主意识、强化民主作风入手，在全厂开展"民主管理推进月"活动，通过发放民主管理手册，采取民主管理专题讲座、理论研讨、多媒体宣教片等多种形式，提高干部员工对民主管理工作的认识。厂连续4年召开厂分管领导工作汇报会，由厂领导班子成员分系统汇报全年工作完成情况及下步工作思路，在全厂掀起讲民主、促和谐、谋发展的良好氛围。

三是推广经验，实现民主管理方式群众化。厂鼓励基层单位大胆创新，不断丰富厂务公开的形式和内容，形成把公开工作与干部廉政建设有机结合，将干部的行为置于群众监督之下的干部"六廉"机制；实行"一岗双责"，建立公开责任区制，签订公开责任状，层层细化公开责任；制定厂务公开首办和责任追究制，通过建立公开通知书、整改意见书、信息反馈书、责任追究书等方式，加强公开工作的监督考核；通过架设厂务公开"信息桥"，建立厂务公开信息收集、监督考核的工作落实机制，架设干群之间互相理解支持的"连心桥"、政策传达和意见反馈的"互动桥"、共谋发展和维护权益的"直通桥"，保证员工在企业民主管理中的知情权、参与权和监督权的有效落实。厂建立领导干部民主议事会制度，倾听民声、关注民意。各基层单位定期召开民主议事会、同心恳谈会、信息员例会，征集基层员工意见和建议。厂及时总结、推广基层单位的好做法、好经验，有力推动基层厂务公开民主管理工作的深入有效开展，形成全厂上下广泛参与、畅所欲言的良好氛围，促进企业科学发展、和谐发展。

（第一采油厂2013年荣获全国厂务公开民主管理示范单位称号）

荣获"中国石油天然气集团公司五四红旗团委"事迹材料

多年来,第一采油厂团委紧密围绕各个时期党委中心工作,坚持组织建设与服务青年两不误、两促进,带领全厂团员青年为有质量、有效益、可持续的原油稳产做出积极贡献,培养出国家级、省部级、市局级个人和集体典型500多个。厂团委先后被评为全国五四红旗团委标兵、中央企业青年文明号,黑龙江省五四红旗团委、青年文明号,连续多年被评为油田公司五四红旗团委标兵。

一、强化能力培养,塑造过硬团干部队伍

通过建立健全"六项制度",强化"三种能力"培养,塑造一支业务精通、素质优良、作风过硬、典型层出的团干部队伍,为团工作的蓬勃深入开展提供强有力的组织保障。一是提升岗位适应能力。完善换届选举"书面交接制",推行团的业务"逢会必考制",促动团干部理清思路、主动学习,尽快进入角色。二是提升岗位工作能力。落实推广经验"现场工作会制"、团的干部"综合技能培训制",讲述团建案例、传授工作经验、解答基层困惑,帮助团干部熟悉业务技能。三是提升综合业务能力。推行团的活动"项目负责制",帮助基层团干部创造性开展工作。实行团的工作"交叉检查制",通过互查互评,培养团干部解决问题、全局思考的能力。

二、坚持纵横结合,提升团组织建设水平

通过横向抓"基础上水平"缩小短板差距,纵向抓"典型塑造"突出特色亮点,纵横结合提升基层团建整体水平。一是规范团建"五个一"基本要求,推动基础工作落实。全厂187个团支部逐步向"五个一"看齐,基础资料达标率100%,团的活动实现制度化管理,活动记录丰富翔实,支部特色活动做到"一团一品",团报团刊坚持每月一期。二是持续举办"团建工作交流会",助力基层团建上水平。邀请优秀基层单位代表与全厂团干部展开交流讨论,为基层团建提供范例和模板。三是开展"窗口示范团支部"评比活动,指导基层支部创优。与"青年安全生产示范岗""青年文明号"创建等"青字号"活动联系起来,逐步打造一批"活动开展实、团建经验足、队伍素质高、岗位贡献大、综合实力强"的优秀集体,为原油稳产夯实管理基础。

三、依托优势资源,建设多样化团活动阵地

通过拓宽载体、共享资源,不断完善团活动的载体和平台。一是挖潜队内资源,基层团活阵地灵活多样。各级团组织通过争取单位资金投入和动员青年动手自建等方式,建立文化教育类阵地123个、科技类阵地57个、体育娱乐类阵地142个。二是整合文化资源,思想教育阵地提档升级。依托企业精神教育基地优势资源,发展北二注水站、中四队、5-65井组等8个青工思想教育活动阵地。三是利用网络资源,完善青工沟通交流平台。组建工作交流、社团活动、演讲与口才等各类QQ群15个,建立各级团组织微博108个,青年微信交流群54个,青工覆盖率95%以上。四是共享班车资源,发展青年文化流动宣传站。通过"青年车长"和班车内播放设备向员工宣传青年文化,把各矿、大队通勤车打造成180余个流动宣传站。

四、注重绩效合一,打造好口碑品牌团活动

注重团的工作业绩与原油生产效益紧密结合,将团的工作做实、做细、做精、做强,开展口碑佳、效果好的品牌团活动。一是持续推广强技增效活动。普及"青工技能课堂",通过举办"午间技校""兴趣小组""技术比武""青工创新技能培训班"等,帮助不同层面青工专业技能水准再上新台阶;深入开展"两型五级师带徒"活动,2013年,全厂结成师徒1231对,新入厂青工覆盖率100%,青工"五小"成果上报187件。二是全力打造岗位建功品牌。连年开展厂"青年稳产先锋"评选活动,通过"先进青年事迹报告会""优秀青年风采展播""青年励志故事进基层"活动树立立足岗位建功工作导向;持续开展"青年突击队""青年志愿者服务队立功竞赛",2013年,开展"青春梦圆一千万""安全护航夜色行动"等青年突击活动近百次,指导青年投身火热的岗位建功实践;开展"光盘行动""开垦小菜园"等志愿服务522次,不断探索志愿服务成果惠及企业员工的新途径。

下步工作中,第一采油厂团委将继续夯实团建基础,发挥多元化青年人才队伍生力军作用,带领全厂团员青年为有质量、有效益、可持续的原油稳产贡献青春力量。

(第一采油厂团委2014年荣获中国石油天然气集团公司五四红旗团委称号)

二、厂获得省(部)、集团公司级(以上)荣誉称号

企业管理类

1986年荣获石油工业部"挖潜增产,一马当先,十年稳产,成绩卓越"称号

1987年荣获黑龙江省"TQC一级合格单位"称号

1987年荣获黑龙江省"质量管理奖企业"称号

1988年荣获"计量管理国家一级"称号

1988年荣获石油工业部"节能先进单位"称号

1988年荣获"标准化管理国家二级"称号

1988年荣获石油工业部"设备管理优秀单位"称号

1988年荣获石油工业部"质量管理奖企业"称号

1989年荣获中国石油天然气总公司"设备管理优秀单位"称号

1989年荣获中国石油天然气总公司"先进厂"称号

1989年荣获"设备管理国家一级"称号

1989年荣获黑龙江省"质量管理奖企业"称号

1989年荣获"档案管理国家一级"称号

1989年荣获能源部"质量管理奖企业"称号

1990年荣获"国家质量管理奖"称号

1990年荣获中国石油天然气总公司"管理先进厂"称号

1990年荣获"能源管理国家一级"称号

1991年荣获中国石油天然气总公司"先进单位"称号

1995年荣获中国石油天然气总公司"先进科技集体"称号

1995年荣获中国石油天然气总公司"设备管理优秀单位"称号

1996 年荣获中国石油天然气总公司"技术监督工作先进单位"称号

1996 年荣获黑龙江省"档案工作先进集体"称号

1998 年荣获中国石油天然气总公司"设备管理优秀单位"称号

1998 年荣获中国石油天然气总公司"石油工业审计工作 1995—1997 年度先进集体"称号

1998 年荣获中国石油天然气总公司"财务资产管理先进单位"称号

1999 年荣获黑龙江省"质量管理先进单位"称号

2001 年荣获中国石油天然气集团公司"节约投资、控制成本优秀项目及先进单位"称号

2002 年荣获中国石油天然气集团公司"2000—2001 年度财务管理先进集体"称号

2004 年荣获中国石油天然气集团公司"第一届设备管理优秀单位"称号

2004 年荣获中国石油天然气股份有限公司"油气田开发先进单位"称号

2004 年荣获中国石油天然气股份有限公司"高效开发油气田"称号

2006 年荣获中国石油天然气集团公司"信息化工作先进集体"称号

2007 年荣获黑龙江省"劳动模范集体"称号

2010 年荣获"全国五一劳动奖状"

2010 年荣获中国石油天然气集团公司"先进集体"称号

2010 年荣获中国石油天然气集团公司"油气田开发管理先进单位"称号

2011 年荣获黑龙江省"和谐劳动关系企业标兵单位"称号

企业文化类

1988—1989年荣获黑龙江省"宣传工作先进单位"称号

2003年"四个不一样"管理理念荣获"中国企业文化建设20年设计案例奖"

2005年荣获"全国企业文化建设先进单位奖"

2011年荣获中国石油天然气集团公司"石油文化艺术工作先进单位"称号

2012年荣获"中国企业文化建设先进单位"称号

2014年荣获"全国企业文化顶层设计与基层践行优秀单位"称号

党建工作类

1990年荣获黑龙江省"先进基层党校"称号

1991年荣获黑龙江省"先进党组织标兵"称号

2003年荣获黑龙江省"'六个好'建设先进企业党组织"称号

2008年荣获黑龙江省"先进企业党组织"称号

2011年荣获中国石油天然气集团公司"讲党性、重品行、作表率带头创先争优活动先进集体"称号

2012年荣获中国石油天然气集团公司"中国石油创建'四好'班子先进集体"称号

文明单位创建类

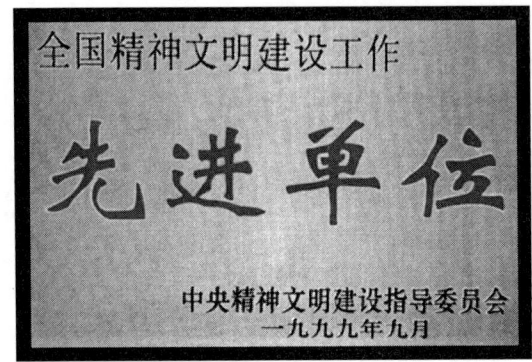

1988 年荣获黑龙江省"文明单位"称号

1989 年荣获黑龙江省"文明单位"称号

1990 年荣获黑龙江省"文明单位标兵"称号

1995 年荣获黑龙江省"最佳文明单位标兵"称号

1999 年荣获"全国精神文明建设工作先进单位"称号

2009 年荣获"全国文明单位"称号

员工教育类

1985 年荣获黑龙江省"'一五'普法标兵单位"称号

1987 年荣获"全国普法教育先进单位"称号

1990 年荣获黑龙江省"职工技术教育先进单位"称号

1990 年荣获黑龙江省"学哲学先进单位"称号

1990年荣获黑龙江省"改善办学条件先进单位"称号
1991年荣获黑龙江省"普法教育先进单位"称号
1992年荣获黑龙江省"全省职工学哲学活动先进集体"称号
1995年荣获黑龙江省"'二五'普法标兵单位"称号
1996年荣获"全国教育先进单位"称号
1997年荣获"全国迎香港回归祖国读书活动一等奖"
2000年荣获黑龙江省"思想政治工作先进集体"称号
2003年荣获黑龙江省"思想政治工作先进单位"称号
2008年荣获中国石油天然气集团公司"思想政治工作先进集体"称号
2008年荣获黑龙江省"职工职业道德建设十佳单位"称号
2010年荣获"全国职工职业道德建设标兵单位"称号

工会工作类

全国厂务公开民主管理
示范单位
全国厂务公开协调小组
二〇一三年

1985—1990年荣获黑龙江省"职工劳动保护工作先进单位"称号
1987年荣获黑龙江省"先进职工之家"称号
1987年荣获黑龙江省"优秀工会集体"称号
1987年荣获黑龙江省"优育工作先进集体"称号
1988—1989年荣获黑龙江省"宣传工作先进单位"称号
1990—1995年荣获黑龙江省"女工工作先进单位"称号
1991年荣获黑龙江省"第七届职工劳模大会先进集体"称号
1991年荣获"全国群众歌咏比赛一级大奖"
1991年荣获"全国合理化建议先进单位"称号

1991 年荣获黑龙江省"三互助先进单位"称号

1991 年荣获黑龙江省"职工读书自学活动先进集体"称号

1992 年荣获黑龙江省"模范职工之家"称号

1993 年荣获"全国模范职工之家"称号

1993 年荣获国际风筝大赛"集体优秀单位"称号

1994 年荣获黑龙江省"体育工作先进单位"称号

1994 年荣获黑龙江省"城镇妇女巾帼建功活动先进单位"称号

1994—1996 年荣获全国石油系统"体育工作先进单位"称号

1994 年荣获"全国业余围棋、象棋健力宝杯第三届千人百团大战赛精神文明奖"

1995 年荣获黑龙江省"体育工作先进单位"称号

1995 年荣获"全国体育工作先进单位"称号

1995 年荣获黑龙江省"巾帼建功先进集体"称号

1996 年荣获黑龙江省"城镇妇女巾帼建功活动先进协调组织"称号

1996 年荣获中华全国总工会"女职工先进集体"称号

1996 年荣获黑龙江省"职工读书自学活动先进集体"称号

1996 年荣获中国石油天然气总公司"'八五'石油系统合理化建议和技术改进先进集体"称号

1997 年荣获黑龙江省"年轻妈妈读书评比活动优秀组织奖"

1997 年荣获全国"年轻妈妈读书活动先进单位"称号

1999 年荣获黑龙江省"第五届职工技术运动会石油赛区优秀组织奖"

2000 年荣获黑龙江省"职工读书自学成才活动先进集体"称号

2001 年荣获黑龙江省"读书自学活动先进集体"称号

2001 年荣获全国"石油体育协会先进集体"称号

2002 年荣获黑龙江省"厂务公开先进单位"称号

2004 年荣获黑龙江省"'安康杯'竞赛优胜企业"称号

2006 年荣获黑龙江省"'安康杯'竞赛优胜企业"称号

2007 年荣获黑龙江省"'创新杯'竞赛优胜单位"称号

2008 年荣获"'唐钢杯'全国职工节能环保知识竞赛优胜奖"

2009 年荣获黑龙江省"'安康杯'竞赛活动优胜企业"称号

2010 年荣获"全国厂务公开工作先进单位"称号

2010 年荣获黑龙江省"厂务公开民主管理工作示范单位"称号

2010 年荣获黑龙江省"先进女职工组织"称号

2010 年荣获黑龙江省"第一届职工职业技能比赛石油分赛区优秀组织单位"称号

2010 年荣获中国石油天然气集团公司"中国石油先进工会组织"称号

2011 年荣获"'舞动百湖'黑龙江省舞蹈大赛非职业组一等奖"

2011 年荣获黑龙江省"厂务公开民主管理优秀调研成果特殊贡献奖"

2011 年荣获中国石油天然气集团公司"模范职工之家"称号

2013 年荣获"全国厂务公开民主管理示范单位"称号

2013 年荣获黑龙江省"厂务公开民主管理工作模范单位"称号

2013 年荣获"全国'安康杯'竞赛优胜单位"称号

共青团工作类

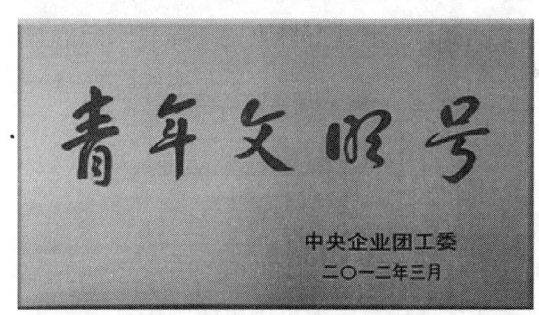

1984 年荣获石油工业部"'为重点建设献青春,争当新长征突击手劳动竞赛'活动优胜单位"称号

1989 年荣获黑龙江省"'五小'指挥杯先进单位"称号

1990 年荣获黑龙江省"先进团委"称号

1998 年荣获黑龙江省"三星级青年志愿者服务站"称号

1998 年荣获黑龙江省"先进团组织"称号

2000 年荣获"全国五四红旗团委"称号

2000 年荣获黑龙江省"五四红旗团委标兵"称号

2000 年荣获"'宝岛台湾在我心中'知识竞赛优秀组织单位二等奖"

2000 年荣获"COL 杯中国青少年网络大赛优秀组织"称号

2003年荣获"全国五四红旗团委标兵"称号
2006年荣获黑龙江省"五四红旗团委标兵"称号
2010年荣获黑龙江省"五四红旗团委"称号
2010年荣获黑龙江省"优秀青年志愿服务集体"称号
2012年荣获"全国青年文明号"
2013年荣获中国石油天然气集团公司"青年志愿者服务先进集体"称号
2014年荣获中国石油天然气集团公司"五四红旗团委"称号

发展环境类

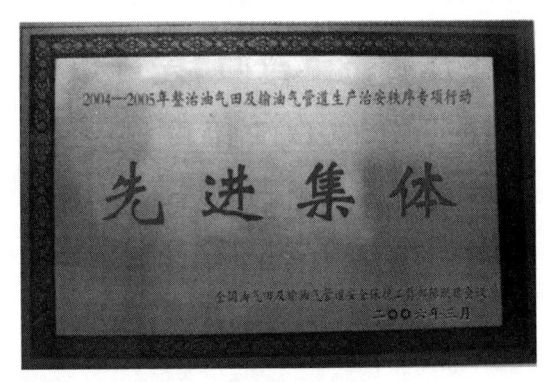

1983年荣获黑龙江省"计划生育先进单位"称号
1985年荣获黑龙江省"武装工作先进单位"称号
1987年荣获黑龙江省"优育工作先进集体"称号
1989年荣获黑龙江省"生活管理先进单位"称号
1989年荣获黑龙江省"职工生活后勤服务竞赛先进集体"称号
1989年荣获黑龙江省"庭院绿化先进单位"称号
1990年荣获黑龙江省"后勤竞赛活动标兵单位"称号
1990年荣获黑龙江省"最佳绿化单位"称号
1990年荣获"全国综合治理先进单位"称号
1990年荣获黑龙江省"信访工作先进单位"称号
1991年荣获黑龙江省"保密工作先进单位"称号
1991年荣获黑龙江省"民族工作先进单位"称号
1991年荣获黑龙江省"社会治安综合治理先进集体标兵"称号

1992年荣获中国石油天然气总公司"清洁无害化矿区"称号

1995年荣获黑龙江省"第四届民族团结进步模范集体"称号

1996年荣获中国石油天然气总公司陆上石油系统"信访工作先进集体"称号

1997年荣获中国石油天然气总公司"清洁无害化矿区"称号

1998年荣获黑龙江省"抗洪抢险先进集体"称号

2006年荣获"全国2004—2005年度整治油气田及输油气管道生产治安秩序专项行动先进集体"称号

2007年荣获黑龙江省"花园式单位"称号

2009年荣获"国家八部委专项治理先进单位"称号

2009年荣获中国石油天然气集团公司"维稳信访工作先进集体"称号

2010年荣获"全国计划生育协会先进单位"称号

2012年荣获黑龙江省"保密工作先进集体"称号

2013年荣获中国石油天然气集团公司"维稳信访工作先进集体"称号

三、2000年以来基层单位获得市（局）、油田公司级（以上）荣誉称号部分事迹材料

提升素质 争创一流
努力实现班组建设上水平

——记集团公司先进班组 503 采油队 2 号丛式井采油平台井组

2 号丛式井采油平台位于萨尔图油田南一区中部,隶属于第七油矿 503 采油队,是全国最大的一座丛式井采油平台。井组共管理油水井 16 口,计量间、配水间、配电间各 1 座。多年来,他们立足岗位,不断强化技能素质,注重管理细节,打造一流的井组管理水平,展示了大庆油田的窗口班组形象。2007 年被评为集团公司先进班组、油田公司优秀外事参观点、首批市级工业遗产保护单位。

一、勤学苦练,铸就真功,能力素质创一流

学习是提升能力素质的基本途径。多年来,2 号丛式井采油平台班组始终注重强化岗位操作技能,不断提升综合素质,努力创建学习型班组。

学技能,争做管井专家。精通技术,管好井组,是 2 号平台每名员工最基本的自我要求。他们在秉承一日一题、一周一练、一月一考、一季一赛的传统学习模式基础上,结合实际,实施"阶段三试"的学习激励法,即岗位技术理论笔试、井组操作实践考试、故障处理实战比试。在对"三试"结果进行评比奖励的基础上,还采取结对子、提要求、压担子的方式,让排名第一与排名最后的两人结成学习对子,通过互助、互比、互动相结合,使学习变得更有实效。与此同时,大家坚持每天 1 小时的技术学习,在班组内开办"百师讲坛",邀请技师、技术员、矿培训师和厂、矿技术大赛的获奖选手来井组讲课。井组员工王春玲起初对抽油机井怎样调冲程弄不明白,很难把书本知识与实际联系起来,一次维修班要调高 151-斜 44 井冲程,她觉得这是一次难得的学习机会,赶紧带上书本和笔早早来到井上,仔细询问调前的准备工作,对着书本认真观察每一步操作,整个过程她都写在本上、记在心里,终于学会了调冲程。学懂之后,她又回来讲给班组的其他成员听,大家共同进步、一起提升。通过不懈努力,井组先后有 1 人获得黑龙江省职业技能大赛冠军,3 人被评为厂级单井分析技术能手,6 人在厂、矿技术大赛中获奖,其中 1 人摘取厂技术大赛桂冠。

增本领，争做多面能手。在学好岗位技术的同时，井组成员拓宽专业知识领域，努力实现一专多能。共同创办了"流动书柜"，先后找来《采油工艺原理》《采油化验工》《计算机基础操作》等专业书籍，方便大家共同查阅。十几年来，虽然井组成员换了十几茬，但是学知识、增本领的传统却从未丢失。刚分到井组的员工小杨，毕业于牡丹江师范学院英语专业，井长晁思荣多次找她谈心，鼓励她坚持学习，继续深造，在井组浓厚的学习氛围中，小杨很快学会了油水井的日常管理，并以优异的成绩考取了大庆石油学院石油工程专业。井组员工人人都是多面手，可以熟练操作计算机，掌握油田水质、油质常规化验基础操作技能，实现了"一岗精、二岗通、三岗能"的目标。

强素质，争做窗口明星。2号平台一直是接待各级领导、各企事业单位代表团和国内外宾客的参观点。为了充分展示大庆油田的风貌、体现石油工人的风采，班组成员还利用业余时间学习接待相关知识，外请老师传授接待礼仪，内请大学生讲授初级英语，把接待常用的英语单词制成学习卡片，有的员工还在通勤车上跟着随身听练发音，闲暇时学习大庆油田历史，获悉"三老四严"的来源、"四个一样"的出处。通过努力，现在井组员工面对各级领导和来宾，都能落落大方地解说井组概况，侃侃而谈油田的历史，娓娓道来大庆会战传统故事，面对外国来宾，还能使用简单的英文进行讲解。多年来，2号平台先后成功接待国内外参观团体共计数万人次，原全国人大副委员长陈慕华、全国妇联主席彭珮云、国务委员李贵鲜等领导，集团公司、油田公司以及各兄弟单位领导先后莅临检查指导，对班组的管理水平、技能知识、接待服务等各方面，纷纷给予肯定与赞赏。

二、立足井组，精抓细做，管理水平创一流

班组是企业的"细胞"，企业所有的发展目标、生产经营指标和管理思想，最终都要靠班组来实现。基于这一认识，2号平台坚持做到管就管到位，干就干到精，细就细到家，不断提升井组管理水平，推进井组新发展。

安全管理"细"中求"严"。安全是一切工作的首要前提，严细认真是2号平台井组员工对待安全工作的不变宗旨。在日常工作中，自觉坚持"四严四把关"准则。即严格规范操作，严细查除隐患，严明规章纪律，严肃考核处理；把牢基础工作关，把牢制度落实关，把牢事故演练关，把牢管理创新关。为了进一步养成安全行为习惯，井组员工互相要求、互相提醒、互相监督，执行井组安全讲话制度，强化日常工作的细节与过程管理；为了杜绝"隐患交接"，编制《点项交接记录手册》，确保井组 8 大项、10 个部位、30 个检查点必查、必清、必记录；在维修班春季油井保养的基础上，为了消除细微故障造成的隐患，每个大型节假日前都对油水井进行保养和检查，16 口井 1000 多个螺丝，重点部位重点查，天气反常加密查，特殊情况反复查，保证了井组安全生产。一次，井组员工张金红对高 150-43 井进行保养，未见明显异样，但她仍不放心，井长晁思荣见状便带她重新检查，二人围着抽油机反复观察，终于发现右侧曲柄销的防松记号出现了不到 1 厘米的位移，检查后确认是备帽退扣，经核实，该井右侧的曲柄销已有裂痕，再运行就可能断裂并导致抽油机侧翻，后果不堪设想。正因为这两个人的严细认真，避免了一次事故的发生。通过严细的管理，井组实现了设备无隐患、检查无死角、操作无违规，连续多年被评为厂安全标准化示范班组、厂安全生产先进班组。

地下管理"细"中图"准"。"石油工作者的岗位在地下，斗争对象是油层。"这句话形象地反映了采油工的工作特点。2 号平台所管的 16 口油水井，其中 14 口为定向斜井，最大井斜角度为 27.2 度，造斜点在井深 120 米至 160 米处，最大水平位移 240 米，易偏磨、易结蜡，施工频率较高，一条皮带不及时更换都可能造成卡泵。为此，井组成员坚持"两准两不错"工作法，即准确取样并录取数据，准确判断油水井及连通井的地下油水动态，不错判细节的问题，不错漏问题的细节。针对斜井的特点，摸索出一套斜井日常管理经验，准确把握数据波动的潜在规律。如抽油机井每天需要录取的电流资料，根据规定，电流值上下波动 12% 以上才视为异常，但对斜井而言，出现较大波动再采取措施往往为时已晚。经过反复摸索，大家将异常波动电流值限定在 6% 以内，及时采取量油、测示功图等方式进行诊断，及时准确地监测井下异常，将问题解决在萌芽状态。仅 2006 年一年，他们就准确监测发现井下异常 9 井次，通过及时热洗、调参等措施，避免作业施工 6 井次，节省作业施工费用 20 余万元。

地面管理"细"中争"优"。为了全面展示井组的管理水平，2 号平台自觉抬高管理标准，时时站排头，处处创一流。在遵守《程序文件管理手册》的基础上，总结编写了《2 号平台地面管理准则》，涵盖了设备管理、场地平整、地面油污等 9 项日常管理、46 条管理标准，细化、量化了井组的日常管理工作。为了进一步提升管理水平，组织井组成员学习了《油水井施工标准》，对作业施工全过程进行跟踪，自觉承担起质量监督的重任，实行"零缺陷验收"，出现问题坚决责令返工。一次，高 150-433 井更换组合阀式井口，负责施工的恰好是

井长晁思荣的爱人维修班班长杜海滨。面对丈夫，晁思荣照样瞪大眼睛监督施工，最后发现回油管线弯头和地下管线连接处出现了细微偏移，便要求马上返工，小杜笑着跟她商量："媳妇儿，马上下班了，这是最后一道关口，返工特麻烦，重干大伙儿都赶不上通勤车，要不明天干吧？"晁思荣坚决地说："不行！明天还得重新关井、放压，又要影响产量。大家今晚干完了都上咱家，我给你们买酒、炒菜！"维修班见状只好马上返工，完工时已是晚上八点。多年来，井组成员始终把握管理细节，人人树立创先争优的意识，每次代表队里参加矿月度生产管理抽检，都是名列前茅。在油田公司、厂组织的各类生产检查中多次荣获第一名。

三、巾帼建功，协力同为，形象展示创一流

井组是一个对外展示大庆油田的窗口，在大庆精神铁人精神和会战传统的感召下，井组成员肩负使命、塑造形象，做攻坚克难的骨干、爱岗奉献的楷模、团结协作的典范，体现了新时期石油工人的职业风尚和道德情操。

攻坚啃硬，传承优良传统的不灭薪火。井组成员感到，要实现管理高标准、高水平，需要不畏艰难、执着打拼。为了学习老一辈石油人艰苦创业的优良传统，他们组织井组成员先后参观了"三老四严""四个一样"的发源地，集体重温电影《创业》；邀请离退休的"老会战"来井组座谈，听他们讲述艰辛的时光，感动之余，自编了"大庆精神不能忘，求实创业不走样；铁人旗帜扛在肩，越苦越难越向前；会战传统是个宝，井组发展离不了。"等顺口溜，以此激励自己克服各种困难，抓好井组管理。平台斜井多，作业施工频率高，为了不影响产量，井组成员就起早贪黑抢工时，积极主动抓上产。针对钻降区高密度井组电流变化大的实际情况，他们加密跟踪数据，及时分析调整，确保生产运行，13口抽油机井"五率"合格率达到100%；井组临近水边，设备上常见昆虫和蜘蛛网，空气湿度高，设备易生锈腐蚀，他们就坚持勤打扫、勤刷漆、勤保养，实现设备完好率100%，一类油水井100%；为保证平台整洁规格化，他们及时整理、日清日洁。经过不懈的努力，井组各项管理水平不断提升，先后多次被评为厂级先进班组。

爱岗奉献，呈现新石油人的创业风貌。爱岗才能敬业求实，奉献才能收获成功。井组成员不但向外界展示了大庆油田井组管理的高水平，也展现了新时期石油工人的创业精神和作风。2003年国庆节放假前一天，高149-斜424井作业，井底压力过高发生井喷，平台一片油污凌乱，按规定一周之内由作业队恢复现场，当天作业队简单处理后，卸下一卡车土就下班了。这时井组接到通知，4天后有一个来自江汉油田的参观团。当晚4名女工辗转反侧，难以入眠，大家只有一个念头，就是尽快恢复平台面貌，做好迎接参观的准备。半夜三点多，大家相约上了井，扛不动一担担的土，便用自行车一趟趟地驮，不知运了多少个来回才把土全部运到井场，直到早晨8点，井场才基本恢复平整。井组成员放弃了旅游度假和走亲访友，每天拿着刻刀、砂纸、油漆桶，一干就是一整天。张金红的爱人来井组找她，看见大家干得热火朝天，只好打消了劝说媳妇的念头，端起漆桶帮着干。年纪较大的王春玲患有心脏病和高血压，大家劝她回家休息，她笑着说："这些井我管了近十年，它们就像我的孩子一样，井组尽快恢复原貌，我心里才踏实！"就这样，仅仅2天，平台就恢复了原貌，来访的江汉油田参观团得知这里4天前刚作业完，禁不住赞叹："这个女子井组的工作效率和管理水平，就是我们要学习的大庆精神啊！"仅2006年，全班员工义务献工累计560个小时，提前恢复作业井场10井次，全年成功接待各类参观39次，赢得来访领导和宾客的一致好评。

团结凝聚，彰显巾帼团队的精神风采。团结产生力量，凝聚推动发展。在日常工作中，无论是换闸门、打黄油等粗活，还是刷漆、抠污油等细活，井组员工都是协调有序，齐心合力。为增强井组的凝聚力和向心力，他们把每年的9月20日确定为井组投产纪念日，这一天全班成员在平台前合影留念，集体合唱一曲《我为祖国献石油》，飘荡在平台上空的激昂音符展示着大家共同奋进的血脉律动。2006年9月20日，几名芬兰记者来2号平台取景，拍摄下了这一时刻，他们激动而好奇地要求跟拍井组一天的日常工作。那天中午，井长晁思荣发现高149-斜42井皮带断了，立即分工并作了安全讲话，几分钟后大家就准备就绪，默契地分为两组，一组人用自制的撬杆移动电机，将几十斤重的新皮带打在大轮上，另一组人合力扳起大锤，对准位置狠狠抡锤，调整好几百斤重的电机，保证"四点一线"，电机运转了，一旁拍摄的芬兰记者禁不住鼓掌称赞："看上去是男人才能做的工作，你们团队协作似乎轻松地就完成了，真是了不起的女子井组！"近年来，2号丛式井采油平台井组先后被评为黑龙江省巾帼建功岗、大庆市巾帼建功示范岗。

（503采油队2号丛式井采油平台井组2007年荣获集团公司先进班组称号）

创建"永铸岗位责任心"注水站
——记黑龙江省五一劳动奖状获得单位北八采油队北二注水站

北二注水站隶属于第二油矿北八采油队,是岗位责任制的发源地,于1962年4月1日建成投产。多年来,作为石油系统的标杆班组,全站员工继承和发扬优良传统,靠铸就岗位责任心、靠练就过硬的技能、靠高标准的管理,扎实打造"五型"班组。近年来,先后获得黑龙江省五一劳动奖状、集团公司标杆班组等称号。

一、始终坚持传统塑魂,靠大庆精神铁人精神铸就岗位责任心

几十年来,不管时间和任务怎样变化,不管工艺和技术怎么改进,不管员工换了多少茬,大庆精神铁人精神、会战传统始终作为北二注的"站魂"坚守不变,铸就了永不褪色的岗位责任心。

一是坚持"入站门"教育,在继承中感受责任。每一个新人到北二注工作,都会由本站的兼职讲解员专门对新人进行传统教育。一张张珍贵的老照片、一个个动人的小故事,让新人从点点滴滴中去感受责任。他们还经常请老员工和大家一起忆传统。首任站长罗政钧、第六任站长李连举、20世纪70年代的政治辅导员王云珠、党委书记张继贤等都经常被请回来给员工讲历史、忆传统,使大家从传统中汲取营养,在重温中增添力量。员工刘梅过去作为宣讲员,曾多次讲过北二注的故事,北二注对她而言并不陌生,甚至很熟悉。但经过"入站门"教育后,她深刻体会到了"责任"二字就是北二注的代名词,为此,她虚心地接受老员工的教育和帮助,严格执行岗位责任制,兢兢业业地做好本职工作,当年就被评为矿优秀员工,如今已成长为北二注第14任站长。几十年来,全站员工尽心尽力地做好每一项工作,尽职尽责地完成每一项任务。

二是坚持"批瑕疵"教育,在自我批评中锤炼责任。北二注有着光荣的传统、高标准的管理,但也存在着不足之处。员工们不隐藏、不遮丑,而是把它们放在大家的面前,用挑剔的眼光严肃反思,认真整改,把这些不足作为前进的动力。一次厂领导上站检查指导工作,无意中发现一条干线上的指示标牌贴错了，领导把这张标牌揭了下去，并要求站长重新审核一遍。揭掉了标牌的管线上留下了一块疤痕，全站员工在这块疤痕前开了一个"强化责任找差距"的现场会，大家体会到岗位责任心很大也很小，就体现在细微之处、点滴之间。类似的"批瑕疵"教育随时都会进行，员工的岗位责任心越来越坚定。

三是坚持"忆传统"教育，在工作中体现责任。为了让北二注的优良传统在每名员工身上扎根，大家把具有本站特色的文化理念和各个时期优良传统的经典小故事，如"一双白手套""日历牌的故事"等都制作成宣传板，挂在值班室和泵房里醒目的位置。员工上岗时随时随地都能够被那些励志的话语和感人的事迹所熏陶，从而自觉地用传统来激励自己尽职尽责。一次，员工杨霞、彭艳丽值夜班，巡检到一号泵时，发现地面有一摊水，由于当时光线比较暗，一时难以发现是什么位置漏水，杨霞就拿着手电仔细地检查，沿着漏水部位的管线一点一点地用手摸，后来高度够不到了，她就搬来梯子，继续沿着管线寻找，终于发现在距离泵吸入口引压管上2米多的管线上，有一处细微的砂眼，从砂眼处正在向外渗水，杨霞和彭艳丽马上采取措施，消除隐患，保证了安全生产。

二、始终注重行为养成，靠严细作风铸就岗位责任心

实践使大家认识到，没有标准，人人有专责和事事有人管就落不到实处；没有标准，责任无法认定，管理就没有方向。因此，全站员工在实践中传承和丰富岗位责任制，培育形成了以"上标准岗，干标准活，交标准班"为内容的"三标"行为准则，进一步增强员工的岗位责任心，养成良好的工作习惯。

一是突出管理制度化，规范管理行为。他们以岗位责任制为基础，围绕落实"三标"，进一步制定完善了八大制度，修订了北二注水站《管理手册》和《操作手册》，对制度、流程、标准、体系、资料报表等，进行系统梳理和优化整合，并建立"两图四卡"运行模板，实现管理的轻量化。同时自行开发"两册"管理信息平台，把全站各类资料数据全部使用电脑管理，使管理向精细化、信息化的方向发展，不断推动管理升级。全站员工以"严在一点一滴，细在一丝一毫，准在一举一动"的严细作风做好每一项工作，累计录取580多万个数据无差错，多次获得油田公司管理样板站称号。

二是突出工作高标准，培育严细行为。在"三标"行为准则的实践中，他们坚持依靠人人高标准、事事严要求，促进行为养成，形成严细认真的工作作风。有一年，在北二注泵房改造期间，施工单位在划设备周围警戒线的时候，擅自将10厘米宽的警戒线缩小一半的尺寸进行施工。站长刘梅在检查时及时发

现这一情况,当即找来负责人要求整改。施工单位的经理找到她解释说:"警戒线不就是一条线吗,宽点窄点差不多,没人注意它,你就别那么认真了。"刘梅听后严肃地对这名经理说:"警戒线是起警示作用的,必须要醒目,而且在颜色和尺寸上都有严格的规定,施工设计上也有专门的要求,你这样不按标准施工,我是不会同意的。"这名经理看到刘梅的态度非常坚决,只好安排工人返工。为了保证质量,刘梅盯在现场,亲自动手和施工单位的工人一起划警戒线,一干就是几个小时,直到达标为止。全站员工在平时工作中的一些细小环节上都始终坚持严细认真。拖完地之后,要从几个角度看有没有留下水痕,平时换下的工服马上叠成"豆腐块",几千平方米的站区,夏天无杂草、秋天无落叶,就连冬季清扫出站外的积雪,员工们也拍得四四方方,棱是棱、角是角。通过这些细微小事,形成项项工作高标准、处处讲求规范化、人人出手过得硬的好作风。

三是突出责任意识,内化自主行为。充分发挥"三标"的内化功能,在全站积极倡导形成"为岗位心甘情愿多工作,为集体心甘情愿多奉献,为他人心甘情愿多服务,为荣誉心甘情愿添光彩"的氛围。全站员工自觉严格要求,规范自我,爱站如家。一次,员工赵欣在检查中发现站内冷却塔风机的停止按钮失灵,影响启停机,但是由于这种按钮很少出现故障,队里没有备件。赵欣想起当电工的丈夫经常保留一些电器元件,于是让丈夫帮助寻找,正巧他那里保存着一个相同的按钮。于是赵欣赶紧赶到丈夫单位,取回了配件,等电工换好了按钮之后才下班。员工李霞得知站上准备建立各项资料电子文档的决定后,考虑到自己的打字速度比较快,就主动利用业余时间,先后录入了几十万字的资料和数据。队里要给她奖励,她说:"作为北二注水站的一员,给站上做点贡献是应该的,我这么做不就是尽自己的责任吗!"内化自主行为使员工把"三标"融之于心、化之为魂、践之于行,增强了队伍的归属感和荣誉感,进一步激发了员工的主人翁精神。

三、始终突出技能提升,靠过硬本领铸就岗位责任心

靠强烈的岗位责任心加过硬的技术管好站,这是一代又一代北二注人的坚定信念。大家感到,员工的技术水平决定了生产管理的水平,要提高管理水平,必先提高员工技术水平。为此,全站员工注重苦练基本功,培养过硬的岗位技能。

一是"双争三学"营造氛围,人人树立学习精神。从激发员工学习动力入手,开展"争当学习明星,争做学习擂主"活动,在督学、促学、奖学上,积

极想办法、定措施。"督学"即日提问、周集体学、月集中考;"促学"是月评一名学习擂主、季评一名学习明星,学习擂主是日提问与月考综合得分最高者,学习明星由综合考试成绩、日常学习表现、学以致用情况及民主测评产生;"奖学"则通过把学习成效与月度奖金、推荐评选先优模、优先外出学习培训等挂钩,激发全站员工人人提高文化素质、时时钻研岗位技能的热情。全站9名员工中,已有6人取得大专以上文凭,有5人被授予厂、矿技术能手称号。

二是"四小课堂"搭建平台,人人钻研岗位技术。通过设立"四小课堂",使员工处处有学习的场所。"固定小课堂"就是由站长、技术能手担任教师;"互动小课堂"就是新员工与老员工、低学历与高学历、徒弟与师父结成对子,手把手教,面对面问;"流动小课堂"就是把学习搬到泵房里、设备旁;"成果小课堂"就是在获得合理化建议、创新创效金点子、技术革新等奖励时进行成果共享,从而激发了全站员工人人钻研岗位技能的热情。厂要求注水泵单耗不高于5.6千瓦·时每立方米,大家运用所掌握的理论和技术知识,通过采取控制最佳工况点、备用高耗泵等措施,将注水单耗控制在5.2千瓦·时每立方米以下,达到了同类泵的最高水平。站里的清水管线从注水泵房到清水罐部分是外露管线,以前一到冬季就需要走清水,防止冻管线,每月要多消耗清水上千立方米。于是站长带领大家一起攻关,对清水罐管线进行了工艺改造,利用压差的原理形成温水循环,保证外露的清水管线不冻,取得了年节水上万立方米的好效果。

三是"二三结合"实践提升,人人出手过得硬。过硬的队伍需要过硬的技能做支撑。全站上下坚持做到"三个结合",即自学与重点辅导相结合,及时为员工解惑答疑;理论培训与实际操作相结合,增强处理生产疑难故障能力;技术培训与岗位鉴定相结合,练就人人出手过得硬、项项操作创全优的本领。同时,还采用"两种办法",设立临时班长,在交接班、巡回检查、设备维修保养等工作环节,由员工轮流当临时班长;共享知识10分钟,利用空闲时间让大家把心中的疑问和学习心得交流沟通,答疑解惑,互补不足,提升了技能素质,实现了全站生产管理高水平。一次,夜班工人马文、曹阳接到电力调度指令,停运2号注水机组,启动1号注水机组。接到指令后,两名同志在做好检查工作后,立即完成启动。启动后,他们又到泵房内进行运行状况检查。细心的马文在冷却水管线下面发现了一个胶皮垫,经仔细辨认后她断定是1号注水机组联轴器连接螺丝弹簧垫。这个弹簧垫是减小联轴器连接时受力不均的重要

部件，于是她立刻汇报了调度，停运该注水机组，及时消除了设备"带病运行"的隐患。

四、始终围绕提升凝聚力，靠团队意识铸就岗位责任心

班组的凝聚力如何，是班组建设水平的体现，同时，也直接影响班组整体功能的发挥。工作中，大家在认真完成本职工作的同时，通过情感交流和心理疏导，用关爱这个"黏合剂"来培养大家的团队意识，使全站员工凝成一条心，合成一股力。

一是鼓励成长"小进步"。对于员工来说，认识的提高、技能的长进、成绩的取得、良好习惯的形成，都有个持续努力、逐步积累的过程，常常是"每天进步一点点"的总和。北二注通过尊重、激励的方式挖掘员工身上的优点和长处，用"扬其长"来"避其短"，赞赏其优势和进步，营造积极向上的氛围，进而产生干好工作的动力。当员工在工作中有情绪、有困难时，班组成员间主动沟通，一起想办法、找原因，共同渡过难关。大家任务面前多干一点，不避重；困难面前多帮一点，不袖手；荣誉面前多让一点，不争功；失误面前多担一点，不诿过。班组中有人做出了成绩或获得了荣誉，就会利用班前会的时间，进行表扬和鼓励，激活员工工作热情。员工张滢是北二注的兼职讲解员，刚来时，工作的积极性和主动性不太高。在老员工的言传身教下，她的荣誉感和责任感油然而生，工作积极性越来越高。在她怀孕8个月的时候还坚持顶岗，为了缓解站上轮休缺员的压力，孩子刚出满月，她就回到了工作岗位。

二是解决具体"小问题"。员工思想情绪的微小波动、人际关系的细微变化，这些"小事情"或"小问题"，往往牵动着每个员工的心。因此，北二注注重从小处入手，从细处着眼，一句关心的话语、一声细心的叮咛，使员工产生一种归属感、亲切感、责任感，也使整个班组产生强大的凝聚力和战斗力。一次，变电所要进行春季检修，需要北二注进行启停泵。当时是下午3点整，员工赵欣在倒泵时发现2号泵密封填料漏失量大，于是她马上采取措施进行处理。等她忙活完已经过了下班的时间，当她看到当晚夜班的副岗是来站时间不长的新人时，赵欣不放心，主动留下来配合夜班主岗启泵，直到晚上9点多设备正常运转后，她才拖着又累又饿的身躯回到家。

三是营造温馨"小环境"。人们常说，三个女人一台戏。为了让十多个女同志成为一个和谐快乐的集体，她们利用一切可利用的时间，沟通情感，加深友谊。平时无论谁家有了大事小情，无论谁有了喜怒哀乐，姐妹们都会伸出温暖的手。站里有一个整理箱，里面放着毽子、跳绳等小物件，等班车的十几分钟里，姐妹们就会来一次小比赛，既愉悦了身心又增进了友谊。箱子里还有一个小本子，里面记载了每名员工的生日和爱好，每个人生日的时候，大家都会送上热情的祝福。有时候小班员工在倒夜班的时候感冒发烧或者身体不适，站长就为大家配备常用药品和体温计、热宝等物品，以备不时之需。真情的关爱，让北二注成为一个充满快乐和活力的大家庭，几年来，有不少员工曾经有过离开站上到其他岗位的机会，但是大家都不约而同地放弃了。因为她们舍不得离开这个曾经为之奋斗过的地方，舍不得离开这样一个充满人情味的集体。北二注水站也连续多年被评为厂巾帼建功标兵岗。

（北八采油队北二注水站2009年荣获黑龙江省五一劳动奖状）

继承传统 自觉从严
坚持"四个一样"不走样

——记黑龙江省五一劳动奖状获得单位北八采油队 5-65 井组

5-65 井组隶属于第二油矿北八采油队,是大庆会战传统"四个一样"的发源地,于 1961 年 7 月成立,共有员工 3 人,管理着 22 口油水井、2 座计量间。1965 年 8 月,5-65 井组被石油工业部授予"首创四个一样的李天照井组"称号;1966 年 6 月,被会战工委命名为"五好油井标杆"并立碑;2004 年 3 月,被集团公司命名为"企业精神教育基地";2005 年 6 月,被黑龙江省委省政府确定为"爱国主义教育基地";2007 年先后被集团公司和油田公司授予"标杆班组"荣誉称号。

会战初期,第一任井长李天照带领井组 11 名职工,凭着高度的主人翁责任感和严格的科学态度做好每项工作,在任何条件下都始终坚持严格执行岗位责任制不走样,在实践中总结形成了闻名全国的"四个一样"优良作风:黑天和白天干工作一个样、坏天气和好天气干工作一个样、领导不在场和领导在场干工作一个样、没有人检查和有人检查干工作一个样。1963 年,"四个一样"与"三老四严"一同被写入当年颁布的《中华人民共和国石油工业部工作条例(草例)》,作为工作作风的主要内容颁发。几十年过去了,5-65 井组岗位工人始终牢记"冒雨取样""雨夜清蜡""一把卡尺""一颗螺丝钉""一滴油"的故事,自觉坚持"四个一样",管理的油水井口口达到一类,涌现出以石油工业部标兵李天照、潘凤歧,全国十大青年岗位能手刘丽为代表的一批先进模范人物。

强化责任意识,坚持"四个一样"思想更自觉。"四个一样"是建立在高度的思想觉悟、极强的责任心和岗位责任制的基础之上的。5-65 井组始终依靠传统教育,使"四个一样"的优良传统代代相传。5-65 井组老井长侯德佳,参加工作几十年,对井组的每一口井、每一件设备就像对待自己的孩子一样精心呵护,口口井达到优质。每次队里新分配的青年员工,队干部总是安排他们到老侯的井组进行培训、实习，为的就是让老侯把"四个一样"的优良作风根植到他们的身上。5-65井组第21任井长郝庆国继承前辈的光荣传统，让"四个一样"的优良作风在身上深深地扎下了根。一次，刚下完大雨，当郝庆国骑着自行车来到3排水井巡检的时候，发现进井路已经是一片泥泞，很难通行了。但是他没有犹豫，自行车骑不了就推着，遇到推不过去的地方就干脆扛起来走，就这样，平时不到1个小时就能巡完的水井，他一直用了3个小时才巡完。有人说："这些井你上午刚巡完，下午就是不去也不会有什么事，干什么那么认真？"小郝却说："我是5-65的井长，干工作就得时刻做到'四个一样'。"在平时的工作中，井组员工人人注重细节管理，工作中高标准严要求，样样工作创精品，使管理的井口口都是样板水平。

强化学习意识，坚持"四个一样"技术求精湛。"四个一样"强调的不仅是工作态度和工作作风，同时也体现了对岗位工人技术素质的要求。5-65井组的员工始终坚持刻苦钻研，勤学苦练，掌握了过硬的技术素质，井组第17任井长刘丽曾获得"全国十大杰出青年岗位能手"的荣誉称号。第21任井长郝庆国被评为大庆油田"百名青年岗位能手"。为积极适应新形势，5-65井组的员工结合工作实际自学《采油工等级达标试题》《电泵井管理应知应会》等技术书籍，业务水平显著提高。一年3月，4-P42井油压突然从0.4兆帕下降到0.2兆帕，通过量油，发现产量下降，他们马上憋泵，判断是断脱，及时向技术员汇报，经过鉴定证实了他们的判断，作业后，使这口井产量恢复。一次检查时，井组员工发现丁5-P42井压力比平时低，井口出油声小。他们先校压力表，又放套管气，证明液面不在井口。为弄清原因，他们先后5次跑到地质组、工艺队查找周围4口注入井的相关资料，连续两天两夜跟技术员守在计量间量油、取资料，随时上井观察核实。最后发现是周围2口注入井注入效果不好，造成油井液面下降，间歇出油。原因找到后，采取相应措施，使这口井液面恢复，保证了平稳生产。井组工人石秀丽除了尽责地完成本职工作之外，还努力学习业务知识，无论哪次领导来井组检查工作或是技术考试，她都做到百问不倒、对答如流，用自己的过硬技术为全队争得荣誉。井上工作比较辛苦，为了将工作做好，给队里争光，她经常学习到深夜，困了就起来走几圈再背。功夫不负有心人，在矿里举办的单井分析比赛中，她主动报名，刻苦学习油田地质知识、采油工程理论、地面管理知识、井下管柱结构及调参操作知识，在自己的努力和技术员的耐心指导下，技能水平进一步提高，在矿单井分析比赛中取得了第二名的好

成绩，为队里争得了荣誉。

强化奉献意识，坚持"四个一样"作风更过硬。奉献是大庆精神铁人精神的重要内涵，也是5-65井组一直以来坚持"四个一样"优良传统的真实写照。井组由过去的3口自喷井发展到目前管理22口油水井和2座计量间，管理人员由过去的11人减少到目前的3人，条件、环境变了，"四个一样"的作风不变，年年被评为厂先进班组。井组工人石秀丽的父母先后患上癌症，她每天奔波于岗位和病床之间，在父亲病情加重直至不幸逝世的那段日子里，她更是衣不解带地照料在床前，但即使是这样，她也没有向队里请一天假，没有多休一个班。井长车辰是一个"80后"的子女工，是个正宗的"油三代"，从小就受到"四个一样"的熏陶，励志当一名出色的石油工人。参加工作以后，无论是当维修工还是集输工，他都始终把"四个一样"当成是自己的座右铭，踏踏实实、坚定执着、尽职尽责地干好工作，以优异的成绩从一名子女工成长为5-65井组的井长，谱写了一段"三代报国志，一脉石油情"的佳话。"四个一样"的作风已经在井组每个人心里生了根。

5-65井组的员工就是凭着这样一种执着的信念，不断的诠释着"四个一样"的优良作风。成立至今，井组工人换了20茬，井长换了23任，先后有100多名骨干输送到外单位，有的走上了领导岗位，有的成了技术骨干，使"四个一样"作风得到发扬光大。47年来，5-65井组经过局、厂、矿、队明察暗访4350多次，没发现一次违反制度，没发生一次责任事故。在建设百年油田新征程中，5-65井组自觉继承和发扬"四个一样"优良作风，不断加强基础工作，持续提升管理水平，以优异的成绩让大庆红旗更加鲜艳。

（北八采油队5-65井组2009年荣获黑龙江省五一劳动奖状）

弘扬大庆精神　构建和谐三队

——记中央企业先进集体南三采油队

第五油矿南三采油队组建于 1960 年 3 月，共有员工 71 人，管理油水井 160 口、计量间 9 座、转油站 1 座。全队干部员工以创建百年油田为己任，求真务实，团结奋进，队伍凝聚力和战斗力不断增强，各项工作水平持续提升。先后荣获集团公司先进基层党组织，油田公司功勋集体、基层建设标杆单位等称号。

一、强化队伍建设，努力打造学习型团队

南三队以建设学习型小队为主线，以增强队伍综合素质为根本，全面打造高素质的干部员工队伍，为全队和谐发展提供人才保障。

一是实施干部"长宽高"工程。为了使干部有一技之"长"，南三队提出应知职责、应做工作、应精业务的干部"三应目标"，实施干部业绩考核和"双争"长效管理机制，促使干部成为本职岗位的行家里手；为了拓"宽"知识面，实施主副岗管理，每半年进行一次副岗互换，每半月开展一次业务交流；为了提"高"干部的思想素质和对新知识的知晓、运用程度，开展"讲学习、讲政治、讲正气，比知识、比廉洁、比贡献"的"三讲三比"活动，使干部在思想、作风上都有明显转变，领导班子连续多年被评为矿"优秀基层班子"，在年度干部测评中群众满意率达到 100%。

二是探索党员"1+2"登高模式。党员的进步必须跟上企业的发展。"1+2"登高模式是支部在党员自己制定登高目标的基础上，结合生产需要和"个性化"业务能力这两个载体，开展系统培训，提升党员素质。每年年初，党支部将每名党员的"登高计划"公开在队网站上，接受群众监督，并针对生产难点问题，结合党员个人特点实行动态调整，通过季度检查逐条梳理，有针对性地开展指导和培训。党员刘丽萍为自己制定了"岗位能手—技术员—管理干部"的登高计划，支部认真进行审定，并指派一名干部和技师进行辅导。通过勤学苦练，她高标准地完成了队交派的分离器掺水倒灌反冲洗等实验，还自修了成人大学

采油专业课程，多次被评为厂技术能手和读书自学标兵。2003年，她通过竞聘担任了工程技术员，2004年，她以突出的业绩走上了党支部书记岗位，实现了一名普通党员从岗位能手到技术员再到管理干部的"三级跳"。

三是创新员工培训"三式"方法。实施以"送学式、菜单式、网点式"为内容的"三式"培训方法，提高全员整体素质。通过区分不同培训工种、培训内容，组织"学习明星"、岗位班长、技术导师送技能到岗，开办"午间技校"，满足员工求知的需要；技术人员制定《培训方案》，各相关生产骨干编好培训课程，每期按计划办班，针对不同培训对象和内容"按单点菜"，开展"标准化知识考试""百做不误，操作全优"竞赛等活动；运用电教和网络手段，采取定点、开放、闭路等播放形式，提高学习效果，在矿里的支持下开通了车载影音系统，使员工在通勤车上就可以学习到相关技能知识。几年来，有28人被评为厂、矿岗位能手，14人在厂级以上比赛中获奖，员工"一岗精"达到100%、"二岗通"达到60%、"三岗懂"达到30%。

二、实施精优管理，实现生产经营持续高水平

管理是企业和谐发展的关键。南三队紧紧抓住这一关键，把创新精神、精细管理与目标任务紧密结合在一起，在创新上求突破，在精细上谋发展，促进生产经营的良性运行。

一是授"兵头"之责，加强班组建设。把发挥好班组长作用作为抓好班组工作的关键。建立完善班组长业绩评价制度、绩效档案和季度考评制度，形成能上能下的培养选拔机制，强化思想塑造和业务技能培训，提高班组长的知识和能力结构。针对生产工作的重点和难点，拓宽管理新渠道，推行班组长兼职安全、环保、节能员管理机制，在给班组长定责任、定目标的同时，授予其参加专题会议的知情权、处理问题的奖惩权、评先树优的优先权，使他们肩上有担子、手中有权力、工作有魄力。在"5S管理"活动中，502站在班长的带领下，全站员工主动放弃休息，认真查改问题，使这个建站18年的老站一举通过了油田公司"五佳站"验收。

二是循管理之规，实行精细运作。南三队遵循精细化管理的思路，在优化增效上挖掘每一点空间，在基础管理上做精做细每一个环节，做到"三细分"和"四精确"，即建立目标细分、任务细分、流程细分，实施精确计划、精确决策、精确控制、精确考核，大大提高了工作效率和质量。在生产管理中，加强信息化建设，实现数据网上汇总传输、生产管网系统网上查询、生产指标自动

预警、精细地质研究成果应用,确保了数据的精确;开展"百做不误、操作全优"岗位练兵活动,提高员工标准化操作能力,实现精准操作;全面实施以抓好"作业施工井检泵率、综合返工率"两个控制、夯实"资料录取、机采井维修保养"两个基础、开展"最佳岗位、优质红旗设备、减速箱无渗漏、绿色班组"四项竞赛、实现"管理精品队"一个目标的"2241"工程,积极打造精细管理品牌。全队连年超额完成油气生产任务,各项油田开发指标持续向好。在经营工作中,实施了全员绩效考核、班组经济核算、"加减乘除"节能法等管理措施。仅2008年,全队共提合理化建议34项,修复各类器材120余件,修旧利废创造经济效益15万元。

三是谋创新之道,实现本质安全。安全是企业的最大效益,南三队始终坚持"安全第一、预防为主"的方针,以安全责任零距离、生产操作零缺陷、规避风险零伤害、员工身边零隐患、文明生产零事故的"五零"安全管理为目标,进一步打牢安全生产根基。实行"1+1"安全管理模式,全队定期排查"安全不放心人",除要求其参加脱产安全学习班外,还需自己找安全联合监护人,签订"1+1"安全帮教合同后方可上岗,增强员工自觉按章操作安全生产的积极性和主动性,减少"三违"现象的发生;积极推进HSE体系建设,完善各项应急预案,抓好安全教育培训,开展"班前五分钟故事会""今天我是安全员""安全案例反思会"等活动,提高全员安全技能;加强安全质量标准化工作,制定了《安全管理细则》《要害岗位安全管理规定》等规章制度,实施安全隐患查找奖励办法,使安全管理工作逐步走上制度化、规范化的轨道。南三队连续多年实现安全文明生产。

三、实施文化管理,大力推进和谐凝聚工程

南三队积极培育健康向上的基层文化,以文化力激发创新力、提升竞争力,促使全体员工朝着同一目标前进,营造和谐发展的氛围。

一是开展形势任务教育。面对油田发展新形势,南三队重新对队伍进行定位,提出"打造品牌队,稳产做贡献"的奋斗目标。相继开展"看形势、树信心、鼓实劲、转观念""弘扬大庆精神铁人精神,构建和谐三队"等主题教育活动,组织员工围绕"面对企业新发展,我该怎么办"开展大讨论,使员工看到企业充满希望的前景,增强迎接挑战、创新发展的信心和勇气。精心筹建荣誉室,总结了"一把刷子""寒夜抢险"等故事,开办了《家园报》,定期开展队史教育,经常邀请老同志"忆会战,话传统",时常参观爱国主义教育基地。员

工的荣誉感和责任感不断增强，从内心深处感到"我是企业人，企业是我根"，使队伍建设获得不竭的动力和能量。

二是培育特色基层文化。以基层特色文化建设为平台，将以文化为核心的"软力量"融会贯通到队伍管理之中，不断提升管理水平，实现全队的持续稳定发展。形成以"目标和谐、管理和谐、人际和谐"为重点的和谐人文环境文化、以"十大示范"为主要内容的基层干部行为文化、以"八四一法"为基本架构的安全精神文化和以车载电视为载体的车厢文化，为全队发展注入了不竭动力。加大对队容队貌等硬件设施的整治力度，进一步规范视觉形象，增加食堂文化、楼梯文化、走廊文化等内容，使南三队成为全厂基层文化的展示窗口，多次成功接待油田内外各类参观团体。探索总结的"考绩问效"被编入油田公司《企业文化创新实践风采录》，"和谐文化""示范文化"被评为厂优秀企业文化成果。

三是真情关爱员工。南三队始终把关怀员工冷暖作为第一要务，采取多种方式尽全力满足员工被关怀的需求。通过整体规划和改造，在院内植树种草、修廊建亭、完善食堂、游艺室等配套设施，为生产岗位配备微波炉、饮水机等生活用品，建立亲情板、光荣榜，设立生日餐桌，开展丰富多彩的文化娱乐活动，改善员工工作和生活环境。组织开展"送温暖"活动，员工家里有大事小情，队党支部都会第一时间送去温暖和关怀，帮助员工解决实际困难，凝聚队伍整体发展合力。真心的情感投入，调动了员工的积极性，营造了暖心留人的和谐氛围。

（南三采油队2009年荣获中央企业先进集体称号）

发扬"超越"精神　甘于拼搏奉献
在推进萨中模式建设中勇当先锋
——记黑龙江省工人先锋号中区西部油水井管理队

第六油矿中区西部油水井管理队原名中二采油队，于1962年11月组建，是大庆油田投入开发初期成立的第一批采油队。2009年7月，作为厂萨中模式示范区建设的基层单位之一更名。共有员工82人，班组13个；管理油水井315口，新井全部投产后油水井总数将达到919口；注入站1座，全部投产后达到3座。萨中模式推行以来，中区西部油水井管理队发扬"超越"精神，不断突破自我、挑战自我，努力创出萨中模式示范区建设高水平。

一、担起使命重任，永当发展先锋，为示范区建设凝聚干劲和力量

萨中模式就是打破传统采油队界限，做到"专人专干"，提高工作效率，是老油田二次开发建设的创新与尝试。面对"前人没有走过的路"，作为示范区建设的试点单位之一，如何凝聚员工合力，充分发挥全员干劲，鼓舞全员士气，是摆在队领导班子面前的难题。大家认识到，这既是一份使命，更是一份责任，要充分发扬会战时期的优良传统，以超越前人和超越自我的勇气与魄力，坚决打赢这次管理创新战役，为兄弟单位踏出一条提质增效的发展之路。因此，队领导班子拧成一股绳，坚定了"为萨中模式当先锋，为中区西部建功业"的信心，提出"在承载使命、勇担重任上向我看齐"等"八个向我看齐"的干部行为标准和"扎实工作干在先"等"四个在先"党员行为准则，坚持用典型带动队伍、用实干锤炼作风，用实实在在的业绩向矿党委和全体员工交上一份满意答卷。

2010年小年前的一天，有3口新井要在当天投产。直到下午3点，施工单位才完成最后一道工序，这时干部员工已经在现场持续奋战了近6个小时，为了确保这最后一口井能够当天启抽，队长徐卫庆带领10多名员工导流程、加密封填料。天色逐渐暗了下来，气温也越来越冷，达到零下30多摄氏度，由于戴着棉手套干活不方便，徐队长和党员陈武林干脆摘掉手套加密封填料，一个人的手冻木了就换另一个上。就这样，用了1个多小时终于加好了所有的密

封填料,而他俩的手已经冻得不听使唤了……因为天儿太冷,地面搭接的掺水管线和集装阀已经冻了。这时已经临近天黑,怎么办?迟了,管线会冻死,投产就不能顺利进行。"大家跟我来,接水浇开管线!"徐卫庆又一次站在了井口前,手套湿透了,他就光着手;脸上溅上水,他就抹一把;脚冻麻了,他就跺一跺。1个小时后,管线终于浇通了,相关工作也准备就绪,新井终于一次性抢投成功。

正是在党员干部率先垂范、全队上下共同努力下,才保证了示范区抢产新井一次成功,确保示范区产量顺利完成,践行了在推进萨中模式建设上当先锋、打头阵、建功业的铮铮誓言。

二、改变巡井方式,促进工作下移,为区域化管理总结做法和经验

思想统一了,士气高昂了,接下来就是要优化运行方式,适应创新管理的发展要求。中区西部油水井管理队打破固有思维,坚持从问题入手,以提质增效为目标,扎实推动示范区建设。根据地理条件以及油水井、计量间的分布情况,划分为10个生产管理区,负责全队油水井管理,比原来减少了8个采油班组。划分后,每个生产管理区油水井、计量间相对集中,解决了以往过而不巡、近而不巡的现象。区域化管理体现出"六快",上井时间快了、巡井速度快了、发现问题快了、解决问题快了、信息反馈快了、协调速度快了,提高了工作效率。对地质组进行分工、整合,地质组的职能范围,由室内扩展到室外,由数据录入和上传转为数据的分析和判断,建立起适合萨中模式的工作体制。全队百分井达95%以上,"两率"指标控制在30%以内,全年实现安全零事故、环境零污染。

地质组组长王丽在新井投产地质数据工作量倍增的情况下,带领地质组员工加班加点整理数据,大家严把地质资料关、录取关、审核关,扎实做好基础工作,同采油工一起录取第一手资料,做到从每一个数据抓起、从每一个报表抓起、从每一个生产环节抓起,资料录取愈加规范,资料全准率达到100%。整个投产期间,王丽以队为家,舍小家、顾大家,坚守岗位,家里的困难从来没向队里提过。在她和员工的共同努力下,地质组连续5年被评为厂"五佳双优"地质组,王丽获得了厂"巾帼岗位标兵"的荣誉称号。

三、提升技能素质,培育一岗多能,为推进萨中模式提供软实力和核心能力

过而能巡、近而能巡的基础是员工有能力发现并处理问题;工作下移、提高效率的基础是资料员有能力分析并解决开发矛盾。中区西部油水井管理队始终将员工能力素质作为推进萨中模式建设的"软实力",将"一岗多能"作为上岗的必备条件，树立了"百人如一，百做不误"学习理念，使员工实现"人人具备精通标准化操作能力，人人具备复合化工作能力，人人具备独立解决问题能力"，不断适应萨中模式建设的需要。突出"学"与"练"，建立起因需、因岗、因人、因疑的"四因"培训机制，实施学习能力、学习方法、学习实用性相结合的培训方法，采取交叉、外出、现场培训的"三个渠道"，通过理论教学、模拟演示、实训演练、现场操作的全方面培训，培养适应萨中模式建设的复合型员工。

  技师连季颖主动提高操作技能，她把学习资料整理成小纸条，方便在通勤车上看、午饭前看、傍晚等车看，高效利用每一分每一秒来学习专业知识，全面掌握水聚驱油水井管理方法和新井的操作技能，实现由单一型技术人员向复合型技能骨干的转变。她还与有经验的员工组成"一带一"帮助对子，坚持一起学习、一起巡井，相互监督、相互促进。同时她把班组员工定期组织在一起，交流工作心得和操作经验，促进员工综合能力提升。老党员项金虎多年来坚持对生产中的设备进行改进，组建了以"一对一"实训为主的攻关团队，先后取得"抽油机减速箱密封装置""电机防雨装置""电机防护罩改进"等技术革新，多项成果在生产中得到广泛的应用，带动更多的技术人才在技术创新的道路上奋勇争先。

（中区西部油水井管理队 2010 年荣获黑龙江省工人先锋号）

飘扬的旗帜

坚持"三提高" 突出"三过硬"
在打造精品测试队中发挥战斗堡垒作用

——记集团公司先进基层党组织第二油矿试井队党支部

第二油矿试井队成立于1991年3月,建队以来,队党支部紧紧围绕"建和谐团队、铸测试精品"目标,突出建设过硬的领导班子、强化过硬的管理、锤炼过硬的队伍,全力推进"诚信测试、高效测试、精准测试"实践,提升测试质量和效率。共荣获局、油田公司测试系统三牌队竞赛铜牌3块、银牌6块、金牌2块。连续多年被评为油田公司先进集体、先进基层党组织。2004年荣获油田公司功勋集体称号。2011年被评为集团公司先进基层党组织。

一、提高"三个意识",建设过硬班子,为打造精品试井队提供坚强保证

打造精品试井队关键在领导班子。队党支部坚持抓好班子自身建设,把建设一个素质过硬、业绩过硬、作风过硬的班子放在首位,着重提高班子的发展意识、稳产意识和表率意识,凝心聚力,引领发展。

一是提高班子的发展意识。从最初的铜牌、银牌到金牌,队班子成员始终以强烈的进取和发展意识,保持追求发展的劲头不减。在获得油田公司功勋集体等荣誉后,面对是安于现状停滞不前还是永不满足奋勇拼搏的困惑,党支部抓住学习《大庆油田可持续发展纲要》的有利时机,广泛开展讨论,使班子成员进一步明确"守着荣誉沾沾自喜不思进取就是后退""不为金牌添彩就等于为金牌抹黑""当干部就要担当起推进发展的重任"的认识。统一思想后,队班子围绕落实集团公司"千队示范工程"要求,确立了"打造精品试井队,再夺管理金牌"的新目标。党支部趁热打铁,组织干部员工到二厂、三厂、四厂等先进单位取经,结合自身实际和工作特点,以打造"一流管理水平、一流测试技术和一流员工队伍"为主线,探索形成"4321"测试技术管理体系,提高测试质量和效率。2011年一举拿下油田公司测试系统管理金牌,实现了再夺金牌的目标。

二是提高班子的稳产意识。实现稳产目标，是最核心、最重要的工作内容，是压倒一切的第一要务。队党支部紧紧围绕这一要务，明确"铸测试精品，做稳产尖兵"理念，教育班子成员牢牢把握"精细挖潜保稳产"这一根本，将实现稳产作为自己最大的责任，全力以赴，埋头苦干，做到所有想法围着产量转、一切工作围着产量干，坚决夺取稳产攻坚战的最终胜利。2011年，为确保完成原油超产任务，干部员工在三次加密测试、常规测试调整的基础上，结合层段间压力和吸水能力差异日益加大的实际，选择剖面动用程度低、井组含水上升快以及动静不符的三类井区共41口井，实施"双定双换"测试法，为注水井方案的合理调整制定提供准确的依据，为稳产奠定坚实基础。

三是提高班子的表率意识。班子的良好形象是激励干部员工为油大干的催化剂。党支部始终坚持把大庆精神铁人精神教育作为筑牢班子"提素质、强能力、抓落实"思想基础的重要手段，一方面要求班子成员发扬"三个面向、五到现场"的优良传统，另一方面开展"向功勋员工车宝志学习"活动，牢固树立扎根基层，勤恳务实，不求名利的敬业精神；排除万难，坚持不懈，勇攀高峰的进取意识；吃苦耐劳，忠诚奉献，完美执行的实干品质；大胆管理，精雕细刻，"三老四严"的严细作风；勤于学习，善于思考，勇于实践的创新思维。明确提出"三先"要求，即精准测试，干部最先打出样子；急难险重，干部最先冲锋在前；吃苦奉献，干部最先身体力行。强化干部坚持做到"四个一"，即一心为队甘于奉献，一往无前奋勇争先，一马当先不畏困难，一丝不苟精益求精。

二、发挥"三个作用"，强化过硬管理，为打造精品试井队提供坚实基础

基础工作是测试工作的生命。队党支部始终把管理的难点作为工作的重点，把服务保证作用充分体现在推进各项制度落实、夯实基础工作上，有力促进管理水平的持续提升。

一是发挥宣传引导作用，确保测试标准有效落实。队党支部把编制的《试井队干部岗位说明书及工作指南》和《试井队岗位员工操作手册》等内容打印成宣传提纲下发到班组，让员工人人都了解。同时，还要求各班组利用理论学习会、安全教育会和技术培训会等日常进行时时宣讲，避免图形式、走过场和摆样子，保证员工愿意听、听得进。在此基础上，又通过"三面向、三到位"，即干部面向全队，传达贯彻要到位；班长面向班组岗位，学习领会要到位；党、

团员面向员工,解疑释惑要到位,让大家都清楚应该做什么,不该做什么。在宣传《试井队管理手册》中,党支部组织多次学习活动,并将队伍简介、工作职责、管理制度、奖金考核制度、报表台账等96项,逐一为员工讲解,引导员工应用手册科学标准地进行测试工作,把测试管理从经验型向科学型过渡,为提升各项管理工作水平奠定坚实的基础。

二是发挥引领激励作用,推进技术创新和新技术应用。推进发展,引领发展,就要始终站在管理和技术的最前沿,这是党支部的神圣使命。队党支部围绕"提高测试质量,满足油田开发需要,确保水驱持续稳产"这一核心工作,多措并举,激发和调动全体干部员工参与探索精细测调技术的积极性。在2007年开展的"4注21采"精细测调试验中,干部员工普遍存在等靠依赖思想,致使试验有一段时间停滞不前。队党支部一方面加强思想教育,让干部员工进一步认识到试验的重要意义;另一方面,加大技术创新和新技术推广应用的奖励力度,除薪酬奖励外,实行评优、入党、聘干优先政策,并组织党员干部率先成立攻关先锋队,带领大家开展攻关活动,最大限度地调动干部员工的积极性,确保精细测调增油降水试验的深入。通过连续3年的探索,从区块试验到对全矿分层注水井全部实行年3次加密测试,二矿水驱自然递减率降到5.61%,2010年降到3.85%,创历史最好水平。

三是发挥指导示范作用,努力提升全员管理素质。管理水平是一个单位基础工作的直接反映,也是衡量党支部作用发挥的重要标准。队党支部在严格加强管理的同时,注重有针对性的指导,通过选树各类典型,发挥其示范作用,实现管理水平的稳步提升。在落实"5E+5S"管理过程中,队党支部从规范办公室、井口房、车库内每项物品的数量、摆放位置、放置标准对员工进行指导,总结形成"点项管理"法,培养员工的精品意识。在强化安全管理中,党支部加大安全教育力度,开展"安全在我心中,幸福伴我一生"主题活动和"邻里失火,自查炉灶"安全整治活动,选树和宣传各类安全典型,使员工在日常生产工作中做到按章操作不走样、绷紧心弦不放松、严防苗头不大意、安全牢记不动摇,树立了"要我安全是关怀、我要安全是觉悟、我会安全是本领"的安全理念,形成浓厚的安全氛围,连续10年没有发生任何安全事故。2004年荣获油田公司功勋集体,2009年被油田公司开发部选树为油田公司测试行业样板。

三、强化"三种作风",锤炼过硬队伍,为打造精品试井队提供有力支撑

过硬的员工队伍是打造精品试井队的基本保证。队党支部始终把建设一支风清气正的员工队伍作为工作的重中之重,做到"信念坚定、业务精良、作风过硬、纪律严明、精神饱满、团结协作",提升队伍的执行力、战斗力和创造力,为打造精品测试队提供人才保证。

一是强化严细认真,打造一支讲诚信的员工队伍。测试工作是油田开发的眼睛。测试资料是否真实可靠,直接关系到油田开发工作的好与坏。党支部大力宣传"五毫米见精神""放大镜照钢丝"等经典故事,加强会战传统教育,坚持传承"四个一样"和"一点不差、差一点也不行"的优良作风,提出测试队伍管理上狠抓一个"严"字,测试资料录取上杜绝一个"假"字,各项数据整理上确保一个"准"字,工作安排落实上突出一个"实"字,倡导"造假可耻,真实为荣"的风尚,把诚信文化的精髓根植于员工的心中。全队干部员工践行"操作步步求稳,测试口口求精"的质量理念,坚决抵制各种造假行为,杜绝不实、不清、不可靠、不能用资料的出现,做到井井测试零差错,资料全准敢叫硬。2010 年 12 月,一名班长对高 110-38 井进行周期测试时,发现偏 1 水量超注 15 立方米,偏 6 水嘴堵塞没有水,他在零下 20 多摄氏度的寒风中反复投捞水嘴 8 个多小时,直到检配合格。

二是强化有效落实,打造一支重执行的员工队伍。执行力是落实各项工作的重要保证,是员工良好素质的外在表现。党支部大力倡导"一次做对,持续做好""遵章守纪,规范有序"和"日事日毕,日清日高"的行为理念,广泛开展"七星"员工和"三牌"班组竞赛评选活动,让员工养成良好的行为规范,并形成习惯。队里 1 万多平方米的大院和两座 800 多平方米的办公楼,150 多人、40 多台车每天进进出出上百次,始终保持干干净净,无人乱扔垃圾,每天的早会 150 多人参加手机从不响一声,卫生间、浴室等时时整洁干净。通过注重员工的行为养成,有效提高员工的执行力,确保各项测试工作有效落实。

三是强化能力素质,打造一支高技能的员工队伍。员工队伍作为企业管理的核心,素质高低、技术强弱直接影响测试工作。为此,党支部建立了"培训、交流、实践"三位一体的技术培训机制,因势利导,以开展读书励志活动为重点,以创建学习型党组织为目标,组织员工学技术练硬功,提升员工的岗位操作能力、执行标准能力、创新创效能力和风险规避能力。另外,发挥技师作用,

在员工中开展了"1+1"技能助学活动,强化技术培训和技能比拼,激发全员学技术的热情。同时,还积极试验应用革新成果、测试新技术新工艺,及时把学习效果转化为科技含量较高的工作成果。目前,试井队共有高级工105人,占全队的70%,一专多能、一岗多技的员工占全队95%以上,工人技师2人,助理工人技师2人。20年来,共完成油田公司、厂、矿技术革新46项,"五小"成果36项。在2010年油田公司员工技术运动会上,全队参赛的2名选手分别夺得测试工冠、亚军。

(第二油矿试井队党支部2011年荣获集团公司先进基层党组织称号)

强化"四种意识" 打造"四士队伍"
在探索油田开发规律的征程中奋勇前行
——记集团公司先进基层党组织地质大队开发室党支部

地质大队开发室组建于1993年6月，共有员工24人，其中高级工程师6人、工程师11人、党员11人。主要担负全厂油田开发规划、油藏工程布井方案编制、水平井专题研究、剩余油专题研究、新井射孔、钻井运行等工作。多年来，开发室党支部紧紧围绕油田持续稳产主题，强化"四种意识"，打造"四士队伍"，促进油田开发水平不断提升。先后发表国际论文5篇，取得油田公司级及以上科研成果21项、QC及现代化管理成果10项，油田公司重大技术革新成果4项。2010年荣获油田公司功勋集体称号，2011年荣获黑龙江省五一劳动奖状。

一、强化责任意识，打造探寻油田开发规律的领导谋士

作为研究油田发展战略规划的开发室，肩负着设计未来油田宏伟蓝图的重任，承担着为领导决策提供依据的职能。多年来，开发室党支部从增强发展意识、责任意识入手，引导科技人员精准每一个数据、精细每一项指标，确保各项规划方案科学严谨，为领导作决策提供可靠依据。先后组织干部员工开展"学习《纲要》为什么、理解《纲要》看什么、贯彻《纲要》想什么"讨论，增强对油田持续发展的信心；积极开展"学传统、做传人"活动，组织员工到大庆铁人王进喜纪念馆、油田历史陈列馆参观学习，感受老一辈石油工人"为油田负责一辈子"的高尚情怀；在干部员工中开展"油田开发我先行，规划方案过得硬"活动，引导科技人员在探寻油田开发规律、提升开发潜力、精准指标预测等一系列工作上做到精益求精、科学准确。在编制《萨中开发区"十二五"油田开发规划》过程中，开发室成立了战略规划研究组，针对高含水后期储量潜力分布规律认识难、开发指标预测难等问题，反复研究，分析论证，形成一套指标预测、效果评价、潜力分析、战略研究等规划编制技术。规划组以高度负责的精神，自觉做到"三不"，即不用错每一个数据，不耽误每一项工作，不

出现任何一项错误。5位同志加班加点连续工作12天,提取2万多组数据,提前完成水聚两驱分区块、分层系、分水质各项开发指标的预测工作,揭示了油田开发指标变化趋势,为保质保量完成规划方案的编制任务奠定坚实的技术与理论基础。油田公司优秀共产党员、室主任金贤镐在"十二五"规划编写中,正赶上他犯鼻炎最严重的时候,为了不让鼻涕流出来,他就用棉球把鼻孔塞住,但是眼泪会流出来,同志们戏称"萨中开发区的规划是用眼泪换来的"。在同志们的共同努力下,经过1个多月的日夜奋战,圆满完成"十二五"规划的编制工作,受到各级领导的好评,为萨中开发区1100万吨以上持续稳产指明方向。几年来,开发室科学编制40余个产能建设区块、10200多口新井的布井方案及钻井运行方案,12500多口井的射孔方案,18个年度、3个"五年"及3个"长远"油田开发规划方案。

二、强化进取意识,塑造堪当油田开发重任的科研勇士

随着油田进入特高含水后期,油田开发的每一项新技术、新突破,都是不断进取、勇于创新的结果。多年来,开发室党支部积极培育队伍进取意识,不断开拓新的开发途径。为激发大家挑战油田开发极限的勇气和信心,党支部结合"解放思想突瓶颈,殚精竭虑保稳产"主题实践活动,组织干部员工到研究院采收率实验室学习,感受"三超"精神,增强敢于挑战、勇往直前的精神动力;组织干部员工与厂"'十一五'技术创新突出贡献奖"获得者刘国涛、李瑞生座谈交流,感受他们勇于创新、积极进取的精神品质;结合"创先争优"活动,在党员中开展"技术创新有功,多出成果光荣"竞赛活动,引导党员做到"三个带头",即带头承担项目、带头攻坚啃硬、带头多出成果,营造积极进取的浓厚氛围。针对每名技术干部的岗位特点和工作性质,建立个人业绩合同,实施"三看"业绩考核制度,即看成果、看能力、看进步,激发了技术人员科研创新的热情。工程师韩剑的妻子身体一直不好,去年7月,妻子特意托人约好了哈医大二院的专家,希望丈夫能陪自己去做一次详细检查。然而那段时间正是韩剑科研最忙的时候,他只能对妻子一次次地说:"过两天吧!"这一推就推了三周。室领导知道后,"命令"韩剑抽出两天时间陪妻子去看病。科研人员的付出换来丰硕的成果。近两年,开发室在各类期刊、会议上发表论文12篇,18项科研成果通过厂科技项目验收,其中2项获油田公司二等奖,6项获厂一等奖,其中《特高含水期多层砂岩油田进一步提高采收率技术探索》获第二届全国油气田大会优秀论文一等奖;《北一区断东二三结合水驱挖潜试验》获

得集团公司技术创新特等奖。涌现出油田公司杰出员工1人，厂杰出员工1人、十佳优秀科技工作者2人、技术带头人2人、先进科技工作者3人、技术骨干4人。

三、强化实践意识，培育破解油田开发难题的油层医士

坚持深入实际，解决生产中的问题是开发室的一贯做法。一直以来，党支部始终在干部员工中灌输科研人员要会解决实际问题的思想，培育"在科研中跟进，在生产实践中增值"的理念，引导科研人员不断学习，增强本领，解决生产管理中的问题。党支部积极组织开展各种"技能培训"和"技术交流"活动，结合生产过程中出现的各种问题，有针对性地组织技术干部结"互助互学"对子，以老带新，以强带弱，全室共结对子7个；室领导分工负责，帮助各互助组从选题、立项到项目验收提供全程的帮助指导，提高分析解决生产实际问题的能力；举办班组间技术研讨和交流，为员工搭建技术交流的平台，激发技术人员刻苦钻研业务知识、熟练掌握岗位技能的积极性；定期组织员工参加季报、年报以及各种专题会议，不断强化员工对油田开发形势的认识和分析问题的能力，推动各项工作顺利开展，实现科研与生产相结合。党支部注重发挥好党员先锋模范作用，结合"创先争优"活动，开展劳动竞赛，促进党员深入生产一线发现问题、解决问题。在二次开发第一个示范区中区西部的产能建设过程中，由于定向井井数多、位移大，如果按以往方式钻井，将导致注采不完善，影响采收率1.5个百分点。针对这一难题，方案组、钻井组和规划组成立党员联合攻关组，通过反复研究，采取由"三段制"变为"五段制"钻井设计方式，解决了钻定向井导致注采不完善和影响采收率的问题，使萨中开发区累计挽回可采储量1000万吨，最大限度地保证了开发效果。几年来，开发室解决生产实际中的各种疑难问题40多个（次），为油田高效开发、健康运行做出了贡献。

四、强化成本意识，争做优化油田开发模式的效益卫士

面对开采成本不断上升的严峻形势，开发室科学把握原油稳产与开发效益的关系，积极转变油田开发方式。党支部持续开展"高效开发，优化设计"竞赛活动，以班组为单位，看谁的设计好、谁的方案优，年终评出最佳班组，并予以奖励，激发大家积极探索油田开发最优模式和途径。射孔组探索射孔方案编制的个性化设计，按照避厚就薄、避高就低、避近就远的原则，挖潜低含水剩余油，实现多套井网、多套层系同步钻井、同步投产。按股份公司单井效益评价标准，低效井只有12.4%，测算内部收益率达到37.4%，技术经济指标明

显提高。规划组同志们反复论证，优化油藏工程布井方案设计，在全油田首次采取"地上地下整体研究、统一部署、同步推进、全面协调、一次到位"思路优化设计，利用原井网，重构三套开发井网，重组开发层系，优化近远期开发规划，构建了"萨中模式"的整体框架，做到原井网产能不减、新井网产能不降、新钻井数减少，有效节约成本。按照"三重一优化"的开发模式，萨中开发区二次开发第一示范区中区西部示范区共少钻井460口，三套井网节省钻井投资5.34亿元。

（地质大队开发室党支部2011年荣获集团公司先进基层党组织称号）

发扬会战传统　勇当工人先锋

——记黑龙江省工人先锋号线检二队检修三班

电力维修大队线检二队检修三班建于2002年10月，共有员工11人，平均年龄35岁，主要担负第一采油厂174条1131.86千米高压配电线路的检修与维护任务。检修三班自成立以来，把"发扬会战传统，勇当工人先锋"作为争当标杆班组的努力方向。全班员工勤学知识，苦练技能，勇于创新，爱岗敬业，把一个青年班组真正打造成为技能型、效益型、管理型、创新型、和谐型的"五型"班组，在平凡的岗位上创造了不平凡的工作业绩。

立足岗位，勤学苦练，锤炼技能型班组。一个班组过不过硬，关键要看技能水平达不达标。检修三班负责6千伏高压配电线路的检修维护工作，工作环境艰苦不说，对岗位员工的专业技术水平要求也更高。为使员工特别是青工都能尽快胜任外线电工岗位，检修三班明确了建设技能型班组的发展定位，围绕增强班组综合素质，提出全面打造高素质员工队伍的总目标。检修三班结合油田电力生产实际，积极探索员工培训新模式，针对不同工种、不同岗位特点，提出以"自学式、互动式、传技式"为内容的"三式"特色培训方法。通过阅读《配电线路运行维护与检修手册》等书籍和观看技能培训视频的自学方式，丰富专业知识；通过定期开设经验交流分享会、疑难故障答疑会等形式，增强员工互动交流，营造全员参与学技术的浓厚氛围；通过邀请电力专家讲座、高级技师带徒等形式，传授技能知识，并开展岗位技术比武活动，提高岗位练兵效果。几年来，全班11名员工，有9人取得成人大专以上学历，8人获得厂、大队技术能手称号，10人在厂和大队技术比赛中获奖。2人在公司级比赛中取得名次，1人在省青工技术大赛中获奖。1人被聘为工人技师，1人被聘为助理技师。班组员工"一岗精"达到100%，"二岗通"达到75%，"三岗懂"达到65%。真正实现提升素质强队伍的目标。

降本提效，勤俭节约，争做效益型班组。随着油田进入开发后期，降本提效成为企业发展的助推器。为减少线路维护成本，检修三班员工多年如一日，

　　坚持从岗位的点滴小事做起，大力开展班组"双增双节"活动，强化提质增效，提高企业效益。班组从主动回收利旧、节省材料消耗入手，对每次更换下来的旧瓷件和金具，哪怕是一颗螺丝钉都要精心挑选，能重新使用的就分类存放，能修复的通过耐压试验后就继续使用。大队有一台电解车，使用多年后，2000多米的电缆外皮有多处破损，更换一组电缆至少也要数十万元，检修三班采用在破损面加套热缩管的办法，为电缆穿上了一层"保护衣"，解决了电缆外皮破损的问题，为大队节约了十几万元的材料费用。现在检修三班人人都养成了节约的好习惯，换下来的旧物件从不乱扔，班里仅有的工具房也成为修旧利废的存放库，各种线路上用的材料，可以说应有尽有。有人为检修三班算了一笔账，仅修旧利废一年就为大队节约材料费数万元。

　　完善制度，狠抓落实，创建管理型班组。班组的规范管理离不开科学的量化指标，也离不开公平合理的任务分配。检修三班在实践中不断探索班组管理的有效机制，逐步建立健全了一套"百分制"考核办法，并结合实际总结出"班组安全生产管理法"，实现制度管理与安全生产"两手抓"。在抓好"百分制"考核办法实施过程中，检修三班以大队和小队的规章制度、各项生产指标为依据，从安全生产、完成指标、劳动纪律、工作表现等4个方面，对员工逐月公开考核评分，对生产任务按时完成、遵守劳动纪律的加分，消极怠工、未完成生产任务的扣分；对获得各类荣誉和成果的加分，对违反安全操作规程的扣分，最终按得分多少计发奖金。"百分制"考核结果每天都要在班务公示板上和员工见面，因此，许多人都把这块小黑板称作"阳光板"。这套办法科学地把静态管理贯穿到班组的动态考核之中，充分体现制约与激励结合、管理与效率结合的原则，得到全体员工的拥护，实现班组管理的制度化、规范化。在抓好安全工作上，检修三班在每日检修工作开始前执行"准军事化交底"程序，对当天工作内容、工作地点、风险隐患进行提前告知，做到人人心中有数，日常生产中严格按照规程，做好现场安全措施的布置工作，巡检过程中时刻牢记"多想风险，安全保险；多防一步，少出事故"，整个生产过程都严格按照安全生产管理流程进行，多次消除事故隐患，实现了技术过得硬、规程原理通、预案常学习、风险常识别、安全有保证。

　　勇于攻关，追求卓越，打造创新型班组。检修三班的员工深知，技术创新不是一句空话，需要树立强烈的创新意识并与岗位实践相结合。因此，全班员工积极参加厂团委与厂工会开展的"五小""六新"等活动，主动为企业发展提建议、出成果。在6千伏配电线路检修计划的实施中，检修三班提出线路检修不影响产量的单井动态检修和常态检修相结合的"优选法"，对于整体线路没有故障点，只需更换故障变压器的单井变台采用动态检修方式，只停掉单井变台区域供电进行作业；对于整条线路存在多处故障情况，采用常态检修方法，对整条线路进行停电检修。这种检修"优选法"大大提升了线路维护的整体质量，减少了停电对产量的影响，同时使线路综合故障率逐年下降。2010年线路综合故障与2009年同期相比减少了16次，创出建班以来最好成绩。"人人都是发明家"是对检修三班每名员工岗位贡献的最好评价。以往在线路检修作业中，最常见的工具就是扳手、钳子、螺丝刀"三大件"，使用起来比较笨拙，为此，检修三班员工人人动脑筋、献计策，对现用的工具进行革新改造。如过去在架变台时大多使用开口扳手，作业过程中还要根据不同规格螺丝大小换扳手，既浪费时间又消耗体力。班组员工集思广益后，动手绘制图纸，制作革新样品，经反复实践检验后终于设计出十字花多用扳手，此项革新已在全队四个班组中推广使用，受到广泛好评，大大提高工作效率，降低员工劳动强度。

　　团结合作，互帮互助，建设和谐型班组。检修三班在日常管理中十分注重将"以人为本"的理念落到实处，秉承"团结、和谐、互助、快乐"八字思想工作法，增强团队凝聚力，将班组变成"情理交融"的员工之家。在检修三班工作，每名员工都能感到自己不是一个人在战斗，急难险重的活大家一起干，荣誉和奖励大家一起得，大家谈起自己的集体时都充满了感情。班组的亲情管理带给大家幸福感和归属感。一次，一名员工上班迟到，班组按制度对他进行了考核，但班里并不是简单罚款了事，而是集体出钱买了一个闹钟给他。这名员工从此坚持早来晚走，再也没有迟到过。在所有员工的心中，班组就是家，"一人有难，大家相助"已经成为一种班风。班里有位员工患病住院，家里无人照顾，全班员工就歇班时轮流去护理他，真正做到了上班是战友，齐心协力，共创佳绩，共享创造成果；下班是朋友，互相关心，互相帮助，共享生活乐趣。用班里一名员工的话说："在我们班工作特有人情味，同志之间就像亲兄弟一样，这样的班组谁愿意离开呀！"

（线检二队检修三班2011年荣获黑龙江省工人先锋号）

继承发扬大庆精神 打造油田品牌联合站
——记全国创先争优先进基层党组织中十六联合站党支部

第三油矿中十六联合站于1997年11月投产，共有员工65人。建站以来，发扬"三老四严"的优良传统，树立"永远做油田精品"的理念，用大庆精神铁人精神铸强队伍，用精细管理提升水平，用真情关爱构建和谐，把中十六联合站从"问题站"打造成"样板站""金牌站""精品站"，迈向"品牌站"。中十六联合站荣获全国创先争优先进基层党组织、全国五一劳动奖状、中央企业先进基层党组织、集团公司百面红旗单位等荣誉称号，被油田公司命名为"永做油田精品的联合站"。党和国家领导人江泽民、温家宝、张德江、曾庆红、刘云山、李源潮等先后来站视察。

一、锤炼精品团队，提升队伍的战斗力

建站以来，站党支部始终把队伍建设作为永做精品的根本，努力培育一支追求卓越、素质一流、作风过硬的"铁人式"队伍。

一是瞄准精品目标，建设进取型班子。建站之初，由于建设质量问题，变成了"问题站"，领导班子没有怨天尤人，勇敢地叫响："我们就是十六联，我们就要创样板。"带领员工不分白天黑夜奋战3个多月，质量达标率、一类设备等10项指标全部达到100％，获得油田第一块"管理样板站"奖牌。为不断强化全员进取意识，党支部定期组织全队到企业精神教育基地接受教育，到油田标杆单位参观学习，开展形势任务教育，增强使命感和紧迫感。建立"争当优秀干部、争创一流业绩，评选最佳干部"考核机制，制定一心一意干事业、一专多能强素质、一往情深爱员工、一丝不苟抓工作、一身正气作表率、一往无前创精品的"六个一"干部形象标准，实施互助法，班子人人争做持续发展的带头人、大庆精神铁人精神的传承人、员工群众的贴心人。建站以来，班子虽然换了一届又一届，但"有第一就争，见红旗就扛"的劲头始终不减，瞄准最高水平不断进取，实现由样板站到金牌站、精品站的跨越。

二是明确精品任务，塑造旗帜型党员。站党支部注重发挥党员在创精品中的模范带头作用，深入开展"创先争优"活动，以党员的名字命名岗位，开展"党员先锋岗"评比活动，实行党员责任区"一单三卡"管理办法，每季度初下发党员责任区重点工作任务单；党员随时向党支部反映责任区群众的意见和建议；每半年群众对责任区党员进行评价；年终进行党员民主测评，促进党员做好责任区工作。创样板站时，9名党员主动做出"向我看齐"的承诺，带动了团员和群众。如今，20名党员立足岗位争优秀，每人打出一台样板设备，为员工树立标准。建站以来，党员优秀率始终保持100%，涌现出油田公司级以上优秀共产党员、优秀党务工作者16人次。

三是立足精品要求，培育知识型员工。站党支部确立"永远的精品需要永远地学习，永远地学习创造永远的精品"的学习理念，积极开展学习型小队创建活动，构建了"14441"学习型小队建设模型。按照一岗多技员工、工人技师、技术人员、管理人员四个方向对员工进行职业生涯设计，组织技术培训，开展课题攻关，开通各岗位网络培训学院，设立学历提升奖、创新创效奖等奖励措施，激发了员工岗位成才的积极性。岗位员工具有两岗操作证的达到100%，三岗证的达到81%。共培养技师和技能骨干20人，涌现出厂级以上技术能手18人，输送管理和技术人员35人。

二、打造精品管理，提升队伍的执行力

站党支部始终把精细管理作为永做精品的重点，将精品意识落实到生产管理的每个方位，精雕细刻，精益求精。

一是管理上精雕细刻。以生产精细化管理为目标，建立《管理手册》《标准化操作手册》制度文本，实现规范化、标准化、精细化管理，保证系统优质、高效运行；以安全生产为重点，实行岗位交接班"三一、四到、五确认"方法和安全操作"后退五步法"；在巡回检查上推行"点项管理"；在现场管理上实施"5S、六化"管理法，保证生产平稳运行；探索联合站"一体化"管理模式，提高工作效率，员工总数由建站初期的108人减少到65人。

二是操作上精工细作。从培养岗位责任心入手，坚持把"人人出手过得硬、事事做到规格化"的优良传统落实到每项工作上，持续开展"精品报表、精品设备、精品责任区"评比活动，组织全员练写仿宋字，全站员工心里装着精品，干什么工作都向最高标准看齐。日常巡检时，做到万次巡检无漏点，不放过每

个细微异常；更换阀门时，提前做好防护，不让一滴油落到地上；设备刷漆时，细小之处用尺画线，用毛笔刷；冬季清扫的积雪拍得方方正正；夏季拔掉的杂草统一存放；填写报表时，人人仿宋体，全站一支笔，练字如练心，百人如一人，练字本摞起来足有两米多厚。

三是经营上精打细算。围绕建设资源节约型企业，确立"精到一点一滴、算到一丝一毫"的节约理念，实施了"6+1"节能管理法，广泛开展群众性"算能耗"活动，岗位员工人人知晓能耗点，会算能耗量，掌握降耗法。在材料费使用上，实施班组"可视化、全员化、精细化"核算，与奖金挂钩，增强员工的成本意识，调动全员修旧的积极性。员工从科学优化机泵运行台数，到合理控制加热炉、采暖锅炉出口温度，再到办公用纸采取小字双面打印，处处养成厉行节约的好习惯。建站以来，累计节电349万千瓦·时，节水62万立方米，节气777万立方米，修旧利废创效152.9万元。

三、培育精品文化，提升队伍的凝聚力

站党支部始终把站队文化建设作为永做精品的核心，以"永远做油田精品"理念为引领，大力培育精品文化。

一是理念引领，强化创精品追求。站党支部以"永远做油田精品"为核心，确立育人、学习、质量、安全、节约等理念，形成具有中十六联特色的理念文化体系；汇编员工爱岗敬业小故事，用身边人讲身边事，用身边事教育身边人；创作反映中十六联合站发展历程的站歌《永做油田精品》，每天早会上唱响，鼓舞士气；创立《中十六联青年报》，每月一期，宣传员工先进事迹，已坚持12年。将中十六联合站投产的11月13日定为集体生日，每年召开主题队会，坚定"永做油田精品"的信念。

二是行为塑造，规范创精品形象。站党支部注重员工行为的规范养成，发动大家总结制定员工形象标准和道德规范，统一日常礼仪和文明用语，汇编成《员工行为规范》，举行"新形象工程启动仪式""向不文明行为告别签名仪式"，开展"感动中十六联的榜样"评选活动，使"人人都做中十六联形象的塑造者"成为全站员工的自觉行动。置身中十六联，能听到班前会上嘹亮的站歌和接打电话的文明用语，看到半军事化的内务管理和站区行走二人成行、三人成列的军人作风，感受到文明礼貌、热情真挚的氛围。

三是亲情关爱，凝聚创精品力量。站党支部积极构建团结友爱、优美舒适

的工作环境，增强队伍的凝聚力和员工的归属感。建立《员工爱心档案》，制定"八清八必到"思想政治工作制度，及时帮助员工排忧解难。创造蓝与绿的交相辉映，工作岗位环境舒适，体现人性化的关怀。提出"最好一餐在食堂"，建立员工生日表，传统节日包粽子、煮汤圆、熬腊八粥，除夕夜干部员工一起包饺子、做年夜饭。使员工倍感大家庭的温馨，激发创精品、做贡献的工作热情。

（中十六联合站党支部2012年荣获全国创先争优先进基层党组织称号）

高度觉悟 严细成风
"三老四严"代代传

——记全国工人先锋号中四采油队

第三油矿中四采油队是"三老四严"优良传统的发源地,组建于 1960 年 10 月。建队以来,中四采油队始终继承发扬"三老四严"优良传统,不断提升"三基"工作水平。虽然领导班子换了一届又一届,员工换了一茬又一茬,但"三老四严"优良传统始终代代相传、发扬光大并与时俱进。先后荣获集团公司先进基层党组织、基层建设"千队示范工程"示范单位,油田公司功勋集体,被命名为集团公司"企业精神教育基地"。

一、把"三老四严"优良作风落实到"三基"工作中,传承严细作风,培育高度自觉

作为"三老四严"的发源地,中四采油队坚持用"三老四严"优良传统铸队伍之魂,不断加强队伍建设,培育了一支素质优良、技能精湛、作风过硬的铁人式队伍。

传统教育不丢根。继承和发扬"三老四严"传统是中四采油队创新发展之本。新员工入队,党支部上的第一堂课就是讲队史,组织他们到传统教育室,讲一面面锦旗、一块块奖牌的来历,讲周恩来、邓小平等老一辈革命家的关怀,讲涌现出的先进模范人物,使员工感到工作在这样一个光荣的集体里非常自豪。定期召开故事会,组织员工讲述"放大镜照钢丝""血染镐把战严冬"等经典故事以及发生在员工中的感人事迹,用传统故事和先进典型教育员工。开展"忆传统、讲发展、学典型"活动,"老会战"、老师傅自觉肩负起弘扬传统的责任,与年轻工人结成对子,传思想、带作风;年轻员工主动承担起"接棒"的重任,把"三老四严"作风接过来,使严细作风一代代传下来。"老会战"余章宝工作30 多年,当了 20 多年的井长,所带的 18 名徒弟个个作风硬、人人是先进。在建队五十周年之际,召开以"创业、传承、发展"为主题的队庆系列活动,邀请"血染镐把"的主人公杨德福、"三虎将"之一的何大选等"三老四严"的培

育者回队忆传统、讲故事，激发了员工弘扬传统、岗位建功的积极性。

支部建设强堡垒。一是加强支部建设。深入开展创先争优活动，党支部争创以领导班子好、党员队伍好、管理机制好、工作业绩好、群众评价好为目标的"五好党支部"；党员争当勤奋学习的模范、岗位奉献的模范、服务群众的模范、遵纪守法的模范、促进和谐的模范"五个模范"。二是加强领导班子建设。制定班子"三分三合"原则，即职责上分，思想上合；工作上分，目标上合；制度上分，关系上合。强化团结协作，班子成员取长补短，落实思想同步、学习同钻、工作同干、团结同心、廉政同洁、共同进步的"六同"要求，树立干工作敢于吃苦、谋发展敢于较真、抓管理敢于碰硬、创效益敢于攻坚"四敢"形象。三是加强党员管理。制定党员"四个一"形象标准，即一生一世牢记党的宗旨、一言一行符合党员称号、一点一滴发挥党员作用、一心一意树立党员形象，提出全心干工作、专心学技能、精心保安全、用心降成本、恒心攻难关、热心帮群众"六心"要求。实施党员"旗帜工程"，佩戴党徽上岗，实行"1+1"管理办法，党员承包班组，负责帮助班组提高管理水平和员工操作技能，党员优秀率始终保持在100%。

文化传承育作风。多年来，中四采油队一直秉承"高度觉悟、严细成风"的队风，诚实守信做人，严谨求实做事。创作了中四队队歌《身在四队做传人》，建设四队文化墙，把融入优良传统和严细作风的生动故事变为教育载体，时刻培养大家严细认真的工作作风。开展"主人翁之星"评选活动，从工作、技术、学习、才艺、和谐、活动之星的六个方面树立榜样。创建《四队纪实》，用纪实的方式展示生产、活动、典型人物，通过信息栏、网页进行宣传。制定"五关"工作要求，做到能力关怀、情感关爱、心理关注、成长关心、利益关切。提出"餐餐都是家的感觉"食堂服务理念，让员工处处感受到家的氛围。员工自觉发扬传统，人人身体力行。从岗位回来先更换工服、工鞋，再进食堂就餐；洗过手后将溅到台面上的水擦干净；用餐结束将餐具摆放整齐，板凳放回桌下；自行车、私家车定位摆放，统一朝向；每人兜里揣上一块纸，看到地面有污渍，第一时间擦掉。

二、把"三老四严"优良作风落实到油田开发中，推进精细管理，实现指标全优

针对新时期的开发形势和任务，中四采油队确立"三老四严，诚信开发"的开发管理理念，明确各项工作都要服从、服务于开发，确保年年完成原油生

产任务和各项开发指标。

精细资料录取,保证齐全准确。资料是油田开发的重要依据。为了保证资料真实准确,实施"三个三"资料管理方法,即三把关:采油工上报资料由班长把关、班组上报资料由资料员把关、地质组上报资料由技术员把关;三核实:数据变化大的井由班长核实、有疑问的井由资料员核实、重点井由技术员核实;三对扣:报表数据与实际情况对扣、报表数据与测试资料对扣、报表数据与上报资料对扣。同时,在推行油水井巡检卡和不定期压条,每月召开管理讲评会的基础上,创新应用资料录取仪,实现油水井、计量间数据自动采集,班报表自动生成,保证油水井资料的全准率。油水井资料全准率始终保持100%。

精细注水管理,确保注水质量。注好水、注准水、注够水是水驱开发的基础。在测试管理上,中四采油队坚持"四个做到",即做到校双方压力表、会看测试卡片、了解分层水量、掌握调整结果,保证测调到位,实现注准水。在洗井管理上,采取"三个四"管理方法,即洗井计划"四个结合":洗井计划与测试计划、措施调整、钻降开井、压力变化相结合;洗井过程"四项跟踪":洗井计划跟踪、洗井运行跟踪、洗井现场跟踪、洗井效果跟踪;洗井操作"四步方法":关井降压、控制排量、水质比对、效果分析,实现注够水。

精细地下分析,确保开发效果。石油工作者的岗位在地下,斗争的对象是油层。以"一口井就是一项工程"为载体,推行"两会三及时一保证"管理法,即地上都会干、地下都会看;及时发现参数变化、及时分析原因、及时提出措施;保证油水井处于最佳生产状态。充分利用数字化应用管理平台,掌控全队及各套层系开发状况,了解动态变化,及时发现问题井和潜力井,及时进行动态跟踪调整,工作效率显著提高。2011年原油超产1.33万吨,自然递减率0.13%,综合含水比计划低1.63个百分点,荣获油田公司金牌采油队。

三、把"三老四严"优良作风落实到生产管理中,追求细节完美,永站行业排头

中四采油队坚持把"三老四严"的优良作风贯穿于生产管理的全过程,落实到各项具体工作中,确立"三老四严,追求完美"的管理理念,不断夯实基础工作,提升管理水平。

严细作风强管理。一是在生产现场管理上,推行"两册"。编制实施《井间标准化管理手册》和《中转站精细管理手册》,每年召开油水井标准管理现

场会，实施质量管理节点控制，生产现场达到同一标准、同一水平、同一面貌。二是在设备维护上，实施"4233"工作法。"4233"即"四定"定时、定人、定量、定责；"两查"队里每月进行两次检查；"三同步"日常机采井维修保养与线检、测压、作业同步；"三及时"及时发现、及时汇报、及时处理，设备完好率和抽油机"五率"合格率始终保持98%以上。三是在考评激励上，实行"3+1"工作法。"3+1"即每月根据各路检查情况形成以开发为中心的地质公报、以机采为中心的工程公报、以安全为中心的生产公报，召开一次管理讲评会。中四采油队生产管理水平始终处于全厂前列，油水井一类率100%、优质率90%，305转油站保持样板站水平。

严细作风保安全。以人为本，创新推行PS（Personal-Safety）安全管理方法。一是安全宣教，提高思想认识想安全。开展每日一题、每周一课、每月一考、每季一赛、每年一评的"五个一"岗位练兵活动，深化安全经验分享活动及"违章纠错"活动，员工安全意识得到进一步提升。二是目标明确，杜绝各类事故要安全。实施安全目标分解，将生产事故率、无污染作业率等8项指标细化为13个小项，分解到班组，队与班组签订《安全生产责任状》，干部承包班组，形成全员责任共担、齐抓共管的安全工作格局。三是精细管理，规范操作行为保安全。建立《事故应急预案》《事故应急救援预案》，完善《HSE作业计划指导书》《岗位员工操作卡》，规范员工安全操作。建立日常管理"两单一本"，即《安全工作纪实单》《安全监督检查单》和《安全隐患整改记录本》，保证安全工作落在实处。开展全员风险识别，推行"安全反问法"，填写《风险识别记录本》，根据岗位风险，制定控制削减措施，实现风险从发现到处置的闭环管理。四是情感融入，营造文化氛围促安全。实施安全文化进班子、进岗位、进家庭工程，推行"四个一"目视化管理方法，即一栏：设立岗位安全承诺栏；一板：设立安全风险提示板；一示：制作防护用品安全警示；一讲：坚持安全讲话制度，营造浓厚的全员抓安全氛围。在集团公司2011年度安全环保工作会议上，中四采油队作为大庆油田唯一基层队代表做了安全管理经验介绍。

严细作风提效益。一是实行"区域化"管理。按照管理专业化、操作一体化、生产协作化的思路，打破以计量间为单元的传统采油班组管理模式，实行油水井"区域化"管理模式，将全队油水井划分为5个区域，设置5个班组进行管理，全面负责巡回检查、资料录取、量油、设备保养、热洗、规格化、作

业跟踪、测试跟踪等工作，实现增井增站不增人。二是推进班组经济核算。将材料费用分解到班组，强化计划审核、现场核实、消耗跟踪、月度核算、季度考核，增强员工节约意识。建立修旧间，修复皮带、低压电器、阀门等126件，修旧利废创效8.1万元。三是推进数字化采油队建设。利用信息技术，建成数字化控制系统，实现油水井、计量间、转油站的生产参数自动采集、传输、远程监控、数据查询、异常自动报警和系统综合分析等功能，全面提高油田开发管理水平。

（中四采油队2012年荣获全国工人先锋号）

创新载体方法　固化防范机制
努力创建无邪教联合站

——记黑龙江省无邪教示范单位中十四联合站

第七油矿中十四联合站成立于1995年9月，共有员工82人，主要承担着全矿净化油外输、天然气外输、污水处理和注水任务。2012年5月，油田公司开展"创建无邪教站队"活动以来，站党支部从讲政治的高度，把反邪教工作摆上重要位置，针对防范和处理邪教工作的新情况、新问题，深化学习教育，细化工作举措，强化机制落实，从而增强了识别和抵制的能力，提高了防范和处理的水平。截至目前，全站各类群体无一人参与邪教活动，连续多年获油田公司管理先进站、厂先进基层党支部等称号。

一、搞好"三个结合"，营造创建氛围

营造氛围是提升全员参与热情的有效手段。开展"创建无邪教站队"活动以来，党支部成立了创建活动领导小组，制定了反邪教警示教育活动计划，召开领导班子会、员工大会，广泛宣传发动、系统组织学习、深入开展讨论，先后制作反邪教宣传板两块，签订反邪教承诺书82份，组织员工撰写学习心得80篇，举行"反邪教宣传日"活动，通过触目惊心的案例和生动翔实的图片等内容，不断提升干部员工的思想认识。与此同时，为使创建活动与日常工作"两不误、两促进"，将创建活动与其他工作紧密结合，营造浓厚的"无邪教站队"创建氛围。

与深化思想政治工作相结合。将思想政治工作与反邪教创建工作有机融合，占领员工的思想阵地。充分发挥党员、团员、班站长等骨干作用，本着"思想不松、排查不断、行动不止"的原则，将创建活动不断引向深入。通过精心完善思想政治工作新机制，落实相关责任；细心排查队伍不稳定因素，明确工作重点；诚心化解员工思想不和谐因素，维护队伍稳定。党支部增设《反邪教专刊》，在全站员工中传阅，提升感性认知。同时，全站19名兼职思想政治工作骨干，在做好日常生产安全监督工作的同时，深入细致地把握员工思想波动，

扎实有效地化解员工思想情绪，有理有据地摆明邪教本质，确保队伍和谐稳定。对思想政治工作骨干的反邪教工作水平进行系统培训，深刻分析邪教组织动态，揭露邪教危害本质，明确骨干队伍职责，要求每名骨干在责任区内认真履职，发挥作用，精心搞好排查，严密控制防范，畅通信息渠道，加强沟通联系，始终掌握防范邪教入侵的主动权。

与加强网络监督管理相结合。充分利用局域网功能，在队网页上增设反邪教专栏，设立"活动概况、反邪知识、邪教危害、反邪视频"四个板块，使岗位员工能及时了解"创建无邪教站队"活动的开展动态、理论学习、邪教事例等方面知识。为加大反邪教控防力度，充分利用"3+1"精细管理示范区的生产管理数字监控系统，通过经保队指挥室和站值班室对重点区域进行实时监控和计算机网络化管理，及时对涉邪活动进行有效整治，做到管辖范围内涉邪活动及时发现、及时治理，形成严密的联防联动网，实现了全天候、零遗漏的实时监控和有效治理。

与丰富业余文化生活相结合。党支部不断丰富员工的业余文化生活，使大家在工作之余，享受健康、科学、宽松的休闲娱乐活动，使员工感受到温馨、舒适、多元的家园文化氛围。制定业余文化生活安排计划，成立了乒乓球、篮球、台球、象棋等10个兴趣小组，定期开展文体活动。依托矿"3+1"精细管理示范区格局，与其他小队联合开展"建和谐团队、与健康同行"趣味运动会，设立趣味拔河、花样接力等7个集体项目和台球、乒乓球2个个人项目，以此密切员工之情，唤醒爱企之心。以"爱党、爱国、爱油田"为主题，开展"红歌大家唱"活动，每天早会安排工作后播放，员工伴着音乐边学边唱，大家用歌声表达着对党、对祖国和对油田的热爱，为创建无邪教站队奠定坚实基础。

二、创新"三项方法"，提升创建水平

创新是开展创建活动的力量源泉。站党支部着力发挥激励、协调、导向"三个作用"，重点抓好人文关怀、情感关爱、心态关注"三个创新"，提升员工素质，消除员工顾虑，树立阳光心态，努力提升"创建无邪教站队"活动水平。

抓素质提升，实施人文关怀。创建无邪教站队是项关乎"人"的工作，必须始终坚持以人为本的基本理念。站党支部在日常工作中始终坚持以人为本，实施人文关怀"三靠工作法"，即靠制度原则稳人心、靠尊重维护系人心、靠真心帮扶暖人心。站里一名员工在平时交流中，言语有些过激，有时会流露出对社会的不满。发现这个苗头后，党支部首先安排一名党员一起与他值班，多与他交流，掌握他的思想动态。其次，经常对其进行思想教育，了解内心想法。在发现这名员工思想倾向有所改变时，党支部结合站里开展"安全漫画大家画"的活动契机，利用这名员工的绘画特长，动员他参加安全漫画征集活动。在干部和身边员工的鼓励下，他成为这次活动的主力，全站70%的漫画都出自这名员工之手。漫画的创作不但激发了他参加集体活动的热情，还使其在绘画过程中上了一堂安全自我教育课。

抓理念疏导，实施情感关爱。保持良好心态是防止员工因精神空虚而误入邪教的有效手段。为此，站党支部实施了"贴近岗位工作平等待人、贴近员工生活平易近人、贴近逆反思想平心静气"的"三贴近"情感管理法。员工心理有疑惑时，党支部及时解答；员工家里有事需要帮助时，党支部及时伸出援手；员工间发生矛盾时，党支部及时调节。通过情感关爱、情绪疏导，全站上下人心思进、团结友爱，营造浓厚的家园氛围。人人都愿意为队伍发展出上自己的一份力。

抓思想融合，实施心态关注。站党支部进一步完善"五必清、七必谈"心态管理法，即家庭状况清、性格特长清、优点缺点清、情绪变化清、社会交往清；思想波动必谈、受到处罚必谈、人际关系紧张必谈、工种变动必谈、新工人上岗必谈、培训考试不及格必谈、发生"三违"行为必谈，把思想政治工作做到员工心坎上。同时，注重发挥思想政治骨干队伍作用，利用班车上、饭桌上等工余时间，与员工聊天，了解思想动态。一次，一名员工由于违反岗位规定，受到队里严肃处理。事后员工思想情绪波动较大。队长就主动与他多次谈心，动之以情、晓之以理，不但帮助他端正了工作态度，而且在心态上发生了较大的变化。现在这名员工不但自己按章工作，还当起了站内的义务安全监督员。

三、落实"三项机制"，固化创建成果

"创建无邪教站队"活动并非一蹴而就，而要长抓不懈。党支部坚持警钟长鸣，从机制上筑牢反邪教防线。

落实排查机制。建立"五个群体五个清"排查机制，即对解除劳动合同人员、离退人员、内退人员、遗属、在职员工五个群体，做到家庭住址清、家庭子女清、生活状况清、思想动态清、问题了解清。一次，一名女工在工作中受到考核，情绪极不稳定，反复找主管领导申辩。党支部书记通过与班组员工、班长多次谈话，了解到这名女工在工作中极为较真，同事关系也很僵化。通过家庭排查，和其姐姐交流，找到了症结根源。她离异后自己带孩子，思想有些偏执。队党支部对她采取一人一策，通过定期沟通、定人包保、定点联络，跟

踪她的情绪变化，及时化解矛盾。很快，这名女工的思想转变了，人也逐渐开朗了起来，干工作的积极性也提高了。

落实预警机制。偏信邪教人员多数是思想偏激、工作关系不顺畅、身体患病等人员。为此，党支部建立了预警机制，做到"三先三解决"，对本单位各群体有苗头性的问题干部要先知情、先预警、先报告，并做好细致的思想工作，切实把矛盾解决在萌芽、解决在初始、解决在基层，提高创建无邪教站队的主动性、针对性和实效性。目前，全队各个群体没有发现任何参与邪教苗头，整体态势趋于和谐稳定。

落实化解机制。党支部始终坚持"四做"工作法，即单位领导做、同事朋友做、党员骨干做、爱人子女做，形成多方面做工作、多种角度化解矛盾的工作态势，实现干部靠前化解、党员骨干协助化解、同事家人帮助化解的局面。2012年3月初，单位一名员工父亲外出摔倒，造成腰椎损伤，这名员工替父亲到矿里申请有薪护理，按规定没有给予批准。这名员工对矿里意见很大，并伴有过激的言论。针对这种情况，党支部书记首先到医院看望其父亲，又帮助其与退管中心取得联系，经过协商使问题得到妥善解决。党支部的积极协调使这名员工非常满意，表示今后一定要通过正常渠道来解决问题，决不给单位造成负面影响。

（中十四联合站2012年荣获黑龙江省无邪教示范单位称号）

攻坚克难 敢于挑战
擎起持续稳产的技术支撑

——记中央企业先进集体试验大队技术室

试验大队技术室是一个以最大限度提高采收率为中心任务的技术攻关团队，是大庆油田三次采油技术研究的重要现场试验基地之一。技术室组建二十多年来，始终牢记"潜心试验，当好先行"的神圣使命，紧紧围绕油田持续稳产这一目标，以饱满的热情攻坚克难、敢于挑战，攻克了一个又一个技术难题。先后荣获国家、集团公司、油田公司科技进步奖26项，其中国家科技进步奖1项，集团公司技术创新特等奖1项，18项技术成果填补国内空白。其中，一、二类油层聚合物驱油技术及"二三结合"控水挖潜技术已成功推广，成为油田持续稳产的重要技术支撑。试验大队技术室先后荣获集团公司先进班组，油田公司功勋集体、先进集体、先进基层党组织等荣誉称号。

潜心科技攻关，大胆技术实践，取得丰硕的科研成果。技术室把制约油田稳产的"瓶颈"技术作为攻关课题，践行"科研与生产一体化、攻关与管理一体化、试验与示范一体化"的攻关理念，创建"三级联动"管理，完善"联合攻关"模式，围绕一、二、三类油层及表外储层，开展多元化的技术攻关与现场实践，提高采收率技术实现重大突破，主力油层聚驱、二三类油层聚驱、三元复合驱、聚表剂驱、二元驱技术居国内外领先水平。首次开展的125米井距二类油层强碱三元复合驱试验，经过7年的持续攻关，完成6方面17个子项目的研究内容，提高采收率28个百分点，增加可采储量2.7亿吨；创新发展采油工程及地面工艺配套技术，为规模化推广奠定基础，成为油田稳产的重要接替技术，获2011年度油田公司科技创新一等奖，并在全油田规模化推广。三类油层"二三结合"聚合物驱矿场试验提高采收率8.5%，增加可采储量1.6亿吨，获2011年度油田公司科技创新一等奖。"二三结合"水驱挖潜试验开启了高效开发的全新模式，实现连续4年含水基本不升、产量不降的好效果，成为油田控水挖潜示范区的先导，获2010年度股份公司技术创新特等奖。至2012年，一类油层聚驱后聚表剂驱

矿场试验提高采收率首次突破10个百分点，成为油田长期稳产的重要储备技术。

突出机制创新，形成有效激励，搭建人才培养平台。以"创新的关键在人才，人才的培养靠机制"为培养理念，按照规范化、专业化、标准化要求和"联合、流动、开放、竞争"的原则，构建了项目课题制及联合攻关管理模式。通过实施"导师带徒""新老结对""三比一赛""双向激励"等办法，多途径提升素质，多方式激发潜能，多渠道激励成才，抢占人才储备先机，构建后续人才梯队。拥有化学驱方案编制与调整、化学驱动态分析、三元地面及采油工艺等技术人才，高级工程师7名，厂级技术骨干5人。几名"80后"大学毕业生迅速成长为技术骨干，连续两年获厂单井分析、区块分析大赛团体及个人第一。青年技术骨干独立研发"现场试验信息网络平台"软件，青年技术团队创建《三元复合驱现场试验管理手册》，完善配套了现场管理模式和特色管理经验，为三元驱工业化推广提供依据。青年项目长承担2项集团公司、油田公司试验项目，实现了当年立项、编制方案、现场实施，为加快提高采收率技术攻关夯实了基础。

筑牢支部堡垒，发挥引领作用，提高队伍的凝聚力。技术室党支部把"凝聚队伍有合力、科研攻关有动力、支撑稳产有实力"的理念作为加强队伍建设的切入点，坚持党建引领，党员带头承担项目、党员带头攻坚啃硬、党员带头服务基层的"三带头"作用突出，提高了基层建设水平；坚持思想引领，开展"感恩从心开始，责任从我做起"的感恩教育，通过"感恩故事大家谈、感恩家报大家办、感恩力行建新功"系列活动，激发浓厚的感恩情怀和进取豪情；坚持典型引领，开展"标兵身边学标兵"活动，引导员工牢记使命、胸怀大局、勇于担当、锐意进取，用"知识更新速度到位，创新研发思路到位，突破瓶颈技术到位，管理机制作用到位"的实际行动，争担大责任、争作大贡献，打造一支勇挑重担、作风顽强、业务精湛的攻关团队。技术室共有党员33人，占员工总数的53.7%，其中包括油田公司杰出员工1人，油田公司青年岗位能手1人，厂级科技标兵7人，厂"十一五"优秀科技工作者1人。技术室2012年共承担10项公司级矿场试验，在2011年矿场试验取得重大突破的基础上，新开5项公司级以上矿场试验，其中北一区断西西块二类油层强碱体系三元复合驱示范区于2012年6月投产，是大庆油田第一个二类油层强碱三元复合驱工业化示范区，攻关目标的实现，标志着二类油层三元复合驱可顺利进行工业化推广，油田的接替稳产有了新保障。

（试验大队技术室2013年荣获中央企业先进集体称号）

凝聚集体智慧　展现团队风采

——记全国工人先锋号任相财工作室

任相财工作室创建于 2011 年 1 月 5 日，是以集团公司采油技能专家任相财为核心的高技能人才团队。共有成员 17 人，其中集团公司技能专家 1 人、油田公司技能专家 1 人、高级技师 9 人、技师 5 人、高级工 1 人。工作室成立以来，牢固树立"凝智聚力攻难关，先导推广助稳产，团结协作育人才"工作理念，立足本职岗位，依托平台优势，在加快高技能人才培养、提升企业自主创新能力、助推原油持续稳产等方面发挥了积极作用。共获国家实用型专利 11 件、技术革新成果 108 项，推广成果 28 项，解决生产疑难问题 34 个，创经济效益 3300 余万元。任相财工作室被评为全国工人先锋号、国家级技能大师工作室、黑龙江省技能大师工作室、大庆油田劳模创新工作室。任相财荣获全国技术能手、黑龙江省创新能手、油田公司功勋员工等称号，享受国务院政府特殊津贴。

一、加大政策支持，强化三个保障，打造工作室品牌

在推进创建实践中，第一采油厂高度重视，积极倡导，大力支持，强力推进，取得了显著成效。一是加强组织领导。厂成立由工会主席、主管人事副厂长、总工程师牵头的领导小组，人事部、工会、技术发展部参加的专门机构，具体负责任相财工作室的组织筹建和运行过程中的管理、指导、协调等工作。各部门紧密配合，分工协作，各司其职，确保各项工作落到实处。二是加大硬件配备。在厂培训中心建立任相财工作室，工作室由室内办公区、室外实验区和现场应用区三部分组成。室内办公区分为革新成果展示区、革新研发讨论区、技术革新办公区和技能人才活动区，主要用于技术革新研发、成果展示和资料存放。配备了计算机、多媒体教学设备、技术书籍、培训资料、交通设备及工具等。同时，依托厂培训中心资源，配套完善多媒体教室、计算机教室、油田生产仿真培训室、多功能报告厅及油水井、计量间等现场试验场所。三是加快组织运行。厂设立 50 万专项资金，用于工作室的技术研发和成果推广。成立了

由任相财挂帅的革新攻关组和推广应用组,选配9名主体采油单位优秀采油技师充实到工作室。举办任相财工作室揭牌仪式,成为全油田首家员工创新工作室。加强宣传力度,在全厂营造"尊重劳动、崇尚技能、鼓励创造"的浓厚氛围,起到了很好的示范和引领作用。2012年5月,黑龙江省人社厅在第一采油厂召开了全省技能大师工作室授牌仪式暨现场观摩会,任相财代表13家获奖工作室作了表态发言。

二、完善运行模式,建立三个机制,搭建岗位创效平台

积极探索有效的工作室运行模式,确立了"凝智聚力攻难关,先导推广助稳产,团结协作育人才"工作理念,努力将工作室打造成革新成果展示的窗口、团队攻关的擂台、先导推广的平台,成为高技能人才培养的摇篮、技术交流研讨的课堂。一是建立科学的管理机制。根据职能定位,明确工作内容,理顺工作流程,制定工作标准,并使之规范化、制度化。相继建立健全了任相财工作室工作制度、专项资金管理办法、技术革新项目立项与攻关和绩效考核细则等7项制度,修订完善了各类台账、记录等基础资料,对工作室各项工作实行全方位管理,提高了工作水平。二是建立规范的运行机制。选择长期困扰油田生产和管理的难题立项。革新方向来源于基层生产管理者现场需求、各级领导生产管理要求、岗位员工日常生产管理的难点。编制年度攻关计划和年度推广计划,并进行跟踪落实和考核评价,做到指标、进度和责任人"三落实"。坚持技术攻关与成果推广并重原则,在项目推广工作中,实施培训、改进、试用、推广及评价一体化管理。通过强化目标管理,工作室成员的责任意识、技术攻关能力和成果质量均大幅提高。三是建立长效的成长机制。发挥工作室"传帮带"作用,在技能传承上由岗位员工培训向高技能人才培养延伸,在技术攻关上由一般性问题向深层次问题延伸,在工作领域上由局部向全厂延伸。落实动态管理、综合考核评价制度,建立能上能下、能进能出的人才培养激励机制。1人获国家级技能大师,1人获油田公司技能专家,7人通过考核获聘高级技师、技师。2013年,吸收了7名专门技能人才,使工作室力量得到壮大,领域得以拓宽和延伸。开展"导师带徒""送技能到岗位""五佳育才评比"活动等,累计培训员工4300余人次,培养创新人才34人、技师以上技能人才23人。

三、突出整体功效,发挥"三个作用",增添持续稳产动力

按照"一年夯实基础,二年稳步前进,三年跨越发展"的工作目标,围绕技术攻关、成果推广、人才培养三条主线全方位开展工作,加大工作力度,服务生产一线，引领采油技术发展，为原油持续稳产加油助力。一是发挥解决难题的攻坚作用。工作室始终以解决生产疑难问题为己任。结合生产上的难点、管理上的重点、技术上的关键点，开展技术革新攻关活动，取得油田公司重大技术革新成果38项，解决采油设备维修、冬季资料录取、突发生产故障等生产难题34个，发明"抽油机井杆断部位判断器"等专利技术11件，研制"更换盘根取加工具"等适用型工用具38件，减轻了劳动强度，提高了工作效率，促进了管理水平的有效提升。累计推广成果28项，成果转化率达26%。其中"旋转抽油杆专用工具""抽油机井加盘根组合工具"在全油田推广。二是发挥人才培养的帮扶作用。充分发挥工作室高技能人才的优势，传思想、带作风、授技能，为技能专家、高级技师、技师的培养积蓄后备力量。组织工作室成员系统分析目前操作员工基础素质状况，制定操作员工岗位必备技能演练卡，由工作室成员在现场传授技能，提高员工实际操作能力。开展影像教学，将工作室优秀技师、技术能手的标准化操作，制作成教学录像，下发基层。收集整理近年来员工操作事故案例，编制采油工安全生产事故教训反思课件。承担大庆油田"铁人大讲堂""职工创新大讲堂""革新大讲堂""青工创新培训班"等授课20余场次，培训员工800余人次。组织参加大庆油田"咱们工人有绝活"采油工比赛和青工PK赛均获团体总分和个人第一名。三是发挥岗位创新的引领作用。在任相财工作室的带领下，全厂岗位员工学技术、练本领、搞革新、创效益的热情空前高涨，李国龙劳模创新工作室、李庆林工作室等一批工作室及专业化班组应运而生，涌现出国家级技能大师工作室1个、油田公司劳模创新工作室3个、职工创新工作室5个。拥有集团公司技能专家6人、油田公司技能专家8人、高级技师51人、技师329人、助理技师384人。

任相财工作室的建立，实现了由个人攻关向团队研发的跨越，提高了企业自主创新能力，加快了全厂高技能人才队伍建设步伐。近年来，先后接待全国总工会、黑龙江省人社厅、集团公司领导以及全国各油田等视察、参观40余次，接待油田内外员工2300余名。中央电视台《焦点访谈》、新华社、《工人日报》《中国石油报》《大庆油田报》、大庆电视台等多家媒体进行采访报道，成为享誉油田的劳模创新工作室。

（任相财工作室2014年荣获全国工人先锋号）

传承"三老四严" 矢志技术创新

——记黑龙江省工人先锋号李国龙劳模创新工作室

李国龙劳模创新工作室于2012年由油田公司工会命名并正式挂牌成立，其前身是2008年成立的李国龙攻关组，是以试验大队采油维修队技术员李国龙为核心的群众性技术革新组织。李国龙劳模创新工作室成立以来，破解各类生产、试验难题300多件，完成革新成果93项，获国家实用新型专利23件、2项国家创新成果，发明并起草3项实用技术的企业（技术）标准，5项创新实用技术填补了三元复合驱工艺设计空白，技术转化产品在油田推广应用，累计创经济效益上亿元，同时在安全生产、环境保护领域为企业创造了巨大的社会效益。工作室成员始终坚持在生产一线学技术、练本领、搞革新，自立自强，为油奉献。李国龙也由一名普通工人成长为享誉油田内外的"工人发明家"。

一、整合资源，搭建技术攻关的平台

2008年，在李国龙的带领下，3名工人技师和5名技术骨干共同成立了李国龙攻关组。攻关组秉承"岗位平台搭建革新舞台，生产难题立项攻关课题，革新成果提升试验效果"这一工作理念，突出创新思维培养，激发员工创造潜能；突出专业技能培训，开展修旧利废、降本增效活动；突出岗位练兵演练，强化标准化操作，形成了以李国龙为龙头，辐射全大队的团队攻关新模式。为了充分发挥示范带动作用，工作室进一步找准服务方向，完善运行机制，强化服务试验生产的攻坚克难作用、服务岗位技能人才培养的帮扶作用和劳模创新创效的示范引领作用。一是把发展方向定位于专业化管理与革新攻关相结合，物质奖励与精神激励相结合，持续提高工作室制度化、规范化建设水平，建成集标准化岗位、技能练兵、修旧利废以及成果展示、技术攻关、技术交流于一体的多功能综合性工作室。二是积极探索工作室"三参与五落实"长效管理机制，丰富劳模创新工作室活动形式和工作方法，推动工作室建设向纵深发展。三是总结形成"工作室革新八法"，提高工作室运行质量。提炼出亲身体验法、信息收集法、"三单一表"法、"师带徒"法、入门法、概念设计法、现场拍照法、试验过程记录法八个方

法，比如"三单一表"法，就是针对每项革新攻关成果，填写岗位疑难问题反映单、技术协作立项申请单、革新成果现场反馈单、技术革新成果申报表，实现技术革新过程闭环式管理。现在，工作室成员也由最初的8人扩大到现在的30多人。2014年工作室被授予黑龙江省"劳模创新工作室"称号。

二、服务生产，搭建成果推广的舞台

从打造精品工作室目标出发，每年开展点题攻关、导师带徒、技术比武等活动，定期评选最佳成果、工人技术尖子和革新能手，扩大工作室的影响力和辐射面。2013年完成技术攻关27项，取得厂级以上技术革新成果9项，研制的"双作用力扳阀工具""拆卸皮带轮专用工具"等8项组合专用工具，其中"防冻式注入井取样装置"有效解决了注入井冬季取样的问题，获油田公司"重大技术革新成果"一等奖。2014年完成9项厂级攻关课题，其中"配制站过滤器放空母液回收装置"自主设计制作，投资少、见效快、易操作、实用性强，解决了放空母液外排放的环境污染和资源浪费问题，实现了能源再利用，在厂4座配制站推广使用，年创效50万元；"双螺杆泵、柱塞泵机油检测停泵装置"利用废旧仪表组装和即时检测，有效防止泵非正常润滑状态下机械磨损或泵损坏事故的发生，单台泵年节省维修费用27万元；5项公司级重大技术革新成果通过评审验收，其中"柱塞泵维修系列组合工具"解决了三元柱塞泵因结垢导致维修难的问题，在全厂推广，年创效300万元。

三、传授技能，搭建人才成长的擂台

好师父带出好徒弟是责任，更是为油田负责一辈子的态度。李国龙作为一名合格的油田工匠，处处以身作则，发扬"传帮带"的好传统，与多名青工结成师徒对子，把革新的光和热传递给更多人。他带徒弟从传承"匠心"入手，在传授技能的同时，也注重培养他们的作风。工作室现有30名成员，均是来自生产一线，涵盖了测试工、司炉工、电焊工、采油工、配制工、集输工、化验工、地质工等诸多工种的技术尖子。在李国龙的带动下，越来越多的技能人才加入创新创效活动中。2013年被评为油田公司"百名优秀师徒"，李国龙第一任徒弟邵磊等3人通过工作室这个平台走上专业技术岗位。在工作室的熏陶和锤炼下，培养了以油田公司巾帼建功标兵任平、厂杰出员工李亚军以及省技术能手孔令彬、高级技师冯凯为代表的先优人物和技术骨干队伍，成为助推油田三采试验有质量、有效益、可持续发展的中坚力量。

（李国龙劳模创新工作室2015年荣获黑龙江省工人先锋号）

过渡带上立标杆
争当新时代高质量发展排头兵
——记黑龙江省先进基层党组织北一采油队党支部

第一油矿北一采油队组建于1962年10月，位于萨中油田北一区西部过渡带，共有员工55人，其中党员20人，管理油水井195口。北一队虽地处偏远，但人心思上；资源贫瘠，但誓作主力；基础薄弱，但发展迅猛。队党支部确立"过渡带上立标杆"的核心理念，形成"在发展目标上永争第一，在管理特色上追求唯一，在队伍建设上团队合一"的队训，用优良传统转作风、强素质、提士气，形成推进发展的强大合力。北一采油队荣获集团公司先进集体，黑龙江省先进基层党组织，油田公司功勋集体等称号。

一、坚持目标引领，凝聚力量，永争第一站排头

队党支部紧紧围绕"过渡带上立标杆"的核心理念，引领干部员工在原油生产的主战场上站排头、争一流，在创新发展上当先锋、创佳绩。

增强引领力，打造担重任的"五合"班子。在油田开发的地质条件中，过渡带属于非主力层，油层薄、含蜡高、难题多，相当于一块"鸡肋"。党支部坚持用"两分法"看待难题，树立"身处边缘，誓作主力"的大局意识、责任意识和机遇意识。紧紧围绕"过渡带上立标杆"的核心理念，确定"高起点起步，高标准执行，高效率推进，高质量完成"的工作思路，把核心理念进一步分解细化，在基层建设、油田开发、生产管理、能力建设、环境建设上确立标杆目标。干部确立"干事、干练、干净"的形象要求，确立"接受任务不讲条件，落实工作不打折扣，完善执行不留遗憾"的作风要求，始终保持"谋发展有闯劲、抓产量有冲劲、带队伍有韧劲"的能力要求，做到思想合心、行动合拍、决策合情、廉洁合法、团结合作，使整体功能充分发挥。

增强示范力，打造高素质的党员队伍。党支部将创先争优活动与以原油生产任务为中心的各项工作紧密结合起来，在党员中开展"重温誓词找缺点，对照党章找盲点，推动发展找支点，深入群众找接点"活动，组织全体党员在员工大会上宣誓:"我是党员,向我看齐"。要求党员树立"六种形象",即有昂扬向上、百折不回的精神状态;有高度负责、一抓到底的韧劲;有吃苦奉献、艰苦奋斗的意志品质;有沉到一线、真诚服务的群众意识;有精雕细刻、严细认真的工作态度;有严格要求、知荣明耻的自律意识。实际工作中,切实做到一言一行符合党员身份,各项工作干在前;一点一滴发挥党员作用,危急时刻冲在前;一时一刻牢记党员宗旨,服务群众做在前;一心一意为党旗增辉,创新创效走在前,打造了一支政治坚定、业绩突出、素质过硬、团结群众的党员队伍。

增强亲和力,打造共和谐的优秀团队。党支部发扬"五到三结合"传统,创新实施"875"队务公开机制,员工参与和监督队务管理,使员工的主人翁责任感充分体现,极大调动员工工作的积极性。制定《员工行为规范》,形成内务"物见本色、物置其位"、会议"讲者清、听者静"、资料"一支笔、仿宋体"等行为要求。营造温馨融洽的餐桌文化,餐间播放员工的工作影像,餐后干部与员工交流十分钟,形成了干群一心、亲如一家的和谐氛围,使食堂不但成为增进干劲的体能加油站,更成为增进感情交流的思想加油站。楼道中、灯杆上、鱼池旁悬挂锤炼作风、志在夺标的激励语,激励干部员工始终保持一个节奏、一个声音,用行动演绎奋斗的精彩。

二、坚持与时俱进,创新管理,争创一流促发展

坚持发展目标与发展特色并重,对照油田先进单位经验,探索形成体现时代特征、具有自身特色的高质量发展之路。

依靠精准施策,提升开发水平。紧盯核心指标,实施油田开发创效十法,精准施策,提高开发效益。针对精准注水井时率管控、水量调控、分层测试等6项工作,对点实施"点项""一提三重""分层定标"等6项工作法;精准采出挖潜,跟进单井培养方案执行情况、措施实施时机优选和措施效果分析评价;创新实施"四化管理"模式,最大限度提高采出程度,综合含水、自然递减率、机采井检泵周期等指标达到全油田一流水平。

依靠精细管理,夯实基础工作。对照先进单位经验,将"三老四严"精神体现在生产管理中,精了还要精、细了还要细。强调"三个工作习惯"的坚持和落实,日常工作日事日毕,安全工作齐抓共管,每项工作高标准完成;创新实行首查负责制,确保岗位责任明晰,生产管理全天候受控,经验在全油田推广应用;创新推行目视化管理,规范工作环节,提高工作效率;实行"两牌一

卡三及时"管理法，优化工作流程。油田公司金牌队验收中，北一队综合排名名列前茅。新中104转油站连续11年获得油田公司管理先进站，2015年被授予全省青年安全生产示范岗。

依靠员工智慧，岗位创新创效。在全队广泛开展"金点子"征集活动，创新机采井"三推一回"管理法，使抽油机平衡率、时率、异常率超出油田公司下达指标10%以上；创新"2+1"工作法，准确把握产量变化、异常井有效监控，全队产量核实准确率达100%；创新螺杆泵井"三点控制法"，规范管理、受控运行，有效遏制安全事故；创新"7211"皮带管理法，年节约8万元，在全厂推广应用。近年来，实施管理创新22项，在全油田同行业中保持领先水平。

三、坚持育人铸魂，提升素质，团队合一葆活力

党支部始终坚持抓思想、抓作风不停歇，提高员工对创标杆的认知，打造一支能打胜仗的"铁人式"队伍。

注重传统教育，打牢思想基础。连续开展"建队日讲队史""北一永远争第一"百人签名、"上水平、夺金牌"誓师会、"传统教育不间断、坚持标准不走样、勇往直前不停歇"的"三不"教育等活动，激励员工做"三老四严"的传承者；每天早班播放歌曲《我为祖国献石油》，晚下班播放《回家》等温馨音乐，员工的笑容多了、干劲足了、热情高了；收集整理建队53年来的传统事迹和感人小故事，编撰成《北一采油队故事集》，用文字记录优良传统在北一队的精神接力，并转化为争一流、创佳绩的实际行动。

注重典型培育，发挥示范作用。北一队建队五十多年，在典型发现、培养、引导、选树、定位、宣传等方面研究和实践，形成一个闭合系统。采油工于振宇，作为班长，他带领班组员工苦干、实干、巧干；作为技师，毫无保留地向身边员工传授技能；作为党员，随时随地向员工群众传递爱心。党支部对他实行跟进培养法，使他奋斗有了动力，于振宇荣获集团公司优秀共产党员、油田公司优秀党员、杰出员工、"感动油田人物"等称号。老典型作用显著，新典型不断成长，涌现出爱岗敬业的典型李丹娜、自学成才的典型俞冬梅等一大批各类先进典型，做到处处有典型，典型在示范。

注重全员培育，促进人人成才。制订个性化培养计划，按照技能型和创新型分类培养，进行目标量化，全队结成技能型师徒18对、创新型师徒16对。全队连续3年技能鉴定通过率100%，输出技术骨干15人。培养出油田公司级技能专家1人、技术能手5人、高级技师2人、技师5人。2014年，成立于振宇工作室，技师团队手把手地教，面对面地练，为青年员工提供成长进步的平台。工作室成立以来，共完成技术革新48项，36项应用于现场生产，获油田公司级成果5项、厂级成果18项。修旧利废各类阀门，年创效20余万元。

（北一采油队党支部2016年荣获黑龙江省先进基层党组织称号）

三老四严 诚信测试
在低成本水驱开发上举旗帜立标杆

——记油田公司功勋集体第三油矿试井队

第三油矿试井队组建于 1990 年 4 月，共有员工 200 人，全队划分高压班、低压班、洗井班、绘解班 64 个，有各种车辆 79 台。承担全矿 3459 口水井的分层测试、验封以及电泵井动液面、抽油机井、螺杆泵井系统效率测试及测试资料绘解等生产任务。

面对近年测试任务大幅增加、难度不断加大的情况，作为目前油田测试系统中分层注水井井数最多、管理的高压测试班组最多、测试车辆最多、高效测调工艺应用最多的单位，第三油矿试井队在"三老四严、诚信测试"核心理念引领下，以努力打造"中十六联式"的诚信测试品牌为目标，创新推行"六定六法"测试管理方法，不断提升测试质量和测调效率，实现从"精细测试"到"精准测试"的新提升。先后获得油田公司功勋集体、金牌试井队、青年文明号等荣誉称号。

一、培育"一种"文化，凝聚"诚信测试"品牌的精神力量

第三油矿试井队地处"三老四严"发源地。多年来，他们发挥地缘优势，积极培育"三老四严，诚信测试"文化，引导全队干部员工在确保原油稳产实践中扛红旗、站排头、争一流。

一是确立核心理念。测试工作是油田开发的眼睛。测试质量直接关系到油田开发，关系到原油稳产，只有真实的测试结果，才能真正为油田开发提供可靠依据。试井队发挥地缘优势，继承发扬"三老四严"优良传统，适应发展需要，转变工作思路，将各项工作都与中十六联合站对标，比照红旗找差距，对照先进定标准，确立了"三老四严，诚信测试"核心理念，将文化作为引领队伍发展的内在动力，形成了"人人重视开发，事事服务开发"的良好氛围。实施理念文化上墙，使员工在耳濡目染中加深对"诚信测试"理念的认知，形成了"三老四严+诚信测试=质量至上"和"测好 1 个层 = 10 口调参井"的思想共识，真正做到了测试结果经得起任何检查、检验。通过理念形成、理念渗透，使"三老四严，诚信测试"的核心理念真正转化成看得见、摸得着、做得到的工作标准。

二是注重行为养成。针对工作量日益加大的实际，为保质保量完成测试任务，从行为养成入手，培养过硬的队伍作风。制定了测试管理"两册"和《员工行为规范》，规范测试操作标准和员工行为。同时，修订完善《全要素定量考核细则》，突出了区块、区域含水等开发指标、现场检配质量指标、区域分水率管理指标和高压测试班组与动态区块结合等考核项目，实现了测试组织严密、测试要求严格、工作态度严肃、绩效考核严明，引导员工自觉从严、从细对待每口井、每个层、每项测试任务，不放过一个"低标准"，不原谅一个"小差错"，不容忍一个"过得去"，确保诚信测试。

三是营造浓厚氛围。队党支部组织开展"诚信开发、诚信测试、挑战极限、从我做起"主题教育、"赛作风、赛技术、赛质量"班组劳动竞赛等系列活动，选树高压尖兵万雅江班组、低压楷模朱志强班组、革新模范莫士夺班组等一批以模范党员名字命名的班组，通过座谈会、大讨论、班组结对等形式，用典型引领带动全队各班组的测调工作，发动大家向先进学、向身边人学，自觉用"三老"做人，用"四严"做事，全队上下呈现出"作风实、士气高、创品牌"的精神风貌。

二、创新"六定"模式，打造"诚信测试"品牌的一流业绩

油田进入高含水开发阶段，试井队本着"质量至上"原则，创新推行"六定六法"管理新模式，提高测试工作的科学性、针对性、有效性。

一是实施"六定管理"。用创新的思维和方法，积极应对密井网小井距含水上升速度控制难度大的矛盾，创新实施"六定六法"管理，即定测试班组、定区块区长、定工作职责、定井层数量、定含水指标、定考核政策，加强测试班组与动态区块的紧密结合，用测试班组承包区域的含水指标评价测试质量，并将含水指标与测试工的奖金挂钩，提升了全员的责任意识，使测调更有针对性和实效性，确保了测试高效运行。厂在三矿试井队召开"六定六法"管理现场会，"六定六法"管理在全厂全面推广。

二是配套"六种方法"。结合人员和设备实际，在"六定"管理中，不断总结完善，配套实施了班组互补协作、多井同步测试、弹性时间管理、现场信息互通、可调水嘴跟踪、"四先四后"测调六种方法，有效提高了测试质量和测调

效率。常规测试班组月平均测试井数由之前的 6.2 井次上升到 6.6 井次 23.2 个层，高效测调班组月平均测试井数由之前的 8.2 井次上升到 9 井次 43 个层；测试率达 99.5％，测试合格率达 95.2％，检配合格率达 85.2％。

三是探索轮询测试。2015 年以来，试井队在全矿 5 个区块 395 口井进行轮询测试试验，前期集中进行一次检配调整，然后固定班组两个月轮询测试一次，精准测试每口井、每个层，摸索制定合理测调周期。轮询测试后，测试检配合格率比轮询测试前提高 21.2 个百分点，含水上升速度得到有效控制，实现水驱超产。

三、加强"三项"工作，筑牢"诚信测试"品牌的管理基础

面对原油稳产对测试工作提出的更高质量要求，试井队以精细管理为主线，全面提技能、搞创新、强安全，锤炼综合素质强、测试水平高、安全管理好的地下尖兵。

一是加强全员培训。面对新员工增加、队伍规模扩大、新技术应用的新形势，围绕学习型团队建设，构建"13431"学习型团队培训体系，以提高全员素质为目标，开展自学、跟班学、课堂培训学的"三学"方式和班长讲、技师讲、队干部讲、专家讲的"四讲"活动，深化师带徒、结对子、互助班"三个"载体，夯实诚信测试一个根基。坚持"练兵内容在岗位上找，操作技能在岗位上练，实际效果在岗位上评"的培训原则，制定详细的培训计划，编制《采油测试工应知应会》口袋本，成立技能考核组。针对高压测试班长应掌握的六项技能，分阶段对测试工进行考评，未达标者奖金系数下调 0.05，并在下个月重新验收，直到验收合格后再恢复奖金系数，提高了测试工的实际操作技能和分析解决问题能力。在厂技术运动会上，获得测试工种团体总分第一名。

二是加强创新管理。以问题为导向，成立创效工作室，进行课题攻关和技术创新，获得公司、厂技术革新奖 15 项，其中"新型高效测调工艺放喷堵头"在全厂推广；按照油田公司测试系统"文字化、图表化、视频化"要求，自主编排高、低压测试 14 项现场实际操作培训课件，成为全油田测试系统培训教案；建立"三老四严，诚信测试"公众号和测试系统微信群，定期发布安全提示、工作要点、培训知识等信息，将测试管理与新媒体有机融合，拓宽员工的学习沟通渠道；承担集团公司采油研究院《注入井长置式智能配注系统》现场试验项目、集团公司 A5 系统高压测试模块试点运行，在新技术应用上，进行了

积极有益的探索和实践。

  三是加强安全管理。以"测试立足安全，安全保障测试"为安全理念，实行安全目视化管理，推行"风险辨识五控法"，开展"全员写风险"活动，固化风险点源，制定控制和削减措施154条。组织员工学习标准操作规范，挑选经验丰富的技师到现场跟班指导每项操作，从行为操作到风险辨识，使每名员工都能学习标准、掌握标准、执行标准，杜绝违章操作，实现全员测试操作标准化。作为矿拥有车辆最多的基层队，针对每天交通安全风险多的实际，量化出车前、行驶中、归场后三个关键环节，坚持安全"六个一"管理，即班前一课、出车一查、测前一问、现场一巡、回场一检、月底一考，全面提升驾驶员的安全驾驶意识，提升车辆管理水平，保障行车安全，实现全队年测试两万多井次，车辆安全行驶百万公里，安全无事故。

（第三油矿试井队2016年荣获油田公司功勋集体称号）

弘扬传统强责任　争当先锋立新功

——记黑龙江省青年文明号北八采油队

第二油矿北八采油队是大庆会战优良传统岗位责任制和"四个一样"的发源地，成立于1961年4月，共有员工116人。多年来，北八采油队始终坚持"继承不守旧、创新不丢根"，以"传统永恒，责任无限"为核心理念，抓好传统教育，创新工作载体，引导青年切实发挥生力军作用。北八采油队先后获得集团公司先进基层党组织、油田公司功勋集体等荣誉称号。

一、服务文化宣传，引领文明"风向标"

大庆会战优良传统是老一辈石油人积累的宝贵财富，是大庆人攻坚克难、夺取胜利的"传家宝"。北八采油队坚持弘扬石油精神不丢根，通过开展形势任务目标教育和责任心教育，培育青工的使命感和责任感。

加强思想教育，注入精神动力。深入推进大庆精神铁人精神、大庆传统再学习再教育再实践，坚持用大庆会战优良传统育人塑魂。建立文化园地，通过企业广角、一线采风、安全警示等栏目，宣传上级精神，提振队伍士气。活化形势任务教育形式，开展"晒晒我的岗位、看看我的水平"活动，鼓励青工上传劳动场景、工作画面等图片，激发工作干劲，营造积极向上、团结和谐的良好局面。

加强文化引领，激发价值潜力。通过开展"坚守岗位责任制、传承四个一样"传统教育，引导青工把个人价值体现到"当好标杆旗帜、建设百年油田"的实践上来。以主题团日为契机，创新"双争三学"教育模式，营造良好氛围。2018年，技术员周芷仪代表大庆油田参加了中国共产主义青年团第十八次代表大会，展示大庆会战传统发源地青年的良好风貌。

加强弘扬宣传，凝聚队伍活力。引领青年争做岗位责任制和"四个一样"优良传统的传人，打造传统故事展示墙，把会战传统发展史、新老典型人物故事以图文并茂的方式展示，让青年接受传统的熏陶。同时，依托大庆会战传统教育展室，青年志愿者自发做大庆传统的传播者，讲述大庆传统发展历程，打造展示石油精神的窗口单位。

二、服务生产管理，筑牢文明"奠基石"

管理提升是保障原油生产的重中之重。北八采油队坚持岗位责任制不走样，通过开展管理提升系列活动，引导青年充分发挥生力军作用保障夺油上产，累计产油986万吨，生产管理走在大庆油田前列。

"准"字为首，开发指标项项优。立足精准开发，强化油田开发"精、优、实、严"，通过开展"争做地下尖兵""我的资料百分百全准"等活动，牢固树立"精准开发"理念。总结经验，通过实施"两提一优化"调整法，在注好水、注准水、注有效水上下功夫，实施水井洗井"3+3"工作法等先进管理方法，开发水平始终处在全厂前列。

"细"字着眼，生产管理处处硬。团员青年秉承"事事讲求高标准、项项工作创全优、处处体现严要求"的管理理念，加强以岗位责任制为中心的基础工作，创新实施了"231"岗检法，提升制度执行力；推进实施"5E+5S"现场管理、"四到三交一挂牌"设备管理等管理方法，全队优质井达90％以上。2018年，北八采油队勇夺大庆油田"功勋集体"称号，安全生产超两万天。

"优"字当先，队伍素质节节高。打造精优队伍，开展"找短板、亮丑事、批瑕疵"活动，引导青年查找差距，提升水平。5-65井组青年女工赵新鄄，工整记录了在岗8年以来录取的所有资料，足有上百万字，累计录取10万个数据无差错。近年来，8名员工获技师和助理技师评聘资格，先后涌现出黑龙江省技术能手2人，油田公司、厂级技术能手9人。

三、服务降本创效，争做文明"代言人"

北八采油队始终注重团员青年业务能力的培养，从操作岗位、技术岗位、管理岗位等不同层面，通过岗位练兵、业务培训等形式，激发青年主动成长成才的积极性。

强化技术交流，"多方面"提素提能。定期开展"我的金点子""合理化建议征集"活动，以技术交流会的形式，让青工从学习和实践中不断摸索、研究，在提升自身能力的同时，也为企业创新创效做出贡献。全队发展技术骨干9人，青年共解决生产难题40余个，获厂技术革新成果奖103项，推广应用技术革新成果12项，32项合理化建议被采纳。

深化导师带徒，"多层次"拜师结对。深化导师带徒活动，围绕工作难点进行攻关，成立革新兴趣小组、建设队内练兵场、建立创新创效微信群，开展技能培训、技术革新等工作，为青工成长成才铺路。截至2019年，徒弟出师21

人，6对师徒分别荣获了油田公司、厂"金牌师徒""优秀师徒"荣誉称号。

优化革新创效，"多角度"节约成本。以技术革新为抓手，以降本增效为目标，着力打造以螺杆泵维修技术为特色的韩波创新创效工作室，引导全队干部员工积极解决全队的热点难点问题，发明实用新型发明专利22件，获得油田公司技术革新成果奖21项，累计结余成本2450多万元。研究的"螺杆泵驱动装置密封维修技术"在全油田处于领先地位，年创效298万元。

作为岗位责任制、"四个一样"大庆会战优良传统的发源地，北八采油队青年正踏着青春的步伐，以昂扬向上的精神状态，以优异的工作业绩践行发源地的责任担当，在"当好标杆旗帜、建设百年油田"的征程中埋头苦干、奋勇拼搏，打造"传统永恒，责任无限"新名片，永作高质量发展先锋，努力建功新时代。

（北八采油队2019年荣获黑龙江省青年文明号）

打造匠心铸效的标杆联合站
永做高质量发展排头兵

——记集团公司先进基层党组织南Ⅰ-1联合站党支部

近年来，第五油矿南Ⅰ-1联合站以"当好标杆旗帜、建设百年油田"为统领，围绕效益型联合站建设目标，坚持"举旗立标，匠心铸效"，坚持精细管理，各项工作实现跨越式发展。先后荣获集团公司先进基层党组织，油田公司功勋集体、效益型金牌站、环境保护绿色站等荣誉称号。

一、传匠魂引领创新，打造党建示范的标杆

站党支部坚持围绕生产抓党建，抓好党建促生产，始终传承精益之魂，引领全站创新发展。2019年全站施工改造期间，在上级党委的指导下，率先与项目各方成立共建党支部，实施"一区两部三化"管理，实现基建项目党建与生产的深度融合，增强了党支部的凝聚力、战斗力。

党支部带动增干劲。共建党支部每月开展特色主题党日活动，举办"四星月度竞赛"争创活动，选树"四类明星"，表彰"创效标兵"，涌现出孙旭、段瑞峰、张鉴帛等一批先进典型。共建党支部书记刘丽萍开工后第一周就给全体参建党员上《施工问题怎么看、共产党员怎么办》专题党课，讲清职责定位，坚定理想信念。支部委员作出"项目难题我来认领"的承诺，认领解决问题57个。针对施工中暴露出来的标准规范不统一、工程质量不达标的问题，共建党支部主动提出组织技术骨干研究解决，编制《南Ⅰ-1项目标准化施工手册》，细化施工标准工序36项、关键控制点52个、施工要点220个，使参建各方均有标可依、都按标施工、全达标验收。

党小组带领攻难关。共建党支部根据项目需要成立了3个党小组，每当项目运行到关键环节时，党小组主动发挥攻关作用。生产运行党小组在集中监控系统装配时，为了保证一次成功，反复研究调试步骤，制定了10种突发情况调试方案，使新增控制仪器仪表与原设备匹配调试一步到位；安全监督党小组针对7项高风险作业编制10余种培训课件、宣讲事故案例，并开展旁站监督、查

违纠患,共采取实施安全保障措施19项;为最大限度优化工序,施工运行党小组经反复论证将施工横道图细化到天,在中控室新建、管线迁建、道路及场坪施工过程中,根据夏季白天长、早晚凉爽的特点,每天早5点入场,晚7点收工,实现工期由150天缩短到65天。

党员带头作示范。为充分发挥党员的先锋模范作用,开展"我是党员看我的""当先锋践承诺""党员身边无事故"等活动,引导党员在急、难、险、重任务中打头阵、作示范;启动"党员首件示范"工程,编制《党员优质工序指导书》,发动党员骨干针对7个重要施工环节、8项质量验收标准给施工人员打样立标,让大家学有身边榜样、做有身边示范,使写在本册上的"文本标"变为眼前可见的"施工标"。支委刘艳军还带领"大拿"工作室成员针对脱水岗外输泵变频器更新改造项目实地分析研究,将未损坏的旧变频器进行修理利用,减少成本10万元。

在党建新模式的引领下,项目施工做到了安全环保零伤害、零事故、零污染,主体工程建设时间提前5个月完工,已建工程276道工序全部优质,累计减少施工投资375万元。油田党委在站召开党建协作区现场会,集团公司党组书记、董事长王宜林来站调研,在油田发现60周年庆祝活动中,南Ⅰ-1联合站作为党建协作区参观点,给各级领导和嘉宾留下了深刻印象,得到充分肯定和高度评价。

二、铸匠法精优管理,打造提质增效的标杆

站党支部坚持把提质增效作为检验党建工作质量的重要标尺,积极融入中心,助力精优管理,全力推进高质量发展。

"四不间断"抓安全。安全是最大的效益,党支部从抓好"四不间断"入手,持续筑牢安全防线。风险提醒不间断。将安全风险管控细化到每天每个班次,坚持安排工作讲一讲、操作之前想一想、执行过程防一防、改进提升写一写,人人做到风险识别一口清,安全操作一手准,实现建站以来零事故。隐患查找不间断。建立"341"安全检查机制,干部、班长、员工三级联动查隐患,对查出的问题第一时间曝光,第一时间确定负责人,第一时间制定措施,第一时间治理到位,实现一般问题不出日、较大问题不过3天。反思学习不间断。干部每天必看矿隐患曝光台,不但摘录本队的安全问题,还与其他单位问题进行对照分析,举一反三,并在早点名会上组织全员学习反思,确保不出现类似问题。编制案例电子读本,每周三早会组织1名员工讲案例,10名员工讲认识,已连续进行了 127 周。目视提醒不间断。将员工兴趣特长融入安全目视化工作中，组织员工手绘"风险提示连环画"，自己查找风险点位，自己进行风险提示牌的安装，既节约了成本，又强化了员工认知风险点源的能力。全站共自制刻录机制作风险提示牌 324 个，节约成本 4 万余元。

"五责落地"强管理。弘扬"三老四严"传统作风，将"三老"做人的标准、"四严"做事的要求通过"五责"这一载体落实落地。干部签责任状。围绕工作目标，根据分管工作确定责任范围与内容，将经营指标、业绩指标、管理指标、贡献指标等内容进行细化，把责任分解到每名干部，落实到每项管理中。班组划责任田。按照班组的属地管理区域划分出 7 个生产岗位的责任田区域，由班组长负责管控安全和生产。责任田内容包括安全责任、管理责任、创效责任、攻关责任。每月开展班组责任田劳动竞赛，月度兑现考核，强化班组自主管理。岗位明责任制。结合"两册"，将每个岗位的责任制明确节点、明确标准、明确时限，将责任制内容"数字化"，用标定的数值和目标值，说清说准每项需要怎么干、干到什么程度。员工强责任心。建立强化岗位责任心的新机制，由原来的感性教育为主转变为过程考核理性积分为主，将员工岗位责任心量化为可考评的责任指数，按照业绩指数、贡献指数两个方面考评打分排名，每月拿出月度奖金总额的 20% 作为排名奖励兑现，把员工利益与企业利益挂钩。党员带责任区。把全队 7 个生产系统划分为 7 个党员责任区，每个责任区由 2 名党员承包，承包内容为"三包八负责"，即包生产任务、包群众思想工作、包入党积极分子培养；负责责任区内人员的学习、纪律、稳定、生产、节能、质量、安全和环保，一月一检查落实，一季一评比奖惩，滚动激励。

"三措降耗"控成本。降生产能耗。实行"三杜绝一改造"节水法、"三优化一细分"节电法、"三降低一调整"节气法，年节水 9600 立方米、节电 201.6 万千瓦·时、节气 40.2 万立方米。降设备损耗。实施设备"三字"管理法，在"管"上精准到节点、覆盖全过程，在"用"上一日三巡、"三不"交接，在"养"上一月一保、一周一查。设备保养及时率、完好率始终保持 100%，创油田公司红旗样板设备 26 台。降日常消耗。开展"全员精细管理，杜绝十种浪费"活动，查摆日常浪费问题，节约 3 万余元。实施"三严两对症"药剂管理，年节约药剂 18.25 吨。建立修旧利废"配件超市"，成立修旧班，设立修旧专项奖，年均修旧配件 120 余件（套），创效 50 余万元。

目前，全站人工操作成本下降 50% 以上，成本细分到全员，指标核算到班

组，台台设备有计量，各个岗位有台账。创出了油质最佳，外输油含水0.2%，低于油田计划指标30个百分点；水质最优，外输污水含油10毫克每升、悬浮物10毫克每升，低于油田计划指标50个百分点；全站注水单耗5.2千瓦·时每立方米以下，吨油耗气0.08立方米，综合单耗0.75千瓦·时每吨，位居油田公司同类联合站第一。

三、育匠人提升素质，打造队伍建设的标杆

党支部坚持铸匠魂、育匠人，通过实施"两步走"进行队伍提素，营造良好的工匠型队伍培养氛围。

第一步，"三讲"铸匠魂。讲形势。围绕低油价对油田带来的冲击，利用晨会、夜班交接广泛宣讲，进一步认清全站发展形势，在不利中寻找优势，增强全站干部员工共克时艰的信心。讲责任。队干部深入岗位宣讲联合站的责任和担当，使大家明白"联合站是采油矿能耗大户，油田同类联合站年耗水、电、气、药等成本约1500余万元""联合站是油田注水的源头，注好水对油田来说是长期的、最大的效益"，坚定全员"在每滴水中抓节能，向每度电里要效益"的决心。讲传承。总结形成22个弘扬会战传统的身边小故事，提炼了具有南Ⅰ–1特点的爱岗敬业的"沉降罐"品格、持续学习的"压缩机"精神、自主攻关的"吊柱"作风，通过宣讲弘扬会战传统的小故事，激励全站干部员工弘扬好传统，继续为提质增效做贡献。

第二步，"三学"提匠术。根据集中监控管理模式的实际，通过下发意见征集单、召开恳谈会等形式，对员工集中反映的在应急处置、指标管控、节能措施、技术革新4方面存在技术跟不上的问题，有针对性地制定员工能力提升措施。重点内容随时学。组织"大拿"工作室成员，编制《南Ⅰ–1提质增效电子手册》，将集中监控改造后的工艺流程、参数设定原理、26个应急程序、78个节能小妙招等汇编到电子手册中，发到站内微信群、安装到中控室电脑中，供员工随时学习，解决员工不知道提质增效从何入手的问题。线上夜校集中学。利用微信群开办"大拿"线上夜校，每晚7点组织技术骨干为员工讲授节能降耗控制点、安全生产风险点、指标管控关键点的相应管控措施。通过每日一讲、每日一学，使"大拿"线上小课堂成为提升员工技能、增强素质的"充电器"。维修工杨洋根据"大拿"线上夜校讲授的汽车轴承润滑原理，想出了"机泵431轴承润滑法"，应用后很好地解决了机泵轴承过热的问题。师徒结对交流学。原生产模式下，员工两岗证92%、四岗证12%的比例较高，但仍无法满足

集中监控全站"五岗通"的要求。为此,党支部组织制定阶段培训计划,做到员工岗岗结对子、班班有师徒,并组织当班员工在生产现场互相传授各岗工艺流程、设备原理和安全防范措施。通过师徒结对学,全站员工技术技能有效提升。目前,全站共师徒结对 24 对,通过月度考评评选金牌师徒 9 对,生产运行班 24 名员工全部达到"五岗通"的岗位要求。

(南 I-1 联合站党支部 2019 年荣获集团公司先进基层党组织称号)

传钢铁品质 保闹市安全
打造 HSE 标准化采油队

——记集团公司 HSE 标准化站队南四采油队

第七油矿南四采油队地处萨尔图铁西繁华商业区，环境复杂，人口密集，安全形势严峻。辖区内相继建成 10 多个交易市场，每年发生管线穿孔 80 余次，对应急抢修和环境保护提出极高要求。日均人口流动近万人、车辆往返 8000 余台次，给安全工作带来诸多不确定因素。多年来，全队坚持"第一责任，第一目标"的理念，以安全无事故、员工无伤害、环境无污染、执行无违章，建设本质安全环保型采油队为目标，按照体系全覆盖无盲区、风险全辨识无死角、监督全过程无缺口、隐患全防控无漏点、应急全响应无延误、责任全到位无空白的管理要求，实施"5×3"HSE 管理法，做到管控严密、治理有力、应急迅速、联动快捷。先后被评为油田公司先进集体、金牌采油队、绿色基层队，厂标杆队、基层 HSE 样板站队、安全管理先进小队。

在安全履职上，实施"三分五定"明责履职法。岗位安全生产责任是 HSE 体系建设中的重要组成部分，是确保安全生产的重要基础。南四采油队把编制安全生产责任清单作为岗位安全履职的重点工作，按照责任覆盖全面、边界清晰的工作要求，打造明职知责、履职尽责、考职问责、失职追责的全员安全生产责任体系。创新实施"三分五定"明责履职法，比如在推行"三分"管理上，提出分岗明责、分责提能、分能管理，明确岗位的安全生产职责、工作任务、工作标准、工作结果、安全承诺，形成"一岗一清单"，做到岗位安全生产责任制可落实、可执行、可考核、可追溯，实现南四采油队安全履职率 100%，问题考核率 100%，失职追责率 100%。

在隐患管理上，实施"三到五制"隐患管理法。隐患管理是 HSE 体系管理中的重要工作之一，对控减安全生产事故的发生起着决定性的作用。实施"三到五制"安全隐患管理法，将全队的 6 个生产班组、13 个巡检区域、3930 个巡检点，依据岗位管理职责，分路排查隐患到点；依据销项前期管控，分人、物、环境管理到位,推进安全隐患逐级检查制、岗位隐患等级评估制,建立隐患安全预警制、安全隐患应急联动制、安全隐患治理全程制,实现排查覆盖率100%、整改完成率100%、管控到位率100%。全队在辖区内的13处占压、安全区实施"一井一案"管理制度,做到全天候常态化监控。全队还建立周边业主微信群,安装安全警示牌,做到突发事件及时得知、及时处理。2019年,及时处理突发事件15次,均未造成人身伤害、环境污染和社会影响。

在风险控制上,实施"三识五控"风险管控法。风险是安全生产中存在的危险源、事故源。风险无时不在、风险无处不在。为全面辨识、管控生产环节中可能出现的各种安全风险,实施了"三识五控"风险管控法,组织员工在案例分享中识风险、在隐患查找中识风险、在制度执行中识风险,通过抓行为风险控制、操作风险控制、管理风险控制、设备风险控制、环境风险控制,真正做到写风险全面、识风险准确、控风险严密。全队共识别总结出巡检路上18险、量油取样14险、更换皮带17险等393条风险。将一些习以为常、不以为然的习惯当成潜在风险,严查、严抓、严防。员工李荣海在处理中80-243回油管线穿孔过程中,看到周围的业主使用明火做饭。他心想,一旦油气泄漏就会造成燃爆。于是他主动上前告知业主,单位在实施作业时,大家千万不要点明火。通过严格要求,有效规避了风险,保证了安全施工。

在应急管理上,实施"三应五动"应急管理法。应急管理是为有效应对突发事件,避免、减少和降低危害的重要工作。全队根据区域交叉隐患大、人口流动风险大、地处闹市危害大的环境特点,采取应急预案瞬时启动、应急响应及时发动、抢修队伍即时行动、应急物资实时调动、相关人员随时联动的"三应五动"应急管理法,做到事前早准备、问题早预警、隐患早发现、风险早控制、事件早处置。全队注水管网密集,出现穿孔情况时有发生,应急处置不及时,就会造成严重危害。为此,全队根据注水管网图,结合队里50口水井,制定水井切断应急处理预案,在险情发生时做到20分钟~30分钟,险情就能全部处理完毕。

在现场监督上,实施"三查五化"现场监督法。现场监督是采油队安全生产的基础性工作,是安全工作做到事前控制、确保防患于未然的前提。全队把监督的重点放在"维修现场、作业现场、施工现场"上,提出日常管理巡视查、高危作业旁站查、特殊时期专项查的"三查"管理要求,监督管理一体化、监督工作常态化、监督模式多样化、监督内容标准化、监督整改专责化的"五化"

管理要求,实现了监督检查覆盖率100%、隐患整改及时率100%、现场违规处置率100%。全队按照眼睛盯住不放、提醒跟住不断、工序看住不落、关口把住不松、标准卡住不降的要求,在具体监督过程中严把关口,严格监督。在504站三号加热炉施工维修改造过程中,全队发现安全隐患11处,制止承包商3次违章操作,保证了施工的顺利进行。

在管理提升上,紧扣"三项载体"。一是在标准化小队创建上,推广HSE标准手册,制定常规作业、非常规作业、应急作业等共计58个岗位操作卡、41个安全提示卡,并制作成图片、视频等资料,存入岗位计算机和员工手机,方便员工操作,达到了"标准统一、管理合规、操作规范、设备完好、场地清洁"的管理水平。二是在绿色清洁小队创建上,通过抓作业施工、抓生产管理、抓应急联动,做到不排一滴水、不落一滴油,确保作业施工现场周围环境符合标准、安全环保方案符合标准、施工现场恢复符合标准"三个符合"。为了确保主要路段及闹市区等敏感区域发生杆断等突发事件时,回油不出现倒灌现象,在37口井上安装了单流阀,在113口井上安装防喷盒,对17种、400余公斤固体废弃物、生活垃圾进行了集中回收,做到生产管理与环境保护的协调共进。三是在"安全随我行"岗位实践上,全队认识到员工是安全工作的主体,每天是安全工作的开始,岗位是安全工作的单元,每个人都重视安全,每一天都做到安全,每个岗位都保证安全,安全工作就有持久动力、坚实基础和可靠保障。在"安全随我行"实践活动中号召人人都是安全员,由过去"别人给我讲安全",到现在"我要主动抓安全"。引导员工人人成为安全员,倡导天天都是安全日,从出门时安全寄语、早会上安全晨训、上岗前安全讲话、操作时安全提醒、回家后安全回味,让员工都能做到珍惜每一天、遵章每一天、防范每一天、管好每一天、平安每一天;提倡班班都是安全岗,核心是上标准岗、干标准活、交标准班,使每个岗位都成为安全岗。

(南四采油队2019年荣获集团公司HSE标准化站队称号)

精准联合站排头
打造高质量发展品牌联合站

——记勘探与生产分公司优秀能效示范站队北Ⅰ-1联合站

新时期，第一油矿北Ⅰ-1联合站积极适应油田发展新要求，瞄准同行业的最高水平，结合自身管理特点，确立"精准联合站排头"的核心理念。精准是理念、联合是手段、站排头是目标，通过不断凝聚力量，激发干劲，推进发展，全力打造高质量发展品牌联合站。几年来，北Ⅰ-1联合站先后获得油田公司金牌站、先进基层党组织、HSE标准化站队、厂标杆站队等荣誉称号。

一、精准理念引领发展，提高全员思想认知

精准理念是引领北Ⅰ-1联合站不断前进的目标和方向，更是全站干部员工广泛认同的价值取向和目标追求。

一是培育精准文化。2016年，对北Ⅰ-1联合站来说是里程碑式的一年，全站上下克服工艺流程老化、设备设施老旧、队伍结构老龄化等不利因素，首次夺得油田公司管理金牌站。为了持续提升金牌站的含金量，党支部以"当好标杆旗帜、建设百年油田"为指引，确立了"精准联合站排头"的核心理念。为将全站上下的思想聚焦到精准上来，组织干部员工围绕"精准实现新目标"开展大讨论，进一步统一思想认识；组织召开誓师动员会，大家纷纷表决心、作承诺，在印有"精准联合站排头，打造高质量发展品牌联合站"的条幅上郑重签上自己的名字；注重氛围营造，在会议室、走廊里张贴宣传板，人手一份发放宣传册，干部逢会必讲、到岗必谈；开展"精准之星""精准先锋"评选，激励员工学有榜样、赶有方向。通过一系列措施，使精准理念真正在干部员工的内心深处落地生根。

二是实施精准管理。实现精准管理对工作标准提出更高要求。在严格执行"两册"93项管理标准的基础上进一步延伸，建立北Ⅰ-1联合站精准管理流程，确立质量管理、安全管理、能耗管理、日常管控4方面14项工作流程，分岗位、分系统绘制工作流程图，细化工作职责，量化工作内容，强化流程监管，

将精准理念和管理现场深度融合，做到精准指向明确，精到点、准到位，实现了各岗位、各流程之间环环相扣、无缝链接。以老化油收油工作为例，原来需要 5 个岗位协同配合，工作中有时出现运行不顺畅、衔接不到位的情况，造成外输油含水超标。新流程运行后，管理节点由 22 个减少到 13 个，将排量、温度、药量等 5 项重点参数精准计算到毫米，实现外输油含水合格率 99% 以上。

三是保证精准操作。实现精准操作，习惯养成是保证。结合岗位特点，采取"五练"方法，即班长示范练、集中强化练、班班对标练、主副岗互练、工余自主练，将每项操作进一步规范，每个动作都体现精准。同时，施行准军事化管理，进站列队上岗，从交接班"四做到"，到班长"四提示"、班前"四查"、班中"四做"、班后"三清"，时时处处做到精准到位，员工逐步养成精准行为习惯。一个夜晚，由于高压线路故障造成污水岗液位波动，随时可能发生冒顶事故。水系统随即启动事故处理应急流程响应，上下游岗位联动配合进行紧急处置。3 小时内岗位员工启停泵 22 台次，开关流程闸门 34 个，11 个流程节点操作精准到位，无一失误。

二、联合聚力激发潜能，锤炼一流过硬团队

联出干劲，合提士气。北 I-1 联合站将联心、联力、联智作为有力抓手，积蓄推进发展的不竭能量。

一是联心齐步伐。践行精准思想，干部必须先行。党支部采取"三分三合"方法，即工作分、思想合，重心分、中心合，指标分、目标合。正职相互支持，密切配合；副职分工明确，协调统一，建设"想干事、能干事、干成事"的过硬领导班子。实行干部周巡制，每周一班子全体进站模拟现场参观逐岗巡查、逐点梳理、查补短板，针对发现问题制定目标方案、落实整改措施、明确责任到人，限定完成时限，并在员工大会上进行讲评。一次，站长邵帅发现泵房的墙角挂着一小片蜘蛛网，员工大会上他没有批评员工，而是自我检讨管理上的粗放，这件事在员工中引起不小触动。干部以严格的自我检视促进了全站上下工作状态时时在线。

二是联力攻难关。人心齐泰山移。党支部组织开展"赛学习、赛业绩、赛创新、赛技能、赛标准"五赛活动，让每名员工身上的"精准因子"活起来、"精准动能"激发出来。全队 18 名党员带头打样，岗位整合优化体现担当、核心环节管理提升立标、突发应急抢险带头冲锋、后场建设身体力行奉献，以实干检验和过硬作风发挥先锋模范作用，成为员工学习的榜样。2019 年 10 月，沉降岗 5

号加热炉面板隔热棉脱落，厂家维修需耗时3个月，不仅影响正常生产，还存在安全隐患。党员自发成立攻关组，在保证安全的前提下自行维修，仅用1周时间就解决了问题。2019年在党员的带动下，与岗位员工共解决生产问题35个。

三是联智强根基。生产发展离不开群众的智慧。为培养一支高素质的员工队伍，北 I-1 联合站依托代龙兴工作室开展"一匠星带全岗精"系列创新实践活动，实现技师覆盖全工种、技术能手覆盖全岗位的目标。同时，为员工搭建"精准技能大PK""创新闪电战"等平台，鼓励员工献计策、搞革新。针对脱水器看窗难清理的问题，岗位员工受到洗碗布的启发，提出了不拆卸清理的想法，与技师团队共同攻关，研制出分水器清洁解堵装置，现场应用效果显著。北 I-1 联合站还积极回应员工意见建议，为解决岗位缺员问题，在全站推行大班组管理，从117人减少到85人，实现减员不减效。

三、创新实践永站排头，筑牢发展坚实基础

精准联合的最终落脚点要体现在提升管理水平上，实现北 I-1 联合站安全、质量、效益站排头。

一是严格管控安全站排头。结合岗位实际，以精准管控为目标，以安全生产为基础，创新实施了以"分岗巡检到点，分级治理到底，分类管理到位"为内容的"三分三到"安全生产管理法。分岗巡检到点，即以9个生产岗位为基本单元，细化为50个巡检区域和388个巡检点，以点带面，确保岗位巡检精准"零"死角。分级治理到底，即将不同性质隐患分为A、B、C三个级别，分级防控，确保隐患治理精准零容忍。分类管理到位，即突出人本、设备、环境管理三要素，分而治之，确保生产管理精准零盲区。通过夯实安全管理基础，各项工作全面受控，实现34年安全生产。

二是突破常规质量站排头。在全面剖析找短板、量化分解定标准、学习先进求突破的基础上，针对含油污水含聚浓度高、水质成分复杂、负荷率高等不利因素，按照"控制前端、优化加药、强化收油、科学反冲"思路，创新实施"治水九法"，通过全过程节点管理、分段管理，分级管控，实现了水质处理"双20"常态化。如滤罐分级治理法，针对滤罐过滤效果分级定类，按照不同情况对症下药，在全油田率先开展投加YT-411水基原油清洗剂清洗滤料的试验，清洗后的滤罐提高了去除率，改善了水质，并且延长了滤罐反冲洗周期，效果十分显著。同时，推行《北 I-1 联合站精准指标运行管理控制手册》，4类核心指标居全油田联合站系统前列。

三是挖潜革新效益站排头。省是效益，修是效益，革新创造更大的效益。每年全站生产维修费用都是一笔不小的开销。整合全站技术力量，针对阀门修旧独创了"阀门维修闭环十字"工作法，即收检、泡拆、查修、装验、发收，自制维修组合工具，功能包括拆卸、换件、研磨、校验，实现从传统修旧到离线精修和现场维修并进的转型升级。3年来，累计修复各类阀门485个，创造直接经济效益120多万元。2018年9月，北Ⅰ-1联合站自主完成进口加热炉燃烧机故障现场拆修，实现了进口设备维修必返厂家的零突破，节约修理费2.8万元。截至目前，共研发革新成果32项，应用到生产现场18项，累计创效200多万元。

（北Ⅰ-1联合站2020年荣获勘探与生产分公司优秀能效示范站队称号）

四、获得省（部）、集团公司级（以上）荣誉称号的先进单位

1960 年

采油二矿二队荣获石油工业部"钢铁采油队"称号

采油三矿四队荣获石油工业部"钢铁四队"称号

1964 年

采油三矿四队荣获石油工业部"高度觉悟,严细成风"称号

1965 年

采油三矿四队荣获石油工业部"团结的核心,战斗的堡垒"称号

5-65 井组荣获石油工业部"创四个一样的李天照井组"称号

1966 年

采油三矿四队荣获石油工业部"五好红旗单位标兵"称号

1970 年

北五采油队荣获黑龙江省"先进集体"称号

1971 年

北五采油队荣获黑龙江省"先进集体"称号

1972 年

北二注水站荣获石油工业部"发扬会战传统,争取更大光荣的注水站"称号

1973 年

北二注水站荣获黑龙江省"先进集体"称号

1974 年

北二注水站荣获石油工业部"谦虚谨慎,不断前进的北二注水站"称号

1975 年

北五采油队荣获石油化学工业部"高产稳产采油队"称号

1977 年

北十采油队荣获石油化学工业部"高产稳产采油队"称号

1978 年

中一采油队荣获石油化学工业部"攻坚啃硬,高产稳产的采油队"称号

中四采油队荣获石油化学工业部"高度觉悟，严细成风的采油队"称号

中一采油队荣获黑龙江省"科技战线先进集体"称号

1979 年

中一采油队、北八采油队、南二采油队荣获石油工业部"高产稳产模范采油队"称号

北二采油队、中七采油队、中九采油队、北十采油队荣获石油工业部"高产稳产采油队"称号

南二采油队荣获石油工业部"标杆单位"称号

1980 年

中一采油队、中四采油队荣获石油工业部"石油战线模范集体"称号

南二采油队荣获石油工业部"标杆单位"称号

北一采油队、中三采油队、中七采油队、中九采油队荣获石油工业部"高产稳产采油队"称号

中一采油队、中四采油队荣获黑龙江省"社会主义建设成绩优异奖"

厂机关托儿所荣获黑龙江省"儿童少年工作先进集体"称号

1981 年

北一采油队、北十采油队、中七采油队、中九采油队、南二采油队荣获石油工业部"高产稳产采油队"称号

实验小学被评为黑龙江省"重点小学"

1982 年

北八采油队、中四采油队、中七采油队、中九采油队、南二采油队荣获石油工业部"高产稳产采油队"称号

北二注水站荣获石油工业部"优质低耗注水站"称号

劳动服务公司团支部荣获黑龙江省"优秀团支部"称号

1983 年

劳动服务公司服装厂荣获"全国集体经济先进单位"称号

中九采油队荣获石油工业部"高产稳产标杆采油队"称号

中七采油队荣获石油工业部"高产稳产采油队"称号

实验小学被评为黑龙江省"重点学校一类小学"

1984 年

劳动服务公司荣获"全国发展集体企业劳动就业工作先进单位"称号

实验小学荣获"全国红领巾读书读报先进单位"称号

中一采油队荣获石油工业部"新长征突击队"称号

中一采油队荣获石油工业部"高产稳产标杆采油队"称号

中七采油队荣获石油工业部"高产稳产采油队"称号

中四采油队、中七采油队、113采油队荣获石油工业部"社会主义劳动竞赛奖"

1985 年

中七采油队荣获石油工业部"高产稳产采油队"称号

中七采油队、中八采油队荣获石油工业部"社会主义劳动竞赛奖"

作业五队荣获石油工业部"银牌作业队"称号

北一采油队、中七采油队荣获石油工业部"铜牌采油队"称号

1986 年

中七采油队荣获石油工业部"高产稳产采油队"称号

作业五队荣获石油工业部"银牌作业队"称号

北一采油队荣获石油工业部"铜牌采油队"称号

实验小学荣获石油工业部"教育系统先进单位"称号

实验小学荣获黑龙江省"教改先进单位"称号

1987 年

中七采油队荣获石油工业部"高产稳产采油队"称号

中四采油队荣获石油工业部"全国石油系统同工种基层队社会主义劳动竞赛'双文明'一级先进队"称号

南三采油队、作业五队荣获石油工业部"全国石油系统同工种基层队社会主义劳动竞赛银牌队奖"

北一采油队、北三采油队荣获石油工业部"全国石油系统同工种基层队社会主义劳动竞赛铜牌队奖"

第四油矿荣获黑龙江省"技术革新模范集体"称号

实验小学荣获黑龙江省"教育改革先进学校"称号

1988 年

中七采油队荣获石油工业部"高产稳产采油队"称号

南三采油队荣获石油工业部"全国石油系统同工种基层队社会主义劳动竞赛'双文明'一级先进队"称号

中八采油队荣获石油工业部"全国石油系统同工种基层队社会主义劳动竞赛金牌队奖"

206采油队、作业五队荣获石油工业部"全国石油系统同工种基层队社会主义劳动竞赛银牌队奖"

北三采油队、中四采油队荣获石油工业部"全国石油系统同工种基层队社会主义劳动竞赛铜牌队奖"

中七联合站荣获石油工业部"优质低耗站"称号

劳动服务公司荣获黑龙江省"劳动服务公司系统先进单位"称号

实验小学荣获黑龙江省"双文明学校"称号

1989 年

中七采油队、中八采油队、南三采油队、中二采油队荣获中国石油天然气总公司"全国石油系统同工种基层队社会主义劳动竞赛'双文明'一级先进队"称号

作业五队荣获中国石油天然气总公司"全国石油系统同工种基层队社会主义劳动竞赛金牌队奖"

北一采油队、206采油队荣获中国石油天然气总公司"全国石油系统同工种基层队社会主义劳动竞赛银牌队奖"

北三采油队荣获中国石油天然气总公司"全国石油系统同工种基层队社会主义劳动竞赛铜牌队奖"

实验小学荣获黑龙江省"改善办学条件先进单位"称号

1990 年

南三采油队荣获中国石油天然气总公司"全国石油系统同工种基层队社会主义劳动竞赛'双文明'一级先进队"称号

中四采油队荣获中国石油天然气总公司"全国石油系统同工种基层队社会主义劳动竞赛金牌队奖"

北四采油队、南八采油队荣获中国石油天然气总公司"全国石油系统同工种基层队社会主义劳动竞赛铜牌队奖"

实验小学荣获中国石油天然气总公司"先进单位"称号

1991 年

西一注采油队荣获中国石油天然气总公司"高产稳产采油队"称号

南三采油队荣获中国石油天然气总公司"全国石油系统同工种基层队社会主义劳动竞赛'双文明'一级先进队"称号

中四采油队荣获中国石油天然气总公司"同工种基层队劳动竞赛 1989—1991 连续三年金牌队"

南八采油队荣获中国石油天然气总公司"全国石油系统同工种基层队社会主义劳动竞赛银牌队奖"

北四采油队荣获中国石油天然气总公司"全国石油系统同工种基层队社会主义劳动竞赛铜牌队奖"

1992 年

离退休职工管理中心荣获"全国老有所为先进集体创新奖"

北四采油队、中四采油队、中七采油队、南三采油队荣获中国石油天然气总公司"学习大庆精神,推广胜采二十二队经验的先进采油队"称号

采油二矿试井队、中一采油队、中十二采油队、南三采油队荣获中国石油天然气总公司"全国石油系统同工种基层队社会主义劳动竞赛'双文明'一级先进队"称号

西一注采油队荣获中国石油天然气总公司"稳油控水一级队"称号

南八采油队荣获中国石油天然气总公司"全国石油系统同工种基层队社会主义劳动竞赛金牌队奖"

北四采油队、中二采油队荣获中国石油天然气总公司"全国石油系统同工种基层队社会主义劳动竞赛铜牌队奖"

采油三矿荣获黑龙江省"文明单位"称号

实验小学荣获黑龙江省"双全学校"称号

1993 年

中三采油队、中十二采油队、南三采油队、503 采油队荣获中国石油天然气总公司"全国石油系统同工种基层队社会主义劳动竞赛'双文明'一级队"称号

西一注采油队荣获中国石油天然气总公司"稳油控水一级队"称号

北四采油队荣获中国石油天然气总公司"全国石油系统同工种基层队社会主义劳动竞赛铜牌队奖"

中一采油队荣获黑龙江省"先进集体"称号

北十采油队团支部荣获黑龙江省"红旗团支部"称号

1994 年

北二注水站荣获"全国安全生产先进班组"称号

中四采油队荣获中国石油天然气总公司"先进集体"称号

南一采油队荣获中国石油天然气总公司"一级采油队"称号

西一注采油队荣获中国石油天然气总公司"稳油控水一级队"称号

作业二队荣获中国石油天然气总公司"金牌作业队"称号

南二采油队荣获中国石油天然气总公司"铜牌采油队"称号

劳动服务公司荣获黑龙江省"劳动服务公司系统先进单位"称号

劳动服务公司荣获黑龙江省"城镇集体企业'明星企业'标兵"称号

农工商分公司荣获黑龙江省"农副业战线'双学双比'竞赛活动先进单位"称号

1995 年

中四采油队荣获中国石油天然气总公司"先进集体"称号

中七联合站荣获中国石油天然气总公司"青年文明号"

南八采油队团支部荣获黑龙江省"先进团支部"称号

1996 年

劳动服务公司荣获黑龙江省"百强明星企业标兵"称号

1997 年

中七联合站荣获中国石油天然气总公司"青年文明号"

中一采油队荣获黑龙江省"先进集体"称号

1998 年

中十五采油队荣获黑龙江省"巾帼文明示范岗"称号

1999 年

中十六联合站荣获中国石油天然气集团公司"先进集体"称号

2000 年

中十六联合站党支部荣获中国石油天然气集团公司"先进党支部"称号

南七采油队荣获黑龙江省"模范职工小家"称号

503 采油队 2 号丛式井采油平台井组荣获黑龙江省"巾帼文明示范岗"称号

2001 年

中十六联合站党支部荣获黑龙江省"先进基层党组织"称号

第五油矿保卫队巡逻一班荣获黑龙江省公安厅"优秀巡逻班组"称号

2002 年

中十六联合站荣获"全国五一劳动奖状"

中十六联合站荣获"全国青年文明号"

中十六联合站团支部荣获黑龙江省"五四红旗团支部"称号

2003 年

中十六联合站荣获中国石油天然气集团公司"百面红旗单位"称号

第二油矿荣获黑龙江省"职工职业道德建设先进单位"称号

经济保卫大队荣获黑龙江省公安厅经保系统"集体二等功"

中十六联合站荣获黑龙江省"模范职工小家"称号

中十六联合站荣获黑龙江省"三八红旗集体"称号

2005 年

中十六联合站荣获"全国模范职工小家"称号

2006 年

中十六联合站荣获"中央企业学习型红旗班组标杆"称号

中十六联合站荣获"全国巾帼文明示范岗"称号

长垣含油污水生化处理站荣获中国石油天然气集团公司"绿色基层队（站）、车间（装置）"称号

2007 年

大庆油田历史陈列馆荣获"全国博物馆十大陈列展览精品奖"

南三采油队党支部荣获中国石油天然气集团公司"先进基层党组织"称号

北二注水站、5-65 井组荣获中国石油天然气集团公司"标杆班组"称号

503采油队2号丛式井采油平台井组、中二采油队4号井组、试验大队技术室试验组荣获中国石油天然气集团公司"先进班组"称号

长垣含油污水生化处理站荣获中国石油天然气集团公司"绿色基层队（站）、车间（装置）"称号

大庆油田历史陈列馆荣获黑龙江省"青年文明号"

大庆油田历史陈列馆荣获黑龙江省"花园式单位"称号

2008年

大庆油田历史陈列馆荣获中国石油天然气集团公司"青年文明号"

大庆油田历史陈列馆荣获黑龙江省"旅游系统先进单位"称号

第五油矿荣获黑龙江省"花园式单位"称号

中七联合站荣获黑龙江省"'安康杯'竞赛活动优秀班组"称号

2009年

南三采油队荣获"中央企业先进集体"称号

北二注水站荣获"全国能源化学系统女职工建功立业标兵岗"称号

北二注水站、5-65井组荣获黑龙江省"五一劳动奖状"

大庆油田历史陈列馆荣获黑龙江省"文明单位"称号

第二油矿荣获黑龙江省"花园式单位"称号

2010年

大庆油田历史陈列馆荣获"全国企业文化建设优秀单位"称号

5-65井组荣获中国石油天然气集团公司"李天照井组"称号

长垣含油污水生化处理站荣获中国石油天然气集团公司"绿色基层队（站）、车间（装置）"称号

离退休职工管理中心荣获中国石油天然气集团公司"离退休工作先进单位"称号

中区西部油水井管理队荣获黑龙江省"工人先锋号"

南三采油队荣获黑龙江省"青年文明号"

第二油矿荣获黑龙江省"花园式单位"称号

2011年

中十六联合站党支部荣获"中央企业先进基层党组织"称号

第一油矿党委荣获中国石油天然气集团公司"先进党组织"称号

第二油矿试井队党支部、中十六联合站党支部、中四采油队党支部、中区西部油水井管理队党支部、聚中十四采油队党支部、地质大队开发室党支部荣获中国石油天然气集团公司"先进基层党组织"称号

第二油矿试井队、中四采油队、中十六联合站、南三采油队、聚中十四采油队荣获中国石油天然气集团公司"基层建设'千队示范工程'示范单位（2011—2013年）"称号

信息中心荣获中国石油天然气集团公司"'十一五'信息化工作先进集体"称号

大庆油田历史陈列馆荣获中国石油天然气集团公司"石油魂——大庆精神铁人精神宣讲活动先进集体"称号

南八采油队荣获中国石油天然气集团公司"'十一五'节能节水先进基层单位"称号

地质大队开发室荣获黑龙江省"五一劳动奖状"

电力维修大队线检二队检修三班荣获黑龙江省"工人先锋号"

第二油矿荣获黑龙江省"花园式单位"称号

5-65井组荣获黑龙江省"'安康杯'竞赛活动优胜班组"称号

2012年

第三油矿荣获"中国企业文化管理创新典范单位"称号

中十六联合站党支部荣获"全国创先争优先进基层党组织"称号

中四采油队荣获"全国工人先锋号"

5-65井组荣获中国石油天然气集团公司"中国石油奖章"

作业301队、作业702队荣获中国石油天然气集团公司"铜牌作业队"称号

第二油矿荣获黑龙江省"花园式单位"称号

中十四联合站荣获黑龙江省"无邪教示范单位"称号

聚中十四采油队团支部荣获黑龙江省"五四红旗团支部"称号

2013年

试验大队技术室荣获"中央企业先进集体"称号

中四采油队荣获"全国青年安全生产示范岗"称号

聚中十四采油队团支部荣获"全国五四红旗团支部"称号

中四采油队被评为中国石油天然气集团公司"基层建设百个标杆单位"称号

第二油矿试井队党支部荣获中国石油天然气集团公司"先进基层党组织"称号

作业301队荣获中国石油天然气集团公司"铜牌作业队"称号

北十一采油队荣获中国石油天然气集团公司"节能节水先进基层单位"称号

中十六联合站荣获黑龙江省"花园式单位"称号

2014年

任相财工作室荣获"全国工人先锋号"

中十八采油队党支部荣获中国石油天然气集团公司"先进基层党组织"称号

大修201队荣获中国石油天然气集团公司"铜牌作业队"称号

北一区含油污泥处理站荣获中国石油天然气集团公司"绿色基层队（站）、车间（装置）"称号

李国龙劳模创新工作室荣获黑龙江省"劳模创新工作室"称号

试验大队技术室团支部荣获黑龙江省"五四红旗团支部"称号

2015年

中十六联合站荣获"全国文明单位"称号

北一采油队荣获中国石油天然气集团公司"先进集体"称号

作业702队荣获中国石油天然气集团公司"金牌作业队"称号

大修201队荣获中国石油天然气集团公司"铜牌作业队"称号

离退休职工管理中心荣获中国石油天然气集团公司"离退休工作先进集体"称号

退管中心一矿东湖党支部荣获中国石油天然气集团公司"先进离退休职工党支部"称号

中十六联合站荣获勘探与生产分公司"能效对标示范站队"称号

李国龙劳模创新工作室荣获黑龙江省"工人先锋号"

试验大队技术室荣获黑龙江省"青年文明号"

第二油矿地质工艺队荣获黑龙江省"无邪教站队"称号

2016年

聚中510采油队、长垣含油污水生化处理站荣获中国石油天然气集团公司

"绿色基层队(站)、车间(装置)"称号

大修201队荣获中国石油天然气集团公司"铜牌作业队"称号

北一采油队党支部荣获黑龙江省"先进基层党组织"称号

第七油矿荣获黑龙江省"卫生先进单位"称号

2017年

大修201队荣获中国石油天然气集团公司"铜牌作业队"称号

2018年

大修201队荣获中国石油天然气集团有限公司"铜牌作业队"称号

2019年

中四采油队荣获"全国巾帼文明岗"称号

北一采油队党支部、北八采油队党支部、中四采油队党支部、南Ⅰ-1联合站党支部荣获中国石油天然气集团有限公司"先进基层党组织"称号

南四采油队荣获中国石油天然气集团有限公司"HSE标准化站队"称号

作业301队、作业102队荣获中国石油天然气集团有限公司"铜牌作业队"称号

北八采油队荣获黑龙江省"青年文明号"

五、获得市（局）、油田公司级荣誉称号的先进单位

1960 年
二矿采油二队　三矿采油四队　试修大队修井一队

1961 年
三矿四队　试注五队

1962 年
二矿北二注水站　试注四队　特车二队　三矿四队
三矿试井队

1963 年
一矿生产队　二矿北二注水站　三矿中四队　三矿试井队
三矿生产队　五矿南一队　五矿南二队　五矿南六队
运销车库第三生产队

1964 年
一矿四队　二矿一队　二矿北二注水站　三矿中四队
三矿中二队　三矿试井队　三矿第一生产队　工程维修安装队
友谊管理站第二生产队

1965 年
一矿四队　二矿五队　三矿中四队　三矿中二队
三矿中三队　六矿三队　维修安装队　维修处五队

1972 年
一矿北二队　三矿中一队　三矿中四队　四矿北十队
五矿南二队　维修大队　友谊管理站家属三队

1973 年
一矿北二队　三矿中一队　五矿南二队

1974 年
一矿北二队　三矿中一队　五矿南二队　友谊管理站家属三队

1975 年
三矿中一队　三矿中四队　四矿试井四队　中一女子变电所

五矿南二队　西油库管理站　友谊管理站家属三队　机关小学

1976 年

三矿中一队　三矿中四队　四矿试井四队　中一女子变电所
五矿南二队　作业大队作业四队　工程维修大队二队　西油库管理站
友谊管理站家属三队　机关小学

1977 年

一矿北二队　三矿中一队　三矿中四队　四矿试井四队
四矿中一变　五矿南二队　作业大队作业四队　作业大队作业七队
工程维修大队二队　西油库管理站　机厂泵修车间　友谊管理站家属三队
机关小学

1978 年

一矿 203 队　二矿北八队　三矿中一队　三矿中四队
四矿北十队　四矿试井四队　五矿南二队　五矿南四队
作业大队作业七队　作业大队作业九队　工程维修大队二队
机厂泵修车间　西油库管理站　友谊管理站家属三队　机关小学
机关托儿所

1979 年

一矿北二队　二矿北八队　三矿中一队　三矿中四队
四矿北十队　四矿试井四队　五矿南二队　五矿南四队
作业大队作业四队　作业大队作业七队　工程大队二队　研究所开发室
机厂泵修车间　西油库管理站　友谊管理站家属三队　机关小学
机关托儿所

1980 年

一矿北二队　二矿北八队　三矿中一队　三矿中四队
五矿南二队　作业大队作业四队　工程大队四队　研究所开发室
机厂泵修车间　友谊管理站家属四队　机关托儿所

1981 年

一矿北二队　二矿北八队　三矿中一队　四矿中八队

五矿南二队 作业大队作业四队 工程大队四队 研究所开发室
机厂泵修车间 友谊管理站家属四队 机关托儿所

1982 年

二矿北八队 三矿中一队 三矿中四队 五矿南二队
作业大队作业五队 地质大队开发室 工程大队四队 器材二库
劳动服务公司服装厂 机关托儿所

1983 年

一矿北三队 二矿北八队 三矿中一队 三矿中四队
四矿中九队 五矿南二队 作业大队作业五队 地质大队动态室
维修安装大队四队 器材二库 友谊管理站家属三队
劳动服务公司服装厂 机关托儿所

1984 年

一矿北三队 二矿北八队 三矿中一队 三矿中四队
四矿中九队 四矿中七联合站 五矿南三队 作业大队作业五队
地质大队动态室 测试三队 器材二库 友谊管理站
实验小学 机关托儿所

1985 年

一矿北一队 二矿北八队 三矿中一队 三矿中四队
四矿中七队 四矿中八队 四矿中九队 四矿中七联合站
五矿南三队 作业大队作业五队 地质大队动态室 工程大队四队
测井三队 器材二库 实验小学 维修大队托儿所

1986 年

一矿北一队 三矿中一队 三矿中四队 四矿中七队
四矿中八队 四矿中七联合站 五矿南三队 作业大队作业五队
地质大队动态室 管焊二队 试井三队 器材二库
实验小学 机关托儿所

1987 年

一矿北一队 二矿北八队 三矿中一队 三矿中四队

三矿作业队 四矿中八队 四矿中九队 五矿南二队
五矿南三队 六矿中二队 作业大队特车一队 作业大队作业五队
地质大队动态室 工程一管焊二队 工程二管焊二队 试井三队
器材二库 运输一队 友谊汽修厂 劳服商店
实验小学 维修大队托儿所

1988 年

一矿北三队 二矿 206 队 三矿中一队 三矿中四队
四矿中八队 四矿中七联合站 五矿南三队 六矿中二队
作业大队作业五队 电修大队线检队 地质大队动态室 工技大队机采室
工程一大队管焊二队 工程二大队管焊三队 机修厂加工车间
测试大队低压队 器材二库 实验小学 维修大队幼儿园

1989 年

一矿北三队 二矿 206 队 三矿中一队 三矿中四队
四矿中八队 四矿中七联合站 五矿南三队 六矿中二队
试验大队试验一队 作业大队作业五队 电修大队线检队
地质大队动态室 工技大队机采室 工程一大队管焊二队
工程二大队管焊三队 机厂加工车间 测试大队低压队 器材二库
实验小学 维修大队幼儿园

1990 年

一矿北四队 二矿 206 队 三矿中一队 三矿中四队
四矿中七联合站 五矿南三队 六矿中二队 七矿南八队
作业大队作业五队 电修大队线检队 地质大队动态室 工技大队机采室
工程一大队管焊二队 工程二大队管焊三队 测试低压队 器材供应站
实验小学 维修大队幼儿园 胜利猪场

1991 年

一矿北四队 二矿 206 队 三矿中一队 三矿中四队
四矿中七队 五矿南三队 六矿中二队 七矿南八队
试验大队试验二队 作业大队作业五队 电修大队线检队
地质大队动态室 工技大队机采室 工程一大队管焊二队

工程二大队管焊三队 试井一队 器材二库 运输一队 实验小学

1992 年

一矿北四队 二矿测试队 三矿中一队 三矿中四队
四矿中七队 五矿南三队 七矿南八队 试验大队试验二队
作业大队作业五队 电修大队线检一队 地质大队动态室
工程一大队管焊二队 工程二大队管焊三队 试井一队 器材二库

1993 年

一矿北四队 一矿 204 队 二矿测试队 三矿中一队
三矿中四队 四矿中七队 五矿南三队 六矿中二队
七矿 503 队 七矿南八队 作业大队作业五队 电修大队线检一队
地质大队动态室 工技大队机采室 工程一大队管焊二队
工程二大队管焊三队 华谊工程公司 试井一队 六中 实验小学

1994 年

一矿西一注 二矿 205 队 三矿中四队 四矿中七队
五矿 501 队 六矿中二队 七矿 508 队 试验大队试验二队
作业大队作业二队 地质大队地质室 工技大队机采室
工程二大队管焊三队 试井一队

1995 年

一矿 204 队 二矿 205 队 三矿中四队 四矿中七队
五矿 501 队 六矿中二队 七矿南八队 作业大队作业六队
地质大队地质室 工技大队机采室 工程二公司管焊三队 试井一队
实验小学

1996 年

一矿 204 队 二矿 205 队 三矿中一队 四矿中十五队
五矿 501 队 六矿中二队 七矿 508 队 作业大队作业五队
电修大队线检一队 地质大队动态室 工程一公司管焊二队
测试大队试井一队 团结房管所维修二队 实验小学

1997 年

一矿 204 队　二矿 205 队　三矿中三队　三矿中四队
四矿中十五队　五矿 501 队　七矿南八队　试验大队试验三队
作业大队作业 406 队　电修大队线检一队　地质大队三采室
工技大队机采室　测试一队

1998 年

一矿 204 队　二矿北八队　三矿中十六联合站　四矿中七队
五矿 501 队　六矿中二队　七矿南八队　试验大队工艺队
作业大队作业 210 队　地质大队地质室　工技大队机采室　工程一队
试井一队

1999 年

一矿 204 队　二矿北八队　三矿中十六联合站　四矿萨中二配制站
五矿南二队　六矿中二队　七矿南八队　试验大队工艺队
作业大队作业 304 队　地质大队地质室　工技大队机采室
经济警察大队三中队

2000 年

一矿 204 队　三矿中四队　三矿中十六联合站　四矿萨中二配制站
五矿南二队　五矿南三队　六矿中二队　七矿南八队
试验大队工艺队　作业大队作业 304 队　电修大队变检队
地质大队地质室　工技大队机采室　经保大队三中队

2001 年

一矿 101 队　二矿测试队　三矿中十六联合站　三矿中四队
四矿萨中二配制站　五矿南三队　六矿中二队　七矿南八队
试验大队工艺队　作业大队作业 17 队　地质大队地质室
工技大队机采室　规划设计研究所设计室　经保大队三中队

2002 年

一矿 101 队　二矿测试队　三矿中十六联合站　四矿萨中二配制站
五矿南三队　六矿中二队　七矿南八队　试验大队试验三队

作业大队作业 13 队　电修大队线检一队　地质大队动态室
工技大队机采室　规划设计研究所规划室　经保大队三中队

2003 年

一矿 101 队　二矿测试队　三矿中十六联合站　四矿萨中二配制站
五矿南三队　六矿中二队　七矿南八队　试验大队试验三队
作业大队作业 13 队　电修大队线检一队　地质大队开发室
工技大队机采室　经保大队三中队

2004 年

二矿测试队　三矿中十六联合站　三矿中四队　四矿聚 410 队
五矿南三队　六矿中二队　七矿聚中十四队　试验大队萨中二配制站
作业大队作业六联队　作业大队作业 13 队　电修大队线检一队
地质大队开发室　工技大队机采室　经保大队三中队

2005 年

一矿 101 队　二矿北八队　三矿中十六联合站　三矿中四队
四矿中七联合站　四矿聚 410 队　五矿南三队　六矿经保队
六矿中一联合站　七矿聚中十四队　试验大队萨中二配制站
作业大队作业二联队　电修大队线检一队　地质大队三采室
工技大队机采室

2006 年

一矿 101 队　二矿试井队　三矿中四队　三矿中十六联合站
四矿中七联合站　四矿聚 410 队　五矿南三队　六矿中一联合站
七矿聚中十四队　试验大队聚南一配制站　作业大队作业六联队
电力维修大队线检一队　地质大队地质室　工程技术大队机采室

2007 年

一矿 101 队　二矿试井队　三矿中四队　三矿中十六联合站
四矿中七联合站　四矿聚 410 队　五矿南三队　六矿中一联合站
七矿聚中十四队　试验大队聚南一配制站　作业大队作业六联队
电力维修大队线检一队　地质大队动态室　工程技术大队机采室

规划设计研究所建筑工程室

2008 年

一矿 101 队　二矿试井队　三矿中十六联合站　四矿聚 410 队
五矿南三队　六矿中一联合站　七矿聚中十四队　试验大队聚南一配制站
作业大队作业六联队　电力维修大队线检一队　地质大队开发室
工程技术大队机采室

2009 年

一矿 101 队　二矿试井队　三矿中十六联合站　三矿中四队
四矿聚 410 队　五矿南三队　六矿中二队　七矿聚中十四队
试验大队聚南一配制站　作业大队作业 802 队　地质大队开发室
工程技术大队机采室　大庆油田历史陈列馆

2010 年

一矿 101 队　二矿试井队　三矿中十六联合站　四矿聚 410 队
五矿南三队　六矿中区西部油水井管理队　六矿中区西部站所管理队
七矿聚中十四队　试验大队聚南一配制站　作业大队作业 401 队
电力维修大队线检二队　地质大队动态室　地质大队开发室
规划设计研究所公用工程室　大庆油田历史陈列馆

2011 年

一矿地质工艺队　二矿北六队　三矿中十六联合站　三矿中四队
四矿中十八队　五矿南三队　六矿中区西部油水井管理队
七矿聚中十四队　作业大队作业 401 队　地质大队动态室
工程技术大队机采室　基建工程管理中心施工管理部
厂机关油田管理部

2012 年

一矿北一队　二矿试井队　三矿中十六联合站　三矿中四队
四矿中十八队　五矿南二队　六矿中区西部油水井管理队　七矿南八队
试验大队技术室　作业大队作业 702 队　电力维修大队线检一队
地质大队地质室　工程技术大队机采室　规划设计研究所建筑工程室

2013 年

一矿北一队　一矿北三队　二矿北六队　三矿中十六联合站

四矿中十八队　五矿南二队　六矿中一联合站　七矿地质工艺队

试验大队聚西一配制站　作业大队作业 702 队　电力维修大队线检一队

地质大队开发室　工程技术大队机械采油室　厂机关生产运行部

2014 年

一矿北一队　三矿中十六联合站　三矿中四队　四矿中十八队

五矿聚中 510 队　六矿聚 610 队　七矿 508 队　试验大队萨中二配制站

作业大队作业 702 队　电力维修大队线检一队　地质大队动态室

工程技术大队机械采油室　规划设计研究所工艺室

2015 年

一矿北一队　二矿北六队　三矿中十六联合站　三矿中四队

四矿中十七队　五矿聚中 510 队　六矿聚 610 队　七矿南八队

试验大队实验中心　作业大队作业 203 队

电力维修大队线检一队　地质大队动态室　工程技术大队机械采油室

2016 年

一矿北 Ⅰ-1 联合站　二矿北六队　三矿试井队　四矿试井队

五矿聚中 510 队　六矿中区西部站所管理队　七矿 512 队

试验大队实验中心　作业大队作业 202 队　电力维修大队线检一队

地质大队井震结合研究室　工程技术大队机械采油室

规划设计研究所公用工程室

2017 年

一矿北四队　三矿南五队　四矿聚 413 队　五矿南二队

六矿中二队　七矿南四队　试验大队实验中心　作业大队大修 201 队

电力维修大队线检一队　机采维修大队机采维修一队

生产保障大队加工车间　地质大队三采室　工程技术大队机械采油室

2018 年

一矿北一队　二矿北八队　二矿北 Ⅰ-2 联合站　三矿中一队

四矿中六队　五矿南Ⅰ-1联合站　六矿维修队　七矿中十四联合站
试验大队试验四队　作业大队作业702队　电力维修大队线检二队
生产保障大队加工车间　地质大队开发室　工程技术大队机械采油室

2019年

一矿北Ⅰ-1联合站　二矿北六队　三矿中四队　三矿萨中西部供输油站
四矿中六队　五矿中510队　五矿南Ⅰ-1联合站　六矿试井队
七矿东油库　试验大队试验105队　作业大队大修201队
电力维修大队变检队　地质大队三采室　工程技术大队机械采油室
规划设计研究所建筑工程室　信息中心信息软件室

后 记

庆祝建厂60周年系列丛书《飘扬的旗帜——大庆油田第一采油厂英模人物、英模集体事迹汇编》《奋进的脚步——大庆油田第一采油厂典型经验汇编》《攀登的标尺——大庆油田第一采油厂油田开发技术回顾》《攀登的标尺——大庆油田第一采油厂优秀技术革新成果汇编》与全厂员工见面了。其中所收录的英模事迹、典型经验和科技成果,体现展示了一厂发展不同时期干部员工的精神面貌和创新实践。

丛书编撰得到厂党政领导的高度重视和厂机关各部室、各基层单位的大力支持和协助,参阅、摘录了一些同仁文章,在此一并表示感谢。同时,我们仍不无遗憾,由于时间跨度较大,资料收集有一定难度,尽管做了很大努力,仍有一些事迹、经验和成果未能收录其中,在此谨表达深深歉意。

由于时间仓促和水平有限,书中难免有不足之处,恳请读者批评指正。